云南省普通高等学校“十二五”规划教材

云南师范大学法学与社会学学院
云南师范大学 MSW 教育中心
云南省禁毒教育培训科研基地
云南省禁毒社会工作人才培训基地
联合组编

禁毒法学

（第二版）

莫关耀　尤伟琼　主　编

中国人民公安大学出版社
·北 京·

图书在版编目（CIP）数据

禁毒法学 / 莫关耀，尤伟琼主编 . —2 版 . —北京：中国人民公安大学出版社，2023.5

云南省普通高校“十二五”规划教材

ISBN 978-7-5653-4629-3

Ⅰ. ①禁…　Ⅱ. ①莫…　②尤…　Ⅲ. ①禁毒—法的理论—中国—高等学校—教材　Ⅳ. ① D922.141

中国版本图书馆 CIP 数据核字（2022）第 243149 号

禁毒法学

（第二版）

莫关耀　尤伟琼　主编

出版发行：中国人民公安大学出版社
地　　址：北京市西城区木樨地南里
邮政编码：100038
经　　销：新华书店
印　　刷：北京市泰锐印刷有限责任公司

版　　次：2014 年 10 月第 1 版
　　　　　2023 年 5 月第 2 版
印　　次：2025 年 1 月第 5 次
印　　张：27.25
开　　本：787 毫米 × 1092 毫米　1/16
字　　数：534 千字

书　　号：ISBN 978-7-5653-4629-3
定　　价：90.00 元

网　　址：www.cppsup.com.cn　www.porclub.com.cn
电子邮箱：zbs@cppsup.com　zbs@cppsu.edu.cn

营销中心电话：010-83903991
读者服务部电话（门市）：010-83903257
警官读者俱乐部电话（网购、邮购）：010-83901775
教材分社电话：010-83901837

编　委　会

再版说明

19世纪初期，帝国主义用鸦片敲开了中国封建帝国的大门，翻开了中国近代史屈辱的篇章。毒品对中华民族危害之深、危害之烈，难以言表，中国人民有着切肤之痛。

中华人民共和国曾经杜绝毒品的危害达30年之久，但不幸的是20世纪70年代末，毒品再度侵袭我国。90年代后，以海洛因和苯丙胺为代表的天然毒品与合成毒品正在当今社会肆虐。进入21世纪后，新精神活性物质正在不断翻新、发展蔓延，危害着人民的健康与福祉，冲击着禁毒法治建设。

毒品问题危及国家政治、经济、文化、社会、环境等安全，严重妨害新时代中国特色社会主义制度的建设与发展，严重妨害国家社会治理体系和能力现代化的提升，严重阻碍中华民族伟大复兴的前进步伐。党的十八大以来，党和国家领导人高度重视禁毒工作，为此做出了一系列的指示，发布了一系列的禁毒工作政策和法律。

作为与毒品进行博弈的主要武器——禁毒法律正在国际和各国得到不断完善与健全。从国际的《海牙国际禁止鸦片公约》到《麻醉品单一公约》《精神药物公约》和《联合国禁止非法贩运麻醉药品和精神药物公约》，再到我国《关于严禁鸦片烟毒的通令》《关于禁毒的决定》《麻醉药品和精神药品管理条例》和《禁毒法》《戒毒条例》等，完整的禁毒法律体系已经形成。但是，不论是关于禁毒法学理论研究，还是具体禁毒立法活动都与禁毒实践的需求还有很大的距离。

当前，国际国内禁毒形势发生深刻变化，各国禁毒立法发生了一些改变，我国禁毒立法也不断完善，颁布实施了《非药用类麻醉药品和精神药品列管办法》等规章，增补了非药用类麻醉药品和精神药品增补目录和精神药品种类。对相关法律、法规、规章做了诸多的修改，例如《刑法修正案（九）》《刑法修正案（十一）》《吸毒成瘾认定办法》《吸毒检测程序规定》等。

毒品问题的有效治理有赖于法律规范的制定、完善与全面、正确实施。《禁毒法学》作为全国第一部专业教材，自2014年出版以来得到了有关部门的充分肯定和禁毒学界、法学界同仁的认可，被诸多高等院校法学院作为选修课程教材和公安院校禁毒学专业的必修课教材，我国台湾地区都有销售，填补了这一领域的空白，为禁毒法治研究、人才培养提供了丰富的资料与参考。但是，2014年至今，我国的禁毒立法不断完善，颁布和修改了若干法律法规，为了适应我国禁毒形势的变化、禁毒社会治理的发展和禁毒法律的修改更新完善，我们再次组织专家对本书进行了修订，以期能够适应新时期禁毒法学教育和研究的需求，推动我国的禁毒法治建设。

2008 年《禁毒法》颁布施行，就有出版一本供法学界人士、禁毒学界同仁研读的著作和高等学校学生及实务界人士参考的教材读本。在中国人民公安大学出版社领导编辑的大力支持下，2014 年出版了《禁毒法学》，为此我和我的同事经历了艰辛，付出了努力。我们全面梳理了禁毒国际法和国内法、禁毒综合法和单行法、禁毒刑事法和行政法规、禁毒部门规章和地方性法规，以及民族自治地方禁毒单行条例，力求做到完整、科学、规范，但总是挂一漏万。好在我们为禁毒法学的研究理清了一条思路，搭起了一个框架，提出了一些见解，对法理、法律做了阐释，对实务进行了回应。

长期以来，我们一直追踪国际国内毒品形势和禁毒立法发展，时刻不敢懈怠。在 2014 年《禁毒法学》出版 8 年之后我们对此书进行了修改完善，第二版终于和读者见面，以供禁毒理论与实务界同仁借鉴，供法学、禁毒等专业学生选读。本书在编写过程中参考借鉴了诸多学者的观点，对此我们深表感谢。由于水平有限，不足之处还望批评指正。

编　者

2022 年 12 月

第一版前言

毒品问题是当今世界各国共同面临的难题。毒品严重危及人类的健康与福祉，危及国家安全与发展，危及社会稳定与和谐，危及家庭和睦与幸福，危及个人健康与生命。如何通过有效方法对其进行控制，是长期以来人类共同探索的课题。自19世纪开始，世界各国开始了如何控制毒品的探索之路，在这艰难的探索过程中，人们逐渐发现，通过建立健全国家禁毒法律体系和制度化的国际禁毒合作是进行毒品控制的必要途径和有效方法。

中国的现实国情和不断变化的禁毒形势要求构建具有中国特色、能有效适用于我国的禁毒法律体系，以指引、规范中国禁毒各项工作的开展。从20世纪80年代以来，随着我国禁毒实践探索和法制建设推进，禁毒法律体系已基本形成，充满了中国特色与民族特色。但无论从理论还是实践角度来看，我国禁毒法律体系还存在一定缺陷与不足，其巨大的完善与发展空间也为我们提供了广阔的研究领域。

本书第一次全面系统地梳理了我国禁毒法律的历史沿革及当前各类各级禁毒法律法规体系，对世界其他主要国家禁毒法律制度及国际禁毒公约做了较为详实的评介，力求为读者呈献我国现行禁毒法律体系全貌和当前世界主要国家禁毒法律制度概况，以及国际社会对毒品进行制度化管控的情况，以此引发对"现行禁毒法律体系内部冲突与调和""中国禁毒实情与民族特色相结合的法律体系之构建""有效开展国际禁毒合作"等问题的广泛思考，为完整构建、发展完善具有中国特色的禁毒法律体系提供新的视角和思路。

此前，全国并无《禁毒法学》著作或教材出版。已出版的同类书籍大多仅单一地对我国或世界主要国家禁毒法律制度进行介绍，或仅针对禁毒法律中的个别、具体问题提出讨论与分析，几乎没有对禁毒法律体系开展过全面系统研究。本书的写作以作者多年从事禁毒理论研究和禁毒实践为基础，以国际禁毒理论和法学基础理论为支撑，以禁毒法学理论的构建为先导，以我国现行禁毒法律法规为核心，以国外禁毒法律制度为借鉴，以国际禁毒公约为指引，对相关禁毒理论、禁毒法律和多种规范性文件之间的衔接与配置进行分析，更加全面、系统地讨论阐明我国禁毒法律体系与主要内容。

禁毒法学是以禁毒法以及与禁毒相关的社会关系为研究对象的一门法律学

科。禁毒法学作为法学新兴的一门分支科学，有着自己的研究对象和理论体系，其研究对象包括禁毒法律规范、禁毒实践和禁毒理论，即中外禁毒历史及当今的禁毒法律、实务和理论都是禁毒法学的研究对象。作为一门年轻学科的禁毒法学，随着禁毒斗争的发展及新的态势，其重要性日益突出。其产生与发展是社会发展的客观需要，是完善禁毒理论的需要，是禁毒人才教育培养的需要，是禁毒实践的需要，是繁荣法学教育、丰富法学研究的需要。禁毒实践证明，既符合中国国情及民族特色，又体现有效国际禁毒合作理念的禁毒法律制度是规范、指引禁毒工作有效开展的必要保障。

本书主要读者对象为从事禁毒学理论研究与实务、法学理论研究与实务、社会学理论研究与实务、公安学理论研究与实务等专业人员。可作为法学、社会学、公安学、禁毒学、社会工作等专业研究生教育、本科学生的专业教材广泛使用。也可供警察、检察官、法官、律师等职业人员或其他对禁毒法律制度有学习需求的人士参考。

本书的编写参阅了大量专家学者的学术论著与观点，特向他们致以诚挚的敬意。当然，本书也还存在诸多的缺陷与不足，恳请诸位同仁谅解。

编著者

2014 年 6 月

目　　录

第一章 绪 论

人类利用自然界中罂粟、大麻和古柯等植物治疗疾病，几乎和人类的历史一样漫长。人类考古学研究发现，人工种植、繁育这些植物可以追溯到3500年以前，一位英国学者认为可以追溯到8000年以前。这些本来治病的药物到了我国清朝晚期成了享乐的物质，非法滥用导致了严重的社会危害，而逐渐演变成了被国家管制、危害人类的毒品。

毒品危及人类健康与福祉，诱发各种社会不稳定因素，破坏社会的安全与秩序。禁毒工作事关民族兴亡，国家兴衰、人民福祉。近代以来，人类尝试着通过各种途径开展与毒品的斗争，所有的探索表明，禁毒政策和措施的规范化、制度化是保障各国和国际社会开展禁毒工作的重要方法。禁毒法学，正是以研究与禁毒规范相关的理论和实践为主要任务的一门新兴学科。

第一节 概 述

一、中国禁毒立法历程概要

人类使用鸦片作为药物已有几千年的历史。古代阿拉伯人将鸦片作为药物带到了我国的唐朝，至明末清初开始滥用，导致严重的社会问题。“鸦片战争”以后，鸦片烟毒让世世代代的炎黄子孙刻骨铭心。国家败落、民不聊生，中华民族被国际社会蔑称为“东亚病夫”。

新中国成立时，面临1500万亩的罂粟种植和2000万吸毒者、30万贩毒者。针对旧中国遗留下来的严重毒品问题，1950年2月24日，中央人民政府政务院发布了《严禁鸦片烟毒的通令》，在全国范围禁种了罂粟，上千万吸毒者在人民政府的帮助下戒断了毒瘾。这次禁毒运动仅用三年时间就基本禁绝了在我国祸害百年的鸦片烟毒，创造了世界禁毒史上的奇迹。

20世纪70年代末，中国进入改革开放的新时代。但是，国门敞开之后，正遇到当时国际毒潮的泛滥，我国西南边境地区又处在毗邻全球最大的海洛因毒源地“金三角”的特殊地理位置，境外毒贩开辟“北上通道”，向我国境内渗透不断加剧，从境外毒品过境贩运到境内出现毒品消费，从毒品消费市场逐渐扩大到境内出现制造问题，进而发展蔓延。1979 年我国制定了第一部《刑法》（1979 年 7 月 1 日第五届全国人民代表大会第二次会议通过，1979 年 7 月 6 日全国人民代表大会常务委员会委员长令第五号公布，自 1980 年 1 月 1 日起施行），第 171 条规定了毒品犯罪。

20 世纪 80 年代以来，新一轮的国际毒潮冲击我国，并在我国迅猛扩展，致使我国毒品犯罪日益猖獗，呈现出辐射蔓延、持续增长、多头渗透、网络化、隐蔽化、智能化和国际化加剧等新的特点。这些特点反映了我国当下毒品犯罪的现状与趋势。毒品违法犯罪活动不仅严重影响公民身心健康，危害社会治安、破坏社会秩序，还直接关系到社会主义物质文明、精神文明、政治文明的协调发展，关系到全面建设小康社会、实现中华民族伟大复兴宏伟目标的顺利实现。1981 年 8 月，国务院发布《关于重申严禁鸦片烟毒的通知》；1982 年 3 月，全国人大常委会通过《关于严惩严重破坏经济的罪犯的决定》，提高了贩毒罪的量刑；7 月，中共中央、国务院发布《关于禁绝鸦片烟毒问题的紧急指示》；同年，云南省率先成立了全国第一支缉毒队伍；1987 年 11 月，国务院颁布《麻醉药品管理办法》；1988 年 12 月，国务院颁布《精神药物管理办法》。

我国针对毒情形势的新变化不断加强禁毒立法，1990 年 12 月 28 日第七届全国人大常委会通过了《关于禁毒的决定》，这是我国禁毒史上的第一部法律。它解决了当时禁毒工作中迫切需要解决的许多重大问题，给司法机关提供了惩治毒品犯罪的强大法律武器。同时，也向国际社会昭示了我国履行已加入的国际禁毒公约义务。1994 年 5 月，经修改的《治安管理处罚条例》对非法种植罂粟，非法运输、买卖、存放、使用罂粟壳的，规定依法给予处罚；1995 年 1 月，国务院发布《强制戒毒办法》，对吸毒者强制戒毒进行了具体规定。

1997 年 3 月，第八届全国人民代表大会对《刑法》进行了修订，在吸收、保留《关于禁毒的决定》重要内容的基础上，对毒品犯罪的法律作了重要修改和补充，进一步明确了毒品犯罪的种类，确保各种毒品犯罪行为受到法律制裁，禁毒刑事立法得到进一步加强。后续的《刑法修正案（九）》和《刑法修正案（十一）》对刑法第六章第七节第 350、355 条做了修改和补充。同时，国务院制定了《麻醉药品和精神药品管理条例》（2005 年 8 月 3 日中华人民共和国国务院令第 442 号公布，2013 年 12 月 7 日第一次修订，2016 年 2 月 6 日第二次修订）《易制毒化学品管理条例》（2005 年 8 月 26 日中华人民共和国国务院令第 445 号公布，2014 年 7 月 29 日第一次修订，2016 年 2 月 6 日第二次修订，2018 年 9 月 18 日第三次修订）《戒毒条例》（2011 年 6 月 22 日国务院第 160 次常务会议通过，自公布之日起施行）等行政法规，不少地方人大及其常委会、民族自治地方还制定了地方性禁毒法规，禁毒法制建设不断加强。

但与不断发展变化、日益严重的毒品形势和广泛深入开展禁毒斗争的实际需求相比，在立法上仍需要不断完善。特别是需要总结多年来禁毒工作的实践经验，制定一部全面综合规范禁毒工作的专门法律，将禁毒工作纳入法制化的轨道。2007年12月29日第十届全国人民代表大会常务委员会第三十一次会议通过了《中华人民共和国禁毒法》(2008年6月1日起施行，简称《禁毒法》)。《禁毒法》第一条明确规定立法目的："为了预防和惩治毒品违法犯罪行为，保护公民身心健康，维护社会秩序，制定本法"。立法目的的三个方面是相互联系、有机统一的整体，预防和惩治毒品违法犯罪行为是整个禁毒工作的主要内容，而保护公民身心健康、维护社会秩序则是禁毒工作的出发点和目标。《禁毒法》的出台，为禁毒工作提供了重要的法律依据和保障，是为应对毒品违法犯罪形势、适应禁毒工作发展需要，在总结多年来禁毒斗争实践经验、吸收国内外已有法律规定、广泛听取各方意见的基础上制定的第一部全面规范中国禁毒工作的重要法律，是指导中国禁毒工作的基本法。它的颁布实施，进一步彰显了中国政府厉行禁毒的一贯立场和坚定决心，完善了中国预防和惩治毒品违法犯罪的法律体系，对于依法全面推进中国禁毒事业具有重要意义，是中国禁毒史上的重要里程碑。

2011年6月22日，国务院第160次常务会议通过《戒毒条例》，同日公布施行。2015年9月24日，公安部、国家卫生计生委、国家食品药品监督管理总局、国家禁毒办公室以公通字〔2015〕27号印发《非药用类麻醉药品和精神药品列管办法》，自2015年10月1日起施行。

毒品问题是一个国际性问题，须全球携手禁毒。从国际鸦片委员会1909年在上海召开"万国禁烟"会议，决定成立国际禁毒机构算起，国际社会与毒品已斗争了100多年。近60多年来，国际社会的禁毒工作取得了明显进展。在联合国的倡导下，国际社会于1961年制定了《麻醉品单一公约》(1972年修正，我国于1985年6月18日加入)，1971年通过了《精神药物公约》(我国于1985年6月18日加入)，1988年12月19日又颁布了《联合国禁止非法贩运麻醉药品和精神药物公约》(我国于1989年9月4日加入，1990年11月1日生效)，将国际禁毒工作引向了科学、全面、法治的轨道。目前，已有95%以上的联合国成员加入了这三个公约，代表了世界人口的99%。这被视为20世纪国际禁毒工作的最大成就。

至此，以国际禁毒法律为先导，以《禁毒法》为核心，以禁毒刑事和行政法规为主体，以地方性法规为补充的我国禁毒法律体系得到健全完善。

二、禁毒法与禁毒法学

（一）禁毒法

禁毒法是指由国家立法、行政、司法机关制定的，并由国家强制力保障实施的，有关国家禁毒活动的行为规范的总称；是调整禁毒主体在行使禁毒职权过程中，与公民、法人和其他组织发生的刑事与行政关系的行为规范的总和；是预防和惩治毒品违法犯罪活动的重要武器。

禁毒法有广义、狭义之分。狭义的禁毒法即2007年12月29日通过，2008年6月1日实施的《禁毒法》。广义的禁毒法是一切有关禁毒活动的法律规范的总称，即关于毒品的管制、毒品犯罪与毒品滥用的预防、控制与惩治（惩罚、矫治）的法律规范的总称，从形式上看有以下四种：一是综合性的禁毒法律，即禁毒综合性专门法典，如《禁毒法》；二是单行禁毒专门法律，如《关于禁毒的决定》；三是禁毒行政法规规章，如《戒毒条例》《麻醉药品和精神药品管理条例》等；四是非禁毒专门法中的附属禁毒法规范，如《药品管理法》《刑法》《海关法》《治安处罚法》等中涉及禁毒的法律条文。广义的禁毒法律法规构成了我国的禁毒法律体系。

（二）禁毒法学

1．禁毒法学的概念及研究对象

禁毒法学是指以禁毒法规范、禁毒实践经验，以及与禁毒相关的社会关系为研究对象的一门法律科学。禁毒法学作为法学的一个分支科学，或者说是禁毒学研究的一个重要领域，有着自己的研究对象和理论体系。其研究对象包括禁毒法制史、禁毒法律规范、禁毒实践经验和禁毒法理论研究成果等。即古今中外的禁毒历史、法律、实务和理论都是禁毒法学的研究对象。当然，本书主要以当今中国的禁毒法律、实务和理论为研究对象。禁毒法学应当成为一个独立的法律部门，因为没有哪一个法律部门能够包含禁毒法学体系。当然，应当不是必须和现实，禁毒法学要成为一个独立的法律部门还有待时日。

（1）禁毒法律规范

禁毒法学将广义的禁毒法作为自己的研究对象。其中我国的《禁毒法》是禁毒法学首要的研究对象。除了《禁毒法》外的其他法律、法规、规章中有关禁毒的规定，以及最高人民法院、最高人民检察院就审判、检察业务中具体应用法律所作的解释，民族自治地方的禁毒条例、国际禁毒条约及其他禁毒规范性文件都属于禁毒法学的研究对象。在对禁毒法律规范研究时，不应局限于对法律规范外在形式的研究，还必须对其内在立法精神进行研究，主要包括立法背景、立法的指导思想、原则，及其反映的法律价值选择等。另外还应研究其他国家禁毒法律制度中的重要内容，以便加以比较和借鉴吸收。

由于禁毒是一个世界性的主题，我国签署加入了相关国际公约，这些公约的规定对我国禁毒工作的影响逐渐增强，因而必须对之加强研究。

（2）禁毒实践经验

禁毒法学是一门实践性很强的应用型科学，因此，必然将禁毒实践经验作为自己的研究对象。即研究禁毒法律规范在司法实践中的使用和实施情况，从中总结经验，发现和解决具体贯彻实施禁毒法过程中存在的问题。司法实践是检验法律是否正确、合理、完善、可行的标准，研究司法实践，可以提出改进立法的意见和建议。同时司法实践会不断提出新的研究课题，促使禁毒法学针对司法实践的需求，探索进一步健全禁毒法律制度的措施和途径。禁毒法学只有植根于实践之中，不断总结实践、服务实践、促进实践，才能获得新的繁荣和发展。

（3）禁毒法理论

禁毒法学是随着法学整体水平的提高，以及对本学科研究对象的认识的逐步深化而不断获得发展的，是与整体法治建设在互动中同步前进的。加强禁毒法理论的研究，对立法和司法实践有重要参考意义，能为禁毒立法的进一步发展提供科学的根据。而且在司法实践中，禁毒法理论能够在一定程度上弥补法律的不足。实践经验表明，没有深厚的理论积累就没有高水平的禁毒法学。没有科学的理论指导就没有文明、科学的立法和司法实践。因此，必须不断加强禁毒法理论研究，使禁毒法学保持活力并日趋繁荣。

2．禁毒法学的意义

作为一门年轻科学的禁毒法学，随着禁毒斗争的发展及新的态势，其重要性日益突出。

（1）社会发展的客观需要

随着我国改革开放的深入，社会各方面发展迅猛，但由于诸多的原因，毒品违法犯罪及相关问题日趋严重，冲击了社会安定的环境，破坏社会的和谐与稳定，阻滞社会经济的发展。面对日趋严重的毒品问题，如何掌控毒品及涉毒行为的规律，如何采取一系列有效的手段和措施控制毒品、解决毒品问题，这就需要从思想上、理论上、科学上对禁毒行为进行指导，从而带动禁毒学科的建设。目前，随着形势的不断发展和变化，禁毒法理论难以适应社会发展需要，难以指导禁毒实践，理论严重滞后于实践，迫切需要建立科学、完善、系统的禁毒法学理论。因此，构建禁毒法学是社会发展的客观需要。

（2）禁毒人才教育培养的需要

2010年7月16日，国家禁毒办等18部门印发《关于深化全民禁毒宣传教育工作的指导意见》；2014年，中共中央、国务院印发《关于加强禁毒工作的意见》，明确了党委、政府统一领导，禁毒委员会组织协调指导，有关部门各负其责、齐抓共管，全社会共同参与的禁毒工作社会化格局。2019年1月2日，国家禁毒委员会印发《关于加强新时代全民禁毒宣传教育工作的指导意见》；2017年1月20日，国家禁毒办等12部门印发《关于加强禁毒社会工作者队伍建设的意见》，禁毒工作的社会化急切需要禁毒专门人才。

当前，世界各国都非常关注禁毒事业，也注重禁毒队伍的建设。禁毒事业的发展及禁毒的成效取决于禁毒队伍的素质，取决于禁毒人才的培养。而优秀的禁毒人才应当是系统掌握禁毒理论，并能将理论与实践相结合，积极促进禁毒事业发展的禁毒理论研究人才、禁毒实践和管理的实务型人才。然而，目前适应社会需要、科学系统介绍禁毒法理论的禁毒教育培训，禁毒法学教材、著作、文献都显得非常滞后和欠缺。因而禁毒法学的编著有助于填补此项空白，满足教育、培训发展的需要，提高教育培训的质量。目前的禁毒形势迫切需要大量优秀的禁毒人才，禁毒法学的学科建设有助于人才的培养。

（3）禁毒实践的需要

禁毒工作者如果不能熟知和研究禁毒法学，就容易陷入盲目性和经验主义而影响办案质量。因为禁毒法学在很大程度上是对现行禁毒法的学理解释，执行禁毒法律如果不懂禁毒法理论，知其然却不知其所以然，对一些立法精神无法掌握，那么执行起来就会打折扣，机械执法，甚至出现误解和歧义。因此，如果不能以正确的禁毒法理论为指导，就不能在司法实践中正确总结经验，并将经验上升到理论高度，这样禁毒工作者业务素质的提高也会受到很大限制。所以，禁毒法学作为一门理论性和应用性都很强的科学，对禁毒实践来说是须臾不可离的。

（4）繁荣法学教育，丰富法学研究的需要

法学理论研究，引领和指导着禁毒法学研究的方向与路径。而禁毒法学的研究必将对整个法学研究起到丰富、完善与繁荣的作用。面对严峻的禁毒形势，禁毒法学作为一门新学科，其地位日益凸显。由于禁毒法担负着预防和惩治毒品违法犯罪行为，保护公民身心健康，维护社会秩序的重要任务，因此对全体公民，特别是青少年进行法治教育时，禁毒法是必不可少的重要组成部分。进行禁毒法学教育，有助于健全和加强社会主义法治，有利于培养禁毒人才，有利于增强公民的法律意识和纪律观念，这对于加强精神文明建设，促进社会的和谐与稳定，都是大有裨益的。禁毒法学的发展也会积极促进整个法学的繁荣与发展。

三、禁毒法的特征

禁毒法作为与禁毒有关的法律规范的总称，具有区别于其他部门法的特征：

（一）具有特殊的调整对象

任何法律规范都调整一定的社会关系。禁毒法的调整对象是禁毒领域的社会关系，这种社会关系是禁毒机关以国家的名义，为实现禁毒目标，在行使禁毒职能过程中发生的各种关系。主要包括禁毒的刑事法律关系和禁毒的行政法律关系，两者都属于国家社会管理活动中发生的社会关系。

（二）具有特殊的强制性

任何法律都具有强制性，都以国家强制力来保证实施。但不同的部门法的强制性不同，其采取的手段及严厉程度也不同。相对于其他部门法来说，禁毒法具有最严厉和系统的强制手段，包括刑事强制手段和行政强制手段。轻者强制性戒除毒瘾，给予行政拘留罚款，重者判处罚金、没收财产、有期无期徒刑，直至死刑。

（三）涉及多个法律部门

禁毒法涉及多个法律部门。例如吸毒人员的教育权、劳动权、社会保障权涉及到宪法权利，自然与宪法法律部门有关。走私、运输、贩卖、制造等毒品犯罪行为涉及刑法关于犯罪及其刑罚，与刑法法律部门联系密切。吸毒、戒毒、麻醉药品与精神药品管控等涉及行政管理、行政处罚与行政强制措施，与行政法紧密衔接。关于涉毒违法、犯罪行为的惩处，涉及诉讼法法律部门。三大国际公约或我国与其他国家、组织等签订禁毒协议，涉及国际法法律部门。但是，禁毒法不涉及民法、经济法、商法、军事法、国际私法等领域。

（四）具有多样式层级性

禁毒法律规范的形式具有多样性。有中央国家机关制定的，也有地方国家机关制定的；有权力机关制定的，也有行政机关制定的；还有司法机关的法律解释。不同国家机关制定的禁毒法在效力上具有层级性与适用范围的大小。按照一般原则，权力机关制定的效力高于行政机关制定的效力；上级机关制定的效力高于下级机关制定的效力。不同机关制定的禁毒法的适用范围不同。

第二节　禁毒法的渊源

从历史和现实角度考察，世界各国禁毒立法主要采取三种形式：一是集刑事、行政、实体、程序等于一体的综合性禁毒法，采取这种禁毒立法形式的主要有美国、德国、瑞士、加拿大、泰国、日本、菲律宾等国家。二是刑事或行政专门性禁毒法律规范，采取这种禁毒立法形式的主要有英国、俄罗斯、澳大利亚、韩国、哥伦比亚等国家。三是禁毒法律规定散见于有关法律中，如法国有关禁毒的法律规定散见于该国制定的《刑事诉讼法典》《刑法典》《公共卫生法典》《道路法》等法律中。

法源即法律的渊源或法律表现形式，指那些来源不同，因而具有法的不同效力意义和作用的法的外在表现形式。禁毒法的渊源是指禁毒法的表现形式，禁毒法由哪些形式的法律规范组成。我国禁毒法的渊源主要有以下几种形式：

一、禁毒法律

禁毒法律是指由全国人民代表大会及其常务委员会根据宪法制定与禁毒有关的法律规范的总称。是禁毒法中最重要的组成部分，在禁毒法律体系中起着主导作用，具有最高的法律效力，是制定其他禁毒法规的依据。目前我国建立了以《宪法》为中心、以《禁毒法》为主体、以刑事法律和行政法律为两翼的禁毒法律体系。具体而言，当前的禁毒法律表现形式主要有《宪法》《刑法》《刑事诉讼法》《禁毒法》《治安管理处罚法》《药品管理法》等。

1979 年 7 月 1 日第五届全国人民代表大会第二次会议通过，1997 年 3 月 14 日第八届全国人民代表大会第五次会议修订，1997 年 10 月 1 日正式施行的《刑法》第 347 条到第 357 条（含《刑法修正案（九）》和《刑法修正案（十一）》）对“走私、贩卖、运输、制造毒品”、“非法持有毒品”、“包庇毒品犯罪分子、窝藏、转移、隐瞒毒品、毒赃”、“非法生产、买卖、运输制毒物品、走私制毒物品”、“非法买卖、运输、携带、持有毒品原植物种子、幼苗”、“引诱、教唆、欺骗他人吸毒”、“强迫他人吸毒”、“容留他人吸毒”、“非法提供麻醉药品、精神药品”、“妨害兴奋剂管理”等犯罪及量刑作出了明确规定。

1979 年 7 月 1 日第五届全国人民代表大会第二次会议通过，1996 年 3 月 17 日第八届全国人民代表大会第四次会议第一次修正，2012 年 3 月 14 日第十一届全国人民代表大会第五次会议第二次修正的《刑事诉讼法》对有关毒品犯罪的打击、惩治及相关诉讼参与人的人权保障等程序方面作出了明确规定。

2005 年 8 月 28 日，中华人民共和国第十届全国人民代表大会常务委员会第十七次会议通过，2006 年 3 月 1 日起施行的《治安管理处罚法》第 71 条到第 73 条对“非法持有少量毒品”、“向他人提供毒品”、“吸食、注射毒品”、“非法种植罂粟或者其他少量毒品原植物”等行为予以治安处罚。

1984 年 9 月 20 日第六届全国人大常委会七次会议通过了《药品管理法》，2001 年 2 月 28 日第九届全国人大常委会二十次会议对该法进行了修订。《药品管理法》关于毒品的管理规定主要有三条：第 35 条规定：“国家对麻醉药品、精神药品、医疗用毒性药品、放射性药品，实行特殊管理。管理办法由国务院制定。”第 45 条规定：“进口、出口麻醉药品和国家规定范围内的精神药品，必须持有国务院药品监督管理部门发给的《进口准许证》、《出口准许证》。”第 54 条第 3 款规定：“麻醉药品、精神药品、医疗用毒性药品、放射性药品、外用药品和非处方药的标签，必须印有规定的标志。”

2007 年 12 月 29 日，第十届全国人民代表大会常务委员会第三十一次会议通过，2008 年 6 月 1 日起施行的《禁毒法》是全国人民代表大会常务委员会制定的专门的禁毒法律，其他法律只有部分内容是关于禁毒问题的规定，即只有一些附属禁毒法条文，或者与禁毒密切关联。《禁毒法》共七章 71 条，遵循“专群结合”、预防与惩治相结合、教育与救治相结合的原则，明确了“预防为主，综合治理，禁种、禁制、禁贩、禁吸并举”的禁毒工作方针、领导体制、工作机制、保障机制、法律责任，规范了禁毒宣传教育、毒品管制、戒毒措施、国际合作等业务工作。《禁毒法》是指导我国禁毒工作的根本法，为全面推进我国禁毒工作提供了有力的法律保障，对于全面推进我国禁毒事业发展具有重要的现实意义和深远的历史意义。

二、禁毒行政法规

禁毒行政法规是指国务院根据宪法授权制定的有关禁毒方面的规范性文件，在禁毒法体系中占有重要地位，是宪法、法律实施的保障，又是地方性禁毒法规、规章制定的依据。

我国禁毒行政法规主要有《麻醉药品和精神药品管理条例》《娱乐场所管理条例》《易制毒化学品管理条例》《戒毒条例》等。

1987 年 11 月 28 日，国务院发布《麻醉药品管理办法》，1988 年 12 月 27 日国务院发布《精神药品管理办法》，对我国麻醉药品和精神药品的种植、生产、运输、进出口、使用的管理作了严格的规定，同时还规定了违反该法的处罚措施。在此基础上，2005 年 7 月 26 日国务院第一百次常务会议通过《麻醉药品和精神药品管理条例》，并于 2005 年 11 月 1 日起施行，同时废止了 1987 年 11 月 28 日国务院发布的《麻醉药品管理办法》和 1988 年 12 月 27 日国务院发布的

《精神药品管理办法》。《麻醉药品和精神药品管理条例》共九章89条，对麻醉药品药用原植物的种植，麻醉药品和精神药品的实验研究、生产、经营、使用、储存、运输等活动以及监督管理作出了明确规定，为加强麻醉药品和精神药品的管理，保证麻醉药品和精神药品的合法、安全、合理使用，防止流入非法渠道提供了重要的法律保障。

2006年1月18日，国务院第一百二十二次常务会议通过并公布《娱乐场所管理条例》，对娱乐场所及其从业人员实施贩卖、提供毒品，或者组织、强迫、教唆、引诱、欺骗、容留他人吸食、注射毒品行为及其法律责任作了规定。

2005年8月26日中华人民共和国国务院令第445号发布《易制毒化学品管理条例》，2014年7月29日第一次修订，2016年2月6日第二次修订，2018年9月18日第三次修订。该《条例》共八章45条，明确规定加强对易制毒化学品的管理，规范易制毒化学品的生产、经营、购买、运输和进口、出口行为，防止易制毒化学品被用于制造毒品，维护经济和社会秩序。

1995年1月12日，国务院发布了《强制戒毒办法》，这是根据《关于禁毒的决定》制定的一项重要行政法规，对我国依法开展禁吸戒毒工作，教育和帮助吸食、注射毒品成瘾人员戒除毒瘾，保护公民身心健康，维护社会治安秩序，起到了重要作用。随着社会的发展及毒情的变化，根据《禁毒法》的精神及规定，2011年6月22日国务院第一百六十次常务会议通过《戒毒条例》，并自公布之日起施行。同时废止了1995年1月12日国务院发布的《强制戒毒办法》。《戒毒条例》共七章46条，对自愿戒毒、社区戒毒、强制隔离戒毒、社区康复、法律责任做出了明确规定。以此规范戒毒工作，帮助吸毒成瘾人员戒除毒瘾，维护社会秩序。

三、禁毒部门规章

禁毒部门规章是指国务院所属各部门制定的与禁毒有关的规范性文件，主要是由公安部、卫健委、食品药品监督管理局、商务部和海关总署等部门制定的规章。禁毒部门规章数量较多，在禁毒法中占有较大比例，是禁毒法的重要法源。它适用于全国，具有普遍的法律效力。

禁毒部门规章主要有：公安部于2011年9月19日公安部部长办公会议通过，9月28日发布施行的《公安机关强制隔离戒毒所管理办法》。2009年7月28日公安部部长办公会议通过，2010年1月1日起施行的《吸毒检测程序规定》等。1996年3月5日卫生部发布的《戒毒用美沙酮供应管理规定》。2010年2月23日通过，5月1日施行的《药品类易制毒化学品管理办法》。2010年11月19日公安部部长办公会议通过，并经卫生部同意，2011年4月1日起施行的《吸毒成瘾认定办法》。2010 年 1 月 5 日卫生部、公安部、司法部联合制定、发布的《戒毒医疗服务管理暂行办法》。2006 年 5 月 17 日商务部第五次部务会议审议通过，9 月 21 日发布的《易制毒化学品进出口管理规定》等。

此外，还包括上述各部门发布的与禁毒有关的规范性文件，如 2006 年 6 月 5 日公安部禁毒局发布的《关于启用易制毒化学品购买和运输证明的通知》。2007 年 11 月 19 日公安部发布的《关于无运输备案证明承运易制毒化学品如何适用法律问题的批复》。2009 年 5 月 13 日公安部、司法部、卫生部联合发布的《吸毒人员登记办法》。

四、禁毒地方性法规

禁毒地方性法规是指由省、自治区、直辖市、省和自治区的人民政府所在市、经国务院批准的较大的市的人大及其常委会，根据本行政区域的具体情况和实际需要制定和颁布的、在本行政区域内依法制定实施的有关禁毒的规范性文件。它是依照立法法规定，根据宪法、法律和行政法规，并为保证其在本地区的实施，结合本地区的实际情况制定的，它不能与宪法、法律、行政法规相抵触，否则无效；使用范围仅限于本地区，对其他地区无效。

禁毒地方性法规主要有：2005 年 3 月 25 日云南省第十届人民代表大会常务委员会第十五次会议表决通过，5 月 1 日施行的《云南省禁毒条例》（云南省第十三届人民代表大会常务委员会第二次会议于 2018 年 3 月 31 日修订通过公布《云南省禁毒条例》，自 2018 年 6 月 1 日起施行）；2011 年 3 月 30 日颁布，2011 年 5 月 1 日起施行的《贵州省禁毒条例》（2021 年 5 月 27 日贵州省第十三届人民代表大会常务委员会第二十六次会议通过公布《贵州省禁毒条例修正案》自 2021 年 6 月 26 日起施行）；2011 年 11 月 25 日公布，2012 年 1 月 1 日起施行的《浙江省禁毒条例》（2001 年 6 月 29 日浙江省第九届人民代表大会常务委员会第二十七次会议通过，根据 2004 年 5 月 28 日浙江省第十届人民代表大会常务委员会第十一次会议《关于修改〈浙江省禁毒条例〉的决定》修正，2011 年 11 月 25 日浙江省第十一届人民代表大会常务委员会第二十九次会议通过）；2010 年 3 月 25 日海南省第四届人民代表大会常务委员会第十四次会议通过，2010 年 6 月 1 日起施行的《海南经济特区禁毒条例》（2018 年 12 月 26 日海南省第六届人民代表大会常务委员会第八次会议修订）；2022 年 2 月 18 日经上海市第十五届人大常委会第三十九次会议表决通过，《关于修改〈上海市禁毒条例〉的决定》，于 2022 年 3 月 1 日起施行。

五、禁毒地方性规章

禁毒地方性规章是指由省级人民政府、省级人民政府所在地的市和经国务院批准的较大市（副省级城市、计划单列市）的人民政府以及经济特区市的人民政府，依法制定的有关禁毒的规范性文件。禁毒地方性规章数量较多，在禁毒法中占有一定比例，是禁毒法的法源之一。

禁毒地方性规章主要有:《云南省工业大麻种植加工许可规定》(2009年10月22日云南省人民政府令第156号公布，自2010年1月1日起施行)。包括已经被废止的1997年10月5日四川省人民政府第八十一次常务会议讨论通过，并发布施行的《四川省戒毒管理办法》；1996年12月2日广东省人民政府第八届一百一十次常务会议通过、发布，自1997年1月1日起施行的《广东省强制戒毒所管理规定》；1995年8月5日发布并生效的《南京市政府关于查禁毒品的通告》；1991年5月4日发布并生效的《昆明市人民政府关于严禁吸食毒品的通告》等。

六、禁毒单行条例

禁毒单行条例是指县级以上民族自治地方的人民代表大会根据当地特点和实际需要依法制定的有关禁毒的规范性法律文件。《立法法》第75条规定，民族自治地方的人民代表大会有权依照当地民族的政治、经济和文化的特点，制定自治条例和单行条例。可由省级、市级和县级民族自治地方的人民代表大会制定，对禁毒法律和行政法规的规定作出变通规定，但不得违背法律和行政法规的基本原则，不得对宪法和民族区域自治法的规定以及其他有关法律、行政法规专门就民族自治地方所作的规定作出变通规定。自治区的单行条例，报全国人民代表大会常务委员会批准后生效。自治州、自治县的单行条例，报省、自治区、直辖市的人民代表大会常务委员会批准后生效。

目前我国禁毒单行条例主要有:《宁夏回族自治区禁毒条例》于2017年12月1日起施行(1998年12月4日宁夏回族自治区第八届人民代表大会常务委员会第四次会议通过，2011年1月7日宁夏回族自治区第十届人民代表大会常务委员会第二十二次会议修订，2017年9月28日宁夏回族自治区第十一届人民代表大会常务委员会第三十三次会议第二次修订)；《云南省大理白族自治州禁毒条例》(1995年4月1日云南省大理白族自治州第九届人民代表大会第三次会议通过，1995年5月31日云南省第八届人民代表大会常务委员会第十三次会议批准。2016年3月13日云南省大理白族自治州第十三届人民代表大会第四次会议修订，2016年5月27日云南省第十二届人民代表大会常务委员会第二十七次会议批准）；《云南省德宏傣族景颇族自治州禁毒条例》（1990 年 8 月 16 日德宏傣族景颇族自治州第九届人民代表大会第四次会议通过，1990 年 8 月 25 日云南省第七届人民代表大会常务委员会第十三次会议批准的。经云南省第十二届人民代表大会常务委员会第二十六次会议批准，德宏州人大常委会决定于 2016 年 6 月 1 日颁布施行新修订的《云南省德宏傣族景颇族自治州禁毒条例》）；《凉山彝族自治州禁毒条例》（2001 年 3 月 25 日经凉山彝族自治州第八届人大一次会议审议通过，5 月 21 日四川省第九届人民代表大会常务委员会第二十三次会议批准《凉山彝族自治州施行〈四川省禁毒条例〉补充规定》。2019 年 1 月 31 日凉山彝族自治州第十一届人民代表大会第四次会议通过《凉山彝族自治州禁毒条例》，2019 年 5 月 23 日四川省第十三届人民代表大会常务委员会第十一次会议批准）；《云南省澜沧拉祜族自治县禁毒条例》（1994 年 3 月 24 日云南省澜沧拉祜族自治县第十届人民代表大会第二次会议通过，1994 年 6 月 2 日云南省第八届人民代表大会常务委员会第七次会议批准生效。2011 年 1 月 21 日云南省澜沧拉祜族自治县第十三届人民代表大会常务委员会第四次会议修订，2011 年 3 月 30 日云南省第十一届人民代表大会常务委员会第二十二次会议批准，自 2011 年 9 月 1 日起施行）等。

七、禁毒法的解释

禁毒法的解释是指对禁毒法规范含义的阐明。只有正确了解禁毒法律规范的真实含义，才能正确地加以适用。禁毒法律规范之所以需要解释，主要是因为禁毒法条文具有一定的抽象性和稳定性，有的抽象用语具有多义性，难免使人们产生不同的理解，加之现实又是复杂多变的，为了统一理解，使抽象的法律正确适用于具体的案件，使禁毒实践能跟上客观情况的变化，就需要对禁毒法律规范进行解释。禁毒法的解释包括立法解释、司法解释和行政解释。

立法解释是指由禁毒法的立法机关所做的解释，例如 2006 年 8 月 22 日在第十届全国人民代表大会常务委员会第二十三次会议上关于《禁毒法（草案）》的说明。立法解释的作用是使法律含义明确化、具体化，完善、补充法律漏洞。

司法解释是指最高司法机关所做的解释。主要有最高人民法院和最高人民检察院的解释，如 2000 年 4 月 20 日最高人民法院《关于审理毒品犯罪案件定罪量刑数量标准的规定》，2007 年最高人民法院、最高人民检察院、公安部《关于办理毒品犯罪案件适用法律若干问题的意见》，2016 年最高人民法院《关于审理毒品犯罪案件适用法律若干问题的解释》，最高人民检察院《关于贩卖假毒品案件如何定性问题的批复》，2018 年最高人民检察院《关于〈非药用类麻醉药品和精神药品管制品种增补目录〉能否作为认定毒品依据的批复》等。

行政解释是指国家行政机关所做的解释。主要有：公安部、卫生部、国家医药监督管理局、海关总署以及地方相关行政机关所做的解释。例如公安部法制局有关执行《禁毒法》问题的解答等。

八、禁毒国际公约

禁毒国际公约是指国际性的反毒品条约。禁毒国际公约是禁毒法的重要法源，是国家之间禁毒合作共同遵守的国际法性质的约定。1909 年 2 月，第一次国际禁毒会议“万国禁烟会议”（又称“国际鸦片会议”）在上海召开，中、英、法、日等 13 个国家参加。会议虽然没有签署正式条约（只是形成了决议案），但是这次会议却拉开了国际禁毒合作的序幕。1912 年，第一个国际禁毒公约《海牙国际禁止鸦片公约》签订。此后，国际禁毒合作与国际禁毒立法发展迅速，国际社会先后制定了一系列禁毒国际公约。20 世纪 90 年代中期，国际社会有关毒品和毒品犯罪的国际公约、协定及议定书约 17 个。其中最重要的有三个：1961 年《麻醉品单一公约》（简称《61 公约》）、1971 年《精神药物公约》（简称《71 公约》）和《联合国禁止非法贩运麻醉药品和精神药物公约》（简称《88 公约》）。经全国人大常委会批准，我国于 1985 年 6 月 12 日加入《麻醉品单一公约》《精神药物公约》，1989 年 9 月 4 日加入《联合国禁止非法贩运麻醉药品和精神药物公约》。我国政府依据这些国际公约，加强对麻醉药品、精神药物的控制，开展国际禁毒合作。

鉴于麻醉品的滥用和非法贩运问题已成为世界范围日益严重的祸害，根据联合国大会 40/122 号决议，联合国于 1987 年 6 月 17 日至 26 日在维也纳召开“麻醉品滥用和非法贩运问题国际会议”。有 139 个国家和地区派出 3000 多名代表参加这次国际禁毒会议，其中有 82 个国家派出副部长以上高级人士参加，还有 173 个国际组织的代表与会。这次会议通过了《控制麻醉品滥用今后活动的综合性多学科纲要》等文件。26 日会议结束时，与会代表一致通过决议，从 1988 年开始将每年的 6 月 26 日定为“国际禁毒日”，以引起世界各地对毒品问题的重视，同时号召全球人民共同来解决毒品问题。同年 12 月，第 42 届联合国大会通过决议，决定把每年的 6 月 26 日定为“禁止药物滥用和非法贩运国际日”（即“国际禁毒日”）。

1990 年 2 月 20 日至 23 日，国际合作取缔麻醉药品和精神药物非法生产、供给、需求、贩运和分销问题的联合国大会禁毒特别会议在纽约举行，包括中国在内的一百多个国家派团参加，会议通过了《政治宣言》和《全球行动纲领》。这些纲领和宣言对于促使世界各国加大对毒品犯罪的打击力度，严惩国际毒品犯罪，具有极为重要的作用。

中国开展的国际合作路径主要是在联合国毒品与犯罪问题办公室协调下进行国际禁毒合作，开展基于政府间国际组织合作、中国和地区组织的禁毒合作、多边国家地区的禁毒合作、中国和其他单个国家的禁毒合作、与国际刑事警察组织的禁毒合作，以及基于边境地区的禁毒合作等。1992 年以后，中国政府同许多国家签署了双边和多边禁毒合作协议。截至 2020 年 6 月，中国已经与 81 个国家缔结了引渡条约、司法协助条约，与 56 个国家和地区签订金融情报交换合作协议，资产返还与分享协定 169 项。

这些国际条约属于我国禁毒法律体系的重要组成部分，我国有责任和义务遵守和执行。因此上述条约的主要内容已经内化为国内禁毒法。执行禁毒国内法实际就是履行国际禁毒条约的义务。

九、其他禁毒规范性文件

其他禁毒的规范性文件是指与禁毒有关的部门（主要包括公、检、法、司，以及卫健、海关等部门）依法制定的有关禁毒的规范性文件。

这些部门制定的禁毒规范性文件有两类：一是制定禁毒法规或规章具体实施的细则或操作方法，属于禁毒法规或规章组成部分或附带内容。例如，公安部关于印发《公安机关戒毒法律文书（式样）的通知》等。二是依职权制定禁毒规范性文件。此类文件在禁毒活动中运用广泛，数量很多，已经成为禁毒人员执行职务的直接依据。例如国家禁毒办等 12 部门印发的《关于加强禁毒社会工作人才队伍建设的意见》，教育部《中小学生毒品预防专题教育大纲》等。

第三节 禁毒法学与其他相关学科的关系

一、禁毒法学与刑法学的关系

从部门法的角度看，禁毒法律体系主要由刑事法、行政法两部分组成。我国现行的禁毒刑法主要是指《刑法》第 347 条到第 357 条对“走私、贩卖、运输、制造毒品罪”“非法持有毒品罪”“包庇毒品犯罪分子罪”“窝藏、转移、隐瞒毒品、毒赃罪”“非法生产、买卖、运输毒物品、走私制毒物品罪”“非法种植毒品原植物罪”“非法买卖、运输、携带、持有毒品原植物种子、幼苗罪”“引诱、教唆、欺骗他人吸毒罪”“强迫他人吸毒罪”“容留他人吸毒罪”“非法提供麻醉药品、精神药品罪”“妨害兴奋剂管理罪”等罪名及刑罚规定，以及最高人民法院、最高人民检察院就毒品犯罪审判和检察业务所做出的司法解释等。

禁毒法学的主要研究对象是禁毒法，禁毒法的立法目的是为了预防和惩治毒品违法犯罪行为，保护公民身心健康，维护社会秩序。因此，毒品犯罪的预防和惩治是禁毒法所规定的一项重要内容。

刑法学是关于研究犯罪、刑事责任和刑罚的法律规范的总称。其研究的是犯罪和刑罚，及其刑事责任。其注重的是犯罪的法律特征及犯罪与刑罚之间的相互关系。根本任务在于系统地解释刑法规范，并把生活中的实际案情准确地归属于刑法规范。“刑法学，将犯罪与刑罚间之关系，由成文法之立场，作为法律规范加以规定及解释……其主要任务，乃阐明现行刑法之意义及内容，以助刑事司法及刑事行政之完成。”（张甘妹，1980）

禁毒法学中涉及到刑事犯罪的相关问题，需要依据刑法来解决，因此禁毒法将毒品犯罪和刑罚作为研究的重要内容之一，运用刑法的基本理论来解决毒品犯罪的定罪量刑问题。刑法是禁毒法的保障法，是对毒品违法犯罪行为的最后一道防线，也是对毒品犯罪行为给予的强制性最严厉的制裁手段。因此，禁毒法是既有别于刑法的有关禁毒的单行法律，同时又以刑法为依托、为保障，与刑法密切联系。禁毒法和刑法共同为预防和遏制毒品犯罪现象起到积极的作用。

二、禁毒法学与行政法学的关系

行政法学是以行政法以及与行政相关的社会关系为研究对象的一门法律科学。行政法是指调整规定行政主体享有并行使行政权力和实施行政活动过程所产生的关系，以及对行政权力和行政活动进行监督与救济过程所产生关系的法律规范的总称。具体来说，是有关行政的主体、权限、行为、程序、违法及救济的法律规范的总称。这一定义包含两层意思，第一，行政法是一类法律规范的总称；第二，这一系列法律规范是围绕着行政权力的法律规范，包括四个方面：行政法是设定与配置行政权力的法、行政法是规范行政权力行使与运用的法、行政法是监督行政权力的法、行政法是对行政权力产生的后果进行补救的法。

我国禁毒法律体系中禁毒行政法律法规种类繁多、内容丰富、自成体系。如《麻醉药品和精神药品管理条例》《戒毒条例》等大量的禁毒法律、法规、规章、条例及禁毒规范性文件等。从行政法的法源就可看出行政法学与禁毒法学的关系非常密切。禁毒法学中所包含的禁毒法律法规等大部分都属行政法的范畴。所以禁毒法学的部分内容属于行政法学的一个分支。禁毒行政法律法规在禁毒法体系中所占据的重要地位使其成为禁毒工作重要的法律依据，对在禁毒工作中维护社会秩序和公共利益，监督行政主体，防止行政权力的违法和滥用，保护公民、法人或其他组织的合法权益起到了积极的作用。

三、禁毒法学与诉讼法学的关系

禁毒法学中所包含的广义的禁毒法，除了大部分归属于行政法范畴，另一部分有关毒品犯罪的问题都归属到刑事法的领域，这都属于实体法范畴。在实践中，禁毒工作既要发挥实体法的作用，同时也要发挥程序法的功能。在发挥程序法的功能的过程中，禁毒工作主要依据行政诉讼法和刑事诉讼法来进行，因此禁毒法学与行政诉讼法学和刑事诉讼法学的关系尤为紧密。

行政诉讼是个人、法人或其他组织认为国家机关作出的行政行为侵犯其合法权益而向法院提起的诉讼。行政诉讼法是法院审理行政案件和行政诉讼参加人（原告、被告、代理人等）进行诉讼活动必须遵守的准则。它规定法院审理行政案件程序方面的法律规范和行政诉讼参加人行使权利、承担义务的各种法律规范，是现代国家据以建立行政诉讼制度的法律依据。维护和监督行政机关依法行使行政职权，从而根据宪法的规定制定的程序性法律。

面对一些违法行为的处理，既要求做到依法行政，同时也赋予行政相对人自身权利保障的法律救济途径。例如，《禁毒法》第40条规定："公安机关对吸毒成瘾人员决定予以强制隔离戒毒的，应当制作强制隔离戒毒决定书，在执行强制隔离戒毒前送达被决定人，并在送达后二十四小时以内通知被决定人的家属、所在单位和户籍所在地公安派出所"。"被决定人对公安机关作出的强制隔离戒毒决定不服的，可以依法申请行政复议或者提起行政诉讼。"此规定既规范了公安机关的执法行为，同时赋予了强制隔离戒毒人员对强制隔离戒毒决定机关的具体行政行为不服，可依法向人民法院提起行政诉讼的权利，由人民法院依法裁判，这是强制隔离戒毒人员享有的法律救济手段，有助于保障公民的合法权益，维护和促进强制戒毒机关的依法行政，不断提高行政水平，具有十分重要的意义。因此，禁毒工作既要依据行政法，也要依靠行政诉讼法做保障。

另外，在禁毒工作中，除了一般的毒品违法活动之外，对社会危害性比较严重的就是毒品犯罪问题。在对犯罪的打击过程中，主要依据刑法和刑事诉讼法来进行。我国台湾学者陈朴生先生曾有过一段精辟的论述，他说："刑事诉讼法乃规定国家行使刑罚权之程序的法规之谓，与刑法之规定国家刑罚权之实体的事项，其性质虽不相同；然何种行为构成犯罪，对该犯罪应科以何种刑罚，应依刑法之规定；而犯罪事件发生时，对之应如何侦查，如何起诉，如何审判及如何执行，换言之，即刑罚权应如何行使，其程序则是依刑事诉讼法之规定，故学者间并称刑法与刑事诉讼法为刑事法"（陈朴生，1970）。因此，刑法学与刑事诉讼法学是实体法学与程序法学的关系，两者同属于刑事法学范畴。刑法学研究犯罪、刑事责任、刑事处罚问题，属于实体法学；刑事诉讼法学则研究证实犯罪、揭露犯罪、追究犯罪的程序、步骤、方式方法等问题。而对任何犯罪包括毒品犯罪的打击都必须以刑事诉讼法所规定的程序来进行，这是程序法治的基本要求。

因此，对毒品违法犯罪的打击离不开行政诉讼法和刑事诉讼法，禁毒法学与行政诉讼法学和刑事诉讼法学相互依赖，密不可分。

第二章　我国禁毒立法历史沿革

1728年（雍正六年），广东碣石总兵苏明良奏陈严禁贩卖鸦片以拯救民生折。1729年（雍正七年），雍正皇帝在福建巡抚刘世明奏折上关于禁烟问题做了朱批。1729年清朝雍正皇帝颁布了第一个禁烟诏令《兴贩鸦片及开设烟馆之条例》。在这一法令中，首次提出了用刑罚手段来惩治贩卖、教唆或引诱他人吸食鸦片的行为，并加重了对管理官吏的责任。该条例为世界上第一个禁烟令，它标志着禁毒史的开始，也标志着禁毒立法史的开始。

第一节　晚清以来两次禁烟运动伴生的禁烟立法

一、我国禁毒史上第一部禁烟法典

从我国近代禁毒史看，自晚清至新中国成立初期，为减轻和控制烟毒危害，清政府、民国政府先后发动了两次大规模的禁烟运动，即以晚清林则徐“虎门销烟”为标志的第一次禁烟运动和清末民初的第二次禁烟运动。伴随着这两次禁烟运动，我国禁毒立法得到了渐进式发展。

道光皇帝即位起即颁布了一系列查禁鸦片的谕旨，采取打击鸦片走私、惩办烟贩、拔除罂粟植物、清除烟田、统一各地督抚禁烟思想认识等一系列措施，禁种、禁贩、禁运、禁吸鸦片，取得了一定成效。道光十九年（1839年）五月初五日，道光皇帝下谕旨颁布《查禁鸦片章程》。该章程共39条，集历次禁烟法令之大成，是清朝时期一部系统、全面的单行禁烟法。该章程有以下特点：

1．规定的烟毒犯罪罪名全面。该章程规定的烟毒犯罪有：输入鸦片罪、种植罂粟罪、制造烟土罪、贩卖烟土罪、吸食鸦片罪、开设烟馆罪、制造鸦片烟具罪等。

2．科以烟毒犯罪刑严罚峻。该章程规定了对于设窑口，勾通外洋，囤积鸦片的首犯处以斩枭（砍头悬挂示众）；对沿海员弁、兵丁受贿放纵，开设烟馆的首要分子处绞立决（清朝的一种死刑立即执行制度）；对开设窑口，勾通外洋，囤积鸦片的从犯、同谋及接引护主犯；兵役匪棍以查烟为由，肆行抢夺，赃120两以上的；栽种罂粟，制造烟土及贩烟5至6两，或兴贩鸦片多次者的首犯处绞监候（清朝的一种死刑缓期执行制度）。

3．确立了自首从轻制度。该章程第 9 条规定：“事未发而自首者，免罪；闻拏自首者减一等。”意思是说，实施烟毒犯罪在没有被发现的时候投案自首的，免于追究；如果犯罪后已被知晓且得知有人要来抓的时候投案自首的，不免予处罚，但减轻一等判刑。

4．确立了连带责任制度。该章程第 22 条规定：“同居子弟，有吸烟者，家长照不能禁约子弟为窃，治罪。”这就是说，家长虽未吸食鸦片，但对与其住一起的子弟吸食鸦片的行为，应负刑事责任。即按家长不能禁约子弟为窃的犯罪处罚。

5．官吏皇室犯罪与民同罪。该章程第 14 条规定：“吸烟人犯，均予限一年六个月，限满不知悔改，无论官民，概拟绞监候。”第 24 条的规定：宗室觉罗吸食鸦片，如超过一年六个月期限不改者，也要按上述规定判处绞监候。

尽管清政府采取了禁毒的政策，但并未能够遏止住吸毒现象蔓延的势头。在鸦片战争爆发前夕，吸食鸦片者可能超过 2500 万人。吸食鸦片的人包括各个社会阶层，上至官僚缙绅，下至贩夫走卒。

二、晚清政府的禁烟立法

清末，在施行新政的背景下，1906 年 9 月清政府提出“十年禁烟计划”，开始了清政府的第二个禁烟时期。清政府颁布《禁烟章程十条》，此后又连续发布《稽核禁烟章程》《禁烟查验章程》《禁烟议叙议处章程》《购烟执照章程》《管理售卖膏土章程》等专门法令。1907 年所定《新刑律》专列鸦片烟罪。1909 年 10 月民政部与修订法律大臣又会订《禁烟罚惩条例》。此外，清政府还加强了禁烟国际合作，例如 1907 年签订了《中英禁烟条约》，1909 年在上海召开万国禁烟会议，形成了决议案九款，相对完备的禁毒法律体系初步形成。清末的禁烟运动取得一定成效，而完善的禁毒立法是一个不能忽视的重要原因。

从清代禁毒立法和实践看，我国是世界上颁布禁毒法令最早、最多的国家，也是禁毒法律体系最为严密的国家。这些禁烟立法和实践客观上为我国禁毒法制的发展与完善积累了宝贵经验。

三、民国时期的禁烟立法

辛亥革命胜利后，民国政府继续推行禁烟政策。1912 年 3 月 2 日孙中山发布“总统禁烟文告”，通令全国禁止鸦片，指出“烟毒之害甚于敌国外患”。袁世凯窃国之后，继续实行禁烟政策，除了继续沿用清朝禁毒法令，还发布了一些新的禁烟法令，并批准了《海牙禁烟公约》。民国初年的禁烟包括禁种、禁运、禁售和禁吸四个方面，主要法令有《暂行新刑律》《禁种罂粟条例》《吗啡治罪条例》等。

南京国民政府重视禁烟立法。初期所颁布的禁烟法令主要有：《禁烟暂行章程》（1927 年 9 月）《修正禁烟条例》（1927 年 11 月）《中华民国刑法》（1928 年）《禁烟法》（1928 年 9 月）《禁烟法施行条例》（1928 年 9 月）《厉行禁绝鸦片及其他代用品实施办法》（1929 年 6 月）《修正禁烟法》（1929 年 7 月）等。

1935 年，国民政府推出“六年禁烟计划”，这一时期，发布了大量禁烟法令。仅在六年禁烟初期（1935—1937 年）所颁布的重要禁烟法令就有近 30 项。具有代表性的如《禁烟实施办法》（1935 年 4 月）《禁毒实施办法》（1935 年 4 月）《检举烟民登记办法》（1936 年）等。在六年禁烟后期（1938—1941 年）颁布的重要禁烟法令也有十余项。具有代表性的如《修正禁烟治罪暂行条例》（1938 年 4 月）《修正禁毒治罪暂行条例》（1938 年 4 月）《检查各省市烟民暂行办法》（1939 年 10 月）等。抗战时期国民政府迁都重庆后，国民政府又制定了“三年禁烟善后计划”，在此期间继续完善了有关禁烟法令。

第二节　20 世纪 30 年代至 70 年代中国共产党领导的禁烟立法

一、根据地（解放区）政权时期的禁烟立法

中国共产党历来坚持严厉禁毒的方针，早在根据地时期就发布了不少的禁毒法令。抗战期间，中国共产党领导的抗日根据地政权根据国民政府颁布的禁烟毒法令，结合根据地的特殊情况，制定颁布了一系列禁毒禁烟法令。主要有：《陕甘宁边区禁烟毒条例（草案）》（1935 年）《晋察冀边区行政委员会关于严禁播种罂粟的命令》（1939 年 2 月 19 日公布）《晋冀鲁豫边区毒品治罪暂行条例》（1941 年 7 月 15 日施行）《晋西北禁烟治罪暂行条例》（1941 年 1 月 1 日公布）《陕甘宁边区查获鸦片毒品暂行办法》（1942 年 1 月公布）《山东省禁毒治罪暂行条例》（1943 年 5 月 1 日施行）。

抗战胜利后至新中国成立前，中国共产党领导的根据地（解放区）政权的禁烟立法主要有：《晋察冀边区鸦片缉私暂行办法》（1945 年 11 月 12 日公布）《苏北区禁烟禁毒暂行办法》（1949 年 9 月 23 日）《辽吉区禁烟禁毒条例》（1946 年 8 月 25 日公布）《辽吉区查获鸦片毒品暂行办法》（1946 年 8 月 25 日公布）《华北区禁烟禁毒暂行办法》（1949 年 7 月 16 日）《绥远省戒吸毒品暂行办法》（1949 年 8 月 20 日）。这些禁烟立法囿于客观的历史条件，并未建立起系统完整的禁毒法律体系。但是，这些立法中反映的一些政策却为以后的禁毒立法提供了参考。

二、新中国成立初期至70年代末期我国的禁烟立法

新中国成立后，鉴于全国严峻的烟毒形势，中国共产党及中央人民政府随即开展了轰轰烈烈的禁毒禁烟运动，并制定发布了不少禁毒法令。如：《关于严禁鸦片烟毒的通令》（1950年2月24日），规定了全国的禁毒纲领。中央批准了公安部《关于开展全国规模的禁毒运动的报告》（1952年7月30日）。同年10月，政务院又通过了《惩治毒犯条例（草案）》18条。在中央禁烟立法的同时，各大行政区也配套发布了相关禁毒法令，如《西南军政委员会关于禁绝鸦片烟毒的实施办法》（1950年7月31日通过，1950年12月19日修正）《西南区禁绝鸦片烟毒治罪暂行条例》（1952年12月28日西南军政委员会公布）《内蒙古自治区禁绝鸦片烟毒实施办法》（1951年4月14日内蒙古自治区人民政府颁发）《关于严禁鸦片烟毒及其他毒品的命令》（1952年2月9日东北人民政府发布）《西北军政委员会关于禁绝鸦片烟毒的实施办法》《华北区禁烟禁毒暂行办法》《东北禁烟禁毒贯彻实施办法》等。尽管新中国成立初期的禁毒立法由于历史的原因，其规范性和立法技术尚未得到充分体现，但却为这一时期开展的禁毒禁烟运动和打击毒品犯罪分子提供了有力的保障。

自1950年2月24日政务院发布《关于严禁鸦片烟毒的通令》后，全国开展了声势浩大的禁烟运动，短短三年就禁绝了危害我国百余年的鸦片危害。1953年，我国政府向全世界宣告我国为无毒国，新中国能在短短三年内禁绝毒品，禁毒立法及其实践起到了积极作用。

20世纪60年代初期以后，私种罂粟和贩毒在部分地区出现反复。针对这一现象，1963年5月26日中共中央颁布了《中央关于严禁鸦片、吗啡毒害的通知》，规定严惩私藏毒品、吸食毒品、种植罂粟、私设地下烟馆、贩卖毒品等犯罪行为；规定对吸毒犯应强制戒毒，对已吸食鸦片或打吗啡针等毒品成瘾者，必须指定专门机构严加管制，在群众监督下，有计划、有组织、有步骤地限期强制戒除，在吸毒严重的地区可以集中戒除；规定凡自己吸食毒品，但自动交出毒品并坦白交代其犯罪行为者，可从宽处理。1973年1月13日国务院又颁发了《关于严禁私种罂粟和贩卖、吸食鸦片等毒品的通知》，通知重申了1950年《关于严禁鸦片烟毒的通令》，要求发动群众同私种罂粟和贩卖、吸食鸦片等毒品违法犯罪行为作斗争，规定严惩偷运、贩运毒品犯罪行为，对吸毒者实行强制戒毒。

总体来看，新中国成立初期至70年代末期，我国的禁烟禁毒立法形式主要有：党的政策、指示，政务院（国务院）及其所属部门的通令、通知、指示，大行政区的条例、指示、命令、通知、办法，省、市、自治区政府的公告、决定、办法，最高人民法院的司法文件。

第三节　改革开放以来我国的禁毒立法

一、改革开放以来禁毒立法概况

我国实行改革开放以来，随着毒品问题的死灰复燃和蔓延之势，党和政府高度重视毒品问题和禁毒立法，加快禁毒立法的步伐，制定颁布了一系列法律、法规，禁毒法制建设取得重大进展。初步形成了以禁毒法为核心、行政法规为主体、刑事法律为保障、地方性法规为补充相配套的禁毒法律体系，为开展禁毒斗争提供了有力的法律武器。并与缅甸、泰国等 14 个国家签署了国际禁毒合作谅解备忘录。截至 2020 年 6 月，中国已经与 81 个国家缔结了引渡条约、司法协助条约，与 56 个国家和地区签订金融情报交换合作协议，资产返还与分享协定 169 项。

1979 年 7 月 1 日第五届全国人民代表大会第二次会议通过的《刑法》第 171 条，专门规定了制造、贩卖、运输毒品罪及其刑罚。20 世纪 70 年代末 80 年代初，随着新一轮国际毒潮泛滥，特别是由于我国西南边境毗邻世界主要的毒源地之一的“金三角”，境外贩毒势力利用我国改革开放之际，竭力开辟中国贩毒通道，过境贩毒引发了毒品问题的死灰复燃。对此，以邓小平同志为核心的第二代中央领导集体高度重视，1981 年、1982 年连续发布了《关于重申严禁鸦片烟毒的通知》《关于禁绝鸦片烟毒问题的紧急通知》。国务院为云南省增加了公安缉毒编制 1000 人。公安部在云南等西南边境地区开展了以堵源截流为主、打击过境贩毒的区域性禁毒斗争，并把打击毒品违法犯罪作为 1983 年全国严打斗争的重要内容。

20 世纪 90 年代，第三代中央领导集体对毒品问题非常重视。中央政治局常委会两次专题研究禁毒工作。1990 年 12 月，第七届全国人大常委会第十七次会议通过了《关于禁毒的决定》，对毒品犯罪的定罪量刑做出了明确规定。1997 年 3 月，第八届全国人民代表大会第五次会议修订了《刑法》，增加了惩处走私、贩卖、运输、制造毒品罪的专门章节，进一步完善了打击毒品犯罪的刑事法律。1990 年，国务院成立了国家禁毒委员会。1995 年，国务院颁布了《强制戒毒办法》，2000 年，国务院新闻办发表了《中国的禁毒》白皮书。国家禁毒委员会三次召开全国禁毒工作会议，部署开展了全国禁毒专项斗争、打击冰毒犯罪和加强易制毒化学品管理专项整治、创建“无毒社区”等工作。1998 年 5 月至 7 月，国家禁毒委员会举办了以“珍爱生命、拒绝毒品”为主题的全国禁毒展览，产生了巨大的社会反响。

第四代中央领导集体从落实科学发展观、构建社会主义和谐社会的高度，全面加强了禁毒工作。2004 年 4 月 15 日，胡锦涛同志主持召开中央政治局常委会，专题研究禁毒工作。中共中央、国务院下发了《国家禁毒委员会 2004—2008 年禁毒工作规划》。十届全国人大把《禁毒法》作为重大立法事项。国务院颁布了《易制毒化学品管理条例》、《麻醉药品和精神药品管理条例》。2004 年 6 月，国家禁毒委员会在云南昆明召开全国禁毒工作会议，确定了“禁吸、禁贩、禁种、禁制并举，预防为本，综合治理”的禁毒工作方针，在全国部署开展了打击“金三角”毒品入境和跨区域贩毒活动专项行动、遏制毒源专项行动、全国扫毒行动。

2005 年 4 月 14 日，在全国开展以禁毒预防战役、禁吸戒毒战役、堵源截流战役、禁毒严打战役、禁毒严管战役为主要内容的禁毒人民战争，要求各地充分发动各种社会力量，整合各种社会资源，采取各种有效措施，着力解决当前我国突出的毒品问题。2007 年 6 月 22 日，在深化全国禁毒人民战争电视电话会议上，要求各地区、各有关部门要深入贯彻落实党中央、国务院关于禁毒工作的一系列方针、政策，推动禁毒人民战争不断向纵深发展，巩固、扩大海洛因治理成果，坚决遏制新型毒品的蔓延，有效防止易制毒化学品和麻醉药品、精神药品流入非法渠道，努力实现我国禁毒斗争形势的持续好转。

2007 年，全国禁毒部门认真贯彻落实胡锦涛同志等中央领导的重要指示精神，按照国家禁毒委员会的统一部署，以禁毒预防、禁吸戒毒、堵源截流、禁毒严打、禁毒严管五大战役为重点，紧紧依靠广大人民群众，广泛深入地开展禁毒人民战争，有效遏制了毒品来源、毒品危害和新吸毒人员的滋生，对我国危害最大的海洛因问题得到有效治理，禁毒斗争形势明显好转。2008 年 6 月 1 日，《禁毒法》施行。2011 年 6 月 26 日国务院《戒毒条例》施行。

2012 年党的十八大以来，以习近平同志为核心的党中央高度重视禁毒工作，多次作出重要指示。2014 年 7 月，中共中央、国务院印发《关于加强禁毒工作的意见》。2015 年 9 月 24 日，公安部等 4 部门印发《非药用类麻醉药和精神药品列管办法》，同时发布《非药用类麻醉药和精神药品增补目录》，此后多次增补精神药品目录和非药用类麻醉药和精神药品增补目录。2015 年国家禁毒办印发了《全国青少年毒品预防教育规划（2016-2018）》《全国社区戒毒社区康复的工作规划（2016-2020）》。2019 年国家禁毒委员会印发《关于加强新时代全民禁毒宣传教育工作的指导意见》等。2020 年 6 月，习近平总书记指出：当前境内和境外毒品问题、传统和新型毒品危害、网上和网下毒品犯罪相互交织，对群众生命安全和身体健康、对社会稳定带来严重危害，必须一如既往、坚决彻底把禁毒工作深入进行下去。各级党委和政府要坚持以人民为中心的发展思想，以对国家、对民族、对人民、对历史高度负责的态度，坚持厉行禁毒方针，打好禁毒人民战争，完善毒品治理体系，深化禁毒国际合作，推动禁毒工作不断取得新成效，为维护社会和谐稳定、保障人民安居乐业作出新的更大贡献。

二、禁毒立法历程

1979年7月1日，第五届全国人民代表大会第二次会议通过的《刑法》第171条，专门规定了制造、贩卖、运输毒品罪及其刑罚。

20世纪80年代，全国人民代表大会常务委员会陆续颁布了《关于严惩严重破坏经济的罪犯的决定》（1982年3月8日第五届全国人大常委会第二十二次会议通过）《治安管理处罚条例》（1986年9月5日第六届全国人民代表大会常务委员会第十七次会议通过）《海关法》（1987年1月22日第六届全国人民代表大会常务委员会第十九次会议通过）《关于惩治走私罪的补充规定》（1988年1月21日第六届全国人大常务委员会第二十四次会议通过）等法律，进一步对惩治毒品违法犯罪作出规定，并将严重毒品犯罪的法定最高刑提高到死刑。

1990年12月18日，第七届全国人民代表大会常务委员会第十七次会议通过的《关于禁毒的决定》，对毒品犯罪的种类及其刑罚，对吸毒人员的处罚和强制戒毒等，作了全面规定，并明确规定了我国对走私、贩卖、运输、制造毒品犯罪的普遍管辖权。

1997年3月14日，第八届全国人民代表大会第五次会议对《刑法》进行了修订，在吸收、保留《关于禁毒的决定》主要内容的基础上，对毒品犯罪的法律规定作了重要修改和补充，使中国的禁毒刑事立法进一步得到加强。最高人民法院、最高人民检察院对修订后的刑法作出了相关司法解释。

2005年8月28日，第十届全国人民代表大会常务委员会第十七次会议通过并公布，于2006年3月1日起施行的《治安管理处罚法》，对轻微涉毒违法行为及其法律责任作了规定。

2007年12月29日，《禁毒法》经第十届全国人民代表大会常务委员会第三十一次会议审议通过，并于2008年6月1日起施行。该法的颁布实施，对于进一步预防和打击毒品违法犯罪行为、维护社会治安秩序、保护公民身心健康将发挥重要作用。该法共七章71条，对禁毒工作的体制机制、禁毒宣传教育、毒品管制、戒毒措施、禁毒国际合作、法律责任等作了规定，确立了“预防为主，综合治理，四禁并举的方针”；明确了戒毒康复场所的法律地位；对戒毒工作体制进行了重大改革，规定了社区戒毒、强制隔离戒毒、社区康复等戒毒程序。为保障《禁毒法》如期顺利实施，国家禁毒办组织起草、最终由国务院颁布施行《戒毒条例》等配套法规。

我国重视并加强对麻醉药品和精神药品的立法监管。为此颁布的法律、法规和规章多达30余项。具有代表性的如：1984年9月，第六届全国人民代表大会常务委员会第七次会议通过《药品管理法》，其中第39条规定：国家对麻醉药品、精神药品实行特殊的管理办法。1987年和1988年，国务院先后发布《麻醉药品管理办法》和《精神药品管理办法》，分别对麻醉药品和精神药品的生产、供应、运输、使用、进出口的管理作出了明确规定。国务院发布的《强制戒毒办法》（1995年），卫生部发布的《戒毒药品管理办法》（1995年），公安部发布的《强制戒毒所管理办法》（2000年）、司法部发布《劳动教养戒毒工作规定》（2003年），使戒毒工作有法可依。2003年，为推进特殊药品法规建设，国家食品药品监督管理局组织修订了《麻醉药品管理办法》和《精神药品管理办法》。2005年8月，国务院颁布了《麻醉药品和精神药品管理条例》（1987年11月28日国务院发布的《麻醉药品管理办法》和1988年12月27日国务院发布的《精神药品管理办法》同时废止），为进一步规范和加强麻醉药品和精神药品的管理，打击违法犯罪活动提供了较为完善的法律依据。2006年1月18日，国务院第一百二十二次常务会议通过并公布的《娱乐场所管理条例》，对娱乐场所及其从业人员实施贩卖、提供毒品，或者组织、强迫、教唆、引诱、欺骗、容留他人吸食、注射毒品行为及其法律责任作了规定。

这一时期，为防止易制毒化学品流入非法渠道，打击有关违法犯罪活动，我国立法机构和政府还发布了一系列严格管制易制毒化学品的法规和规章。《刑法》、《海关法》和全国人民代表大会常务委员会《关于禁毒的决定》，都对非法买卖、走私易制毒化学品和麻黄素等用于制造毒品的原料及配剂的犯罪行为规定了严厉的处罚条款。2005年8月，国务院颁布了《易制毒化学品管理条例》为进一步规范和加强易制毒化学品管理，打击违法犯罪活动提供了较为完善的法律依据。同月，商务部、公安部、海关总署、国家安全生产监督管理总局、国家食品药品监督管理局联合出台了《向特定国家（地区）出口易制毒化学品暂行管理规定》，加强了对向“金三角”地区有关国家出口58种易制毒化学品的严格管理。

此外，云南、贵州、四川、广东、广西、甘肃、陕西、黑龙江、宁夏、江苏、上海、北京等地方人大，也从实际出发，制定了地方性禁毒法规。

三、禁毒立法体系及特点

改革开放四十多年来，我国逐步建立了以行政法为主体、地方立法为补充、刑法为保障的禁毒立法体系。主要法律形式有：刑事法律、行政法律、行政法规、部门规章及其规范性文件、“两高”司法文件、地方性立法及其规范性文件、民族自治地方立法，我国批准、签署的反毒国际公约和条约等。

（一）禁毒法律

1. 禁毒综合法律

《禁毒法》（2007年12月29日第十届全国人民代表大会常务委员会第三十一次会议通过，国家主席第79号令公布，自2008年6月1日起施行），共七章71条。总则明确了禁毒的方针、体制、机制等问题；宣传教育规定了国家与地方政府、有关部门、场所和家长的责任；毒品管制部分规定了对制毒物品、易制毒化学品和毒品原植物，及麻醉药品和精神药品的管制制度；戒毒措施确立了自愿戒毒、社区戒毒、强制隔离戒毒、社区康复四项制度；国际合作规定了合作机关、合作原则、特别原则等；法律责任规定了违反禁毒法应当承担的责任；附则规定了生效日期和废止《关于禁毒的决定》。

2. 与禁毒有关的其他法律

我国与禁毒有关的法律主要有：《药品管理法》（1984年9月20日第六届全国人民代表大会常务委员会第七次会议通过，2001年2月28日第九届全国人民代表大会常务委员会第二十次会议修订，根据2013年12月28日第十二届全国人民代表大会常务委员会第六次会议《关于修改中华人民共和国海洋环境保护法等七部法律的决定》修正，根据2015年4月24日第十二届全国人民代表大会常务委员会第十四次会议《关于修改中华人民共和国药品管理法的决定》修正，2019年8月26日第十三届全国人民代表大会常务委员会第十二次会议于修订通过，自2019年12月1日起施行），该法第32条第4款、第49条、第61条第2款和第112条就麻醉药品、精神药品的生产、经验和管理作出了具体规定。

1986年9月5日公布的《治安管理处罚条例》，该《条例》曾于1994年5月12日被修订，后被2005年8月28日公布的《治安管理处罚法》替代。（2005年8月28日第十届全国人民代表大会常务委员会第十七次会议通过，2005年8月28日中华人民共和国主席令第38号公布，自2006年3月1日起施行。根据2012年10月26日第十一届全国人民代表大会常务委员会第二十九次会议通过，2012年10月26日中华人民共和国主席令第67号公布，自2013年1月1日起施行的《全国人民代表大会常务委员会关于修改〈中华人民共和国治安管理处罚法〉的决定》修正）。《治安管理处罚法》第71～73条，对轻微涉毒违法行为及其法律责任作了规定。

《未成年人保护法》（1991年9月4日第七届全国人民代表大会常务委员会第二十一次会议通过，2006年12月29日第十届全国人民代表大会常务委员会第二十五次会议第一次修订，根据2012年10月26日第十一届全国人民代表大会常务委员会第二十九次会议《关于修改〈中华人民共和国未成年人保护法〉的决定》修正，2020 年 10 月 17 日第十三届全国人民代表大会常务委员会第二十二次会议第二次修订，自 2021 年 6 月 1 日起施行），第 11 条要求父母或其他监护人应当预防和制止未成年人吸毒。

《预防未成年人犯罪法》（1999 年 6 月 28 日第九届全国人民代表大会常务委员会第十次会议通过，根据 2012 年 10 月 26 日第十一届全国人民代表大会常务委员会第二十九次会议《关于修改〈中华人民共和国预防未成年人犯罪法〉的决定》修正，2020 年 12 月 26 日第十三届全国人民代表大会常务委员会第二十四次会议修订，2021 年 6 月 1 日起施行），第 38 条对未成年人吸食注射毒品、向他人提供毒品作了规定。

（二）禁毒刑事立法

1．1979 年《刑法》及 20 世纪 80 年代的三次修订补充

制定 1979 年《刑法》时，由于毒品犯罪和毒品问题并不突出，立法者对毒品犯罪的社会危害性及迅速扩散的趋势缺乏预见，所以只规定了一个罪名、量刑也较轻。第 171 条规定：制造、贩卖、运输鸦片、海洛因、吗啡或者其他毒品的，处五年以下有期徒刑或者拘役，可以并处罚金。一贯或者大量制造、贩卖、运输前款毒品的，处五年以上有期徒刑，可以并处没收财产。

20 世纪 80 年代初期，过境贩毒引发的毒品违法犯罪活动愈演愈烈，吸毒人数持续上升，毒品案件不断增多，毒品危害日益严重，禁毒形势日益严峻。在这种情况下，立法者连续以特别刑法的形式对刑法典做了三次补充修订：一是，1982 年 3 月 8 日全国人大常委会《关于严惩严重破坏经济的罪犯的决定》，将贩毒罪的最高法定刑提高至死刑，规定国家工作人员进行贩毒，情节严重的，从重处罚。二是，1987 年 1 月 22 日《海关法》规定单位犯罪，为惩治以单位名义走私毒品犯罪提供了法律依据。三是，1988 年 1 月 21 日全国人大常委会《关于惩治走私罪的补充规定》将走私毒品的最高法定刑提高至死刑。明确了走私毒品罪的量刑档次。

2．1990 年全国人大常委会《关于禁毒的决定》（以下简称《决定》）

《决定》以刑法规范为主，也有少量行政法规范。《决定》具有以下特点：一是采取列举和概括相结合的形式，规定了毒品的概念。二是全面规定了毒品犯罪的种类，规定了 12 种毒品犯罪罪名。三是对多次贩毒的，毒品数量累计计算，为打击“零星”贩毒提供了法律武器。四是规定了具体的量刑标准。五是对所有毒品犯罪都作了附加财产刑的规定（或附加罚金或附加没收财产）。六是对于利用、教唆未成年人走私、贩卖、运输、制造毒品的，从重处罚。引诱、教唆、欺

骗或者强迫未成年吸食、注射毒品罪的，从重处罚。七是对有关毒品犯罪累犯再犯，从重处罚。八是对吸毒行为予以行政处罚并强制戒毒。强制戒除后又吸食、注射的，可以实行劳动教养。九是明确规定了对毒品犯罪的普遍管辖权。

3. 从严惩处毒品犯罪的1997年《刑法》。该法规定了较为齐全的毒品犯罪种类，包括走私、贩卖、运输、制造毒品罪，非法持有毒品罪，窝藏、转移、隐瞒毒品、毒赃罪，走私制毒物品罪，非法买卖制毒物品罪（《刑法修正案（九）》将第350条走私制毒物品罪、非法买卖制毒物品罪两个罪名，修正为非法生产、买卖、运输制毒物品、走私制毒物品罪一个罪名），非法种植毒品原植物罪，非法买卖、运输、携带、持有毒品原植物种子、幼苗罪，非法提供麻醉药品、精神药品罪，妨害兴奋剂管理罪（《刑法修正案（十一）》）等12个罪名及其刑事责任，并对毒品洗钱犯罪行为作出处罚规定；对走私、贩卖、运输、制造毒品，无论数量多少，都要追究刑事责任，予以刑事处罚；毒品的数量以查证属实的走私、贩卖、运输、制造、非法持有毒品的数量计算，不以纯度折算；对毒品犯罪从经济上予以制裁。对毒品犯罪，规定了并处没收财产或罚金，旨在剥夺毒品罪犯的非法收益，摧毁其再次实施毒品犯罪的经济能力；对利用、教唆未成年人走私、贩卖、运输、制造毒品，或者向未成年人出售毒品的，引诱、教唆、欺骗或者强迫未成年人吸食、注射毒品的，因走私、贩卖、运输、制造、非法持有毒品罪被判过刑又有毒品罪行为的，从重处罚；对走私、贩卖、运输、制造毒品等严重的毒品罪犯处以死刑。我国在立法上对毒品犯罪从严惩处，是现实禁毒斗争的需要，表明了我国严厉禁毒的立场。

（三）禁毒行政法规

我国对麻醉药品和精神药品实行严格管制，限制其生产、经营、使用和进出口，防止流入非法渠道。1978年9月13日、1987年11月28日和1988年12月27日，国务院先后发布《麻醉药品管理条例》《麻醉药品管理办法》和《精神药品管理办法》。2003年，国家食品药品监督管理局组织修订了《麻醉药品管理办法》和《精神药品管理办法》。除此之外，1995年1月12日国务院公布《强制戒毒办法》。2005年8月，国务院颁布了《麻醉药品和精神药品管理条例》（1987年11月28日国务院发布的《麻醉药品管理办法》和1988年12月27日国务院发布的《精神药品管理办法》同时废止）。2005年8月17日，国务院第一百零二次常务会议通过《易制毒化学品管理条例》，自2005年11月1日起施行。2006年1月18日，国务院第一百二十二次常务会议通过并公布的《娱乐场所管理条例》。2011年6月22日，国务院第一百六十次常务会议通过《戒毒条例》。

（四）禁毒部门规章及其规范性文件

公安部门制定的规章及其规范性文件，主要涉及查缉、处罚、戒毒等方面的规定。如公安部、卫生部《关于严禁非法种植罂粟的通知》（1988年3月26日）；公安部《关于海南省公安厅对认定贩毒案件请示的批复》（1989年1月26日）；公安部《关于对吸毒者送劳动教养问题的批复》（1992年3月27日）；公安部《关于对用于毒品犯罪的他人财物是否应予没收的批复》（1992年8月4日）；公安部《关于坚决制止、查处在食品中掺用罂粟壳违法犯罪行为的通知》（1993年7月24日）；公安部《对〈关于铁路公安机关办理强制戒毒工作有关问题的请示〉的批复》（1996年2月16日）；公安部《关于贯彻执行〈强制戒毒办法〉有关问题的通知》（1996年5月30日）；公安部《公安机关强制隔离戒毒所管理办法》（2011年9月28日）；公安部、卫生部《吸毒成瘾认定办法》（2010年11月19日公安部部长办公会议通过，并经卫生部同意，现予发布，自2011年4月1日起施行。《关于修改〈吸毒成瘾认定办法〉的决定》已经2016年11月22日公安部部长办公会议通过，并经国家卫生和计划生育委员会同意，自2017年4月1日起施行）；公安部《吸毒检测程序规定》（2009年9月27日公安部令第110号发布，自2010年1月1日起施行。根据2016年12月16日公安部令第141号《公安部关于修改〈吸毒检测程序规定〉的决定》修订，自2017年1月1日起施行）。

卫生、医药部门制定的规章及规范性文件，主要规定了麻醉药品和精神药品生产、管理、使用制度以及戒毒医疗制度。主要包括：1995年6月18日卫生部发布的《戒毒药品管理办法》；1997年1月24日国家医药管理局、卫生部通过的《麻醉药品生产管理办法》；1998年10月30日国家药品监督管理局通过的《罂粟壳管理暂行规定》；1999年6月26日国家药品监督管理局发布的《戒毒药品管理办法》；1999年6月26日国家药品监督管理局发布的《麻黄素管理办法（试行）》；2001年2月1日国家食品药品监督管理局通过的《咖啡因管理规定》；2002年2月20日卫生部、国家药品监督管理局通过的《苯丙胺类兴奋剂及其相关障碍的诊断治疗指导原则》；2010年2月23日，卫生部发布的《药品类易制毒化学品管理办法》（自2010年5月1日起施行）；2010年1月5日卫生部、公安部、司法部联合制定、发布的《戒毒医疗服务管理暂行办法》，等等。

经济贸易部门制定的规定及其规范性文件主要涉及易制毒化学品管制。如：1988年10月对醋酸酐、乙醚、三氯甲烷三类可供制造海洛因等毒品的化学品实行出口管制；1993年1月，中国对《联合国禁止非法贩运麻醉药品和精神药物公约》所列举的22种易制毒化学品实行出口许可证管理；1996年6月，又规定对上述22种易制毒化学品实行进口许可证管理；1997年4月，外贸部门发布《易制毒化学品进出口管理暂行规定》，1999年12月正式发布《易制毒化学品进出口管理规定》；1992年至1998年，多次发布关于麻黄素管理方面的规定；1998年3月，国务院发出《关于进一步加强麻黄素管理的通知》，规定对麻黄素的生产、经营、运输、使用、出口实行专项管理；1998年12月，有关部门联合下发《关于加强麻黄素类产品出口管理有关问题的通知》，对麻黄素各种盐类、粗品、衍生物和单方制剂等12个品种全部实行出口管制；2002年3月29日，对外贸易经济合作部、公安部下发的《易制毒化学品进出口国际核查规定》以及2006年5月17日商务部第五次部务会议审议通过的《易制毒化学品进出口管理规定》，对易制毒化学品进出口管理作了严格规定。

20世纪90年代初、中期，全国禁毒工作领导小组发布过一系列规范性文件。主要有：1991年12月30日会同财政部《关于缉毒罚没收入列为禁毒专款的通知》、1992年12月30日《关于盐酸二氢埃托啡管理问题的复函》、1993年4月8日《关于滥用盐酸二氢埃托啡是否属于吸毒行为的批复》、1994年4月11日《关于加强天然咖啡因管理的通知》、1995年10月17日《关于执行〈戒毒药品管理办法〉的通知》。

除此之外，2010年7月16日国家禁毒委员会办公室、中共中央宣传部、中央对外宣传办公室、中央社会治安综合治理委员会办公室、公安部、教育部、卫生部、民政部、司法部、人力资源和社会保障部、商务部、文化部、国家工商行政管理总局、国家广播电影电视总局、国家新闻出版总署、全国总工会、共青团中央、全国妇联、禁毒办联合发布的《关于深化全民禁毒宣传教育工作的指导意见》，等等。

（五）禁毒的“两高”司法文件

最高人民法院和最高人民检察院对禁毒法律和涉毒案件适用下发过相关司法文件，其中以最高人民法院发布的居多。最高人民法院发布的司法文件主要有以下三类，其中以第三类居多。第一类是关于下放毒品犯罪死刑核准权（主要是从1991年至1997年五个授权性的《通知》），因为后来核准权的统一收回，现已全部失效。第二类是关于配合“严打”发布的几个司法文件。第三类是关于涉毒案件法律适用的司法解释性文件，按照发布时间先后顺序主要有：1986年3月5日会同最高人民检察院、卫生部、公安部《关于印发〈贩卖安钠咖毒品罪的案例〉的通知》、1987年7月15日《关于〈贩卖毒品死刑案件的量刑标准〉的答复》、1988年1月3日最高人民法院研究室《关于毒品犯罪问题的电话答复》、1990年5月9日最高人民法院研究室《关于如何处理没收毒品问题的电话答复》、1990 年 7 月 9 日会同最高人民检察院《关于非法种植罂粟构成犯罪的以制造毒品论处的规定》（已失效）、1991 年 1 月 3 日《关于严格执行〈全国人民代表大会常务委员会关于禁毒的决定〉严惩毒品犯罪分子的通知》、1991 年 12 月 17 日《关于十二省、自治区法院审理毒品犯罪案件工作会议纪要》、1992 年 1 月 11 日最高人民法院研究室《关于正确理解和执行全国人大常委会〈关于禁毒的决定〉第十三条规定的电话答复》、1992 年 5 月 18 日《关于已满十四岁不满十六岁的人犯走私、贩卖、运输、制造毒品罪应当如何适用法律问题的批复》、1994 年 12 月 20 日《关于执行〈全国人民代表大会常务委员会关于禁毒的决定〉的若干问题的解释》和 1995 年 11 月 9 日《关于办理毒品刑事案件适用法律几个问题的答复》等。因为关于具体量刑问题的司法文件不仅较多而且互相冲突，2000 年 6 月 6 日最高人民法院对《关于审理毒品案件定罪量刑标准有关问题的解释》进行了规范化。2001 年 12 月 26 日，最高法、最高检、公安部印发《办理毒品犯罪案件适用法律若干问题的意见》。2016 年 1 月 25 日由最高人民法院审判委员会第一千七百七十六次会议通过，《关于审理毒品犯罪案件适用法律若干问题的解释》，自 2016 年 4 月 11 日起施行。

最高人民检察院发布的司法文件主要有：1988 年 8 月 12 日《关于向他人出卖父辈祖辈遗留下来的鸦片以及其他毒品如何适用法律的批复》（已失效）、1991 年 4 月 2 日《关于贩卖假毒品案件如何定性问题的批复》、1996 年 11 月 28 日《关于盐酸二氢埃托啡是否属毒品及适用法律问题的批复》和 1997 年 6 月 10 日《关于加强毒品犯罪批捕起诉工作的通知》。

针对在办理毒品案件实践中遇到的一些突出法律问题，2007 年最高人民法院、最高人民检察院、公安部联合下发了《办理毒品犯罪案件适用法律若干问题的意见》，对毒品犯罪案件的管辖、毒品犯罪的主观明知、新型毒品定罪量刑以及毒品含量鉴定等问题做出了明确具体的规定，解决了多年制约禁毒执法工作的若干法律问题，为基层执法部门提供了有力的法律武器。起草了《审理制毒物品案件定罪量刑数量标准（草稿）》，为进一步开展易制毒化学品定罪量刑数量标准司法解释的制定工作打好基础。最高人民检察院《关于〈非药用类麻醉药品和精神药品管制品种增补目录〉能否作为认定毒品依据》的批复，于 2019 年 4 月 30 日实施。

（六）批准、签署的禁毒国际公约和条约

1985 年 6 月，我国批准加入联合国 1961 年《麻醉品单一公约》、1971 年《精神药物公约》。1989 年 9 月，中国批准加入《联合国禁止非法贩运麻醉药品和精神药物公约》。

1992年6月，中国、缅甸和联合国禁毒署在缅甸仰光签署《中国、缅甸和联合国禁毒署三方禁毒合作项目》。1993年10月，中国、缅甸、泰国、老挝和联合国禁毒署签署《禁毒谅解备忘录》，确定在次区域禁毒合作中保持高级别接触。1995年5月，中国、越南、老挝、泰国、缅甸、柬埔寨及联合国禁毒署在北京召开第一次次区域禁毒合作部长级会议，通过《北京宣言》，并签署《次区域禁毒行动计划》。

我国与美国政府的禁毒合作始于1985年。1987年，两国政府共同签署《中美禁毒合作备忘录》。1997年，中美两国首脑签署包括禁毒合作内容的《中美联合声明》，随后两国政府互派了禁毒联络官。我国也开展与俄罗斯、哈萨克斯坦、吉尔吉斯斯坦、塔吉克斯坦等在禁毒领域的合作。1996年4月，中俄两国签署《关于禁止非法贩运和滥用麻醉药品及精神药物的合作协议》。1998年，中、哈、吉、俄、塔五国元首共同签署联合声明，把打击毒品犯罪和跨国犯罪作为五国合作的一条重要内容。此外，我国政府还与墨西哥、印度、巴基斯坦、哥伦比亚、塔吉克斯坦等国签署了双边禁毒合作协议。

（七）禁毒地方性立法及其他规范性文件

截至2022年10月，已经有29个省级人大制定了相应的地方禁毒条例，其中绝大多数是20世纪90年代制定、2008年以后修改的。具有省级禁毒立法的地方有：北京、上海、天津、重庆、浙江、江苏、安徽、江西、福建、广东、广西、河北、河南、湖北、湖南、黑龙江、吉林、辽宁、内蒙古、甘肃、宁夏、山东、山西、陕西、四川、青海、云南、贵州、海南等省、市、自治区。目前，仅有西藏自治区、新疆维吾尔自治区没有制定禁毒条例。但新疆维吾尔自治区制定有《新疆维吾尔自治区禁止大麻毒品条例》（1991年11月2日新疆维吾尔自治区第七届人民代表大会常务委员会第二十三次会议通过，根据1997年12月11日新疆维吾尔自治区第八届人民代表大会常务委员会第三十次会议《关于修改〈新疆维吾尔自治区禁止大麻毒品条例〉的决定》修正）。

具有市级禁毒立法的城市主要有鞍山、包头、贵阳、海口、沈阳、武汉、厦门、珠海经济特区等。

上述地方立法现今有的已修改，有的已失效，有的还继续发挥着积极的作用。

（八）禁毒民族自治地方立法

根据宪法和法律授权，我国云南、四川一些民族自治地方结合本地区、本民族实际，进行了一些禁毒立法。主要有：《云南省大理白族自治州禁毒条例》（1995年4月1日云南省大理白族自治州第九届人民代表大会第三次会议通过，

1995 年 5 月 31 日云南省第八届人民代表大会常务委员会第十三次会议批准。2016 年 3 月 13 日云南省大理白族自治州第十三届人民代表大会第四次会议修订，2016 年 5 月 27 日云南省第十二届人民代表大会常务委员会第二十七次会议批准）；《云南省德宏傣族景颇族自治州禁毒条例》（1990 年 8 月 16 日云南省德宏傣族景颇族自治州第九届人民代表大会第四次会议通过，1990 年 8 月 25 日云南省第七届人民代表大会常务委员会第十三次会议批准。2016 年 1 月 18 日云南省德宏傣族景颇族自治州第十四届人民代表大会第四次会议修订，2016 年 3 月 31 日云南省第十二届人民代表大会常务委员会第二十六次会议批准）；《云南省西双版纳傣族自治州禁毒条例》（1991 年 5 月 1 日西双版纳傣族自治州第七届人民代表大会第五次会议通过，1991 年 5 月 27 日云南省第七届人民代表大会常务委员会第十八次会议批准。2020 年 6 月 23 日西双版纳傣族自治州第十三届人民代表大会第五次会议表决予以废止，云南省第十三届人民代表大会常务委员会第十八次会议批准，2020 年 7 月 1 日起废止）；《凉山彝族自治州禁毒条例》（2019 年 1 月 31 日，经第十一届州人民代表大会第四次会议通过，5 月 23 日经省人大常委会批准，于 8 月 1 日起正式施行）；《云南省澜沧拉祜族自治县禁毒条例》（1994 年 3 月 24 日云南省澜沧拉祜族自治县第十届人民代表大会常务委员会第二次会议通过，1994 年 6 月 2 日云南省第八届人民代表大会常务委员会第七次会议批准。2011 年 1 月 21 日云南省澜沧拉祜族自治县第十三届人民代表大会常务委员会第四次会议修订，2011 年 3 月 30 日云南省第十一届人民代表大会常务委员会第二十二次会议批准，自 2011 年 9 月 1 日起施行）。

第三章　中华人民共和国禁毒法

2007 年 12 月 29 日，第十届全国人大常委会第三十一次会议通过的《中华人民共和国禁毒法》(简称《禁毒法》)，是我国第一部全面规范禁毒工作的法律。它的颁布施行，是禁毒立法的重大成果，在禁毒立法史上具有里程碑意义，是贯彻实施依法治国方略，全面推进禁毒工作的法律保障。

第一节　禁毒法立法价值

一、禁毒法立法进程

(一) 立法缘起

1990 年 12 月全国人大常委会制定颁布《关于禁毒的决定》，为禁毒执法提供了有力的法律武器，对遏制毒品违法犯罪活动起到非常大的作用。但随着毒品危害的加剧，禁毒立法滞后于禁毒工作实践的问题日趋突出。90 年代中期以来，社会各界要求将《关于禁毒的决定》修订为《禁毒法》，制定更全面、更严厉的禁毒法律的呼声渐起。

2002 年国家禁毒委员会办公室起草五年禁毒工作规划稿时，在加强禁毒法制建设的规划中正式提出起草出台《禁毒法》，并开展了禁毒法立项研究工作。

2003 年 9 月，全国人大内司委的主要领导率组分赴四川、云南、甘肃、广东省视察禁毒工作，进行禁毒执法调研。各地人大、政府和禁毒部门都强烈呼吁全国人大制定禁毒法，参加视察工作的全国人大常委会委员和内司委委员也都一致认为有必要制定一部综合性的禁毒法律。在全国人大常委会领导和人大内司委的积极支持下，全国人大常委会将禁毒法列入十届全国人大的立法规划中，国务院将禁毒法列入 2005 年重点立法项目，明确由公安部负责起草。

(二) 立法进程

2004 年 4 月 15 日，在中央政治局常委会听取国家禁毒委员会关于禁毒工作的汇报，研究《国家禁毒委员会2004—2008年禁毒工作规划》的会议上，中央领导作出了加快禁毒立法步伐，争取禁毒法提前出台的指示。2004年4月23日，为落实中央政治局常委会关于加快禁毒法立法进程的指示精神，公安部邀请全国人大常委会法工委、国务院法制办等部门共同研究禁毒法起草工作，决定成立禁毒法起草工作领导小组。

2005年9月公安部禁毒局、法制局报公安部第八次部长办公会议审议。2005年10月公安部报国务院审议。2006年7月16日，《禁毒法（草案）》经国务院常务会议讨论通过，提请全国人大常委会审议。2006年8月22日，第十届全国人大常委会第二十三次会议进行了初次审议。2007年10月、12月，全国人大常委会第三十次、第三十一次会议对《禁毒法（草案）》进行了第二次、第三次审议，最终审议通过。

二、禁毒法的立法意义

（一）《禁毒法》是禁毒史上的里程碑，对推动我国禁毒事业发展具有重大意义

厉行禁毒，是我国政府的一贯立场和主张。回顾新中国成立以来我国禁毒工作的发展历程，不难看出，我国禁毒史就是一部民族复兴史。特别是在禁毒工作发展历程中，有四件大事具有重要的里程碑意义，集中代表了各个阶段我国禁毒工作的鲜明特色，突出反映了各个时期我国经济社会发展的时代特点，同时彰显了我国严厉禁毒的坚定立场和信念。

第一个里程碑：针对旧中国遗留下来的鸦片烟毒问题，以毛泽东同志为核心的第一代中央领导集体从巩固政权的高度，把禁毒斗争摆上重要位置。1950年2月，中央人民政府政务院发布了《关于严禁鸦片烟毒的通令》，广泛发动和依靠人民群众，开展了声势浩大的禁烟斗争。短短三年时间，就基本禁绝了为患百余年的鸦片烟毒，创造了举世公认的奇迹。

第二个里程碑：针对20世纪70年代末期，"金三角"地区毒品过境导致我国毒品问题死灰复燃，毒品危害越来越严重的情况，以邓小平同志为核心的第二代中央领导集体对毒品问题高度重视，把毒品问题提高到"涉及中华民族兴亡"的高度来认识，在西南地区部署开展了以堵源截流为主的区域性禁毒斗争。特别是1990年12月，第七届全国人大常委会第十七次会议通过了《关于禁毒的决定》，标志着我国禁毒工作进入到有法可依的新阶段，有效推动了我国禁毒工作的顺利开展。

第三个里程碑：进入20世纪90年代，针对我国禁毒工作出现反复、毒品泛滥的情况，以江泽民同志为核心的第三代中央领导集体加强对禁毒工作的领导。

中央政治局常委会专题研究禁毒工作；国务院成立新一届国家禁毒委员会；出台《强制戒毒办法》；发表了《中国的禁毒》白皮书；公安部成立禁毒局。

第四个里程碑：进入新世纪新阶段，国家中央领导从落实科学发展观、构建社会主义和谐社会的高度，全面加强禁毒工作。2004 年 4 月 15 日，中央政治局常委会专题研究禁毒工作。2004 年 5 月 28 日，中共中央、国务院转发新中国成立以来第一个禁毒工作规划，《国家禁毒委员会 2004—2008 年禁毒工作规划》，发动为期三年的全国禁毒人民战争。《禁毒法》的出台，标志着党和国家把禁毒工作依法纳入经济社会协调发展的大局，标志着我国禁毒工作由此进入依法全面推进的新的历史阶段，禁毒工作已经站在新的历史起点上。

（二）《禁毒法》是对我国禁毒工作宝贵经验的总结

《禁毒法》对禁毒工作的若干重大问题都作了明确规定，不仅明确了禁毒工作方针、领导体制、工作机制、保障机制、法律责任，而且规范了禁毒宣传教育、毒品管制、戒毒措施、国际合作等业务工作，其中有很多亮点。

第一大亮点：明确规定“禁毒是全社会的共同责任”，确立了“政府统一领导、有关部门各负其责，社会广泛参与”的禁毒工作机制。这一规定明确，禁毒不仅是政府的责任，同时也是国家机关、社会团体、企业事业单位以及其他组织的责任，是全体公民的责任，实质上是从立法的高度确立了“禁毒人民战争”这一指导思想和组织形式。

第二大亮点：第一次将禁毒委员会写入法律，明确规定了各级禁毒委员会的职责，依法确立了禁毒工作领导体制。《禁毒法》第 5 条规定：“国务院设立国家禁毒委员会，负责组织、协调、指导全国的禁毒工作。县级以上地方各级人民政府根据禁毒工作的需要，可以设立禁毒委员会，负责组织、协调、指导本行政区域内的禁毒工作。”这一规定表明，我国的禁毒委员会实际上就是政府统一领导禁毒工作的体现；坚持政府对禁毒工作的统一领导，最直接、最有力、最及时就是由禁毒委员会负责组织、协调和指导。确立禁毒委员会这一法律地位，既是对我国禁毒工作领导体制经验的总结，也是对教训的吸取。1990 年，国务院决定成立全国禁毒工作领导小组，对外称国家禁毒委员会，负责研究制定禁毒方面的重要政策和措施，协调有关重大问题，统一领导全国的禁毒工作。但由于其地位没有法律保障，后来在机构改革中被撤销，对禁毒工作造成不利影响。

随着禁毒任务日益繁重，1999 年，国务院组成新一届国家禁毒委员会，再次强调其职责是对外负责国际禁毒合作，履行国际禁毒公约义务；对内统一领导全国的禁毒工作，制定有关政策、措施，组织、协调各有关部门和单位并动员全社会的力量开展禁毒斗争。在这次立法中，考虑到禁毒工作涉及多部门、多领域，迫切需要一个能够统筹各部门的领导机构，因此把明确禁毒工作领导体制作为立法主要任务之一。将组织机构写入法律，这在其他立法中是不多见的，也是由禁毒工作的特殊性决定的。

第三大亮点：依法明确了“预防为主，综合治理，禁种、禁制、禁贩、禁吸并举”的禁毒工作方针。禁毒工作方针的形成是一个发展的过程。1991 年 6 月，第一次全国禁毒工作会议提出了“禁吸、禁贩、禁种”三禁并举、堵源截流、严格执法、标本兼治的禁毒工作方针。1999 年 8 月，国家禁毒委员会把“三禁并举”发展为“禁吸、禁贩、禁种、禁制”四禁并举。2004 年 5 月，中共中央、国务院转发的《国家禁毒委员会 2004—2008 年禁毒工作规划》把“‘四禁’并举、堵源截流、严格执法、标本兼治”调整为“禁吸、禁贩、禁种、禁制”四禁并举，预防为本，严格执法、综合治理。《禁毒法》在肯定这一方针的同时，作了进一步完善，将预防放在首位，将综合治理提前，将“四禁”顺序作了调整。这一方针符合毒品问题发展规律、我国毒情和综合平衡的国际禁毒战略。

第四大亮点：明确规定了禁毒保障机制。《禁毒法》规定：“县级以上各级人民政府应当将禁毒工作纳入国民经济和社会发展规划，并将禁毒经费列入本级财政预算。”依法确定了禁毒工作保障机制。多年来的实践表明，禁毒工作是政府一项重要的公共管理和社会服务职能，必须把禁毒工作纳入国民经济和社会发展总体规划，加大经费力度，与经济社会发展同步推进。

第五大亮点：坚持以人为本的理念，对戒毒工作做出重大改革。《禁毒法》从以人为本的戒毒理念出发，立足吸毒者具有病人、违法者、受害者三重属性，提出对吸毒人员要惩罚，更要教育和救治，对戒毒工作做出了重大改革。多年来特别是开展禁毒人民战争以来，我们在坚持已有强制戒毒、劳教戒毒、自愿戒毒等措施的同时，把对吸毒人员的教育、挽救放在第一位，总结推广各地建设戒毒康复场所的经验，探索建立集生理脱毒、心理康复、回归社会于一体的戒毒康复新模式，加快推进美沙酮药物维持治疗工作，强化对吸毒人员的动态管控和帮教，积累了很多经验做法，有效减轻了毒品问题给吸毒人员及其家庭、社会带来的危害。为了切实帮助吸毒人员戒除毒瘾、恢复身心健康、重新融入正常的社会生活，《禁毒法》对实践证明行之有效的各种戒毒措施进行了注重人性化与提高戒毒效果并重的整合，规定国家采取各种措施帮助吸毒人员戒除毒瘾，教育和挽救吸毒人员；首次将社区戒毒、社区康复、戒毒药物维持治疗立法，将强制戒毒和劳动教养戒毒整合为强制隔离戒毒，增设了戒毒康复场所，充分体现了以人为本的戒毒理念和对吸毒人员的关爱，必将有力推进我国禁吸戒毒工作的长远发展，在减少毒品需求方面发挥更加重要的作用。

（三）《禁毒法》开创禁毒工作新局面

依法面向全社会宣传《禁毒法》。重点面向禁毒志愿者、社会工作者、社区戒毒和社区康复基层工作者、易涉毒行业和场所从业人员、戒毒人员等重点人员，面向职能部门工作人员和禁毒执法人员，有计划、分层次地组织开展《禁毒法》的学习、宣传、培训工作，使全社会普遍知晓《禁毒法》、职能部门工作人员熟练掌握《禁毒法》、执法人员正确运用《禁毒法》。

依法加强禁毒领导体制、工作机制、保障机制建设。推动县级以上地方各级人民政府把禁毒工作纳入国民经济和社会发展规划，将禁毒经费列入本级财政预算；根据禁毒工作需要，加强禁毒委员会及办事机构建设；依法明确禁毒委员会成员单位职责；完善禁毒工作考评机制，切实解决一些长期困扰禁毒工作的体制性、机制性、保障性问题。

依法加强禁毒宣传教育工作。坚持预防为主，依法明确国家机关、社会团体、企业事业单位和有关组织以及学校、父母和监护人针对不同对象开展禁毒宣传教育的法律义务，以青少年、外来务工人员、社会闲散人员、娱乐场所从业人员等为重点对象，以海洛因等传统毒品危害和冰毒、摇头丸、氯胺酮等新型毒品危害为重点内容，广泛开展禁毒宣传教育活动，推进禁毒宣传“六进”工作，从根本上减轻毒品的社会危害。同时，加强宣传、发动、组织群众工作，进一步形成禁毒人民战争人民打的局面。

依法改革和加强禁吸戒毒工作。吸毒人员最大的需求和期待，不是获得毒品，而是彻底戒断毒瘾，回归社会。要从积极回应、着力满足人民群众对禁毒工作的新期待、新要求出发，坚持“以人为本、依法管理、科学戒毒、综合矫治、关怀救助”的原则，积极稳妥地推进戒毒工作改革，加快戒毒康复场所建设，统筹规划和建设改造强制隔离戒毒场所，开展社区戒毒试点工作，加快构建强制隔离戒毒场所、戒毒康复场所、社区戒毒康复场所三个工作平台，完善生理脱毒、身心康复、融入社会“三位一体”的戒毒康复体系，切实帮助吸毒人员戒除毒瘾，恢复身心健康，重新融入正常的社会生活。

依法大力加强堵源截流和禁毒执法工作。按照《禁毒法》关于毒品管制的规定，进一步明确相关部门在堵源截流工作中的职责任务，严密陆、海、空、邮立体防控体系，减少“金三角”、“金新月”地区毒品对我国的渗透；进一步完善多部门、多警种参与的缉毒侦查工作机制，严厉打击制贩毒集团、网络和毒枭，严厉打击制毒活动、贩毒活动、种毒活动，切实解决好境内毒品来源问题。

依法加强麻醉药品、精神药品和易制毒化学品管理工作。严格落实《禁毒法》关于国家对麻醉药品药用原植物种植实行管制的规定；对麻醉药品和精神药品实行管制，对麻醉药品和精神药品的实验研究、生产、经营、使用、储存、运输实行许可和查验制度；对易制毒化学品的生产、经营、购买、运输实行许可制度；对麻醉药品、精神药品和易制毒化学品的进口、出口实行许可制度，减少麻醉药品、精神药品和易制毒化学品流失，从源头上遏制毒品生产、制造，减少毒品来源。

依法加强禁毒国际合作。按照《禁毒法》关于禁毒国际合作原则、内容、工作机制以及支持有关国家实施替代种植、发展替代产业等问题的规定，进一步推进“金三角”地区以罂粟替代发展为核心的境外除源战略，减少该地区毒品对我国的危害。加强与“金新月”地区周边国家的禁毒合作，共同堵截阿富汗毒品向我国渗透。

第二节　禁毒法主要内容

《禁毒法》共七章 71 条，分为总则、禁毒宣传教育、毒品管制、戒毒措施、禁毒国际合作、法律责任和附则等内容。

一、总则

总则部分共 10 条（第 1 条至第 10 条）。第 1 条是关于禁毒法立法目的的规定；第 2 条是关于毒品定义的规定；第 3 条是关于禁毒是社会责任的规定；第 4 条是关于禁毒工作方针和工作机制的规定；第 5 条是关于禁毒领导机构的设立和职责的规定；第 6 条是关于禁毒工作保障的规定；第 7 条是关于禁毒工作社会捐助和税收优惠的规定；第 8 条是关于禁毒科学技术研究的规定；第 9 条是关于鼓励公民举报毒品违法犯罪的规定；第 10 条是关于鼓励志愿人员参与禁毒工作的规定。

《禁毒法》的总则部分是这部法律的灵魂和纲领，它确立了我国禁毒工作的基本制度，第一次将禁毒工作方针、禁毒工作机制、禁毒工作领导机构的设立、禁毒的社会责任以及禁毒工作的各项保障措施用法律的形式予以明确，为预防和惩治毒品违法犯罪，保护公民身心健康，维护社会秩序，提供了有力的法律保障，对依法开展禁毒工作，最终取得禁毒斗争的胜利有着重大而深远的意义。

（一）立法目的

《禁毒法》第 1 条规定：“为了预防和惩治毒品违法犯罪行为，保护公民身心健康，维护社会秩序，制定本法。”禁毒法的立法目的可以从“预防和惩治毒品违法犯罪行为”、“保护公民身心健康”、“维护社会秩序”三个方面来理解。禁毒法立法目的的这三个方面是相互联系、有机统一的整体。预防和惩治毒品违法犯罪行为是整个禁毒工作的主要内容，而保护公民身心健康、维护社会秩序则是全部禁毒工作的出发点和归宿。通过制定禁毒法为禁毒工作提供重要的法律依据和保障，是禁毒法立法的直接目的；通过卓有成效地依法开展禁毒工作，有效预防和惩治毒品违法犯罪行为，是达到保护公民身心健康、维护社会秩序这两个立法目的的重要前提条件和手段。

（二）禁毒方针

《禁毒法》第 4 条规定：“禁毒工作实行预防为主，综合治理，禁种、禁制、禁贩、禁吸并举的方针。禁毒工作实行政府统一领导，有关部门各负其责，社会广泛参与的工作机制。”禁毒法的这一规定，既是对我国禁毒工作实践经验的总结，也是借鉴国际上的有益做法。必须转变观念，将预防工作放在禁毒工作重中之重的位置，在继续遏制毒品的种植和走私入境，抓好堵源截流工作，并采取有效措施减少吸毒人员，防止新增吸毒人员，有效提高吸毒人员的戒断率，萎缩毒品市场基础上，坚持预防为主战略。做好毒品预防工作，就能够变被动为主动，大大减轻其他环节的压力。切实重视禁毒宣传教育工作，要扎扎实实开展工作，做到形式多样、内容丰富、通俗易懂、注重实效。提高人民群众识毒、拒毒、防毒的能力，充分调动人民群众参与禁毒斗争的热情。在全社会倡导积极、健康的生活态度和生活方式，形成全民抵制毒品、参与禁毒的社会氛围，最大限度地减少毒品需求和危害，不断减少新吸毒人员滋生。

禁毒工作是一个系统工程，需要政府统一领导。公安、司法、民政、卫生、教育、劳动与社会保障等部门必须通力合作，齐抓共管、各司其职。禁毒是全社会的共同责任，全体公民都应当积极参与到禁毒人民战争中来。

（三）禁毒委员会的法定地位与职责

《禁毒法》第 5 条规定：“国务院设立国家禁毒委员会，负责组织、协调、指导全国的禁毒工作。县级以上地方各级人民政府根据禁毒工作的需要，可以设立禁毒委员会，负责组织、协调、指导本行政区域内的禁毒工作。”这是开展禁毒工作的组织保障，明确规定了中央和地方禁毒领导机构的设立及其职责。第 1 款规定了国务院设立国家禁毒委员会，负责组织、协调、指导全国的禁毒工作；第 2 款规定了县级以上人民政府根据禁毒工作的需要，可以设立禁毒委员会，负责组织、协调、指导本行政区域内的禁毒工作。我国的国家禁毒委员会成立于

1990年11月，是根据我国政府代表团出席联合国第十七次禁毒特别会议时签署的禁毒《全球行动纲领》中关于“应考虑建立国家委员会或其他特设机构，以期动员民众支持和社区参与，合作实施《全球行动纲领》所设想的各项活动”的要求建立的，被列为国务院的非常设议事协调机构。随着禁毒工作的实际需要，各省、自治区、直辖市也先后成立了禁毒委员会，多数地（市）、县（区）成立了禁毒委员会，在组织和动员全社会的力量开展禁毒斗争方面起到了举足轻重的作用。禁毒委员会的设立写入《禁毒法》中，标志着禁毒委员会由原来的非常设议事协调机构成为法定的特设机构，将为我国禁毒工作的深入开展提供有力的组织保障。

（四）四项鼓励制度

《禁毒法》第7至第10条设立了四项鼓励制度。“国家鼓励对禁毒工作的社会捐赠，并依法给予税收优惠。”“国家鼓励开展禁毒科学技术研究，推广先进的缉毒技术、装备和戒毒方法。”“国家鼓励公民举报毒品违法犯罪行为。各级人民政府和有关部门应当对举报人予以保护，对举报有功人员以及在禁毒工作中有突出贡献的单位和个人，给予表彰和奖励。”“国家鼓励志愿人员参与禁毒宣传教育和戒毒社会服务工作。地方各级人民政府应当对志愿人员进行指导、培训，并提供必要的工作条件。”

二、禁毒宣传教育

《禁毒法》第二章规范了禁毒宣传教育，共8条（第11条至第18条）。第11条是关于国家开展全民禁毒宣传教育的规定；第12条是关于各级政府和有关社会团体组织开展禁毒宣传教育的规定；第13条是关于教育部门、学校对学生进行禁毒宣传教育的规定；第14条是关于各宣传单位面向社会进行禁毒宣传教育的规定；第15条是关于公共场所落实禁毒宣传和防范措施责任的规定；第16条是关于单位对内部人员进行禁毒宣传教育的规定；第17条是关于对基层组织的禁毒宣传教育义务的规定；第18条是关于监护人对未成年人禁毒教育防范义务的规定。

（一）预防为主禁毒方针的充分体现

《禁毒法》第11条规定：“国家采取各种形式开展全民禁毒宣传教育，普及毒品预防知识，增强公民的禁毒意识，提高公民自觉抵制毒品的能力。国家鼓励公民、组织开展公益性的禁毒宣传活动。”关于开展禁毒宣传教育的规定是禁毒工作方针中预防为主的充分体现，国家采取各种形式开展全民禁毒宣传教育、普及毒品预防知识、其目的就是增强公民的禁毒意识，提高公民自觉抵制毒品危害的能力。可以说，以预防教育为主要任务的禁毒宣传教育工作是禁毒工作的治本之策，是事半功倍之举。因此，《禁毒法》制定时将“禁毒宣传教育”一章排列在总则之后第二章的位置上，充分体现出禁毒宣传教育工作的重要意义和在禁毒工作各项业务工作中的重要地位。

（二）开展禁毒宣传教育是各级人民政府、相关职能部门和媒体的法定责任

《禁毒法》第 12 条规定：“各级人民政府应当经常组织开展多种形式的禁毒宣传教育。工会、共产主义青年团、妇女联合会应当结合各自工作对象的特点，组织开展禁毒宣传教育。”这是关于各级政府和有关社会团体组织开展禁毒宣传教育的规定。

《禁毒法》第 14 条规定：“新闻、出版、文化、广播、电影、电视等有关单位，应当有针对性地面向社会进行禁毒宣传教育”。联合国《综合性多学科纲要》中解读了这一点：“大众传播媒介每天有众多的读者和观众。尽管传播媒介在促进预防滥用麻醉品的宣传方面起到巨大作用，但其出版物和广播亦可能会产生有害作用和相反的效果。使用不准确或错误的术语会使人对麻醉药品和精神药物及其特性产生误解，例如，人为地将麻醉品分为所谓‘硬’的和‘软’的，提倡使麻醉品的非医药用途合法化，在歌曲、电影及其他商业产品中渲染滥用麻醉品的情况，在报道中强调被查获麻醉品的市面价值以及通过非法贩运可能牟取的巨额暴利——所有这些都有可能将公众引入歧途，并妨碍他们做出正确地判断”。

（三）教育行政部门和学校的责任

《禁毒法》第 13 条规定：“教育行政部门、学校应当将禁毒知识纳入教育、教学内容，对学生进行禁毒宣传教育。公安机关、司法行政部门和卫生行政部门应当予以协助。”教育行政部门和学校必须依照《宪法》《教育法》和《禁毒法》的要求，以教育部办公厅《中小学生毒品预防专题教育大纲》和国家禁毒委员会《关于加强新时代全民禁毒宣传教育工作的指导意见》为指南，把禁毒教育作为科学教育、文化教育、素质教育的重要内容，融入相关课程的教学，并进行专题教育。保证进计划、进教材、进课堂、进头脑，保课时、保质量、保效果，深入开展“五个一活动”。

（四）公共场所落实禁毒宣传和防范措施的责任和义务

《禁毒法》第 15 条规定：“飞机场、火车站、长途汽车站、码头以及旅店、

娱乐场所等公共场所的经营者、管理者，负责本场所的禁毒宣传教育，落实禁毒防范措施，预防毒品违法犯罪行为在本场所内发生。”上述这些场所是国际国内重要的交通枢纽途经或中转的主要场所和供大众使用或人群聚集的场所，因此，这些场所也是毒品违法犯罪活动的人员经常出没的场所。如飞机场、火车站、长途汽车站、码头、旅店等往往是走私、贩运毒品的违法犯罪人员转运、交接毒品所必经或选定的场所，而旅店和娱乐场所也是最易发生容留、引诱他人吸毒或聚众吸毒的违法犯罪活动的场所。同时这些场所因为人员流动量大、人群密集，也是面向大众开展经常性禁毒宣传教育的最佳场所。为了防范上述场所发生毒品违法犯罪活动和履行开展禁毒宣传教育的义务，这些公共场所的管理者、经营者应当依法承担起落实防范毒品违法犯罪活动措施的责任，应当依法开展经常性的面向大众的禁毒宣传教育活动。要加强场所内的巡视监管，预防毒品违法犯罪活动在本场所内发生。要设置禁毒警示标牌，提示旅客和顾客防范毒品危害，不要为陌生人携带物品等，要张贴禁毒宣传画、发放禁毒宣传资料、播放禁毒宣传教育信息等，这些禁毒宣传教育形式本身也可以起到震慑毒品违法犯罪人员的作用。

（五）基层组织和家庭履行禁毒宣传和防范措施的责任和义务

《禁毒法》第 17 条规定：“居民委员会、村民委员会应当协助人民政府以及公安机关等部门，加强禁毒宣传教育，落实禁毒防范措施”。作为基层群众性自治组织，居民委员会和村民委员会的日常工作最贴近百姓，而且与其他社会团体的社区基层组织和社区内的企事业单位有着广泛密切的联系，对辖区内的常住居民和流动人口的情况最为熟悉，在开展有针对性的禁毒宣传教育和掌握本社区毒情、落实各项禁毒防范措施方面都有着得天独厚的有利条件。近年来，在国家禁毒委员会部署的广泛开展创建“无毒社区”活动中，居民委员会和村民委员会在协助政府有关职能部门，加强对本社区（村）的居民、村民的禁毒宣传教育，落实禁种、禁制、禁贩、禁吸等禁毒防范措施方面的成绩功不可没。因此，有必要以法律的形式将禁毒工作的这一成功经验巩固下来。

（六）未成年人的毒品预防教育

《禁毒法》第 18 条规定：“未成年人的父母或者其他监护人应当对未成年人进行毒品危害的教育，防止其吸食、注射毒品或者进行其他毒品违法犯罪活动”。未成年人处在身心发育阶段，尚不具备独立生活的能力，还要依赖父母和家庭，除在学校的时间外，在父母身边生活的时间最长，父母是对子女成长影响最大的第一任启蒙老师，家庭是预防未成年人吸毒和涉及其他毒品违法犯罪活动的第一道防线。也就是说，在对未成年人的毒品预防教育方面，父母和监护人的责任和义务是任何人都无法替代的。

三、毒品管制

（一）基本内容

《禁毒法》第三章对毒品管制措施做了相关规定，共 12 条（第 19 条至第 30 条）。第 19 条是关于麻醉药品药用原植物种植管制的规定；第 20 条是关于国家确定的麻醉药品药用种植企业和储存仓库的有关管理规定；第 21 条是关于麻醉药品、精神药品和易制毒化学品生产、经营、运输等进行管制的有关规定；第 22 条是关于麻醉药品、精神药品和易制毒化学品的进出口进行管制的有关规定；第 23 条是关于对麻醉药品、精神药品和易制毒化学品流入非法渠道的处理规定；第 24 条是关于禁止非法传授麻醉药品、精神药品和易制毒化学品制造方法的规定；第 25 条是关于授权国务院制定麻醉药品、精神药品和易制毒化学品管理具体办法的规定；第 26 条是关于对公安机关等执法机关依法查缉毒品和易制毒化学品的有关规定；第 27 条是关于娱乐场所防范毒品违法犯罪活动义务的规定；第 28 条是关于对被依法查获的毒品和涉案财物收缴与处理的规定；第 29 条是关于加强对可疑毒品犯罪资金监测的规定；第 30 条是关于建立毒品监测和禁毒信息系统的有关规定。

（二）依法查缉毒品的规定

《禁毒法》第 26 条第 1 款规定授权公安机关根据查缉毒品的需要，可以在边境地区、交通要道、口岸以及飞机场、火车站、长途汽车站、码头对来往人员、物品、货物以及交通工具进行毒品和易制毒化学品检查，并要求民航、铁路、交通部门应当予以配合。第 2 款规定海关应当依照本法和《海关法》的相关规定加强对进出口岸的人员、物品、货物和运输工具的检查，防止走私毒品和易制毒化学品。第 3 款规定邮政企业应当依照本法和《邮政法》的相关规定加强对邮件的检查，防止邮寄毒品和非法邮寄易制毒化学品。根据禁毒法第 8 条的规定，上述执法部门应当注意在缉查毒品和易制毒化学品的执法活动中大力推广使用先进的查缉技术和装备，进一步提高查缉能力和实际效果，依法构筑陆海空、邮路的禁毒防控体系，不断提高堵源截流的能力和效果。

（三）建立毒品监测和禁毒情报信息系统

《禁毒法》第 30 条规定国家禁毒委员会应当建立健全毒品监测和禁毒信息系

统，组织有关部门开展毒品监测和禁毒情报的收集、分析、使用、交流工作。有关组织和公民对依法开展的监测和调查活动，应当予以配合。对因监测、调查而知悉的被调查对象的情况，调查机关应当予以保密。

毒品监测包括对非法种植毒品原植物、毒品消费市场、毒品犯罪资金等方面的全方位监测。禁毒信息包括国际国内毒品犯罪动向，非法种植、制造、贩运、使用等毒品违法犯罪的各方面信息以及禁毒法律、禁毒科研、戒毒方法以及麻醉药品、精神药品、易制毒化学品管理等禁毒业务各方面的信息。

四、戒毒措施

（一）基本内容

《禁毒法》第四章规定了各种戒毒康复措施，共22条（第31条至第52条）。第31条是关于帮助吸毒人员戒除毒瘾的有关规定；第32条是关于对吸毒人员进行检测和登记的规定；第33条是关于吸毒成瘾人员接受社区戒毒的有关规定；第34条是关于基层政权落实社区戒毒措施责任的有关规定；第35条是关于社区戒毒人员义务的有关规定；第36条是关于自愿戒毒和对戒毒医疗机构管理的有关规定；第37条是关于戒毒医疗机构相关责任和义务的规定；第38条是关于强制隔离戒毒适用条件的规定；第39条是关于吸毒成瘾特定对象不适用强制隔离戒毒的规定；第40条是关于强制隔离戒毒的决定程序和救济措施的规定；第41条是关于强制隔离场所的有关规定；第42条是关于戒毒人员进入强制隔离场所的入所检查规定；第43条是关于强制隔离戒毒场所对戒毒人员进行戒毒治疗、康复训练和技能培训等方面的有关规定；第44条是关于对强制隔离戒毒场所管理戒毒人员的有关规定；第45条是关于对强制隔离戒毒场所戒毒治疗规范的有关规定；第46条是关于对强制隔离场所戒毒人员探访探视的有关规定；第47条是关于强制隔离戒毒期限的规定；第48条是关于被解除强制隔离戒毒的人员接受社区康复的规定；第49条是关于开办戒毒康复场所的有关规定；第50条是关于对被依法剥夺人身自由的吸毒人员给予戒毒治疗的规定；第51条是关于开展戒毒药物维持治疗工作的有关规定；第52条是关于戒毒人员在入学、就业、享受社会保障等方面不受歧视的规定。

（二）对吸毒人员的检测问题

《禁毒法》第32条规定公安机关可以对涉嫌吸毒的人员进行必要的检测，被检测人员应当予以配合；授权对拒绝接受检测的，经县级以上人民政府公安机关或者其派出机构负责人批准，可以强制检测。

吸毒人员吸食毒品后，由于毒品在体内的作用，其代谢物在尿液、血液、毛发、唾液等生物样本中均可检测到。其中，毛发检测可以追溯6个月内的吸毒行为，如若检材足够充分，可追溯至2年内的吸毒行为。

一般情况下先进行现场快速筛选检测，检测结果呈阳性的将被作为吸毒的证据之一；如果被检测人对检测结果有异议，检测样本一般将会送往实验室进行实验室复检，或者采用其他医学检测方法进行进一步认定，确认的结果将作为认定吸毒行为的科学证据。实验室复检后还可进行实验室确认检测。因此，对那些心怀侥幸心理试图蒙混过关的吸毒人员来说，科学的检测结果将会帮助执法人员认定其吸毒行为；而对确实没有吸毒的嫌疑人员来说，科学的检测结果将为其提供没有吸毒的证据。

（三）戒毒措施的性质

《禁毒法》规定了自愿戒毒、社区戒毒、强制隔离戒毒和社区康复四种戒毒措施。除自愿戒毒之外，其他三种措施均带有不同程度的强制性，特别是强制隔离戒毒，吸毒人员必须进入特定场所，封闭式管理，且期限较长，限制了吸毒人员的人身自由。但是，无论何种戒毒方式都是帮助吸毒人员治疗的教育挽救措施，体现了以人为本的立法精神。

（四）药物维持治疗工作的法定性质

《禁毒法》第51条规定，省、自治区、直辖市人民政府卫生行政部门会同公安机关、药品监督管理部门依照国家有关规定，根据巩固戒毒成果的需要和本行政区域艾滋病流行情况，可以组织开展戒毒药物维持治疗工作。从严格意义上来说，药物维持治疗并不是戒毒措施，而是国际上为了防止艾滋病毒传播的一种减少毒品危害的措施。实践表明，药物维持治疗在我国确实起到了显著作用。截至2022年3月，全国有30个省共801个美沙酮药物维持治疗门诊开诊，在治人员7.3万名。新发现的艾滋病病毒感染者经吸毒共用注射器传播所占比例不足2%。

五、禁毒国际合作

《禁毒法》第五章规范了禁毒国际合作工作，共6条（第53条至第58条）。第53条是关于开展禁毒国际合作基本原则的规定；第54条是关于国务院授权国家禁毒委员会负责开展禁毒国际合作的规定；第55条是关于涉及追究毒品犯罪的司法协助的规定；第56条是关于依法开展禁毒执法合作的规定；第57条是关于对通过禁毒国际合作破获毒品犯罪案件的涉案财物分享权利的规定；第58条是关于开展替代发展对外援助的有关规定。

近些年，经济全球化、社会信息化快速发展，全球毒品问题也随之发展蔓延，涉毒国家和地区进一步扩大，毒品种类、毒品产量、吸毒人数持续增多，毒品已成为影响人类生存与发展的重大问题。在这种大背景下，中国禁毒斗争形势不容乐观。中国政府认为，毒品是全人类共同面对的世界性公害，禁毒是国际社会刻不容缓的共同责任。加强国际禁毒合作，对于推动世界范围内的禁毒斗争和从根本上解决中国的毒品问题，是十分必要的。因此，中国一向积极参与和推动禁毒国际合作，在世界禁毒领域发挥了重要作用。

中国开展国际禁毒合作主要有以下几种形式：一是在联合国毒品与犯罪问题办公室协调下开展国际禁毒合作；二是基于政府间国际组织开展合作，如“上海合作组织”禁毒合作机制，“金砖国家”禁毒合作机制，“澜沧江－湄公河综合执法安全合作中心”禁毒合作机制；三是基于中国和地区组织的禁毒合作，如中国与东南亚国家联盟的禁毒合作机制；四是多边的禁毒合作机制，如中国与泰国、缅甸、老挝、越南、柬埔寨的禁毒合作机制，澜沧江湄公河联合巡航机制；五是基于中国和其他单个国家的禁毒合作机制，如中缅、中越、中老、中菲禁毒合作机制。此外，中国还有基于国际刑事警察组织的禁毒合作，以及基于边境地区的禁毒合作。

六、法律责任

《禁毒法》第六章对应当承担的法律责任做出明确具体规定，共 12 条（第 59 条至第 70 条）。第 59 条是关于对毒品违法犯罪行为的法律责任规定；第 60 条是关于对妨害司法机关查缉毒品违法犯罪活动行为的法律责任规定；第 61 条是关于对容留他人吸毒和介绍买卖毒品行为的法律责任规定；第 62 条是关于吸毒行为的法律责任规定；第 63 条是关于对违反麻醉药品、精神药品以及药用原植物种植管制规定行为的法律责任规定；第 64 条是关于对违反易制毒化学品管制规定，致使易制毒化学品流入非法渠道行为的法律责任规定；第 65 条是关于对娱乐场所及其从业人员涉毒违法犯罪行为的法律责任规定；第 66 条是关于对违反国家规定擅自从事戒毒治疗业务行为的法律责任规定；第 67 条是关于对戒毒医疗机构不向公安机关报告戒毒人员吸毒行为的处罚规定；第 68 条是关于对戒毒中违反规定使用麻醉药品、精神药品行为的法律责任规定；第 69 条是关于对公安机关、司法行政部门或者其他主管部门的工作人员在禁毒工作中违法犯罪行为的法律责任规定；第 70 条是关于对歧视戒毒人员行为的教育处罚规定。

（一）毒品违法犯罪行为的法律责任

对涉及毒品违法犯罪行为的法律责任规定有 5 条。第 59 条涉及的毒品违法犯罪行为有七种：一是走私、贩卖、运输、制造毒品的；二是非法持有毒品的；三是非法种植毒品原植物的；四是非法买卖、运输、携带、持有未经灭活的毒品原植物种子或者幼苗的；五是非法传授麻醉药品、精神药品或者易制毒化学品制造方法的；六是强迫、引诱、教唆、欺骗他人吸食、注射毒品的；七是向他人提供毒品的。

第 60 条涉及的毒品违法犯罪行为有四种：一是包庇走私、贩卖、运输、制造毒品的犯罪分子，以及为犯罪分子窝藏、转移、隐瞒毒品或者犯罪所得财物的；二是在公安机关查处毒品违法犯罪活动时为违法犯罪行为人通风报信的；三是阻碍依法进行毒品检查的；四是隐藏、转移、变卖或者损毁司法机关、行政执法机关依法扣押、查封、冻结的涉及毒品违法犯罪活动的财物的。对有以上行为之一的，构成犯罪的，依照《刑法》的有关规定追究刑事责任；尚不构成犯罪的，依照《治安管理处罚法》的有关规定给予治安处罚。

第 61 条涉及的毒品违法犯罪行为有二种：一是容留他人吸食、注射毒品的；二是介绍买卖毒品的，构成犯罪的依照《刑法》追究刑事责任；尚不构成犯罪的，依照禁毒法和《治安管理处罚法》，由公安机关处十日以上十五日以下拘留，可以并处三千元以下罚款；情节较轻的，处五日以下拘留或者五百元以下罚款。

第 62 条涉及的毒品违法行为是吸食、注射毒品。应当依照《治安管理处罚法》第 72 条的规定，由公安机关处十日以上十五日以下拘留，可以并处二千元以下罚款；情节较轻的，处五日以下拘留或者五百元以下罚款，但对主动到公安机关登记或者到有资质的医疗机构接受戒毒治疗的，依照禁毒法的规定不予处罚。本款规定充分体现了国家对吸毒人员重在教育挽救、治病救人，以人为本的立法精神。

第 65 条是涉及的娱乐场所及其从业人员涉毒违法犯罪的行为有三种：一是实施毒品违法犯罪的；二是为进入娱乐场所的人员实施毒品违法犯罪行为提供条件的；三是明知场所内发生聚众吸食、注射毒品或者贩毒活动，不向公安机关报告的。对有上述行为之一，构成犯罪的依照《刑法》和《禁毒法》的规定追究刑事责任；尚不构成犯罪的，依照《禁毒法》和《治安管理处罚法》《娱乐场所管理条例》等法律、行政法规的有关规定给予处罚。

（二）违反毒品管制规定的法律责任

《禁毒法》对涉及违反麻醉药品、精神药品和易制毒化学品管制规定行为的法律责任规定有 3 条。第 63 条涉及的违法犯罪行为是在麻醉药品、精神药品的实验研究、生产、经营、使用、储存、运输、进口、出口以及麻醉药品药用原植物种植活动中，违反《禁毒法》第三章第 19 条、第 21 条、第 22 条、第 23 条规定，致使麻醉药品、精神药品或者药用原植物流入非法渠道的行为。对有以上行为之一的，构成犯罪的，依照《禁毒法》和《刑法》的有关规定追究刑事责任；尚不构成犯罪的，依照本法和《麻醉药品和精神药品管理条例》等有关法律和行政法规的相关规定处罚。

第 64 条涉及的违法犯罪行为是在易制毒化学品的生产、经营、购买、运输或者进口、出口活动中，违反本法第三章第 21 条、22 条、23 条规定，致使易制毒化学品流入非法渠道的行为。对有以上行为的，构成犯罪的，依照本法和《刑法》追究刑事责任；尚不构成犯罪的，依照《禁毒法》和《易制毒化学品管理条例》等法律、行政法规的规定给予处罚。

第 68 条涉及的违法行为是强制隔离场所、医疗机构、医师违反《禁毒法》第四章第 45 条规定和其他法规相关规定，使用麻醉药品、精神药品的，构成犯罪的，依照《禁毒法》和《刑法》追究刑事责任；尚不构成犯罪的，依照《禁毒法》《治安管理处罚法》《药品管理法》《执业医师法》及《麻醉药品和精神药品管理条例》等有关法律、行政法规的相关规定处罚。

（三）在禁毒工作中违法犯罪的法律责任

对涉及在禁毒、戒毒工作中违法犯罪行为的法律责任规定有 3 条。第 66 条涉及的违法犯罪行为是违反《禁毒法》第四章第 36 条的规定，未经批准，擅自开办戒毒治疗业务的。对此行为，将由卫生行政部门依照有关戒毒治疗机构管理的行政法规进行处理，除责令其停止违法业务活动外，还要没收其违法所得和使用的药品、医疗器械等物品；对造成严重后果，构成犯罪的，依照《禁毒法》和《刑法》的有关规定追究刑事责任。第 67 条涉及的违法行为是违反《禁毒法》第四章第 37 条的规定，发现接受治疗的戒毒人员在治疗期间吸食、注射毒品的，医疗机构不向公安机关报告的。对此行为，由卫生行政部门责令改正；情节严重的，责令停业整顿。

第 69 条涉及的违法犯罪行为有四种：一是包庇、纵容毒品违法犯罪人员的；二是对戒毒人员有体罚、虐待、侮辱行为的；三是挪用、截留、克扣禁毒经费的；四是擅自处分查获的毒品和扣押、查封、冻结的涉及毒品违法犯罪活动的财物的。对公安机关、司法行政部门或者其他有关主管部门的工作人员在禁毒工作中有上述四种行为之一的，构成犯罪的，依法追究刑事责任；尚不构成犯罪的，依法给予处分。

（四）歧视戒毒人员的法律责任

第 70 条规定是针对违反《禁毒法》第四章第 52 条“戒毒人员在入学、就业、享受社会保障等方面不受歧视”规定的教育处罚规定。戒毒人员和家属，承担社区戒毒和社区康复职责和义务的社会工作者、基层组织工作人员和禁毒志愿者等都可以对违反上述规定的单位和个人进行投诉，维护戒毒人员的合法权益。在入学方面受到歧视应当向学校的主管机关教育行政部门投诉；在就业、社会保障等方面受到歧视应当向劳动行政部门或相关单位的上级主管机关进行投诉。教育行政部门和劳动社会保障部门以及相关主管部门应当依照《禁毒法》责令有关单位及其工作人员改正；对因此给当事戒毒人员造成损失的应当依法给予赔偿。

七、附则

《禁毒法》第 71 条规定了该法的生效日期，以及之前一直作为指导全国开展禁毒工作的《关于禁毒的决定》的废止。

根据此条规定,《禁毒法》自 2008 年 6 月 1 日起施行，而《全国人民代表大会常务委员会关于禁毒的决定》同时废止。《禁毒法》成为我国开展预防和惩治毒品违法犯罪行为、保护公民身心健康、维护社会秩序的基本法律。

第四章　禁毒刑事法律

毒品危害个人身心健康、破坏家庭和睦、诱发各类犯罪、引发社会危机，自19世纪以来，逐渐成为全球性的痼疾，严重影响国民身体素质、社会环境和国家实力，各国及国际社会力求通过多种社会控制制度，尝试遏制毒品危害。这些社会控制制度包括用国家强制力和暴力——警察、法庭等采取刑罚来处罚涉及毒品的特定行为。国家通过刑事立法，将特定的涉毒行为规定为犯罪，并针对不同情节给予刑事处罚。

第一节　我国禁毒刑事立法概述

一、我国禁毒刑事立法目的

国际社会普遍认识到禁绝毒品需要通过法律规范保障国家禁毒行动的开展。早在1909年2月1日，中、美、英、德、日、法、荷、葡、俄、波斯（今伊朗）和暹罗（今泰国）等十三个国家在上海召开“万国禁烟会议”。会议期间，各国代表讨论了鸦片禁种、禁运、禁吸等问题，最后通过了九项议案作为大会的最终成果，从而大大促进了国际间禁毒事业的发展。1912年1月23日在海牙签署《海牙国际禁止鸦片公约》（International Opium Convention），这是第一份国际禁毒条约。随后国际社会相继制定了《麻醉品单一公约》《精神药物公约》和《联合国禁止非法贩运麻醉药品和精神药物公约》。国际禁毒公约将“禁毒刑事立法”作为各缔约国的义务之一。

我国禁毒刑事立法始于1979年《刑法》，并根据国内国际毒品情势的变化而不断进行完善。我国禁毒刑事立法的根本目的在于净化社会环境，保护公民身心免于毒品侵害，直接目的在于打击毒品犯罪。通过依法对毒品犯罪分子进行严厉处罚与矫正，进而警示潜在犯罪，预防新的毒品犯罪发生。

二、我国禁毒刑事立法历程

（一）立法背景

中华人民共和国成立之后，将“吸毒”视为旧社会“恶习”之一，党和政府高度重视国内毒品问题，坚决彻底地进行肃清毒品行动。1950 年 2 月，中央人民政府政务院发布《关于严禁鸦片烟毒的通令》，自此，声势浩大的禁烟运动在新中国拉开帷幕。我国坚持严厉惩办与改造教育相结合，通过收缴毒品、禁种罂粟、封闭烟馆、严厉惩治制贩毒品活动等形式开展禁毒工作。资料显示，自 1950 年至 1952 年，共有八万多名毒贩子被判处刑罚，两千万名吸毒者被戒除毒瘾。与此同时，政府还结合农村土地改革制度，根除了罂粟种植。短短三年时间，就基本禁绝了为患百余年的鸦片烟毒，创造了举世公认的奇迹。从 20 世纪 50 年代到 70 年代末，我国以“无毒国”享誉世界近 30 年。

20 世纪 70 年代末，伴随着改革开放、国门打开，国际泛滥的毒潮逐渐冲破了我国防线。资料显示，1979 年云南武警边防部队查破了第一起携带毒品过境案。到 1980 年，仅一年时间，全国公安机关破获的贩毒案件就迅速攀升到 900 起。进入改革开放新时期，国家又一次不得不面对更为严峻的禁毒形势。

毗邻我国西南边境的“金三角”，是当时世界最主要的毒源地。境外贩毒势力趁我国改革开放之际，竭力开辟中国贩毒通道，过境贩毒引发了我国毒品问题的死灰复燃。对此，1981 年、1982 年我国连续发布《关于重申严禁鸦片烟毒的通知》《关于禁绝鸦片烟毒问题的紧急通知》。公安部在云南等西南边境地区开展了以堵源截流为主、打击过境贩毒的区域性禁毒斗争，并把打击毒品违法犯罪作为 1983 年全国“严打”的重要内容。

日益严峻的国际毒品形势和边境毒品问题迫使中国政府不得不重新审视毒品犯罪的打击，并根据毒品情势的不断变化而逐渐完善与其匹配的刑事立法。

（二）历程回顾

1. 1979 年《刑法》对毒品犯罪的初次规定

1979 年 7 月 1 日，第五届全国人民代表大会第二次会议审议通过了《刑法》，是我国颁布的第一部刑法，该法第 171 条规定：“制造、贩卖、运输鸦片、海洛因、吗啡或者其他毒品的，处 5 年以下有期徒刑或者拘役，可以并处罚金。一贯或者大量制造、贩卖、运输前款毒品的，处 5 年以上有期徒刑，可以并处没收财产。”第一次用刑事立法的形式，使“制造、贩卖、运输”毒品的行为在法律上被认定为犯罪行为，即制造、贩卖、运输毒品罪，国家有权依法对其进行刑事处罚。因此，1979 年《刑法》开启了我国禁毒刑事立法的第一篇章。

2．1982 年《关于严惩严重破坏经济的罪犯的决定》对制造、贩卖、运输毒品罪法定刑的修改

1982 年 3 月 8 日，第五届全国人大常委会第二十二次会议通过了《关于严惩严重破坏经济的罪犯的决定》。该决定将 1979 年《刑法》第 171 条的制造、贩卖、运输毒品罪的刑罚规定修改为："情节特别严重的，处 10 年以上有期徒刑、无期徒刑或者死刑，可以并处没收财产。"将该罪的最高法定刑提高到了死刑，第一次通过立法规定对社会危害性极大的毒品犯罪处以极刑，表明了中国政府对毒品犯罪的严惩态度。

3．1987 年《海关法》将走私毒品纳入走私罪，并确立单位可以成为毒品犯罪的主体

1987 年 1 月 22 日，第六届全国人大常委会第十九次会议通过《海关法》。该法规定："运输、携带、邮寄国家禁止进出口的毒品、武器、伪造货币进出境的，以牟利、传播为目的运输、携带、邮寄淫秽物品进出境的，或者运输、携带、邮寄国家禁止出口的文物出境的，是走私罪。"明确了非法运输、携带、邮寄毒品进出境构成走私罪，应当受到我国刑法的处罚。

同时，该法规定"企业事业单位、国家机关、社会团体犯走私罪的，由司法机关对其主管人员和直接责任人员依法追究刑事责任；对该单位判处罚金，判处没收走私货物、物品、走私运输工具和违法所得。"在立法上第一次突破了毒品犯罪主体只能是自然人的成规，为依法惩治以单位名义走私毒品的犯罪，提供了有力的法律武器，体现了立法者对走私毒品犯罪特点的深刻认识，更有利于打击借单位之"形"开展毒品犯罪之"实"的违法行为。

4．1990 年《关于禁毒的决定》以"特别刑法"的形式对毒品犯罪的规定

1990 年 12 月 28 日，第七届全国人大常委会第十七次会议审议通过了《关于禁毒的决定》，这一具有法律性质的决定，对毒品犯罪的定罪量刑做出了明确规定，是对 1979 年《刑法》的进一步修改和补充。该法案借鉴 1988 年《联合国禁止非法贩运麻醉药品和精神药物公约》关于毒品犯罪罪名的有关规定，做出了全面具体的犯罪及其刑罚的规定，是新中国第一部详细规定毒品犯罪及其刑事处罚的单行刑事法律，为我国严厉惩治毒品犯罪提供了更加有力的法律武器。

《关于禁毒的决定》共有 16 个条款，其中第 2 条至第 10 条分别规定了 11 种毒品犯罪行为及其处罚原则。涉及到的罪名主要有：走私、贩卖、运输、制造毒品罪（第 2 条）；非法持有毒品罪（第 3 条）；包庇毒品犯罪分子罪（第 4 条第 1 款）；窝藏毒品、毒赃罪（第 4 条第 1 款）；掩饰、隐瞒毒赃性质、来源罪（第

4 条第 1 款）；非法运输、携带制毒物品进出境罪（第 5 条第 1 款）；非法种植毒品原植物罪（第 6 条）；引诱、教唆、欺骗他人吸毒罪（第 7 条第 1 款）；强迫他人吸毒罪（第 7 条第 2 款）；容留他人吸毒并出售毒品罪（第 9 条）；非法提供麻醉药品、精神药品罪（第 10 条第 2 款）。这些罪名大部分被吸纳入 1997 年《刑法》对毒品犯罪的专门规定中。

此外，该《决定》第 15 条规定："公民对本决定所规定的违法犯罪行为有检举、揭发的义务。国家对检举、揭发走私、贩卖、运输、制造毒品等犯罪活动的人员以及禁毒工作中有功的人员，给予奖励。"首次提到了公民对毒品犯罪行为的检举揭发义务及奖励政策，鼓励广大民众参与到禁毒人民战争中来，体现了立法者对禁毒形势、禁毒措施的准确认识。

5. 1997 年《刑法》对毒品犯罪的全面修订与完善

1997 年 3 月 14 日，第八届全国人民代表大会第五次会议对 1979 年《刑法》作了全面修订，本次修订后，刑法分则第六章第七节"走私、贩卖、运输、制造毒品罪"，用 11 个条文对毒品犯罪及处罚原则作了规定，共包含 12 个罪名。

1997 年《刑法》基本上吸纳了《关于禁毒的决定》的绝大部分主要内容，同时在总结几年来禁毒斗争实践经验的基础上又增加了一系列新的规定。所处罚的毒品犯罪行为涉及到毒品的生产、经营、运输、消费等各个环节，并不仅限于管制毒品本身，还涉及对毒品原植物种子、幼苗、易制毒化学药品等前体的管制等内容，从而使我国对于禁毒的刑事立法趋于完善。

6. 刑法修正案的修订。2015 年 8 月 29 日，第十二届全国人民代表大会常务委员会第十六次会议通过《刑法修正案（九）》，自 2015 年 11 月 1 日起施行。《刑法修正案（九）》第 41 条将刑法第 350 条第 1 款、第 2 款修改为"违反国家规定，非法生产、买卖、运输醋酸酐、乙醚、三氯甲烷或者其他用于制造毒品的原料、配剂，或者携带上述物品进出境，情节较重的，处三年以下有期徒刑、拘役或者管制，并处罚金；情节严重的，处三年以上七年以下有期徒刑，并处罚金；情节特别严重的，处七年以上有期徒刑，并处罚金或者没收财产"。"明知他人制造毒品而为其生产、买卖、运输前款规定的物品的，以制造毒品罪的共犯论处。"

2020 年 12 月 26 日，第十三届全国人民代表大会常务委员会第二十四次会议通过《刑法修正案（十一）》，自 2021 年 3 月 1 日起施行。《刑法修正案（十一）》第 44 条：在刑法第 355 条后增加之一："引诱、教唆、欺骗运动员使用兴奋剂参加国内、国际重大体育竞赛，或者明知运动员参加上述竞赛而向其提供兴奋剂，情节严重的，处三年以下有期徒刑或者拘役，并处罚金。""组织、强迫运动员使用兴奋剂参加国内、国际重大体育竞赛的，依照前款的规定从重处罚。"

（三）立法演进特点

从20世纪70年代末开始，吸毒及毒品犯罪问题在中国大陆死灰复燃，并随着改革开放的不断深入及国际毒品形势的恶化，毒品犯罪问题日益严峻，为应对这一社会痼疾，我国关于毒品犯罪的正式刑事立法始于20世纪70年代末，至20世纪末历经二十年逐渐完善，从无到有，从简到详，总体呈现了立法依据毒品犯罪态势的变化而发生演进这一特点，具体表现在以下几个方面：

1．毒品犯罪种类从单一到繁复

1979年刑法仅规定了制造、贩卖、运输三种毒品犯罪行为，在司法实践中也以贩卖毒品的犯罪行为为主，当时的毒品犯罪也被通称为“贩毒罪”。

1987年《海关法》明确了非法运输、携带、邮寄毒品进出境构成走私罪，将我国毒品犯罪的种类进行扩展，涵盖了走私毒品的行为。

1990年《关于禁毒的决定》规定了11种毒品犯罪罪名，涉及到毒品经营、消费、持有、妨碍禁毒活动等多类犯罪行为，从多个维度增强了打击毒品犯罪的力度，也使我国禁毒刑事立法更加明确、合理。

1997年《刑法》规定在对1990年《关于禁毒的决定》进行整合、补充的基础上，规定了12种毒品犯罪。保留了走私、贩卖、运输、制造毒品罪；非法持有毒品罪；包庇毒品犯罪分子罪；非法种植毒品原植物罪；引诱、教唆、欺骗他人吸毒罪、强迫他人吸毒罪和非法提供麻醉药品、精神药品罪7个罪名。增加了非法买卖制毒物品罪和非法买卖、运输、携带、持有毒品原植物种子、幼苗罪2个罪名。同时将之前的“窝藏毒品、毒赃罪”与“掩饰、隐瞒毒赃性质、来源罪”整合为窝藏、转移、隐瞒毒品、毒赃1个罪名；将之前的“非法运输、携带制毒物品进出境罪”改为走私制毒物品罪；取消了“容留他人吸毒并出售毒品罪”，代之以“容留他人吸毒罪”，不问行为人是否向他人出售毒品，只要明知他人吸毒，还为之提供场所和便利的，即构成犯罪。合计规定了12个毒品犯罪罪名。

《刑法修正案（九）》将刑法第350条第1款、第2款走私制毒物品罪、非法买卖制毒物品罪两个罪名修改为非法生产、买卖、运输制毒物品、走私制毒物品罪一个罪名，毒品犯罪罪名减少一个，为11个。《刑法修正案（十一）》在第355条后面增加了之一，新增妨害兴奋剂管理罪，毒品犯罪罪名又恢复为12个。至此，我国禁毒刑事立法关于毒品犯罪的罪行认定进一步与打击毒品犯罪的形势相结合，充分考虑毒品从源头到消费、从境内到跨境的各环节监控，确保更有力地打击毒品犯罪。

2．毒品犯罪对象从单一到详尽

犯罪对象是指刑法中规定的犯罪行为所作用的客观存在的具体的人或物。因此，毒品犯罪对象指的是刑法规定的毒品犯罪行为针对或涉及的具体人或物。随着毒情的演变和对毒品犯罪的不断认识，我国刑法规定的毒品犯罪对象经历了从单一“毒品”到包括毒品原植物、毒品原植物种子及幼苗、制毒物品、毒赃和特定人的多种对象。

1979 年《刑法》仅规定“毒品”这一单一犯罪对象，该法第 171 条用列举的方式粗略界定了毒品的范围，即“鸦片、海洛因、吗啡或者其他毒品”，至于什么是“其他毒品”则没有做出明确、科学的说明，反映了当时有限的立法技术及立法者对毒品的初步认识。

1990 年《关于禁毒的决定》所规定的毒品犯罪对象已扩展到三类，即毒品、与毒品相关的物、特定的人，显著扩大了毒品犯罪打击的范围与对象。就“毒品”而言，该决定第一次用列举加概括的方式，较科学地对其进行了界定，即“鸦片、吗啡、大麻、可卡因以及国务院规定管制的其他能够使人形成瘾癖的麻醉药品和精神药品”。“与毒品相关的物”包括毒品原植物、制毒物品、毒赃。“特定的人”指引诱、教唆、欺骗、强迫他人吸毒的人。

1997 年《刑法》对毒品犯罪对象的规定在《关于禁毒的决定》的基础上，又增加对“毒品”的列举和部分“与毒品相关的物”。根据我国毒品情势的变化，突出了对冰毒等化学合成毒品的监控，该法第 357 条规定：“本法所称的毒品，是指鸦片、海洛因、甲基苯丙胺（冰毒）、吗啡、大麻、可卡因以及国家规定管制的其他能够使人形成瘾癖的麻醉药品和精神药品”。此外，还将“未经灭活的毒品原植物种子、幼苗”也纳入毒品犯罪对象当中，进一步扩大了毒品犯罪的打击范围。把国务院规定管制的修改为国家规定管制，外延更大。

3．毒品犯罪刑事处罚从轻到重

1979 年《刑法》规定对毒品犯罪的法定刑为“5 年以下有期徒刑或者拘役，可以并处罚金”；有“一贯或者大量制造、贩卖、运输”这一加重情形的，法定刑为“5 年以上有期徒刑，可以并处没收财产”。

1982 年《关于严惩严重破坏经济的罪犯的决定》，将“情节特别严重”的毒品犯罪法定刑提升到“10 年以上有期徒刑、无期徒刑或者死刑，可以并处没收财产。”第一次将对社会危害性极大的毒品犯罪处以极刑，并显著增加了对毒品犯罪的处罚力度。

1988 年《关于惩治走私罪的补充规定》第 1 条规定：“走私鸦片等毒品、武器、弹药或者伪造货币的，处 7 年以上有期徒刑，并处罚金或者没收财产；情节特别严重的，处无期徒刑或者死刑，并处没收财产；情节较轻的，处 7 年以下有期徒刑，并处罚金。”在主刑中增加了无期徒刑和死刑，同时废止了拘役，这就意味着本罪的最低法定刑也是有期徒刑。关于本罪的附加刑，该决定明确规定了

“并处”罚金或者没收财产，而不是1979年《刑法》规定的“可以”。

1990年《关于禁毒的决定》针对11种犯罪行为分别规定了主刑、附加刑和非刑罚处理方法。主刑包括死刑、无期徒刑、有期徒刑、拘役、管制；附加刑有没收财产和罚金两种；非刑罚处理方法包括罚款和行政拘留。刑罚种类的适用范围较之前的规定更广。此外，该《决定》第11条规定：“因走私、贩卖、运输、制造、非法持有毒品被判过刑，又犯本决定之罪的，从重处罚。”首次就毒品犯罪的再犯做出了从重处罚的规定，该规定被1997年《刑法》所吸收，成为我国毒品犯罪立法中的一个重要特色，表明了我国对多次实施特定毒品犯罪行为人从严打击的态度。

1997年刑法明确了“走私、贩卖、运输、制造毒品，无论数量多少，都应当追究刑事责任，予以刑事处罚”，再一次明确了我国对此类社会危害性极大的犯罪从严处罚的态度。同时，出于刑法谦抑价值和人道价值的考虑，该法也限定了适用死刑和无期徒刑的范围，即可以适用死刑的限“走私、贩卖、运输、制造毒品罪”，可以适用无期徒刑的限“走私、贩卖、运输、制造毒品罪”和“非法持有毒品罪”两类犯罪。

4．毒品犯罪主体从单一自然人到涵盖自然人和法人

1987年《海关法》对走私毒品犯罪进行规定之前，我国刑法处罚的毒品犯罪行为人仅限于自然人。《海关法》规定：“企业事业单位、国家机关、社会团体犯走私罪的，由司法机关对其主管人员和直接责任人员依法追究刑事责任；对该单位判处罚金，判处没收走私货物、物品、走私运输工具和违法所得”。在立法上第一次突破了毒品犯罪主体只能是自然人的成规，为依法惩治以单位名义走私毒品的犯罪提供了有力的法律武器，体现了立法者对走私毒品犯罪特点的深刻认识，更有利于打击借单位之“形”开展毒品犯罪之“实”的违法行为。

1997年《刑法》，明确规定单位可以成为“走私、贩卖、运输、制造罪”、“走私制毒物品罪”、“非法买卖制毒物品罪”和“非法提供麻醉药品和精神药品罪”的犯罪主体。并规定了单位犯这四种罪的处罚办法，即对单位判处罚金，并对直接负责的主管人员和其他直接责任人员依法进行处罚。

5．贯彻毒品犯罪惩罚宽严相济原则

宽严相济在我国既是一项刑事政策，也是一种立法理念。无论是《刑法》还是相关司法解释，都体现了严惩与从宽相结合的精神。《武汉纪要》规定“应当全面、准确贯彻宽严相济刑事政策，体现区别对待，做到罚当其罪，量刑时综合考虑毒品数量、犯罪性质、情节、危害后果、被告人的主观恶性、人身危险性及当地的禁毒形势等因素，严格审慎地决定死刑适用，确保死刑只适用于极少

数罪行极其严重的犯罪分子”，类似规定在禁毒立法中还有很多。在禁毒刑事法规中，宽严相济的原则有助于综合治理毒品犯罪，化消极因素为积极因素，对于毒品犯罪的首要分子、走私毒品数量巨大、毒品犯罪的累犯、再犯等犯罪情节严重，危害结果巨大的，从严处置。对于初犯、偶犯，认罪悔罪的可以给予从轻从宽处理。这样可以集中力量提高打击毒品犯罪的效率。

6．我国禁毒刑事立法坚持多部门法配合

要实现全社会禁绝毒品的目标，仅仅靠一部《刑法》是不可能实现的。毒品犯罪的治理，涉及公安司法机关、卫生医疗系统、市场监督管理、海关缉私、金融管制等多领域、多部门的协调配合。禁毒工作不能仅从“犯罪”那一刻起开始启动，对那些尚不构成犯罪但已成萌芽状态的涉毒行为需要法律法规及时介入并予以处置。我们知道毒品犯罪作为法定犯，前置违法性的认定是最终认定毒品犯罪的关键。我国禁毒的刑事立法在外延上和其他行政法规、地方性法规有机结合，形成了有中国特色的、配套规定齐备、以惩治毒品犯罪为核心的禁毒法律体系，保障我国禁毒工作的开展。

三、我国现行刑事法律对毒品犯罪的规定

（一）毒品犯罪的分类

根据我国现行《刑法》第六章第七节规定，毒品犯罪共涉及12种罪名，基于研究的不同角度，可对毒品犯罪进行不同的分类。

根据涉及毒品违法行为本身性质的不同，可以将毒品犯罪分为四大类：经营型毒品犯罪、持有型毒品犯罪、消费型毒品犯罪和破坏禁毒活动型毒品犯罪。基于行为性质的差异，此四类毒品犯罪体现着不同程度的社会危害性，刑事法律因此规定了不同力度的刑罚。

经营型毒品犯罪具体包括：①走私、贩卖、运输、制造毒品罪；②走私制毒物品罪；③非法生产、买卖、运输制毒物品罪；④非法种植毒品原植物罪；⑤非法买卖、运输、携带、持有毒品原植物种子、幼苗罪5个罪名。此类毒品犯罪行为因基于营利目的，可能诱发其他暴力型犯罪，并且行为人的主观恶性更大，因此较之其他三类毒品犯罪具有更大的社会危害性，刑法对其定罪、量刑都更为严厉。

消费型毒品犯罪具体包括：①引诱、教唆、欺骗他人吸毒罪；②强迫他人吸毒罪；③容留他人吸毒罪；④非法提供麻醉药品、精神药品罪；⑤妨害兴奋剂管理5个罪名。此类毒品犯罪是毒品泛滥的潜在诱因，也具有较高的社会危害性。

持有型毒品犯罪仅指非法持有毒品罪 1 个罪名。该罪为走私、贩卖、运输、制造毒品罪的兜底条款，因为在司法实践中有时存在对上述行为“营利”认定的困难。

破坏禁毒活动型毒品犯罪具体包括：①包庇毒品犯罪分子罪；②窝藏、转移、隐瞒毒品毒赃罪 2 个罪名。此类毒品犯罪危害了国家禁毒活动的有效开展，为打击犯罪设置了人为障碍，存在一定的社会危害性，也应受到刑罚处罚。

此外，我国《刑法》第 191 条规定了洗钱罪，按其规定，明知是毒品犯罪行为[①]的所得及其产生的收益，为掩饰、隐瞒其来源和性质，还有特定转移财产性质行为的，构成洗钱罪，应受到相应处罚。这些特定行为包括：①为其提供资金账户；②协助将财产转换为现金、金融票据、有价证券；③通过转账或者其他结算方式协助资金转移；④协助将资金汇往境外；⑤以其他方法掩饰、隐瞒犯罪所得及其收益的来源和性质。因此，从广义来说，洗钱因严重影响到毒品案件的侦查，也可算为破坏禁毒活动型的犯罪。

（二）毒品犯罪的法定刑

1．刑罚种类

由于毒品犯罪往往与暴利相连，受一本万利的巨大诱惑，犯罪行为人铤而走险，如仅对犯罪行为人科以限制其一定时间人身自由的处罚，往往不足以杜绝其再次犯罪。因此，我国和世界许多国家都采用相似的处罚原则——在对行为人科以人身罚的同时并行科以经济罚，即对其进行一定的经济惩罚，打击行为人对金钱占有的欲求和再次开展毒品犯罪的经济能力。目前我国刑法规定对毒品犯罪的人身罚主要包括限制其一定时间的人身自由（管制、拘役、有期徒刑、无期徒刑）和依法剥夺其生命权（死刑）两类；经济罚主要包括没收财产和罚金两类。除包庇毒品犯罪分子罪和窝藏、转移、隐瞒毒品、毒赃罪两个罪名之外，均对毒品犯罪规定了人身罚与经济罚并科的原则。

2．刑罚幅度

我国对毒品犯罪的刑罚幅度涵盖了从管制、拘役、三年以下有期徒刑等较轻的处罚到无期徒刑、死刑等极度严厉的处罚，刑法对所有毒品犯罪都设有二至三个量刑幅度，根据毒品犯罪的具体情形给予相应幅度的刑罚，体现了刑法“罪刑相适应”原则。

① 除毒品犯罪之外，洗钱罪的“上游犯罪”还包括：黑社会性质的组织犯罪、恐怖活动犯罪、走私犯罪、贪污贿赂犯罪、破坏金融管理秩序犯罪、金融诈骗犯罪几类。

（三）刑法对毒品犯罪的特殊规定

1. 再犯从重

《刑法》第356条规定，因走私、贩卖、运输、制造、非法持有毒品罪被判过刑，又犯《刑法》分册第六章第七节规定之罪的，从重处罚，即毒品犯罪的“再犯从重”原则。由于毒品犯罪之后往往隐含着暴利，现有刑罚难以杜绝罪犯再次从事毒品犯罪，行为人多次从事毒品犯罪的主观恶性显著较大，因此，针对毒品犯罪的特殊性，刑法规定，只要之前因走私、贩卖、运输、制造毒品罪和非法持有毒品罪受到刑罚处罚，又再次犯任何毒品犯罪（12种罪名）的，应当在法定刑之内，从重处罚，以期用更严厉的刑罚来惩戒毒品犯罪。累犯、毒品再犯是法定从重处罚情节，即使本次毒品犯罪情节较轻，也要体现从严惩处的精神。尤其对于曾因实施严重暴力犯罪被判刑的累犯、刑满释放后短期内又实施毒品犯罪的再犯，以及在缓刑、假释、暂予监外执行期间又实施毒品犯罪的再犯，应当严格体现从重处罚原则。对于因同一毒品犯罪前科同时构成累犯和毒品再犯的被告人，在裁判文书中应当同时引用刑法关于累犯和毒品再犯的条款，但在量刑时不得重复予以从重处罚。对于因不同犯罪前科同时构成累犯和毒品再犯的被告人，量刑时的从重处罚幅度一般应大于前述情形。

2. 毒品范围法定

根据《刑法》第357条第1款规定，我国查禁的毒品是指鸦片、海洛因、甲基苯丙胺（冰毒）、吗啡、大麻、可卡因以及国家规定管制的其他能够使人形成瘾癖的麻醉药品和精神药品。

通过列举加概括的方式界定了毒品的范围，突出了毒品的法定属性和自然属性的双重性质。毒品的法定属性是指仅由国家明文限定需要管制的具体物品，毒品的自然属性是指其能引起人体的生理瘾癖和心理瘾癖。

界定“毒品”主要是以国家食品药品监督管理局、公安部、卫生部发布的《麻醉药品品种目录》《精神药品品种目录》《非药用类麻醉药品和精神药品增补目录》为依据。根据国际、国内毒品形势的变化，被滥用的毒品呈现不断更新、变化的趋势，因此有必要对《麻醉药品品种目录》《精神药品品种目录》《非药用类麻醉药品和精神药品增补目录》进行更新与补充。截至2023年4月，我国列管122种麻醉药品、160种精神药品和174种非药用类麻醉药品和精神药品，以及整类芬太尼物质和整类合成大麻素物质。

3. 毒品计量原则

根据《刑法》第357条第2款的规定，我国查处毒品犯罪，涉及依据毒品数量来进行定罪量刑的，毒品的数量以查证属实的走私、贩卖、运输、制造、非法持有毒品的数量计算，不以纯度折算。该法这样规定，一方面突出我国对毒品犯罪打击的严厉态度，另一方面也是出于现有技术原因的考虑，以免就毒品纯度问题引起立案、公诉、审理的困难。

但是，毒品纯度的高低是毒品含有毒性成分多少的重要标志，纯度高的毒品流入社会后，其危害性必然大于纯度低的毒品。特别是死刑案件，当毒品大量掺假、含量极低，毒品不是同一种类、成分复杂，或者同种有毒成分因含量不同而分属于不同种类毒品时，如果不进行毒品含量鉴定，就会造成量刑失衡。同时，随着科学技术的提升与普及，一些地方法院、检察院与公安部门已共同解决了毒品案件含量鉴定问题。据此，2012 年，最高人民法院、最高人民检察院、公安部联合出台了《办理毒品犯罪案件适用法律若干问题的意见》，该《意见》明确规定："可能判处死刑的毒品犯罪案件，毒品鉴定结论中应有含量鉴定的结论。"毒品鉴定结论中毒品品名的认定应以国家食品药品监督管理局、公安部、卫健委最新发布的《麻醉药品品种目录》《精神药品品种目录》和《非药用类麻醉药品和精神药品增补目录》为依据。

第二节　我国禁毒刑事立法主要内容

一、经营型毒品犯罪

经营型毒品犯罪包括走私、贩卖、运输、制造毒品罪；非法生产、买卖、运输制毒物品、走私制毒物品罪；非法种植毒品原植物罪和非法买卖、运输、携带、持有毒品原植物种子、幼苗罪五种罪名，是毒品犯罪中社会危害性最大的一类犯罪，也是我国禁毒司法实践中最主要的毒品犯罪形式。

（一）走私、贩卖、运输、制造毒品罪

我国《刑法》第 347 条规定：走私、贩卖、运输、制造毒品，无论数量多少，都应当追究刑事责任，予以刑事处罚。

1．走私、贩卖、运输、制造毒品罪的犯罪构成

（1）犯罪客体

该罪侵害的客体是国家对毒品的管制制度和公民的身心健康。

首先，我国依法对药用类麻醉药品和精神药品，及非药用类麻醉药品和精神药品实行严格的管控制度，依据是《麻醉药品和精神药品管理条例》《非药用类麻醉药品和精神药品列管办法》。药用类麻醉药品、精神药品的生产、运输、经营、销售、使用及跨境转移或买卖、供应、运输和生产，都需要经国家规定的单

位或部门按照规定的程序上报审批获准后方能进行。除此，其他任何单位和个人都不得有上述行为，否则就是破坏国家对麻醉药品和精神药品的管制制度。

其次，走私、贩卖、运输、制造毒品会导致受我国法律管制的药用类和非药用类麻醉药品和精神药品经非法渠道流入消费领域，而这些毒品会严重危害公民的身心健康，导致人体、器官、精神、心理受到严重伤害，并可能引发家庭悲剧和产生社会危害。

该罪的行为对象特指国家依法进行管制的麻醉药品和精神药品，以国家食品药品监督管理局、公安部、卫健委发布的《麻醉药品品种目录》《精神药品品种目录》《非药用类麻醉药品和精神药品增补目录》为依据。

（2）犯罪客观方面

表现为走私、贩卖、运输、制造毒品的行为。所谓走私毒品，是指违反海关法规，不经过海关、边防检查站，非法偷运、携带、寄递毒品进出国（边）境，或者虽经海关、边防检查站但采用伪装、藏匿、谎报等方法逃避检查，将毒品偷运进出国（边）境的行为。所谓贩卖毒品，是指为销售而非法购买毒品，或者明知是毒品而非法销售的行为。行为人向走私、贩卖毒品的犯罪分子或者吸食、注射毒品的人员贩卖国家规定管制的能够使人形成瘾癖的麻醉药品或者精神药品的，以贩卖毒品罪定罪处罚。所谓运输毒品，是指明知是毒品而采取携带、邮寄、利用他人或者使用交通工具等方法非法将毒品从一个地方运送到另一个地方的行为。所谓制造毒品，是指违反国家关于毒品的管制法规，非法用毒品原料提炼、加工、配制成为可供人吸食、注射的毒品的行为。制造毒品不仅包括非法用毒品原植物直接提炼和用化学方法加工、配制毒品的行为，也包括以改变毒品成分和效用为目的，用混合等物理方法加工、配制毒品的行为。为便于隐蔽运输、销售、使用、欺骗购买者，或者为了增重，对毒品掺杂使假，添加或者去除其他非毒品物质，不属于制造毒品的行为。上述四种行为，只要实施其中一种，即可构成本罪。

走私、贩卖、运输或制造毒品，无论数量多少，都构成犯罪。

（3）犯罪主体

本罪主体是一般主体，既可以是个人，也可以是单位。即任何达到刑事责任年龄、具有刑事责任能力的人，都可以成为本罪的主体。根据《刑法》第 17 条第 2 款的规定，已满 14 周岁不满 16 周岁的人，犯贩卖毒品罪的应当承担刑事责任，但走私、运输、制造毒品的，16 岁才负刑事责任。

单位犯本罪是指经过单位决策机构决定或由负责人决定，以单位名义而实施走私、贩卖、运输或制造毒品行为，其直接目的是为本单位牟取非法利益，否则，不能认定为单位犯罪，而只能追究个人的刑事责任。

（4）犯罪主观方面

行为人犯本罪必须是出于故意，即明知是毒品而有走私、贩卖、运输、制造的行为。过失不构成本罪。

2. 走私、贩卖、运输、制造毒品罪的认定

（1）本罪构成没有数量限制

只要实施了走私、贩卖、运输、制造毒品的行为，无论数量多少即构成本罪。毒品数量不是构成本罪的必要条件，无论数量多少，都应追究刑事责任，予以刑事处罚。这一规定体现了对毒品犯罪坚决从严惩处的精神，但从严惩处并不等于不管情节轻重一律定罪量刑。对于情节显著轻微，危害不大的，不认为是犯罪，或者犯罪情节轻微不需要判处刑罚的，免予刑事处分。

（2）本罪是选择性罪名

构成本罪并不要求行为人同时实施走私、贩卖、运输和制造毒品的行动。行为人只要实施了其中一种行为即构成本罪；实施了其中两种或两种以上行为的，也只构成本罪一罪，确定罪名时以其实施的行为为准，如行为人只是运输、贩卖毒品的，即定为运输、贩卖毒品罪，不需要分别定为运输毒品罪和贩卖毒品罪。

（3）本罪的既遂和未遂问题

由于本罪的客观方面表现为走私、贩卖、运输、制造毒品的多种行为，各种行为的具体内容和方式有所不同，法定的既遂条件也因此各不相同，既遂与未遂的区分标准应视具体涉及行为的内容而定。

①走私毒品犯罪的既遂认定。应以毒品是否入境或出境为标志，至于入境或出境的标准，则应根据行为人走私毒品的具体方式来判断。如果行为人是直接经过海关运输、邮寄或携带毒品的，以通过验关为既遂；如果行为人是通过其他方式绕过海关走私毒品的，则应以越过国（边）境线为既遂。

②贩卖毒品犯罪的既遂认定。应以毒品是否进入交易环节为准，至于行为人是否已将毒品出售获利，或是否已实际成交，不影响贩卖毒品罪（既遂）的成立。若行为人具有贩卖毒品的故意，由于意志以外的原因致使毒品未能进入交易环节的，则以贩卖毒品罪（未遂）论处。

③运输毒品犯罪的既遂认定。应以毒品是否起运为准，不论采取哪种运输方式，毒品一经进入运输途中，就构成运输毒品罪（既遂）。毒品是否运抵目的地不是构成该罪（既遂）的必要条件。

④制造毒品犯罪的既遂认定。由于制造毒品罪的既遂标准存在着“开始制造说”“制造成功说”和“制出成品说”的争议。因此，制造毒品罪的既遂标准以行为人制造毒品的行为实行终了较适宜。因意志以外的原因未能开始制造的，以制造毒品罪（未遂）论。

由于走私、贩卖、运输、制造毒品犯罪行为往往是相互交叉、相互联系的，因此实践中可能出现这些犯罪行为其中有的是既遂，有的是未遂，在定罪中如果遇到行为人实施了若干毒品犯罪行为，其中只要有一个是既遂的，就可以按既遂处理。

（4）适用本罪的注意问题

①一个案件中的毒品数量问题。根据《刑法》第347条的规定，以及《全国部分法院审理毒品犯罪案件工作座谈会纪要（大连会议纪要）》，行为人多次实施了走私、贩卖、运输、制造毒品的行为，只要未经处理，即认定为一罪，毒品数量累计计算，无须根据每次犯罪行为分别量刑予以并罚。其中，若是数种行为针对是同种毒品，则毒品数量按查获的实际数量计算，不再累加；若毒品种类不同，则分别计算后，按总量处理。多次走私、贩卖、运输、制造毒品，未经处理的，毒品数量累计计算。

②毒品纯度问题。根据《刑法》第357条第2款的规定，毒品的数量以查证属实的走私、贩卖、运输、制造毒品数量计算，不以纯度折算。

③关于毒品的“真假”问题。如果行为人把假毒品误作为真毒品进行走私、贩卖、运输的，应当认定为走私、贩卖、运输、制造毒品罪；如果行为人故意将其他物品谎称为“毒品”进行贩卖而骗取财物的，应当以诈骗罪处理。

④关于共犯的问题。明知他人有走私、贩卖、运输、制造毒品行为，还为其提供信息、协助等中介服务的，无论是否获利，均以贩卖毒品罪的共犯论处。没有实施毒品犯罪的共同故意，仅在客观上为相互关联的毒品犯罪上下家，不构成共同犯罪。对于共同犯罪一是要正确区分主犯和从犯，二是要正确认定共同犯罪案件中主犯和从犯的毒品犯罪数量，三是要根据行为人在共同犯罪中的作用和罪责大小确定刑罚。

⑤区分制造、贩卖毒品与制造、贩卖假药罪。两罪的主要区别在于：前者侵害的是国家对特定麻醉药品和精神药品的管理秩序，而后者侵犯的是国家的药政管理制度；前者犯罪对象是特定的麻醉药品和精神药品，而后者的犯罪对象是假药、劣药；前者不以是否营利为目的，而后者必须以营利为目的。

⑥走私毒品罪和走私罪的关系。实际上，走私毒品也属于走私行为的一种，立法鉴于毒品走私的严重性，也为便于处置与其他毒品的连带关系，将走私毒品罪从走私罪中分离出来归入毒品犯罪之中。走私毒品罪侵害的客体包括国家对毒品管理制度和海关管理制度。在同一次毒品犯罪活动中，走私后又运输、贩卖的，或者制造毒品又进行走私、贩卖、运输的，因各行为之间相互关联，该次犯罪活动只构成一罪。如果行为人在一次走私活动中，既走私毒品又走私其他货物、物品的，一般应按走私毒品罪和构成的其他走私罪，实行数罪并罚。

⑦对行为人“主观上明知”的认定。行为人不能做出合理解释的，可以认定其“明知”是毒品，但有证据证明其确属被蒙骗的除外：（1）执法人员在口岸、机场、车站、港口和其他检查站点检查时，要求行为人申报为他人携带的物品和其他疑似毒品物，并告知其法律责任，而行为人未如实申报，在其携带的物品中查获毒品的；（2）以伪报、藏匿、伪装等蒙蔽手段，逃避海关、边防等检查，在其携带、运输、邮寄的物品中查获毒品的；（3）执法人员检查时，有逃跑、丢弃携带物品或者逃避、抗拒检查等行为，在其携带或者丢弃的物品中查获毒品的；（4）体内或者贴身隐秘处藏匿毒品的；（5）为获取不同寻常的高额、不等值报酬为他人携带、运输物品，从中查获毒品的；（6）采用高度隐蔽的方式携带、运输物品，从中查获毒品的；（7）采用高度隐蔽的方式交接物品，明显违背合法物品惯常交接方式，从中查获毒品的；（8）行程路线故意绕开检查站点，在其携带、运输的物品中查获毒品的；（9）以虚假身份或者地址办理托运手续，在其托运的物品中查获毒品的；（10）有其他证据足以认定行为人应当知道的。

3．走私、贩卖、运输、制造毒品罪的处罚

走私、贩卖、运输、制造毒品，有下列情形之一的，处十五年有期徒刑、无期徒刑或者死刑，并处没收财产：①走私、贩卖、运输、制造鸦片一千克以上、海洛因或者甲基苯丙胺五十克以上或者其他毒品数量大的；②走私、贩卖、运输、制造毒品集团的首要分子；③武装掩护走私、贩卖、运输、制造毒品的；④以暴力抗拒检查、拘留、逮捕，情节严重的；⑤参与有组织的国际贩毒活动的。

走私、贩卖、运输、制造鸦片二百克以上不满一千克、海洛因或者甲基苯丙胺十克以上不满五十克或者其他毒品数量较大的，处七年以上有期徒刑，并处罚金。

走私、贩卖、运输、制造鸦片不满二百克、海洛因或者甲基苯丙胺不满十克或者其他少量毒品的，处三年以下有期徒刑、拘役或者管制，并处罚金；情节严重的，处三年以上七年以下有期徒刑，并处罚金。单位犯本罪的对单位判处罚金，并对其直接负责的主管人员和其他直接责任人员，依照前两款的规定处罚。

（二）非法生产、买卖、运输制毒物品、走私制毒物品罪

根据我国《刑法》第350条规定（刑法修正案（九）），违反国家规定，非法生产、买卖、运输醋酸酐、乙醚、三氯甲烷或者其他用于制造毒品的原料、配剂，或者携带上述物品进出境的，构成非法生产、买卖、运输制毒物品、走私制毒物品罪。

1. 非法生产、买卖、运输制毒物品、走私制毒物品罪的犯罪构成

本罪侵犯的客体是国家对醋酸酐、乙醚、三氯甲烷等制毒前体的管理制度和国家对外贸易管理制度。醋酸酐、乙醚、三氯甲烷等易制毒化学品既是化工生产和医药常用原料，同时又是制造海洛因、甲基苯丙胺等毒品必不可少的原料或配剂。因此，国际社会一直竭力防止这些制毒前体落入非法渠道，1988 年《联合国禁止非法贩运麻醉药品和精神药物公约》要求各缔约国采取适当措施，防止醋酸酐、乙醚、三氯甲烷等制毒前体挪作非法用途。其他用于制造毒品的原料或者配剂指麻黄碱、伪麻黄碱及其盐类和单方制剂，此类物质是合成苯丙胺类毒品的主要原料。我国政府一贯注重对易制毒化学品的生产、买卖、运输和进出口的管理工作，并实行由国家统一归口管理的制度，严禁任何单位或个人非法从事易制毒化学品的进出口活动。

犯罪对象是用来制造毒品的化学物品，而不是毒品本身。我国称之为易制毒化学品，联合国称之为制毒前体。我国列入易制毒化学品管制目录，截至 2022 年 10 月，我国管制了 38 种易制毒化学品，分为一类 19 种、二类 11 种、三类 8 种。一类是制毒的原料，二类、三类是制毒的配剂。这是本罪区别于走私毒品罪的主要标志。

本罪在客观方面，表现为行为人违反国家易制毒化学品管理法规和海关规定，逃避海关监管，实施了生产、买卖、运输醋酸酐、乙醚、三氯甲烷或者其他用于制造毒品的原料或配剂，及携带上述原料或配剂进出国（边）境的行为。

本罪的主体是一般主体，可以由达到刑事责任年龄、具有刑事责任能力的自然人构成，也可以由单位构成。

本罪主观方面必须是故意，过失不构成本罪。即行为人明知醋酸酐、乙醚、三氯甲烷或者其他用于制造毒品的原料或者配剂，而故意非法生产、买卖、运输或携带这些物品进出境。至于这类物品被非法运输、携带进出境后实际作何用途，不要求行为人明知，一般也不影响本罪的构成。

2. 非法生产、买卖、运输制毒物品、走私制毒物品罪的认定

行为人明知是国家管制的特殊化学品而携带、运输进出国（边）境的，无论其动机是出售牟利或是自己留作生产、科学研究之用，都构成本罪。本罪是一个选择性罪名，构成什么就定什么罪。

本罪要求非法生产、买卖、运输制毒、携带进出境的制毒物品数量较大。“数量较大”根据 2000 年最高人民法院《关于审理毒品案件定罪量刑标准有关问题的解释》具体指麻黄碱、伪麻黄碱及其盐类和单方制剂五千克以上不满五十千克；麻黄浸膏、麻黄浸膏粉一百千克以上不满一千千克；醋酸酐、三氯甲烷二百千克以上不满二千千克；乙醚四百千克以上不满三千千克；上述原料或者配

剂以外其他相当数量的用于制造毒品的原料或者配剂。违反国家规定，非法运输、携带进出境或者在境内非法买卖用于制造毒品的原料或者配剂，超过前款所列数量标准的，应当认定为刑法第 350 条第 1 款规定的“数量大”。

如果非法运输、携带进出境的制毒物品数量较小，属于一般违法行为，不构成犯罪。

明知他人制造毒品而为其生产、买卖、运输前款规定的物品的，以制造毒品罪的共犯论处。

3. 非法生产、买卖、运输制毒物品、走私制毒物品罪的处罚

构成本罪的，一般情况处三年以下有期徒刑、拘役或者管制，并处罚金；数量大的，处三年以上十年以下有期徒刑，并处罚金。

单位犯本罪的对单位判处罚金，并对其直接负责的主管人员和其他直接责任人员，依照前两款的规定处罚。

（三）非法种植毒品原植物罪

我国《刑法》第 351 条规定，明知是罂粟、大麻、古柯树等毒品原植物而非法种植，且数量较大，或经公安机关处理后又种植，或者抗拒铲除的，适用非法种植毒品原植物罪。

1. 非法种植毒品原植物罪的犯罪构成

本罪侵犯的客体是国家对毒品原植物的管理制度。罂粟等毒品原植物不仅是提炼毒品的原料，也是目前生产麻醉性药品必不可少的天然原料。为满足医疗、教学和科研的需要，国家允许在严格控制管理下少量种植，严禁非法私种。任何单位和个人未经合法批准，或者虽经合法批准违反指令性计划而超量种植，都是非法行为。

本罪在客观方面表现为行为人违反国家有关法律、法规的规定，实施了非法种植毒品原植物的行为。“种植”，是指播种、育苗、移栽、插苗、施肥、灌溉、割取津液或者收取种子等行为。

本罪的犯罪主体是一般主体，即凡已满 16 周岁具有刑事责任能力的人，均可成为本罪的主体。

本罪在主观方面只能由故意构成。即明知是罂粟、大麻、古柯等毒品原植物而非法种植且数量较大，或者经公安机关处理后又种植，或者抗拒铲除。种植毒品原植物的目的不影响本罪的成立。

2. 非法种植毒品原植物罪的认定

构成本罪不考虑行为人的种植目的，也不要求以营利为目的。

行为人明知是法律禁止种植的毒品原植物，还实施了非法种植行为情节达到

一定程度的，才构成本罪。根据 2012 年最高人民检察院、公安部《关于公安机关管辖的刑事案件立案追诉标准的规定（三）》之规定，非法种植罂粟、大麻等毒品原植物，涉嫌下列情形之一的，应予立案追诉：（一）非法种植罂粟五百株以上的；（二）非法种植大麻五千株以上的；（三）非法种植其他毒品原植物数量较大的；（四）非法种植罂粟二百平方米以上、大麻二千平方米以上或者其他毒品原植物面积较大，尚未出苗的；（五）经公安机关处理后又种植的；（六）抗拒铲除的。

如果行为人以制造毒品为目的种植毒品原植物，又用种植出的原植物制造毒品的，属于牵连犯，应以制造毒品罪一罪定罪处罚。若行为人既种植毒品原植物，又制造毒品，二者之间没有联系的，则应以非法种植毒品原植物罪与制造毒品罪数罪并罚。

行为人因抗拒铲除毒品原植物而构成非法种植毒品原植物罪的，抗拒的主体是种植者本人，抗拒的目的是为了保护其毒品原植物，抗拒的剧烈程度以未造成他人轻伤害为限。若超出这一范围，则抗拒铲除的行为就会构成妨害公务罪或者故意伤害罪。如行为人未种植毒品原植物，但参与了抗拒铲除，其行为侵犯的是国家公务活动的严肃性与强制性，应以妨害公务罪论处。若行为人抗拒铲除的行为造成他人重伤、死亡的，应以故意伤害罪（过失致人重伤罪）或者故意杀人罪（过失致人死亡罪）定罪处罚。

3．非法种植毒品原植物罪的处罚

构成本罪的，处五年以下有期徒刑、拘役或者管制，并处罚金：非法种植罂粟三千株以上或者其他毒品原植物数量大的，处五年以上有期徒刑，并处罚金或者没收财产。

非法种植罂粟或者其他毒品原植物，在收获前自动铲除的，可以免除处罚。

（四）非法买卖、运输、携带、持有毒品原植物种子、幼苗罪

我国《刑法》第 352 条规定，非法买卖、运输、携带、持有未经灭活的罂粟等毒品原植物种子或者幼苗，数量较大的，构成非法买卖、运输、携带、持有毒品原植物种子、幼苗罪。

1．非法买卖、运输、携带、持有毒品原植物种子、幼苗罪的犯罪构成

本罪侵犯的客体是国家对毒品原植物种子及其幼苗的管理制度。国家合法药用罂粟生产的种子，需要由指定的种植单位及专人负责，严加保管，严禁自行销售和使用。为了防止罂粟种子非法外流，承担药用罂粟种植任务的国有农场，对罂粟壳内残留的种子一律进行钴 60 放射灭活处理。本罪的犯罪对象是未经灭活的罂粟等毒品原植物种子或幼苗。我国没有药用大麻和古柯种植，仅有云南省、

黑龙江省有工业大麻种植。

本罪在客观方面表现为实施了非法买卖、运输未经灭活的罂粟等毒品原植物种子或幼苗，数量较大的行为。“非法买卖”，是指以金钱或者实物作价，非法购买或者出售未经灭活的毒品原植物种子或者幼苗。“非法运输”，是指将未经灭活的毒品原植物种子或者幼苗在国内非法运输。“未经灭活的罂粟等毒品原植物种子”，是指没有经过物理、化学等方法杀灭植物生长细胞，还能继续繁殖、发芽的罂粟等毒品原植物种子。

本罪的主体是一般主体。凡是满 16 周岁，具有刑事责任能力的自然人均可成为本罪的主体。

本罪的主观方面是故意。即明知是未经灭活的罂粟等毒品原植物种子或者幼苗，而仍然非法买卖、运输。过失不构成本罪，如将没有灭活的毒品原植物种子、幼苗当作已经灭活的种子、幼苗买卖、运输，或不知是毒品原植物种子、幼苗而进行了买卖、运输，这两种行为都不构成犯罪。

2. 非法买卖、运输、携带、持有毒品原植物种子、幼苗罪的认定

构成本罪需要行为人非法买卖、运输、携带、持有的毒品原植物种子、幼苗达到法定数量，即罂粟原植物植株数量 500 株以上、大麻 5000 株以上；或行为人多次贩卖、运输毒品原植物种子或幼苗，虽然每次数量均不够大，累计达到上述数量。多次贩卖、运输毒品原植物种子或幼苗，屡教不改，构成本罪的，视为本罪的加重情节，从重处罚。

本罪系选择性罪名，即实施了非法买卖、运输、携带、持有的毒品原植物种子、幼苗行为之一的，即以该行为确定罪名；实施其中两种以上行为的，将所实施行为并列为一个罪名，不实行数罪并罚。

如果行为人以制造毒品为目的，贩卖、运输毒品原植物种子或幼苗的，则该行为被制造毒品的犯罪行为所吸收，构成制造毒品罪；如果行为人贩卖、运输毒品原植物种子或者幼苗的行为是出于营利或其他目的，同时又实施了制造毒品的行为，则行为人分别触犯“非法买卖、运输、携带、持有毒品原植物种子、幼苗罪”和“制造毒品罪”两个罪名，应数罪并罚。

如果行为人以非法种植毒品原植物为目的，买卖、运输毒品原植物种子或幼苗的，则该行为被非法种植毒品原植物的犯罪行为所吸收，构成非法种植毒品原植物罪。如果行为人买卖、运输毒品原植物种子或幼苗的行为是出于营利或其他目的，同时又实施了非法种植毒品原植物的行为，则行为人触犯了“非法买卖、运输、携带、持有毒品原植物种子、幼苗罪”和“非法种植毒品原植物罪”两个罪名，应实行数罪并罚。

3．非法买卖、运输、携带、持有毒品原植物种子、幼苗罪的处罚

构成本罪的处三年以下有期徒刑、拘役或者管制，并处或者单处罚金。

二、消费型毒品犯罪

吸食、注射毒品是典型的毒品消费行为，出于伦理、医学、法学和禁毒策略的考虑，以及联合国1987年通过的《控制麻醉品滥用今后活动的综合性多学科纲要》提出的吸毒是一种慢性复发性脑疾病的定位，目前国际大多数国家均未将单纯的滥用毒品行为认定为犯罪，在我国仅将其视为一种违法行为。因此，我国刑法并未规定吸食、注射毒品罪。消费型毒品犯罪仅包括以下四种罪名：引诱、教唆、欺骗他人吸毒罪；强迫他人吸毒罪；容留他人吸毒罪；非法提供麻醉药品、精神药品罪四个罪名。此类毒品犯罪是毒品泛滥的潜在诱因，具有较大的社会危害性。

（一）引诱、教唆、欺骗他人吸毒罪

根据我国《刑法》第353第1款规定，引诱、教唆、欺骗他人吸食、注射毒品罪，是指违反国家法律规定，使用各种手段，引诱、教唆、欺骗他人吸食、注射毒品的行为。

1．引诱、教唆、欺骗他人吸毒罪的犯罪构成

本罪侵害的客体是复杂客体，即破坏毒品的管制制度、妨害社会管理秩序和损害公民的身心健康权。引诱、教唆、欺骗他人吸食、注射毒品的行为，可以导致他人从此走上滥用毒品的不归之路，损害他人身心健康，进而诱发其他毒品及有关犯罪，引发一系列社会不安定因素，危害社会管理秩序。

本罪的客观方面，表现为行为人实施了引诱、教唆、欺骗他人吸食、注射毒品的行为。所谓“引诱”，是指以金钱、物质或某种好处等，将含有毒品的物品让他人吸食，或者通过鼓动的方法，勾引、诱使、拉拢本无吸毒意愿的人吸毒；所谓“教唆”他人吸毒，是指以宣扬吸毒后的快感、示范吸毒方法和劝说、授意、怂恿等其他方法，故意唆使他人产生吸毒的意图并进而吸毒；所谓“欺骗”，是指隐瞒事实真相或捏造假相等方法，暗地里在药品、食物中掺入毒品供他人吸食，使他人不知不觉地染上毒瘾。至于被引诱、教唆、欺骗而吸食、注射毒品的人是否成瘾，不影响本罪的成立。

本罪的主体是一般主体，凡是满16周岁，具有刑事责任能力的自然人均可成为本罪的主体。

本罪的主观方面必须是故意，要求行为人必须明知是毒品而有意引诱、教唆、欺骗他人吸食、注射。至于行为人出于何种动机、目的，不影响本罪的构

成，但可成为影响量刑的情节。

2．引诱、教唆、欺骗他人吸毒罪的认定

本罪是选择性罪名。实施了引诱、教唆、欺骗他人吸食、注射毒品行为之一的，即以该具体行为定罪名；实施了其中两种以上行为的，将所实施行为并列为一个罪名。

本罪不要求行为一定引起现实的危害结果，也不要求引诱、教唆、欺骗他人吸食、注射毒品的数量和次数，只要行为人出于故意进行上述行为即可构成犯罪。

为实现贩卖毒品的目的而引诱、教唆、欺骗他人吸食、注射毒品的处理。如果行为人是针对同一个人，既引诱、教唆、欺骗其吸食、注射毒品又将毒品贩卖给他，则应当视为构成想象竞和，择一重罪处罚，即按贩卖毒品罪处罚；如果行为人针对不同人进行引诱、教唆、欺骗其吸食、注射毒品，再将毒品贩卖给其中不特定的人，则同时构成"引诱、教唆、欺骗他人吸毒罪"和"贩卖毒品罪"，实行数罪并罚。

犯本罪致他人重伤、死亡的处理。需要根据具体案情进行分析，如果行为人具有故意杀人或者故意伤害的故意，通过引诱、教唆、欺骗他人吸食、注射毒品的行为来实现其杀人或伤害的目的，则应当认定为故意杀人罪或故意伤害罪。如果行为人没有故意杀人或者故意伤害的心理，却致人死亡、伤残的，能够查明行为人对死亡和重伤仅有过失的，应构成过失致人死亡罪或过失重伤罪和引诱、教唆、欺骗他人吸毒罪的数罪，应择一重罪处罚。

3．引诱、教唆、欺骗他人吸毒罪的处罚

本罪有两级刑罚，引诱、教唆、欺骗他人吸食、注射毒品一般情况下处三年以下有期徒刑、拘役或者管制，并处罚金；情节严重的，处三年以上七年以下有期徒刑，并处罚金。此处"情节严重"是指多次引诱、教唆、欺骗他人吸毒；导致他人吸毒成毒瘾；或者有其他严重情节的。

此外，为特别保护未成年人，《刑法》规定了法定从重情节：对于引诱、教唆、欺骗未成年人吸食、注射毒品的，从重处罚。

（二）强迫他人吸毒罪

根据我国《刑法》第353条第2款规定，强迫他人吸食、注射毒品的构成犯罪。强迫他人吸毒罪，是指违背他人意志，用暴力、胁迫或者其他强制手段，迫使他人吸食、注射毒品的行为。

1．强迫他人吸毒罪的犯罪构成

本罪侵犯的客体是复杂客体，即破坏毒品管理制度、妨害社会管理秩序和损害公民的身心健康权。强迫他人吸毒，可以导致他人吸毒成瘾，引发身心病症和精神痛苦，严重侵害他人的生命健康权，同时也会因报复引发暴力犯罪或其他社会危机，严重危害社会管理秩序。

本罪的客观方面必须有强迫他人吸食、注射毒品的行为。所谓“强迫”，是指违背他人意愿，使用暴力、胁迫、虐待或者其他方法，迫使他人吸食、注射毒品的情形。他人的吸毒行为不是出于自愿，而是在行为人不法手段的强迫下不得以而为之。行为人利用教养、从属关系或者某种权势，强迫自己的亲属或经济上、身份上处于依附地位的人吸毒的，也视为强迫他人吸毒。至于被强迫的人吸食、注射毒品后是否成瘾，不影响本罪的构成，但可构成影响量刑的情节。

本罪的主体是一般主体，凡是满 16 周岁，具有刑事责任能力的自然人均可成为本罪的主体。

本罪的主观方面必须是故意，要求行为人必须明知是毒品而强迫他人吸食、注射。至于行为人出于何种动机、目的，不影响本罪的构成，但可成为影响量刑的情节。

2．强迫他人吸毒罪的认定

本罪不要求行为一定引起现实的危害结果，也不要求强迫他人吸食、注射毒品的数量和次数，只要行为人出于故意进行前述行为即可构成犯罪。

为实现贩卖毒品的目的而强迫他人吸食、注射毒品的处理，以及强迫他人吸毒致他人重伤、死亡的处理与“引诱、教唆、欺骗他人吸毒罪”与相关问题的处理相似，不再重述。

3．强迫他人吸毒罪的处罚

强迫他人吸食、注射毒品的，处三年以上十年以下有期徒刑，并处罚金。

强迫未成年人吸食、注射毒品的，从重处罚。

（三）容留他人吸毒罪

根据《刑法》第 354 条规定，容留他人吸毒罪，是指明知他人吸毒而为其提供吸食、注射毒品的场所和便利的行为。

1．容留他人吸毒罪的犯罪构成

本罪侵犯的客体是社会管理秩序。一些公共娱乐场所为招揽生意或者私人场所基于某种目的，特意为吸毒人员提供便利与场所，或者对在其场所内吸毒的现象视而不见，不制止、不举报，很大程度上导致了毒品的泛滥，严重危害社会管理秩序。

本罪的客观方面表现为行为人实施了容留他人吸毒的行为。“容留”此处指行为人给吸食、注射毒品的人提供场所和方便。至于行为人是自己主动提供场所和方便，或是应吸毒人员的要求而提供，不影响本罪的构成。最高人民检察院、公安部《关于公安机关管辖的刑事案件立案追诉标准的规定（三）》第 11 条［容留他人吸毒罪（刑法第 354 条）］规定提供场所，容留他人吸食、注射毒品，涉嫌下列情形之一的，应予立案追诉：（一）容留他人吸食、注射毒品两次以上的；（二）一次容留三人以上吸食、注射毒品的；（三）因容留他人吸食、注射毒品被行政处罚，又容留他人吸食、注射毒品的；（四）容留未成年人吸食、注射毒品的；（五）以牟利为目的容留他人吸食、注射毒品的；（六）容留他人吸食、注射毒品造成严重后果或者其他情节严重的。最高人民法院《关于审理毒品犯罪案件适用法律若干问题的解释》第 12 条规定，容留他人吸食、注射毒品，具有下列情形之一的，应当依照刑法第三百五十四条的规定，以容留他人吸毒罪定罪处罚：（一）一次容留多人吸食、注射毒品的；（二）二年内多次容留他人吸食、注射毒品的；（三）二年内曾因容留他人吸食、注射毒品受过行政处罚的；（四）容留未成年人吸食、注射毒品的；（五）以牟利为目的容留他人吸食、注射毒品的；（六）容留他人吸食、注射毒品造成严重后果的；（七）其他应当追究刑事责任的情形。

向他人贩卖毒品后又容留其吸食、注射毒品，或者容留他人吸食、注射毒品并向其贩卖毒品，符合前款规定的容留他人吸毒罪的定罪条件的，以贩卖毒品罪定罪处罚。

容留近亲属吸食、注射毒品，情节显著轻微危害不大的，不作为犯罪处理；需要追究刑事责任的，可以酌情从宽处罚。

本罪的主体是一般主体。凡是满 16 周岁，具有刑事责任能力的自然人均可成为本罪的主体。

本罪的主观方面是故意。即行为人明知他人是吸毒者而仍然为其提供方便和场所。

2．容留他人吸毒罪的认定

容留他人吸毒罪，是指允许他人在自己管理、支配的场所吸食、注射毒品或者为他人吸食、注射毒品提供场所的行为。场所要具有封闭性、控制性。封闭性是指场所是相对封闭的，例如住宅、出租房、卡拉 OK 厅的包房、会所、汽车里面等。控制性是指容留者对场所具有一定的控制权，哪怕是临时性的控制，如钟点房等。场所既可以是现实的物理实体场所，也可以是网站、网络聊天室等虚拟场所。

如行为人基于出售毒品的目的而容留他人吸毒的，应按“贩卖毒品罪”进行处罚。

3．容留他人吸毒罪的处罚

容留他人吸食、注射毒品的，处三年以下有期徒刑、拘役或者管制，并处罚金。

（四）非法提供麻醉药品、精神药品罪

根据《刑法》第355条规定，非法提供麻醉药品、精神药品罪，是指依法从事生产、运输、管理、使用国家管制的麻醉药品、精神药品的人员和单位，违反国家规定，故意向吸食、注射毒品的人提供国家规定管制的能够使人形成瘾癖的麻醉药品、精神药品的行为。

1．非法提供麻醉药品、精神药品罪的犯罪构成

本罪侵犯的客体是国家对麻醉药品、精神药品的生产、运输、管理、使用的管理秩序。

本罪的客观方面表现为行为人违反国家对特定麻醉药品、精神药品的管制制度，利用职务之便，向吸食、注射毒品的人非法提供前述物品的行为。所谓“非法提供”，是指依法从事生产、运输、管理、使用国家管制的麻醉药品、精神药品的特定人员和单位，明知他人是吸食、注射毒品的人，而向其给予、供给、供应国家管制的麻醉药品、精神药品的行为。至于提供麻醉药品、精神药品的数量以及被提供者是否吸食、注射了所提供的麻醉药品和精神药品，对构成本罪没有影响。

本罪的主体是特殊主体，即本罪的主体只能是依法从事生产、运输、管理、使用国家管制的麻醉药品、精神药品的人员和单位。非上述人员或单位向吸食、注射毒品的人提供前述物质的，不构成本罪，需要追究刑事责任的，根据具体行为，依法认定为其他毒品犯罪。

本罪的主观方面是故意。行为人依法享有对特定麻醉药品、精神药品的生产、运输、管理、使用权，明知对方是吸食、注射毒品的人仍故意违反国家管制规定，向其提供前述物质。

2．非法提供麻醉药品、精神药品罪的认定

行为人提供的物质只能是国家管制的麻醉药品、精神药品，非法提供砒霜、氰化钾、磷化钾等剧毒物品的，不构成本罪。

本罪的犯罪对象只能是吸食、注射毒品的人员，如果行为人是擅自提供给用于医疗、科研、教学的人以及根据医学需要使用麻醉药品、精神药品的病人，尽管违反了法律规定，亦不构成本罪。

行为人出于何种动机向吸食、注射毒品的人提供国家管制、能够形成瘾癖的麻醉药品、精神药品不影响本罪的构成，但不能以追求经济利益为目的，否则应认定为贩卖毒品罪。“追求经济利益”可以表现为收取货币、以物易物或以毒品换取其他劳务、抵偿债务等多种形式。

如果行为人因粗心大意、工作马虎、不负责任将麻醉药品、精神药品提供

给他人，造成严重后果，并应当认定为犯罪的，可以按玩忽职守罪追究其刑事责任。

如果明知对方以牟利为目的，进行走私、贩卖毒品的行为，而向其提供国家管制、能够形成瘾癖的麻醉药品、精神药品的，认定为走私、贩卖毒品罪的共犯。

3．非法提供麻醉药品、精神药品罪的处罚

构成本罪的，处三年以下有期徒刑或者拘役，并处罚金；情节严重的，处三年以上七年以下有期徒刑，并处罚金。

单位犯本罪的，对单位判处罚金，并对其直接负责的主管人员和其他直接责任人员，依上述规定处罚。

（五）妨害兴奋剂管理罪

从全球看，许多国家将滥用兴奋剂入刑，如法国、意大利、丹麦、挪威、芬兰等国家在刑法分则中专门规定了反兴奋剂的内容，或者通过制定单行刑法，采用附属刑法与刑法典相结合等形式，惩治涉兴奋剂犯罪。

我国历来重视在体育运动中使用禁用的药物和方法，为此制定了一系列法律法规。1995 年 8 月，第八届全国人大常委会通过《体育法》（后于 2009 年 8 月、2016 年 11 月两次修改），将反兴奋剂纳入国家法律范畴。2003 年 3 月以来，我国相继签署并加入了《世界反兴奋剂条例》和《反对在体育运动中使用兴奋剂国际公约》。2004 年 1 月，国务院颁布《反兴奋剂条例》。2014 年 11 月，国家体育总局制定了《反兴奋剂管理办法》（2021 年重新颁布）《体育运动中兴奋剂管制通则》。

《刑法修正案（十一）》设立了妨害兴奋剂管理罪，正式将妨害兴奋剂管理行为入刑。目前，对于妨害兴奋剂管理罪的立案追诉和定罪量刑标准，尚未出台司法解释及规范性文件，该罪司法适用的相关重点问题亟待探讨明确。

1．妨害兴奋剂管理罪犯罪构成

根据《刑法修正案（十一）》的规定，妨害兴奋剂管理罪是指引诱、教唆、欺骗运动员使用兴奋剂参加国内、国际重大体育竞赛，或者明知运动员参加国内、国际重大体育竞赛而向其提供兴奋剂，情节严重的行为，以及组织、强迫运动员使用兴奋剂参加国内、国际重大体育竞赛的行为。

本罪的客体是复杂客体，即国家兴奋剂管理制度和运动员的身心健康。

客观方面表现为引诱、教唆、欺骗、组织、强迫运动员使用兴奋剂。所谓“引诱”，是指以金钱等利益诱导、拉拢运动员使用兴奋剂的行为；“教唆”，是指劝说、怂恿、鼓动、唆使运动员使用兴奋剂的行为；“欺骗”，是指以隐瞒事实真相或者制造假象等方法让运动员使用兴奋剂的行为；“组织”，是指有组织地使多名运动员使用兴奋剂的行为；“强迫”，是指违背运动员的意志，迫使运动员使用兴奋剂的行为。对于相关行为的理解，可借鉴引诱、教唆、欺骗他人吸毒罪的相关规定。

本罪的犯罪主体，是特殊主体。即为运动员参加体育训练和比赛等提供帮助、指导的人员，包括教练员、队医、领队、科研人员等。主体限定为自然人，单位不能成为本罪的主体。运动员是本罪的犯罪对象，运动员本人使用兴奋剂参加国内、国际重大体育竞赛的行为，或者受人引诱、教唆、欺骗、组织、强迫而使用兴奋剂的行为，不作为犯罪处理，不构成本罪，亦不能成为本罪的共犯。

本罪的主观方面只能由故意构成，过失不构成本罪。即行为人明知是兴奋剂，引诱、教唆、欺骗运动员使用兴奋剂和向运动员提供兴奋剂，以及组织、强迫运动员使用兴奋剂。如果行为人不知道是兴奋剂，或者不具有引诱、教唆、欺骗运动员使用兴奋剂和向运动员提供兴奋剂，以及组织、强迫运动员使用兴奋剂的主观故意，均不构成本罪。

2. 妨害兴奋剂管理罪的认定

所谓“运动员”，是指在全国性体育社会团体及其会员单位注册的运动员；参加国际或国家级比赛的运动员；参加全国性体育社会团体及其会员单位举办或授权举办的其他比赛的运动员；参加其他政府资助的比赛的运动员；体育社会团体及其会员单位管理的其他运动员；其他所有反兴奋剂中心依照《世界反兴奋剂条例》的有关规定行使管辖权的运动员，包括所有具有中国国籍的、居住在中国的、持有中国证件的、属于中国各级各类体育组织成员的、在中国境内的，以及参加中国国家级比赛或赛事的运动员。

“兴奋剂”，是国务院食品药品监督管理部门、卫生主管部门、商务主管部门和海关总署制定、调整并公布的，列入兴奋剂目录的物质。目录每年更新一次。2021 年 1 月，国家体育总局、商务部、国家卫生健康委、海关总署和国家药品监督管理局五部门联合发布了《2021 年兴奋剂目录公告》，该目录规定的兴奋剂包括蛋白同化制剂品种 87 种，肽类激素品种 65 种，麻醉药品品种 14 种，刺激剂（含精神药品）品种 75 种，药品类易制毒化学品品种 3 种，医疗用毒性药品品种 1 种，以及其他品种 113 种。可见，兴奋剂和毒品存在交叉重叠，部分兴奋剂属于毒品。

“国内、国际重大体育竞赛”，是指由国际奥委会、国际残疾人奥委会、国际单项体育联合会、重大赛事组织机构或其他国际体育组织作为其组织机构的，或者任命技术官员的、需要达到一定水平才能参赛的赛事或比赛，以及国际级或国家级运动员参加的、非国际赛事的体育赛事或比赛。

“情节严重”，一般指符合以下情形之一：（一）因引诱、教唆、欺骗运动员使用兴奋剂或者为运动员提供兴奋剂，受过行政处罚或刑事处罚的；（二）行为人系国家工作人员，实施引诱、教唆、欺骗运动员使用兴奋剂或者为运动员提供兴奋剂行为的；（三）多次引诱、教唆、欺骗运动员使用兴奋剂或者为运动员提供兴奋剂，或者引诱、教唆、欺骗多名运动员使用兴奋剂或者为多名运动员提供兴奋剂的；（四）引诱、教唆、欺骗运动员使用兴奋剂或者为运动员提供兴奋剂，造成运动员轻伤以上后果的；（五）引诱、教唆、欺骗未成年、残疾运动员使用兴奋剂或者为未成年、残疾运动员提供兴奋剂的；（六）抗拒、阻挠兴奋剂检查、调查的；（七）造成严重恶劣社会影响的。

本罪属于行为犯，只要行为人具有引诱、教唆、欺骗运动员使用兴奋剂参加国内、国际重大体育竞赛，或者明知运动员参加上述竞赛而向其提供兴奋剂的行为，即构成本罪的既遂，至于运动员最终是否使用兴奋剂、运动员是否实际参赛或者是否在参赛前被发现使用兴奋剂而被取消参赛资格则不在此列。

关于使用兴奋剂致运动员重伤、死亡的情形。行为人引诱、教唆、欺骗、组织、强迫运动员使用兴奋剂，或者向运动员提供兴奋剂，运动员使用兴奋剂后导致重伤、死亡，如果行为人具有故意杀人或者故意伤害的主观意图，则应当以故意杀人罪、故意伤害罪追究其刑事责任；行为人对于运动员的死亡和重伤出于过失的，同时触犯过失致人死亡罪、过失致人重伤罪，应当与本罪择一重罪处罚。

对未成年人、残疾人负有监护、看护职责的人组织未成年人、残疾人在体育运动中非法使用兴奋剂，情节恶劣的，构成虐待被监护、看护人罪。与虐待被监护、看护人罪相比，本罪入罪门槛较低，行为人实施引诱、教唆、欺骗、组织、强迫未成年、残疾运动员使用兴奋剂或者为未成年、残疾运动员提供兴奋剂的行为，即可构成本罪。对于同时触犯本罪和虐待被监护、看护人罪的，应当择一重罪处罚；考虑到二者刑罚规定相同，妨害兴奋剂管理罪条款是特别规定，一般应当以本罪定罪处罚。

对于行为人引诱、教唆、欺骗、组织、强迫运动员使用兴奋剂，或者向运动员提供兴奋剂，兴奋剂属于麻醉药品和精神药品的，同时触犯本罪和引诱、教唆、欺骗他人吸毒罪、强迫他人吸毒罪、容留他人吸毒罪的，应当择一重罪处罚。对于行为人实施了引诱、教唆行为无效，进而实施强迫行为，如兴奋剂属于麻醉药品和精神药品的，则应当以引诱、教唆、欺骗他人吸毒罪和强迫他人吸毒罪予以并罚；如兴奋剂不属于麻醉药品和精神药品的，则应当以本罪定罪处罚。根据刑法中关于毒品再犯的特殊规定，对于行为人因走私、贩卖、运输、制造、非法持有毒品罪被判过刑，又犯本罪的，应当从重处罚。

对于运动员、运动员辅助人员以及其他相关人员在体育运动中出于非法使用的目的而走私兴奋剂的，可以构成走私国家禁止进出口货物、物品罪或者走私普通货物、物品罪；违规经营兴奋剂的，可以构成非法经营罪；在高校招生、公务员录用等国家考试涉及的体育、体能测试等体育运动中，组织考生非法使用兴奋剂的，可以构成组织考试作弊罪；生产、销售含有兴奋剂目录所列物质的食品，可以构成生产、销售不符合安全标准的食品罪以及生产、销售有毒、有害食品罪；国家机关工作人员在行使反兴奋剂管理职权时滥用职权或者玩忽职守，造成严重兴奋剂违规事件，严重损害国家声誉或者造成恶劣社会影响的，可以构成滥用职权罪、玩忽职守罪。因上述犯罪行为方式和本罪完全不同，对于行为人具有上述行为，又实施了妨害兴奋剂管理的行为，应当依法予以并罚。

3．妨害兴奋剂管理罪的处罚

三年以下有期徒刑或者拘役，并处罚金。

三、持有型毒品犯罪

持有型毒品犯罪仅指非法持有毒品罪一个罪名。该罪为走私、贩卖、运输、制造毒品罪的补充兜底。

根据《刑法》第348条规定，非法持有毒品罪，是指违反国家毒品管理规定，明知是毒品而非法持有，数量较大的行为。

1．非法持有毒品罪的犯罪构成

本罪侵犯的客体是国家对毒品的管制制度。我国法律禁止任何人非法持有毒品。任何单位和个人未经主管部门批准或许可，持有、保存毒品的行为均违反了国家对毒品管制的规定。同时，行为人非法持有毒品，随时可能流入社会，危害他人的健康。为维护国家对毒品的管制，保护人民群众的身体健康，将非法持有毒品的行为，达到数量较大的认定为犯罪。

本罪的客观方面表现为行为人实施了非法持有较大数量的毒品行为。“非法持有”指违反国家法律和国家主管部门的规定占有、携有、藏有或者其他方式持有毒品的行为。

本罪的主体为一般主体。凡是满16周岁，具有刑事责任能力的自然人均可成为本罪的主体。

本罪的主观方面必须是故意。即行为人明知是毒品，而故意私藏或保存的。如行为人受他人之托，代为保管物品，却不知其为毒品的，不应当认定为犯罪。

2．非法持有毒品罪的认定

行为人非法持有较大数量的毒品才构成本罪。“较大数量”指非法持有鸦片200克以上、海洛因或者甲基苯丙胺10克以上或者其他毒品数量大的。

如果根据已查获的证据能够证明非法持有毒品是为了进行走私、贩卖、运输或者窝藏毒品犯罪的，应当认定为走私、贩卖、运输毒品罪或者窝藏毒品罪。穷尽所有证据仍不能认定非法持有较大数量毒品是为了进行走私、贩卖、运输或者窝藏毒品犯罪的，才构成本罪。

行为人持有毒品，不要求物理上的握有，不要求行为人时时刻刻将毒品握在手中、放在身上或装在口袋里，只要行为人认识到它的存在，能够对之进行管理或者支配，就是持有。持有时并不要求行为人对毒品具有所有权，所有权虽属他人，但事实上置于行为人支配之下时，行为人即持有毒品；行为人是否知道自己具有所有权、所有权人是谁，都不影响持有的成立。此外，持有并不要求直接持有，即介入第三者时，也不影响持有的成立。如行为人认为自己管理毒品不安全，将毒品委托给第三人保管时，行为人与第三者均持有该毒品。持有是一种持续行为，只有当毒品在一定时间内由行为人支配时，才构成持有，至于时间的长短，则并不影响持有的成立，只是一种量刑情节，但如果时间过短，不足以说明行为人事实上支配着毒品时，则不能认为是持有。

司法实践中，常有行为人为逃避打击采取“人货分离”的方式藏匿毒品的现象，即使查获了毒品，因行为人矢口否认也很难认定其归属，可以结合以下证据综合认定：在行为人身边或身上特殊部位查获毒品，即毒品在行为人的实际占有和支配下却不能做出合理解释；在其住所或租用的房屋、旅店中查获毒品，同时有房间钥匙、住宿登记或租房协议、房主的证言等证据证明；在其住处搜出天秤、携带毒品的工具等；从毒品或毒品的包装物上检出该人的指纹。

3．非法持有毒品罪的处罚

构成本罪的，根据非法持有毒品的数量大小而设置不同的法定刑幅度：非法持有鸦片一千克以上、海洛因或者甲基苯丙胺五十克以上或者其他毒品数量大的，处七年以上有期徒刑或者无期徒刑，并处罚金；非法持有鸦片二百克以上不满一千克、海洛因或者甲基苯丙胺十克以上不满五十克或者其他毒品数量较大的，处三年以下有期徒刑、拘役或者管制，并处罚金；情节严重的，处三年以上七年以下有期徒刑，并处罚金。

四、破坏禁毒活动型毒品犯罪

破坏禁毒活动型毒品犯罪包括两个罪名：包庇毒品犯罪分子罪和窝藏、转移、隐瞒毒品毒赃罪。此类毒品犯罪危害了国家禁毒活动的有效开展，为打击犯罪设置了人为障碍，存在严重的社会危害性，应受到刑罚处罚。

（一）包庇毒品犯罪分子罪

根据《刑法》第349条规定，包庇毒品犯罪分子罪，是指明知是走私、贩卖、运输、制造毒品的犯罪分子，故意对其进行包庇，以使其逃避法律制裁的行为。

1．包庇毒品犯罪分子罪的犯罪构成

本罪的侵害客体是司法机关同毒品犯罪作斗争的正常活动。对毒品犯罪分子给予包庇，影响、妨碍司法机关对毒品犯罪的侦查、起诉、审判工作，从而为毒品犯罪分子继续作案、逃避法律制裁创造了条件。

本罪的客观方面表现为行为人实施了包庇走私、贩卖、运输、制造毒品的犯罪分子的行为。“包庇”指明知是走私、贩卖、运输、制造毒品的犯罪分子，而向司法机关作假证明以掩盖其罪行，或者帮助其湮灭罪证，以使其逃避法律制裁的行为。

本罪的主体是一般主体。凡是满16周岁，具有刑事责任能力的自然人均可成为本罪的主体。

本罪的主观方面是故意。即行为人明知对方是走私、贩卖、运输、制造毒品的犯罪分子，仍为其掩盖罪行、助其逃避法律制裁。

2．包庇毒品犯罪分子罪的认定

（1）本罪与非罪的界限。应综合全案各种情况，如果被包庇的毒品犯罪分子所进行的毒品犯罪情节轻微，毒品数量很小，应受刑罚处罚较轻，或不需要追究刑事责任，而且包庇毒品犯罪分子的主观恶性也比较小，比如出于亲情、朋友义气等原因，那么包庇行为本身社会危害性就小，一般不作为犯罪处罚。

（2）本罪的犯罪对象。本罪的犯罪对象只能是走私、贩卖、运输、制造毒品的犯罪分子，这些犯罪分子既包括尚未被抓获而潜逃在外的犯罪分子，也包括已被抓获的已决犯和未决犯。如果包庇的是其他毒品犯罪分子或其他类型的犯罪分子的，可按包庇罪处理。

（3）本罪的具体行为。包庇可采用多种形式，如帮助走私、贩卖、运输、制造毒品的犯罪分子潜逃，或者帮助其毁灭罪迹，隐匿、转移、销毁罪证，或者明知其正在被公安机关追捕，而仍向其提供金钱资助或者交通工具等，其目的均是帮助毒品犯罪分子逃避法律制裁。

（4）包庇行为发生的时间。包庇毒品犯罪分子的行为，只能发生在被包庇者实施犯罪之后，并且事先没有通谋，如果事前通谋，事后又包庇的，则属于帮助犯，以共同犯罪论处。事中通谋也应以共同犯罪论处。

（5）“知情不报”不构成包庇。明知他人是毒品犯罪分子，却不向司法机关检举揭发，也没有向司法机关作虚假证明，对犯罪分子没有提供积极帮助的，仅表现为消极不作为的行为，根据我国法律没有将其规定为犯罪，因此不构成包庇毒品犯罪分子罪。

3．包庇毒品犯罪分子罪的处罚

犯本罪的，处三年以下有期徒刑、拘役或者管制；情节严重的，处三年以上十年以下有期徒刑。

缉毒人员或者其他国家机关工作人员掩护、包庇走私、贩卖、运输、制造毒品的犯罪分子的，依照上述规定从重处罚。

（二）窝藏、转移、隐瞒毒品毒赃罪

根据《刑法》第 349 条规定，窝藏、转移、隐瞒毒品毒赃罪是指故意为毒品犯罪分子窝藏、转移、隐瞒毒品或者毒品犯罪所得的赃物的行为。

1．窝藏、转移、隐瞒毒品毒赃罪的犯罪构成

本罪侵犯的客体是司法机关同毒品犯罪作斗争的正常活动和社会管理秩序。窝藏毒品、毒赃的行为，不仅帮助犯罪分子隐匿罪证，妨害司法机关的调查取证，使犯罪分子逃避法律的制裁，而且为毒品犯罪分子继续犯罪提供物质条件。涉及到的毒品可能随时流入社会，危害他人的身心健康。因此，窝藏、转移、隐瞒毒品、毒赃的犯罪行为具有严重的社会危害性，应依法予以惩处。

本罪的客观方面表现为行为人实施了窝藏、转移、隐瞒毒品毒赃的行为。“窝藏”是指为毒品犯罪分子的毒品、毒赃提供隐藏的处所；“转移”是指将毒品犯罪分子的毒品、毒赃从一处挪至另一处；“隐瞒”是指明知是毒品犯罪分子的毒品、毒赃而在司法机关依法进行侦查、追缴时谎称不知。

本罪的主体是一般主体。凡是满 16 周岁，具有刑事责任能力的自然人均可成为本罪的主体。

本罪的主观方面是故意，即行为人明知是用于走私、贩卖、运输、制造的毒品，或因走私、贩卖、运输、制造毒品而获得的非法所得，仍然为其加以窝藏、转移、隐瞒的。

2．窝藏、转移、隐瞒毒品毒赃罪的认定

（1）本罪与非罪的界限。本罪不要求窝藏、转移、隐瞒毒品毒赃的数量与次数，也不要求行为结果必然导致司法机关未能成功抓获走私、贩卖、运输、制造毒品犯罪分子或准确查获毒品、毒赃。原则上，只要有窝藏、转移、隐瞒毒品毒赃的行为即构成犯罪，但司法实践中，要根据具体案情进行分析，如果窝藏、转移、隐瞒毒品、毒赃的数量很小，又是初犯、偶犯等，主观恶性较小，一般不作为犯罪处罚。

（2）本罪与窝藏罪的区别。窝赃罪是指明知是犯罪所得的赃款而予以窝藏的行为。本罪是保留了窝赃罪的基本性质，所不同的是，本罪的对象是特定的，仅限于毒品和毒赃。而窝赃罪的对象的范围广泛，包括除毒品犯罪以外的所有的刑

事犯罪所得的赃款、赃物。

（3）窝藏、转移、隐瞒行为发生的时间。本罪规定的违法行为应当发生在他人的走私、贩卖、运输、制造毒品犯罪行为发生之后。事前有通谋，事后再行窝藏、转移、隐瞒的，按走私、贩卖、运输、制造毒品罪的共犯处理。

3. 窝藏、转移、隐瞒毒品毒赃罪的处罚

犯本罪的，处三年以下有期徒刑、拘役或者管制；情节严重的，处三年以上十年以下有期徒刑。

缉毒人员或者其他国家机关工作人员犯本罪的，依照上述规定从重处罚。

第三节 其他法律文件与毒品犯罪相关的规定

一、《反洗钱法》对毒品犯罪下游犯罪的规定

（一）洗钱罪的认定

为了有效预防和惩治毒品违法犯罪行为，对毒品犯罪收益获得的赃款进行“清洗”行为进行打击，是非常有效的禁毒活动。它能使毒贩人财两空，失去贩毒获得的非法收益，并失去再犯的能力，无法实现犯罪的目的。所谓“洗钱”，是指隐瞒、掩饰毒品犯罪所得财产的真实来源，将违法所得通过非法或合法渠道将其转变为合法收入的行为，即将“黑钱”通过转换变“干净”。

2006年《反洗钱法》颁布，共七章37条，2007年1月1日实施，将洗钱罪作为毒品犯罪的下游犯罪予以明确规定。

《反洗钱法》的立法目的是为了预防洗钱活动，维护金融秩序，遏制洗钱犯罪及相关犯罪。所谓反洗钱，是指为了预防通过各种方式掩饰、隐瞒毒品犯罪、黑社会性质的组织犯罪、恐怖活动犯罪、走私犯罪、贪污贿赂犯罪、破坏金融管理秩序犯罪、金融诈骗犯罪等犯罪所得及其收益的来源和性质的洗钱活动，依照本法规定采取相关措施的行为。在中华人民共和国境内设立的金融机构和按照规定应当履行反洗钱义务的特定非金融机构，应当依法采取预防、监控措施，建立健全客户身份识别制度、客户身份资料和交易记录保存制度、大额交易和可疑交易报告制度，履行反洗钱义务。

中华人民共和国根据缔结或者参加的国际条约，或者按照平等互惠原则，开展反洗钱国际合作。国务院反洗钱行政主管部门根据国务院授权，代表中国政府与外国政府和有关国际组织开展反洗钱合作，依法与境外反洗钱机构交换与反洗钱有关的信息和资料。涉及追究洗钱犯罪的司法协助，由司法机关依照有关法律

的规定办理。

《刑法》第191条（洗钱罪）规定：为掩饰、隐瞒毒品犯罪、黑社会性质的组织犯罪、恐怖活动犯罪、走私犯罪、贪污贿赂犯罪、破坏金融管理秩序犯罪、金融诈骗犯罪的所得及其产生的收益的来源和性质，有下列行为之一的，没收实施以上犯罪的所得及其产生的收益，处五年以下有期徒刑或者拘役，并处或者单处罚金；情节严重的，处五年以上十年以下有期徒刑，并处罚金：（一）提供资金账户的；（二）将财产转换为现金、金融票据、有价证券的；（三）通过转账或者其他支付结算方式转移资金的；（四）跨境转移资产的；（五）以其他方法掩饰、隐瞒犯罪所得及其收益的来源和性质的。

（二）洗钱罪的处罚

根据《刑法》第191条规定《刑法修正案（十一）》，构成洗钱罪的，没收实施犯罪的违法所得及其所产生的收益，处五年以下有期徒刑或者拘役，并处或者单处罚金；情节严重的，处五年以上十年以下有期徒刑，并处罚金。单位犯前款罪的，对单位判处罚金，并对其直接负责的主管人员和其他直接责任人员，依照前款的规定处罚。《刑法修正案（十一）》将实施一些严重犯罪后的“自洗钱”行为明确为犯罪，删除主观和客观要件“明知”、“协助”；修改了资金跨境的措辞；修改了犯罪刑罚，取消洗钱数额5%以上20%以下的罚金数额。

二、《金融机构大额交易和可疑交易报告管理办法》涉及的洗钱犯罪

《金融机构大额交易和可疑交易报告管理办法》，经2016年12月9日中国人民银行第九次行长办公会议通过，2016年12月28日中国人民银行令〔2016〕第3号发布，自2017年7月1日起施行。该《办法》分总则、大额交易报告、可疑交易报告、内部管理措施、法律责任、附则六章30条。其目的是为了规范市场秩序，防止不法的大额交易和可疑交易带来的危害，预防洗钱违法，遏制洗钱犯罪，加强对市场的监督和管理，维护金融安全。金融机构包括：（一）商业银行、城市信用合作社、农村信用合作社、邮政储汇机构、政策性银行；（二）证券公司、期货经纪公司、基金管理公司；（三）保险公司、保险资产管理公司；（四）信托投资公司、金融资产管理公司、财务公司、金融租赁公司、汽车金融公司、货币经纪公司；（五）中国人民银行确定并公布的其他金融机构；以及从事汇兑业务、支付清算业务和基金销售业务的机构。

（一）大额交易

金融机构应当向中国反洗钱监测分析中心报告下列大额交易：（一）单笔或

者当日累计人民币交易20万元以上或者外币交易等值1万美元以上的现金缴存、现金支取、现金结售汇、现钞兑换、现金汇款、现金票据解付及其他形式的现金收支；（二）法人、其他组织和个体工商户银行账户之间单笔或者当日累计人民币200万元以上或者外币等值20万美元以上的款项划转；（三）自然人银行账户之间，以及自然人与法人、其他组织和个体工商户银行账户之间单笔或者当日累计人民币50万元以上或者外币等值10万美元以上的款项划转；（四）交易一方为自然人、单笔或者当日累计等值1万美元以上的跨境交易。累计交易金额以单一客户为单位，按资金收入或者付出的情况，单边累计计算并报告，中国人民银行另有规定的除外。

客户与证券公司、期货经纪公司、基金管理公司、保险公司、保险资产管理公司、信托投资公司、金融资产管理公司、财务公司、金融租赁公司、汽车金融公司、货币经纪公司等进行金融交易，通过银行账户划转款项的，由商业银行、城市信用合作社、农村信用合作社、邮政储汇机构、政策性银行按照第1款第（二）、（三）、（四）项的规定向中国反洗钱监测分析中心提交大额交易报告。

（二）可疑交易

1. 商业银行、城市信用合作社、农村信用合作社、邮政储汇机构、政策性银行、信托投资公司应当将下列交易或者行为，作为可疑交易进行报告：（一）短期内资金分散转入、集中转出或者集中转入、分散转出，与客户身份、财务状况、经营业务明显不符；（二）短期内相同收付款人之间频繁发生资金收付，且交易金额接近大额交易标准；（三）法人、其他组织和个体工商户短期内频繁收取与其经营业务明显无关的汇款，或者自然人客户短期内频繁收取法人、其他组织的汇款；（四）长期闲置的账户原因不明地突然启用或者平常资金流量小的账户突然有异常资金流入，且短期内出现大量资金收付；（五）与来自于贩毒、走私、恐怖活动、赌博严重地区或者避税型离岸金融中心的客户之间的资金往来活动在短期内明显增多，或者频繁发生大量资金收付；（六）没有正常原因的多头开户、销户，且销户前发生大量资金收付；（七）提前偿还贷款，与其财务状况明显不符；（八）客户用于境外投资的购汇人民币资金大部分为现金或者从非同名银行账户转入；（九）客户要求进行本外币间的掉期业务，而其资金的来源和用途可疑；（十）客户经常存入境外开立的旅行支票或者外币汇票存款，与其经营状况不符；（十一）外商投资企业以外币现金方式进行投资或者在收到投资款后，在短期内将资金迅速转到境外，与其生产经营支付需求不符；（十二）外商投资企业外方投入资本金数额超过批准金额或者借入的直接外债，从无关联企业的第三国汇入；（十三）证券经营机构指令银行划出与证券交易、清算无关的资金，与其实际经营情况不符；（十四）证券经营机构通过银行频繁大量拆借外汇资金；（十五）保险机构通过银行频繁大量对同一家投保人发生赔付或者办理退保；（十六）自然人银行账户频繁进行现金收付且情形可疑，或者一次性大额存取现金且情形可疑；（十七）居民自然人频繁收到境外汇入的外汇后，要求银行开具旅行支票、汇票或者非居民自然人频繁存入外币现钞并要求银行开具旅行支票、汇票带出或者频繁订购、兑现大量旅行支票、汇票；（十八）多个境内居民接受一个离岸账户汇款，其资金的划转和结汇均由一人或者少数人操作。

2．证券公司、期货经纪公司、基金管理公司应当将下列交易或者行为，作为可疑交易进行报告：（一）客户资金账户原因不明地频繁出现接近于大额现金交易标准的现金收付，明显逃避大额现金交易监测；（二）没有交易或者交易量较小的客户，要求将大量资金划转到他人账户，且没有明显的交易目的或者用途；（三）客户的证券账户长期闲置不用，而资金账户却频繁发生大额资金；（四）长期闲置的账户原因不明地突然启用，并在短期内发生大量证券交易；（五）与洗钱高风险国家和地区有业务联系；（六）开户后短期内大量买卖证券，然后迅速销户；（七）客户长期不进行或者少量进行期货交易，其资金账户却发生大量的资金收付；（八）长期不进行期货交易的客户突然在短期内原因不明地频繁进行期货交易，而且资金量巨大；（九）客户频繁地以同一种期货合约为标的，在以一价位开仓的同时在相同或者大致相同价位、等量或者接近等量反向开仓后平仓出局，支取资金；（十）客户作为期货交易的卖方以进口货物进行交割时，不能提供完整的报关单证、完税凭证，或者提供伪造、变造的报关单证、完税凭证；（十一）客户要求基金份额非交易过户且不能提供合法证明文件；（十二）客户频繁办理基金份额的转托管且无合理理由；（十三）客户要求变更其信息资料但提供的相关文件资料有伪造、变造嫌疑。

3．保险公司应当将下列交易或者行为，作为可疑交易进行报告：（一）短期内分散投保、集中退保或者集中投保、分散退保且不能合理解释；（二）频繁投保、退保、变换险种或者保险金额；（三）对保险公司的审计、核保、理赔、给付、退保规定异常关注，而不关注保险产品的保障功能和投资收益；（四）犹豫期退保时称大额发票丢失的，或者同一投保人短期内多次退保遗失发票总额达到大额的；（五）发现所获得的有关投保人、被保险人和受益人的姓名、名称、住所、联系方式或者财务状况等信息不真实的；（六）购买的保险产品与其所表述的需求明显不符，经金融机构及其工作人员解释后，仍坚持购买的；（七）以趸交方式购买大额保单，与其经济状况不符的；（八）大额保费保单犹豫期退保、保险合同生效日后短期内退保或者提取现金价值，并要求退保金转入第三方账户或者非缴费账户的；（九）不关注退保可能带来的较大金钱损失，而坚决要求退保，且不能合理解释退保原因的；（十）明显超额支付当期应缴保险费并随即要求返还超出部分；（十一）保险经纪人代付保费，但无法说明资金来源；（十二）法人、其他组织坚持要求以现金或者转入非缴费账户方式退还保费，且不能合理解释原因的；（十三）法人、其他组织首期保费或者趸交保费从非本单位账户支付或者从境外银行账户支付；（十四）通过第三人支付自然人保险费，而不能合理解释第三人与投保人、被保险人和受益人关系的；（十五）与洗钱高风险国家和地区有业务联系的；（十六）没有合理的原因，投保人坚持要求用现金投保、赔偿、给付保险金、退还保险费和保单现金价值以及支付其他资金数额较大的；（十七）保险公司支付赔偿金、给付保险金时，客户要求将资金汇往被保险人、受益人以外的第三人，或者客户要求将退还的保险费和保单现金价值汇往投保人以外的其他人。

三、最高人民法院《全国法院审理毒品犯罪案件工作座谈会纪要》与毒品犯罪相关规定

为总结交流毒品犯罪案审判工作经验，最高人民法院于 2000 年 1 月 5 日至 7 日在广西壮族自治区南宁市召开了全国法院审理毒品犯罪案件工作座谈会。会议总结交流了各地法院审理毒品犯罪案件的经验，分析了我国毒品犯罪的严峻形势，研究探讨了审理毒品犯罪案件中遇到的问题，对人民法院依法严厉打击毒品犯罪活动，正确适用法律审理毒品犯罪案件提出了具体意见。会后，最高人民法院印发了《全国法院审理毒品犯罪案件工作座谈会纪要》（简称《南宁会议纪要》，已废止）。

《纪要》规定了关于充分运用刑法武器打击毒品犯罪的问题、关于毒品犯罪案件的定罪问题、关于毒品案件的共同犯罪问题、关于毒品案件中特情引诱犯罪问题、关于审理毒品案件与量刑的具体问题、关于毒品犯罪案件中有关证据的认定问题、关于盗窃、抢劫毒品犯罪的定性问题等 7 个方面。由于该纪要已经废止，故不再赘述。

四、最高人民法院、最高人民检察院、公安部《办理毒品犯罪案件适用法律若干问题的意见》与毒品犯罪相关规定

针对毒品犯罪出现的新情况、新特点，各地司法机关在办理毒品案件中遇到一些新问题，为了解决这些问题，有效惩治毒品犯罪，确保毒品案件的办案质量，最高人民法院、最高人民检察院、公安部于 2007 年 12 月联合印发《办理毒

品犯罪案件适用法律若干问题的意见》（本节简称《意见》）。对正确适用法律办理毒品犯罪案件具有重要指导意义。

（一）《意见》起草的背景和指导思想

2004年9月2日至4日，在北京召开毒品量刑标准专家论证会，最高人民法院、最高人民检察院、公安部、国家食品药品监督管理局有关负责同志，药理学、药物分析化学、麻醉学、精神病学等专家参加会议，就毒品认定、毒品范围、国家管制的主要麻醉药品和精神药品的药理学分类以及非法药物折算问题进行研究，并形成专家论证意见。

2006年4月13至15日，在福建省厦门市召开了新型毒品定罪量刑标准专家研讨会，国家禁毒委员会部分成员单位，江苏、广东、福建、黑龙江、福建、湖北等省的司法部门以及北京大学、北京军事医学科学院、北京医科大学、长沙中南大学医学院的代表和专家参加了会议，就新型毒品定罪量刑数量标准和毒品鉴定等问题进行了论证，并在征求毒物药物专家意见的基础上进行了完善。

2006年8月29日，最高人民法院、最高人民检察院、公安部在最高人民法院召开座谈会，研究讨论了《关于办理二亚甲基安非他明、氯胺酮等毒品刑事案件及毒品鉴定工作的指导意见》。其后，经过反复沟通和协商，数易其稿，又增加补充了毒品案件管辖、主观明知的认定和死刑案件的含量鉴定问题。

2007年10月10日，最高人民法院、最高人民检察院、公安部在内蒙古自治区呼和浩特市召开了办理毒品犯罪案件适用法律若干问题座谈会，海关总署以及12个省市区公安厅禁毒局（总队）的负责同志参加会议，专门研究论证了《关于办理毒品犯罪案件若干问题的意见》（征求意见稿）。会后根据座谈会讨论意见，对部分内容和文字表述进行了修改完善，从而形成包括毒品案件管辖、主观明知的认定、氯胺酮等毒品案件定罪量刑数量标准和毒品死刑案件的含量鉴定四大部分的规范性意见。

2007年12月26日，最高人民法院、最高人民检察院、公安部整合上述几次会议成果，联合下发该《意见》，要求各省、自治区、直辖市高级人民法院、人民检察院、公安厅（局）结合本地、本部门实际认真贯彻执行。

在《意见》的起草、制定过程中，主要遵循和体现了以下指导思想：一是坚持原则性与灵活性相结合，既坚持刑法、刑事诉讼法的原则规定，针对司法实践需要迫切解决的问题，做出明确规定，突出其指导性、规范性和统一性，又考虑不同地区、不同案件的具体情况，适当做出一些灵活性规定，避免规定得过死而难以适应各地司法实践的需要。二是坚持有利于及时、准确查清犯罪事实，有利于保障刑事诉讼顺利进行，有利于保护犯罪嫌疑人、被告人诉讼权利的原则，进一步细化了有关规定，增强了可操作性，以确保及时、有效惩治毒品犯罪。三是从实际出发，既保持与刑事法律、禁毒行政法规和有关司法解释规定的协调一致，又注意总结近年来办理毒品案件的侦查、批捕、起诉和审判实践中的经验做法，切实解决目前迫切需要解决的疑难问题。对形成共识的予以规定，对目前争议较大的暂不规定。

（二）《意见》关于毒品犯罪案件的管辖问题

1. 毒品犯罪的“犯罪地”、“被告人居住地”的范围

由于不少毒品犯罪往往包括走私、制造、运输、贩卖等多个环节，每个环节都有可能涉及不同地域，而且毒品犯罪大多是共同犯罪，参与犯罪的多个被告人也可能来自不同地区。因此，《意见》规定毒品犯罪的地域管辖，应当坚持刑事诉讼法规定的以犯罪地管辖为主、被告人居住地管辖为辅的原则。但是，考虑到毒品犯罪的特殊性和毒品犯罪的侦查体制，有必要根据刑诉法管辖规定，结合毒品犯罪特殊情况，对“犯罪地”、“被告人居住地”作进一步解释。即“犯罪地”可以包括犯罪预谋地、毒资筹集地、交易进行地、毒品生产地，也可以包括毒资、毒赃、毒品藏匿地、转移地，走私或贩运毒品目的地以及犯罪嫌疑人被抓获地等。“被告人居住地”，不仅包括被告人常住地、户籍地，也包括其临时居住地。

2. 跨区域毒品案件的管辖问题

实践中，有的毒品犯罪行为往往涉及到几个省、市、自治区，而且多名共同作案人往往会来自不同居住地。依照刑诉法和前述规定，所涉及地域的有关司法机关对这些毒品犯罪案件均有管辖权，从而可能造成拥有管辖权的司法机关之间的争议或者推诿，影响及时追赃、缉捕犯罪嫌疑人，影响及时起诉和审判，甚至产生拖延诉讼、超期羁押现象。为解决这一问题，《意见》规定，公安机关对侦办跨区域毒品犯罪案件的管辖权有争议的，应本着有利于查清犯罪事实，有利于诉讼，有利于保障案件侦查安全的原则，认真协商解决。经协商无法达成一致的，报共同的上级公安机关指定管辖。为保证及时结案，避免超期羁押，对已进入审查起诉、审判程序的案件，被告人及其辩护人提出管辖异议或者司法机关发现没有管辖权的，受理案件的法院、检察院应当报请其上级机关依照刑事诉讼法第 26 条规定精神指定管辖，不再自行移送管辖。对即将侦查终结的跨省（自治区、直辖市）重大毒品案件，必要时可由公安部商最高人民法院和最高人民检察院指定管辖。

3. 怀孕、哺乳期妇女毒品犯罪案件的处理问题

一些毒品犯罪集团为了逃避处罚，大肆组织、雇佣孕妇、哺乳期妇女进行

毒品犯罪活动。由于对孕妇、哺乳期妇女的监视居住、取保候审等强制措施难以落到实处，致使形成抓了放、放了抓恶性循环，造成此类犯罪活动愈演愈烈，此类案件逐年上升，成为影响我国禁毒工作成效的突出问题。对此，《意见》规定，对怀孕、哺乳期妇女走私、贩卖、运输毒品案件，查获地公安机关认为移交其居住地管辖更有利于采取强制措施和查清犯罪事实的，可以报请共同的上级公安机关批准，移送其居住地公安机关办理，查获地公安机关应继续配合。

司法实践中办理这类案件还应当注意以下问题：一是要坚持宽严相济的刑事政策，严厉打击幕后组织、策划和指挥者，对组织利用、教唆孕妇、哺乳期妇女走私、贩卖、运输、制造毒品的，从重处罚；对孕妇、哺乳期妇女参与毒品犯罪情节较轻的，或者具有自首、立功、被胁迫参加犯罪、坦白等法定或者酌定从宽处罚情节的，依法予以从宽处罚。二是要积极妥善解决涉及孕妇、哺乳期妇女的案件管辖、强制措施等问题。对其可以依法采取取保候审、监视居住等强制措施，并根据被告人具体情况和案情的变化及时变更强制措施，但不能放任不管，拖延诉讼。三是对案件事实清楚、证据确实充分，不妨碍诉讼进行的，要及时依法起诉和审理，以有效遏制利用孕妇、哺乳期妇女进行毒品犯罪的蔓延势头。

（三）《意见》关于毒品犯罪被告人主观明知的认定问题

1. 规定毒品犯罪“明知”的依据

《意见》之所以规定毒品犯罪的“明知”问题，主要是基于以下几点考虑：一是行为人在进行与自身相关行为时，有责任审查委托、雇佣其携带、运输或者交接的物品是否属违禁品，其实施行为是否合法，这是行为人实施与自身相关行为的基本法律义务。行为人如果具有上述情形，而辩称没有审查，就应当认定行为人对其行为对象主观上是明知的。二是出于严惩毒品犯罪的迫切需要。因为在司法实践中，毒品犯罪集团化、职业化趋向越来越突出，行为人具有逃避制裁的充分准备，特别是用箱包运输毒品的被告人，即使当场在其身边查获毒品，往往以“为他人携带和运输，并不知道有毒品”进行辩解。有的在被查获时承认明知是毒品，但到了起诉、审判阶段就翻供。如果仅以其本人是否承认明知为标准，就会造成“唯口供论”，难以认定毒品犯罪人的主观故意，导致判决结果显失公正，严重影响惩治毒品犯罪活动。三是现行法律、司法解释和规范性文件对“明知”问题已作过类似规定。如《刑法》第 219 条第 2 款规定：“明知或者应知前款所列行为，获取、使用或者披露他人的商业秘密的，以侵犯商业秘密论。”最高人民法院、最高人民检察院 2007 年 5 月印发执行的《关于办理与盗窃、抢劫、诈骗、抢夺机动车相关刑事案件具体应用法律若干问题的解释》第 6 条，最高人民法院、最高人民检察院、海关总署 2002 年 7 月印发执行的《关于办理走私刑事案件适用法律若干问题的意见》第 5 条，都结合案件具体情况规定了“明知”的认定问题。四是国际公约对“明知”事项的规定，为我们规定毒品犯罪中的明知提供了重要依据。《联合国打击跨国有组织犯罪公约》第 5 条第 2 款规定：“本条第一款所指的明知、故意、目标、目的或约定可以从客观实际情况推定。”《联合国反腐败公约》第 28 条规定：“根据本公约确立的犯罪所需具备的明知、故意或者目的等要素，可以根据客观实际情况予以推定。”我国签署和批准了这两个公约，尽管公约不完全是针对毒品犯罪，但它包括有组织从事毒品犯罪的集团，对其他毒品犯罪明知的认定也具有参照意义。五是国外和我国香港地区关于毒品犯罪明知的规定值得借鉴。如马来西亚《1952 年惩治毒品犯罪法》第 37 条规定：保管或控制任何含有毒品的物品的人，应当推定其对该毒品的性质具有明知；毒品隐藏在房屋、车辆内，应当推定房主、车主和当时负责车辆的人对所隐藏的毒品明知。香港《危险药物条例》第 47 条也有类似规定。

2. 毒品犯罪中“明知”的含义及其判断标准

针对毒品犯罪特别是运输毒品犯罪主观明知比较难以判断的实际情况，《意见》在总结毒品案件侦查、起诉、审判实践经验的基础上，指出“明知”是指行为人知道或者应当知道所实施的行为是走私、贩卖、运输、非法持有毒品行为。具有下列情形之一，并且犯罪嫌疑人、被告人不能做出合理解释的，可以认定其“应当知道”，但有证据证明确属被蒙骗的除外：（1）执法人员在口岸、机场、车站、港口和其他检查站检查时，要求行为人申报为他人携带的箱包、物品和其他疑似毒品物，并告知其法律责任，而行为人未如实申报，在其所携带的物品内查获毒品的；（2）以伪报、藏匿、伪装等蒙蔽手段，逃避海关、边防等检查，在其携带、运输、邮寄的物品中查获毒品的；（3）执法人员检查时，有逃跑、丢弃携带物品或逃避、抗拒检查等行为，在其携带或丢弃物品中查获毒品的；（4）体内藏匿毒品的；（5）为获取不同寻常的高额或不等值的报酬而携带、运输毒品的；（6）采用高度隐蔽的方式携带、运输毒品的；（7）采用高度隐蔽的方式交接毒品，明显违背合法物品惯常交接方式的；（8）其他有证据足以证明行为人应当知道的。上述情形的前三种情形表现为执法人员检查时，从其所携带的物品内查获毒品，并且行为人有蒙蔽、逃避或者抗拒检查，或者未如实申报的行为，也不能对委托其携带物品人的姓名、住址等身份情况交代清楚。第四、六、七种情形表现为采取高度隐蔽的方式携带、交接毒品，明显违背合法物品惯常携带和交接方式。第五种情形表现为替他人携带、运输物品的报酬明显不合市场交易常规，违背常理。第八种情形是兜底性规定，可以包括其他有证据足以证明应当知道的情形，如用特制设备运输毒品或者在运输工具的隐蔽部位藏匿毒品的；行程路线故意绕开检查站点的；以虚假地址和身份办理托运手续的；多次为同一毒品犯罪分子运输毒品的；曾因同一种毒品违法犯罪行为受过刑事处罚或者行政处罚的等等。至于明知的程度，只需明知犯罪对象是毒品，而无须完全清楚毒品的数量、质量、品种、含量、成分等物理、化学特征。

3．判断“明知”时应注意的问题

至于判断是否明知，应当注意以下问题：一是判断是否明知应当以客观实际情况为依据。尽管明知是行为人知道或者应当知道行为对象是毒品的心理状态，但是判断被告人主观是否明知，不能仅凭被告人是否承认，而应当综合考虑案件中的各种客观实际情况，依据实施毒品犯罪行为的过程、行为方式、毒品被查获时的情形和环境等证据，结合被告人的年龄、阅历、智力及掌握相关知识情况，进行综合分析判断。

二是用作推定前提的基础事实必须有已经确凿的证据证明。首先要查明行为人携带的东西确实是毒品，同时行为人有上述列举的反常表现行为。

三是依照上述规定认定的明知，允许行为人提出反证加以推翻。由于推定明知不是以确凿证据证明的，而是根据基础事实与待证事实的常态联系，运用情理判断和逻辑推理得出的，有可能出现例外情况。如果行为人能做出合理解释，有证据证明确实受蒙骗，其辩解有事实依据或者合乎情理，就不能认定其明知。

（四）《意见》关于几类新型化学合成类毒品案件定罪量刑标准问题

毒品数量的大小反映毒品犯罪行为社会危害性的大小，是毒品犯罪定罪量刑的重要情节。关于毒品案件量刑的数量标准，《刑法》第 347 条规定了鸦片、海洛因和甲基苯丙胺 3 种毒品的数量标准；最高人民法院 2000 年 6 月 10 日起施行的《关于审理毒品案件定罪量刑标准有关问题的解释》第 1 条、第 2 条规定了苯丙胺类、大麻类、可卡因、吗啡、杜冷丁、盐酸二氢埃托啡、咖啡因、罂粟壳 8 种毒品的数量标准。鉴于氯胺酮、美沙酮、三唑仑、安眠酮、氯氮卓、艾司唑仑、地西泮、溴西泮等新型毒品犯罪发展目前蔓延严重，而刑法和有关司法解释又没有规定这类毒品犯罪的定罪量刑的数量标准，在一定程度上影响了及时、有效惩治此类毒品犯罪。因此，《意见》就目前国内毒品犯罪中常见、突出的二亚甲基双氧安非他明（MDMA）等苯丙胺类、氯胺酮、美沙酮、三唑仑、安眠酮、氯氮卓、艾司唑仑、地西泮、溴西泮 9 种毒品，以千克、克为统一计量单位，明确规定了“数量大”、“数量较大”、“少量”毒品的数量标准，并指出上述毒品品种包括其盐和制剂。同时把“上述毒品以外的其他毒品”作为兜底性规定，以避免个别危害严重的其他毒品犯罪逃脱处罚，也便于将来根据司法实践需要，对其他毒品的数量标准进一步作出规定。

1．苯丙胺类毒品案件定罪量刑的数量标准

《意见》规定的毒品案件定罪量刑的数量标准是综合考虑各类毒品的滥用和犯罪情况、毒品依赖性、对人体的危害程度及其与海洛因的折算比例等方面因素而确定的。苯丙胺类毒品是指以苯胺基丙烷化学结构为母体进行改造衍生的，具有中枢兴奋、致幻、欣快作用的化学物品及其盐类物质，包括苯丙胺及其苯环上取代衍生物，属于中枢神经兴奋剂。自1996年我国首次发现滥用苯丙胺类兴奋剂以来，这类毒品迅速在国内传播、蔓延。为了有力打击该类毒品犯罪，《意见》沿用了最高人民法院2000年6月10日起施行的《关于审理毒品案件定罪量刑标准有关问题的解释》第1条、第2条中第1项有关苯丙胺类毒品的数量标准（低于海洛因折算的数量），并把它列为9种毒品中的第一种。由于苯丙胺的衍生物种类繁多，新的衍生物还在不断出现，有的衍生物只有化学分子式而没有名称，有的衍生物则不属于毒品，并且刑法规定了甲基苯丙胺（冰毒）的数量标准，《意见》将苯丙胺及其属于毒品的衍生物统称为"苯丙胺类毒品（甲基苯丙胺除外）"。据此，《意见》中规定：二亚甲基双氧安非他明（MDMA）等苯丙胺类毒品（甲基苯丙胺除外）100克以上、20克以上不满100克、不满20克，应当分别认定为"数量大"、"数量较大"和"少量"。司法实践中对于查获物品是否属于该类毒品有疑义的，可以聘请有关专业部门进行鉴定。

2．氯胺酮等毒品案件定罪量刑的数量标准

氯胺酮俗称K粉，是目前滥用较严重的兴奋剂药物，常与摇头丸成分混合服用，产生兴奋、麻醉等感觉，在娱乐场所使用较多。它可抑制中枢神经系统，临床可作为全身麻醉的诱导剂。美沙酮又叫美散酮、非那酮、阿米酮，属鸦片类合成毒品，在镇痛、呼吸抑制、耐受与成瘾等方面与吗啡相似，镇痛作用持续时间长，可作为海洛因吸毒者的戒毒药。安眠酮又称甲喹酮、海米那，属于《精神药品品种目录》中第一类严格管制的精神药品，临床上可用于治疗失眠症。《意见》考虑到这3种毒品的依赖性和危害性程度、滥用情况及其医疗作用，为了避免打击面过大，对于氯胺酮、美沙酮、安眠酮3种毒品，确定了高于海洛因折算量的数量标准。三唑仑（海乐神）、氯氮卓（利眠宁）、艾司唑仑（舒乐安定）、地西泮（安定）、溴西泮等5种毒品，属于苯二氮卓类镇静安眠的精神药物。其数量标准则是按照毒品的药理学分类及其与海洛因折算的数量确定的。据此，《意见》中规定：毒品"数量大"、"数量较大"和"少量"的数量标准分别是，氯胺酮、美沙酮1千克以上、200克以上不满1千克、不满200克；三唑仑、安眠酮50千克以上、10千克以上不满50千克、不满10千克；氯氮卓、艾司唑仑、地西泮、溴西泮500千克以上、100千克以上不满500千克、不满100千克。

3. 尚未规定数量标准的其他毒品案件的处理

对于国家管制的刑法和司法解释尚未明确规定数量标准的精神药品和麻醉药品，根据最高人民法院2000年4月4日印发的《全国法院审理毒品犯罪案件工作座谈会纪要》的有关规定，应由有关专业部门确定涉案毒品的毒效、有毒成分的多少、吸毒者对该毒品的依赖程度，充分考虑其瘾癖性、戒断性、社会危害性等酌情量刑。因条件限制不能确定的，可以参照相关毒品非法交易的价格等因素，决定对被告人适用的刑罚。除非在数量上和毒性上超过有数量标准的毒品外，一般不宜判处死刑立即执行。

（五）《意见》关于死刑案件毒品含量鉴定问题

《刑法》第357条第2款规定："毒品的数量以查证属实的走私、贩卖、运输、制造、非法持有毒品的数量计算，不以纯度折算。"但是，毒品纯度的高低是毒品含有毒性成分多少的重要标志，纯度高的毒品流入社会后，其危害性必然大于纯度低的毒品。进行毒品含量鉴定，是贯彻罪责刑相适应原则的必然要求，是量刑科学化、规范化的保障。特别是死刑案件，当毒品大量掺假、含量极低，毒品不是同一种类、成分复杂，或者同种有毒成分因含量不同而分属于不同种类毒品时，如果不进行毒品含量鉴定，就会造成量刑不公、随意量刑，有悖于罪责刑相适应原则。这已得到理论界和司法实务部门的认同，一些地方法院、检察院与公安部门已共同解决了毒品案件含量鉴定问题。因此，为了避免死刑案件的量刑失衡，确保把死刑案件办成铁案，结合我国刑事政策、毒品犯罪态势、目前鉴定力量和设备条件等实际情况，《意见》明确规定，可能判处死刑的毒品犯罪案件，毒品鉴定结论中应有含量鉴定的结论。毒品鉴定结论中毒品品名的认定应以国家食品药品监督管理局、公安部、卫生部最新发布的《麻醉药品品种目录》《精神药品品种目录》为依据。

在司法实践中，对可能判处死刑的毒品案件，今后必须一律进行毒品含量鉴定。对缺少作为定罪量刑重要证据的毒品含量鉴定结论的，公诉机关可以建议延期审理，自行或退回公安机关补充侦查；上级法院还可以部分事实不清为由，将案件发回重新审判。对毒品鉴定结论有疑义的，可以进行补充鉴定或重新鉴定。因某种原因不能作出补充或重新鉴定的，判处死刑时应特别慎重。

五、最高人民法院、最高人民检察院、公安部《关于办理制毒物品犯罪案件适用法律若干问题的意见》与毒品犯罪相关规定

为依法惩治走私制毒物品、非法买卖制毒物品犯罪活动，2009年6月23日，最高人民法院、最高人民检察院、公安部根据刑法有关规定，结合司法实

践，联合制定《关于办理制毒物品犯罪案件适用法律若干问题的意见》（本节简称《制毒物品意见》），并于6月26日颁布施行。

（一）关于制毒物品犯罪的认定

1．对制毒物品的认定

《制毒物品意见》明确规定，“制毒物品”是指刑法第350条第1款规定的醋酸酐、乙醚、三氯甲烷或者其他用于制造毒品的原料或者配剂，具体品种范围按照国家关于易制毒化学品管理的规定确定。

2．对非法买卖制毒物品行为的认定

《制毒物品意见》明确规定刑法第350条规定的非法买卖制毒物品行为是指违反国家规定，实施下列五种行为之一的：①未经许可或者备案，擅自购买、销售易制毒化学品的；②超出许可证明或者备案证明的品种、数量范围购买、销售易制毒化学品的；③使用他人的或者伪造、变造、失效的许可证明或者备案证明购买、销售易制毒化学品的；④经营单位违反规定，向无购买许可证明、备案证明的单位、个人销售易制毒化学品的，或者明知购买者使用他人的或者伪造、变造、失效的购买许可证明、备案证明，向其销售易制毒化学品的；⑤以其他方式非法买卖易制毒化学品的。

3．对取得合法资质但未按规定办理许可证明或备案证明行为的认定

易制毒化学品生产、经营、使用单位或者个人未办理许可证明或者备案证明，购买、销售易制毒化学品，如果有证据证明确实用于合法生产、生活需要，依法能够办理只是未及时办理许可证明或者备案证明，且未造成严重社会危害的，可不以非法买卖制毒物品罪论处。

4．对关联行为的认定

为了制造毒品或者走私、非法买卖制毒物品犯罪而采用生产、加工、提炼等方法非法制造易制毒化学品的，根据《刑法》第22条的规定，按照其制造易制毒化学品的不同目的，分别以制造毒品、走私制毒物品、非法买卖制毒物品的预备行为论处。

5．对帮助犯的认定

明知他人实施走私或者非法买卖制毒物品犯罪，而为其运输、储存、代理进出口或者以其他方式提供便利的，以走私或者非法买卖制毒物品罪的共犯论处。

6．对走私、非法买卖制毒物品行为同时构成其他犯罪行为的认定

走私、非法买卖制毒物品行为同时构成其他犯罪的，依照处罚较重的规定定罪处罚。

（二）关于制毒物品犯罪嫌疑人、被告人主观明知的认定

对于走私或者非法买卖制毒物品行为，有下列情形之一，且查获了易制毒化学品，结合犯罪嫌疑人、被告人的供述和其他证据，经综合审查判断，可以认定其“明知”是制毒物品而走私或者非法买卖，但有证据证明确属被蒙骗的除外：

（1）改变产品形状、包装或者使用虚假标签、商标等产品标志的；（2）以藏匿、夹带或者其他隐蔽方式运输、携带易制毒化学品逃避检查的；（3）抗拒检查或者在检查时丢弃货物逃跑的；（4）以伪报、藏匿、伪装等蒙蔽手段逃避海关、边防等检查的；（5）选择不设海关或者边防检查站的路段绕行出入境的；（6）以虚假身份、地址办理托运、邮寄手续的；（7）以其他方法隐瞒真相，逃避对易制毒化学品依法监管的。

（三）关于制毒物品犯罪定罪量刑的数量标准

1．定罪数量标准及量刑规定

违反国家规定，非法运输、携带制毒物品进出境或者在境内非法买卖制毒物品达到下列数量标准的，依照《刑法》第 350 条第 1 款的规定，处三年以下有期徒刑、拘役或者管制，并处罚金：

① 1- 苯基 -2- 丙酮五千克以上不满五十千克；

② 3，4- 亚甲基二氧苯基 -2- 丙酮、去甲麻黄素（去甲麻黄碱）、甲基麻黄素（甲基麻黄碱）、羟亚胺及其盐类十千克以上不满一百千克；

③胡椒醛、黄樟素、黄樟油、异黄樟素、麦角酸、麦角胺、麦角新碱、苯乙酸二十千克以上不满二百千克；

④ N- 乙酰邻氨基苯酸、邻氨基苯甲酸、哌啶一百五十千克以上不满一千五百千克；

⑤甲苯、丙酮、甲基乙基酮、高锰酸钾、硫酸、盐酸四百千克以上不满四千千克；

⑥其他用于制造毒品的原料或者配剂相当数量的。

2．对“数量大”的认定及量刑规定

违反国家规定，非法买卖或者走私制毒物品，达到或者超过前款所列最高数量标准的，认定为《刑法》第 350 条第 1 款规定的“数量大的”，处三年以上十年以下有期徒刑，并处罚金。

六、《全国部分法院审理毒品犯罪案件工作座谈会纪要》（大连会议纪要）

2008 年最高人民法院印发《全国部分法院审理毒品犯罪案件工作座谈会纪

要》的通知（法〔2008〕324号）。

（一）毒品案件的罪名确定和数量认定问题

《刑法》第347条规定的走私、贩卖、运输、制造毒品罪是选择性罪名，对同一宗毒品实施了两种以上犯罪行为并有相应确凿证据的，应当按照所实施的犯罪行为的性质并列确定罪名，毒品数量不重复计算，不实行数罪并罚。对不同宗毒品分别实施了不同种犯罪行为的，应对不同行为并列确定罪名，累计毒品数量，不实行数罪并罚。对被告人一人走私、贩卖、运输、制造两种以上毒品的，不实行数罪并罚，量刑时可综合考虑毒品的种类、数量及危害，依法处理。

罪名不以行为实施的先后、毒品数量或者危害大小排列，一律以刑法条文规定的顺序表述。

对于吸毒者实施的毒品犯罪，在认定犯罪事实和确定罪名时要慎重。吸毒者在购买、运输、存储毒品过程中被查获的，如没有证据证明其是为了实施贩卖等其他毒品犯罪行为，毒品数量未超过《刑法》第348条规定的最低数量标准的，一般不定罪处罚。查获毒品数量达到较大以上的，应以实际实施的毒品犯罪行为定罪处罚。

对于以贩养吸的被告人，其被查获的毒品数量应认定为其犯罪的数量，但量刑时应考虑被告人吸食毒品的情节，酌情处理。被告人购买了一定数量的毒品后，部分已被其吸食的，应当按能够证明的贩卖数量及查获的毒品数量认定其贩毒的数量，已被吸食部分不计入在内。

有证据证明行为人不以牟利为目的，为他人代购仅用于吸食的毒品，毒品数量超过《刑法》第348条规定的最低数量标准的，对托购者、代购者应以非法持有毒品罪定罪。代购者从中牟利，变相加价贩卖毒品的，对代购者应以贩卖毒品罪定罪。明知他人实施毒品犯罪而为其居间介绍、代购代卖的，无论是否牟利，都应以相关毒品犯罪的共犯论处。

盗窃、抢夺、抢劫毒品的，应当分别以盗窃罪、抢夺罪或者抢劫罪定罪，但不计犯罪数额，根据情节轻重予以定罪量刑。盗窃、抢夺、抢劫毒品后又实施其他毒品犯罪的，对盗窃罪、抢夺罪、抢劫罪和所犯的具体毒品犯罪分别定罪，依法数罪并罚。走私毒品，又走私其他物品构成犯罪的，以走私毒品罪和其所犯的其他走私罪分别定罪，依法数罪并罚。

（二）毒品犯罪的死刑适用问题

审理毒品犯罪案件，应当切实贯彻宽严相济的刑事政策，突出毒品犯罪的打击重点。必须依法严惩毒枭、职业毒犯、再犯、累犯、惯犯、主犯等主观恶性深、人身危险性大、危害严重的毒品犯罪分子，以及具有将毒品走私入境，多次、大量或者向多人贩卖，诱使多人吸毒，武装掩护、暴力抗拒检查、拘留或者逮捕，或者参与有组织的国际贩毒活动等情节的毒品犯罪分子。对其中罪行极其严重依法应当判处死刑的，必须坚决依法判处死刑。

毒品数量是毒品犯罪案件量刑的重要情节，但不是唯一情节。对被告人量刑时，特别是在考虑是否适用死刑时，应当综合考虑毒品数量、犯罪情节、危害后果、被告人的主观恶性、人身危险性以及当地禁毒形势等各种因素，做到区别对待。审理毒品犯罪案件掌握的死刑数量标准，应当结合本地毒品犯罪的实际情况和依法惩治、预防毒品犯罪的需要，并参照最高人民法院复核的毒品死刑案件的典型案例，恰当把握。量刑既不能只片面考虑毒品数量，不考虑犯罪的其他情节，也不能只片面考虑其他情节，而忽视毒品数量。

对虽然已达到实际掌握的判处死刑的毒品数量标准，但是具有法定、酌定从宽处罚情节的被告人，可以不判处死刑；反之，对毒品数量接近实际掌握的判处死刑的数量标准，但具有从重处罚情节的被告人，也可以判处死刑。毒品数量达到实际掌握的死刑数量标准，既有从重处罚情节，又有从宽处罚情节的，应当综合考虑各方面因素决定刑罚，判处死刑立即执行应当慎重。

具有下列情形之一的，可以判处被告人死刑：（1）具有毒品犯罪集团首要分子、武装掩护毒品犯罪、暴力抗拒检查、拘留或者逮捕、参与有组织的国际贩毒活动等严重情节的；（2）毒品数量达到实际掌握的死刑数量标准，并具有毒品再犯、累犯，利用、教唆未成年人走私、贩卖、运输、制造毒品，或者向未成年人出售毒品等法定从重处罚情节的；（3）毒品数量达到实际掌握的死刑数量标准，并具有多次走私、贩卖、运输、制造毒品，向多人贩毒，在毒品犯罪中诱使、容留多人吸毒，在戒毒监管场所贩毒，国家工作人员利用职务便利实施毒品犯罪，或者职业犯、惯犯、主犯等情节的；（4）毒品数量达到实际掌握的死刑数量标准，并具有其他从重处罚情节的；（5）毒品数量超过实际掌握的死刑数量标准，且没有法定、酌定从轻处罚情节的。

毒品数量达到实际掌握的死刑数量标准，具有下列情形之一的，可以不判处被告人死刑立即执行：（1）具有自首、立功等法定从宽处罚情节的；（2）已查获的毒品数量未达到实际掌握的死刑数量标准，到案后坦白尚未被司法机关掌握的其他毒品犯罪，累计数量超过实际掌握的死刑数量标准的；（3）经鉴定毒品含量极低，掺假之后的数量才达到实际掌握的死刑数量标准的，或者有证据表明可能大量掺假但因故不能鉴定的；（4）因特情引诱毒品数量才达到实际掌握的死刑数量标准的；（5）以贩养吸的被告人，被查获的毒品数量刚达到实际掌握的死刑数量标准的；（6）毒品数量刚达到实际掌握的死刑数量标准，确属初次犯罪即被查获，未造成严重危害后果的；（7）共同犯罪毒品数量刚达到实际掌握的死刑数量标准，但各共同犯罪人作用相当，或者责任大小难以区分的；（8）家庭成员共同实施毒品犯罪，其中起主要作用的被告人已被判处死刑立即执行，其他被告人罪行相对较轻的；（9）其他不是必须判处死刑立即执行的。

（三）运输毒品罪的刑罚适用问题

对于运输毒品犯罪，要注意重点打击指使、雇佣他人运输毒品的犯罪分子和接应、接货的毒品所有者、买家或者卖家；对于运输毒品犯罪集团首要分子，组织、指使、雇佣他人运输毒品的主犯或者毒枭、职业毒犯、毒品再犯，以及具有武装掩护、暴力抗拒检查、拘留或者逮捕、参与有组织的国际毒品犯罪、以运输毒品为业、多次运输毒品或者其他严重情节的；应当按照刑法、有关司法解释和司法实践实际掌握的数量标准，从严惩处，依法应判处死刑的必须坚决判处死刑。

毒品犯罪中，单纯的运输毒品行为具有从属性、辅助性特点，且情况复杂多样。部分涉案人员系受指使、雇佣的贫民、边民或者无业人员，只是为了赚取少量运费而为他人运输毒品，他们不是毒品的所有者、买家或者卖家，与幕后的组织、指使、雇佣者相比，在整个毒品犯罪环节中处于从属、辅助和被支配地位，所起作用和主观恶性相对较小，社会危害性也相对较小。因此，对于运输毒品犯罪中的这部分人员，在量刑标准的把握上，应当与走私、贩卖、制造毒品和前述具有严重情节的运输毒品犯罪分子有所区别，不应单纯以涉案毒品数量的大小决定刑罚适用的轻重。

对有证据证明被告人确属受人指使、雇佣参与运输毒品犯罪，又系初犯、偶犯的，可以从轻处罚，即使毒品数量超过实际掌握的死刑数量标准，也可以不判处死刑立即执行。

毒品数量超过实际掌握的死刑数量标准，不能证明被告人系受人指使、雇佣参与运输毒品犯罪的，可以依法判处重刑直至死刑。

涉嫌为贩卖而自行运输毒品，由于认定贩卖毒品的证据不足，因而认定为运输毒品罪的，不同于单纯的受指使为他人运输毒品行为，其量刑标准应当与单纯的运输毒品行为有所区别。

（四）制造毒品的认定与处罚问题

鉴于毒品犯罪分子制造毒品的手段复杂多样、不断翻新，采用物理方法加工、配制毒品的情况大量出现，有必要进一步准确界定制造毒品的行为、方法。制造毒品不仅包括非法用毒品原植物直接提炼和用化学方法加工、配制毒品的行为，也包括以改变毒品成分和效用为目的，用混合等物理方法加工、配制毒品的行为，如将甲基苯丙胺或者其他苯丙胺类毒品与其他毒品混合成麻古或者摇头丸。为便于隐蔽运输、销售、使用、欺骗购买者，或者为了增重，对毒品掺杂使假，添加或者去除其他非毒品物质，不属于制造毒品的行为。

已经制成毒品，达到实际掌握的死刑数量标准的，可以判处死刑；数量特别巨大的，应当判处死刑。已经制造出粗制毒品或者半成品的，以制造毒品罪的既遂论处。购进制造毒品的设备和原材料，开始着手制造毒品，但尚未制造出粗制毒品或者半成品的，以制造毒品罪的未遂论处。

（五）毒品含量鉴定和混合型、新类型毒品案件处理问题

鉴于大量掺假毒品和成分复杂的新类型毒品不断出现，为做到罪刑相当、罚当其罪，保证毒品案件的审判质量，并考虑目前毒品鉴定的条件和现状，对可能判处被告人死刑的毒品犯罪案件，应当根据最高人民法院、最高人民检察院、公安部 2007 年 12 月颁布的《办理毒品犯罪案件适用法律若干问题的意见》，作出毒品含量鉴定；对涉案毒品可能大量掺假或者系成分复杂的新类型毒品的，亦应当作出毒品含量鉴定。

对于含有两种以上毒品成分的毒品混合物，应进一步作成分鉴定，确定所含的不同毒品成分及比例。对于毒品中含有海洛因、甲基苯丙胺的，应以海洛因、甲基苯丙胺分别确定其毒品种类；不含海洛因、甲基苯丙胺的，应以其中毒性较大的毒品成分确定其毒品种类；如果毒性相当或者难以确定毒性大小的，以其中比例较大的毒品成分确定其毒品种类，并在量刑时综合考虑其他毒品成分、含量和全案所涉毒品数量。对于刑法、司法解释等已规定了量刑数量标准的毒品，按照刑法、司法解释等规定适用刑罚；对于刑法、司法解释等没有规定量刑数量标准的毒品，有条件折算为海洛因的，参照国家食品药品监督管理局制定的《非法药物折算表》，折算成海洛因的数量后适用刑罚。

对于国家管制的精神药品和麻醉药品，刑法、司法解释等尚未明确规定量刑数量标准，也不具备折算条件的，应由有关专业部门确定涉案毒品毒效的大小、有毒成分的多少、吸毒者对该毒品的依赖程度，综合考虑其致瘾癖性、戒断性、社会危害性等依法量刑。因条件限制不能确定的，可以参考涉案毒品非法交易的价格因素等，决定对被告人适用的刑罚，但一般不宜判处死刑立即执行。

（六）特情介入案件的处理问题

运用特情侦破毒品案件，是依法打击毒品犯罪的有效手段。对特情介入侦破的毒品案件，要区别不同情形予以分别处理。

对已持有毒品待售或者有证据证明已准备实施大宗毒品犯罪者，采取特情贴靠、接洽而破获的案件，不存在犯罪引诱，应当依法处理。

行为人本没有实施毒品犯罪的主观意图，而是在特情诱惑和促成下形成犯意，进而实施毒品犯罪的，属于“犯意引诱”。对因“犯意引诱”实施毒品犯罪的被告人，根据罪刑相适应原则，应当依法从轻处罚，无论涉案毒品数量多大，都不应判处死刑立即执行。行为人在特情既为其安排上线，又提供下线的双重引诱，即“双套引诱”下实施毒品犯罪的，处刑时可予以更大幅度的从宽处罚或者依法免予刑事处罚。

行为人本来只有实施数量较小的毒品犯罪的故意，在特情引诱下实施了数量较大甚至达到实际掌握的死刑数量标准的毒品犯罪的，属于“数量引诱”。对因“数量引诱”实施毒品犯罪的被告人，应当依法从轻处罚，即使毒品数量超过实际掌握的死刑数量标准，一般也不判处死刑立即执行。

对不能排除“犯意引诱”和“数量引诱”的案件，在考虑是否对被告人判处死刑立即执行时，要留有余地。

对被告人受特情间接引诱实施毒品犯罪的，参照上述原则依法处理。

（七）毒品案件的立功问题

共同犯罪中同案犯的基本情况，包括同案犯姓名、住址、体貌特征、联络方式等信息，属于被告人应当供述的范围。公安机关根据被告人供述抓获同案犯的，不应认定其有立功表现。被告人在公安机关抓获同案犯过程中确实起到协助作用的，例如，经被告人现场指认、辨认抓获了同案犯；被告人带领公安人员抓获了同案犯；被告人提供了不为有关机关掌握或者有关机关按照正常工作程序无法掌握的同案犯藏匿的线索，有关机关据此抓获了同案犯；被告人交代了与同案犯的联系方式，又按要求与对方联络，积极协助公安机关抓获了同案犯等，属于协助司法机关抓获同案犯，应认定为立功。

关于立功从宽处罚的把握，应以功是否足以抵罪为标准。在毒品共同犯罪案件中，毒枭、毒品犯罪集团首要分子、共同犯罪的主犯、职业毒犯、毒品惯犯等，由于掌握同案犯、从犯、马仔的犯罪情况和个人信息，被抓获后往往能协助抓捕同案犯，获得立功或者重大立功。对其是否从宽处罚以及从宽幅度的大小，应当主要看功是否足以抵罪，即应结合被告人罪行的严重程度、立功大小综合考虑。要充分注意毒品共同犯罪人以及上、下家之间的量刑平衡。对于毒枭等严重毒品犯罪分子立功的，从轻或者减轻处罚应当从严掌握。如果其罪行极其严重，只有一般立功表现，功不足以抵罪的，可不予从轻处罚；如果其检举、揭发的是其他犯罪案件中罪行同样严重的犯罪分子，或者协助抓获的是同案中的其他首要分子、主犯，功足以抵罪的，原则上可以从轻或者减轻处罚；如果协助抓获的只是同案中的从犯或者马仔，功不足以抵罪，或者从轻处罚后全案处刑明显失衡的，不予从轻处罚。相反，对于从犯、马仔立功，特别是协助抓获毒枭、首要分子、主犯的，应当从轻处罚，直至依法减轻或者免除处罚。

被告人亲属为了使被告人得到从轻处罚，检举、揭发他人犯罪或者协助司法机关抓捕其他犯罪人的，不能视为被告人立功。同监犯将本人或者他人尚未被司法机关掌握的犯罪事实告知被告人，由被告人检举揭发的，如经查证属实，虽可认定被告人立功，但是否从宽处罚、从宽幅度大小，应与通常的立功有所区别。通过非法手段或者非法途径获取他人犯罪信息，如从国家工作人员处贿买他人犯罪信息，通过律师、看守人员等非法途径获取他人犯罪信息，由被告人检举揭发的，不能认定为立功，也不能作为酌情从轻处罚情节。

（八）毒品再犯问题

根据《刑法》第356条规定，只要因走私、贩卖、运输、制造、非法持有毒品罪被判过刑，不论是在刑罚执行完毕后，还是在缓刑、假释或者暂予监外执行期间，又犯刑法分则第六章第七节规定的犯罪的，都是毒品再犯，应当从重处罚。

因走私、贩卖、运输、制造、非法持有毒品罪被判刑的犯罪分子，在缓刑、假释或者暂予监外执行期间又犯刑法分则第六章第七节规定的犯罪的，应当在对其所犯新的毒品犯罪适用《刑法》第356条从重处罚的规定确定刑罚后，再依法数罪并罚。

对同时构成累犯和毒品再犯的被告人，应当同时引用刑法关于累犯和毒品再犯的条款从重处罚。

（九）毒品案件的共同犯罪问题

毒品犯罪中，部分共同犯罪人未到案，如现有证据能够认定已到案被告人为共同犯罪，或者能够认定为主犯或者从犯的，应当依法认定。没有实施毒品犯罪的共同故意，仅在客观上为相互关联的毒品犯罪上下家，不构成共同犯罪，但为了诉讼便利可并案审理。审理毒品共同犯罪案件应当注意以下几个方面的问题：

一是要正确区分主犯和从犯。区分主犯和从犯，应当以各共同犯罪人在毒品共同犯罪中的地位和作用为根据。要从犯意提起、具体行为分工、出资和实际分得毒赃多少以及共犯之间相互关系等方面，比较各个共同犯罪人在共同犯罪中的地位和作用。在毒品共同犯罪中，为主出资者、毒品所有者或者起意、策划、纠集、组织、雇佣、指使他人参与犯罪以及其他起主要作用的是主犯；起次要或者辅助作用的是从犯。受雇佣、受指使实施毒品犯罪的，应根据其在犯罪中实际发挥的作用具体认定为主犯或者从犯。对于确有证据证明在共同犯罪中起次要或者辅助作用的，不能因为其他共同犯罪人未到案而不认定为从犯，甚至将其认定为主犯或者按主犯处罚。只要认定为从犯，无论主犯是否到案，均应依照刑法关于从犯的规定从轻、减轻或者免除处罚。

二是要正确认定共同犯罪案件中主犯和从犯的毒品犯罪数量。对于毒品犯罪集团的首要分子，应按集团毒品犯罪的总数量处罚；对一般共同犯罪的主犯，应按其所参与的或者组织、指挥的毒品犯罪数量处罚；对于从犯，应当按照其所参与的毒品犯罪的数量处罚。

三是要根据行为人在共同犯罪中的作用和罪责大小确定刑罚。不同案件不能简单类比，一个案件的从犯参与犯罪的毒品数量可能比另一案件的主犯参与犯罪的毒品数量大，但对这一案件从犯的处罚不是必然重于另一案件的主犯。共同犯罪中能分清主从犯的，不能因为涉案的毒品数量特别巨大，就不分主从犯而一律将被告人认定为主犯或者实际上都按主犯处罚，一律判处重刑甚至死刑。对于共同犯罪中有多个主犯或者共同犯罪人的，处罚上也应做到区别对待。应当全面考察各主犯或者共同犯罪人在共同犯罪中实际发挥作用的差别，主观恶性和人身危险性方面的差异，对罪责或者人身危险性更大的主犯或者共同犯罪人依法判处更重的刑罚。

（十）主观明知的认定问题

毒品犯罪中，判断被告人对涉案毒品是否明知，不能仅凭被告人供述，而应当依据被告人实施毒品犯罪行为的过程、方式、毒品被查获时的情形等证据，结合被告人的年龄、阅历、智力等情况，进行综合分析判断。

法律规定主观明知推定的原因在于：一是行为人在进行与自身相关行为时，有责任审查委托、雇佣其携带、运输或者交接的物品是否属违禁品，其实施行为是否合法，这是行为人实施与自身相关行为的基本法律义务。行为人如果具有上述情形，而辩称没有审查，就应当认定行为人对其行为对象主观上是明知的。二是出于严惩毒品犯罪的迫切需要。因为在司法实践中，毒品犯罪集团化、职业化趋向越来越突出，行为人具有逃避制裁的充分准备，特别是用箱包运输毒品的被告人，即使当场在其身边查获毒品，往往以“为他人携带和运输，并不知道有毒品”进行辩解。有的在被查获时承认明知是毒品，但到了起诉、审判阶段就翻供。如果仅以其本人是否承认明知为标准，就会造成“唯口供论”，难以认定毒品犯罪人的主观故意，导致判决结果显失公正，严重影响惩治毒品犯罪活动。三是现行法律、司法解释和规范性文件对“明知”问题已作过类似规定。如最高人民法院、最高人民检察院、海关总署 2002 年 7 月印发执行的《关于办理走私刑事案件适用法律若干问题的意见》第 5 条，结合案件具体情况规定了“明知”的认定问题。四是国际公约对“明知”事项的规定，为我们规定毒品犯罪中的明知提供了重要依据。《联合国打击跨国有组织犯罪公约》第 5 条第 2 款规定：“本条第一款所指的明知、故意、目标、目的或约定可以从客观实际情况推定。”《联合国反腐败公约》第 28 条规定：“根据本公约确立的犯罪所需具备的明知、故意或者目的等要素，可以根据客观实际情况予以推定。”我国签署和批准了这两个公约，尽管公约不完全是针对毒品犯罪，但它包括有组织从事毒品犯罪的集团，对其他毒品犯罪明知的认定也具有参照意义。五是国外和我国香港地区关于毒品犯罪明知的规定值得借鉴。如马来西亚《1952 年惩治毒品犯罪法》第 37 条规定：保管或控制任何含有毒品的物品的人，应当推定其对该毒品的性质具有明知；毒品隐藏在房屋、车辆内，应当推定房主、车主和当时负责车辆的人对所隐藏的毒品明知。香港《危险药物条例》第 47 条也有类似规定。

具有下列情形之一，被告人不能做出合理解释的，可以认定其“明知”是毒品，但有证据证明确属被蒙骗的除外：（1）执法人员在口岸、机场、车站、港口和其他检查站点检查时，要求行为人申报为他人携带的物品和其他疑似毒品物，并告知其法律责任，而行为人未如实申报，在其携带的物品中查获毒品的；（2）以伪报、藏匿、伪装等蒙蔽手段，逃避海关、边防等检查，在其携带、运输、邮寄的物品中查获毒品的；（3）执法人员检查时，有逃跑、丢弃携带物品或者逃避、抗拒检查等行为，在其携带或者丢弃的物品中查获毒品的；（4）体内或者贴身隐秘处藏匿毒品的；（5）为获取不同寻常的高额、不等值报酬为他人携带、运输物品，从中查获毒品的；（6）采用高度隐蔽的方式携带、运输物品，从中查获毒品的；（7）采用高度隐蔽的方式交接物品，明显违背合法物品惯常交接方式，从中查获毒品的；（8）行程路线故意绕开检查站点，在其携带、运输的物品中查获毒品的；（9）以虚假身份或者地址办理托运手续，在其托运的物品中查获毒品的；（10）有其他证据足以认定行为人应当知道的。

判断“明知”时应注意的问题。一是判断是否明知应当以客观实际情况为依据。尽管明知是行为人知道或者应当知道行为对象是毒品的心理状态，但是判断被告人主观是否明知，不能仅凭被告人是否承认，而应当综合考虑案件中的各种客观实际情况，依据实施毒品犯罪行为的过程、行为方式、毒品被查获时的情形和环境等证据，结合被告人的年龄、阅历、智力及掌握相关知识情况，进行综合分析判断。二是用作推定前提的基础事实必须有已经确凿的证据证明。首先要查明行为人携带的东西确实是毒品，同时行为人有上述列举的反常表现行为。三是依照上述规定认定的明知，允许行为人提出反证加以推翻。由于推定明知不是以确凿证据证明的，而是根据基础事实与待证事实的常态联系，运用情理判断和逻辑推理得出的，有可能出现例外情况。如果行为人能做出合理解释，有证据证明确实受蒙骗，其辩解有事实依据或者合乎情理，就不能认定其明知。

（十一）毒品案件的管辖问题

毒品犯罪的地域管辖，应当依照刑事诉讼法的有关规定，实行以犯罪地管辖为主、被告人居住地管辖为辅的原则。考虑到毒品犯罪的特殊性和毒品犯罪侦查体制，“犯罪地”不仅可以包括犯罪预谋地、毒资筹集地、交易进行地、运输途经地以及毒品生产地，也包括毒资、毒赃和毒品藏匿地、转移地、走私或者贩运毒品目的地等。“被告人居住地”，不仅包括被告人常住地和户籍所在地，也包括其临时居住地。

对于已进入审判程序的案件，被告人及其辩护人提出管辖异议，经审查异议成立的，或者受案法院发现没有管辖权，而案件由本院管辖更适宜的，受案法院应当报请与有管辖权的法院共同的上级法院依法指定本院管辖。

（十二）特定人员参与毒品犯罪问题

近年来，一些毒品犯罪分子为了逃避打击，雇佣孕妇、哺乳期妇女、急性传染病人、残疾人或者未成年人等特定人员进行毒品犯罪活动，成为阻碍我国禁毒工作成效的突出问题。对利用、教唆特定人员进行毒品犯罪活动的组织、策划、指挥和教唆者，要依法严厉打击，该判处重刑直至死刑的，坚决依法判处重刑直至死刑。对于被利用、被诱骗参与毒品犯罪的特定人员，可以从宽处理。

要积极与检察机关、公安机关沟通协调，妥善解决涉及特定人员的案件管辖、强制措施、刑罚执行等问题。对因特殊情况依法不予羁押的，可以依法采取取保候审、监视居住等强制措施，并根据被告人具体情况和案情变化及时变更强制措施；对于被判处有期徒刑或者拘役的罪犯，符合《刑事诉讼法》第214条规定情形的，可以暂予监外执行。

（十三）毒品案件财产刑的适用和执行问题

刑法对毒品犯罪规定了并处罚金或者没收财产刑，司法实践中应当依法充分适用。不仅要依法追缴被告人的违法所得及其收益，还要严格依法判处被告人罚金刑或者没收财产刑，不能因为被告人没有财产，或者其财产难以查清、难以分割或者难以执行，就不依法判处财产刑。

要采取有力措施，加大财产刑执行力度。要加强与公安机关、检察机关的协作，对毒品犯罪分子来源不明的巨额财产，依法及时采取查封、扣押、冻结等措施，防止犯罪分子及其亲属转移、隐匿、变卖或者洗钱，逃避依法追缴。要加强不同地区法院之间的相互协作配合。毒品犯罪分子的财产在异地的，第一审人民法院可以委托财产所在地人民法院代为执行。要落实和运用有关国际禁毒公约规定，充分利用国际刑警组织等渠道，最大限度地做好境外追赃工作。

七、《全国法院毒品犯罪审判工作座谈会纪要》（武汉会议纪要）

2015年最高人民法院印发《全国法院毒品犯罪审判工作座谈会纪要》的通知（法〔2015〕129号）。

（一）罪名认定问题

贩毒人员被抓获后，对于从其住所、车辆等处查获的毒品，一般均应认定为其贩卖的毒品。确有证据证明查获的毒品并非贩毒人员用于贩卖，其行为另构成非法持有毒品罪、窝藏毒品罪等其他犯罪的，依法定罪处罚。

吸毒者在购买、存储毒品过程中被查获，没有证据证明其是为了实施贩卖毒品等其他犯罪，毒品数量达到《刑法》第348条规定的最低数量标准的，以非法持有毒品罪定罪处罚。吸毒者在运输毒品过程中被查获，没有证据证明其是为了实施贩卖毒品等其他犯罪，毒品数量达到较大以上的，以运输毒品罪定罪处罚。

行为人为吸毒者代购毒品，在运输过程中被查获，没有证据证明托购者、代购者是为了实施贩卖毒品等其他犯罪，毒品数量达到较大以上的，对托购者、代购者以运输毒品罪的共犯论处。行为人为他人代购仅用于吸食的毒品，在交通、食宿等必要开销之外收取“介绍费”“劳务费”，或者以贩卖为目的收取部分毒品作为酬劳的，应视为从中牟利，属于变相加价贩卖毒品，以贩卖毒品罪定罪处罚。购毒者接收贩毒者通过物流寄递方式交付的毒品，没有证据证明其是为了实施贩卖毒品等其他犯罪，毒品数量达到《刑法》第348条规定的最低数量标准的，一般以非法持有毒品罪定罪处罚。代收者明知是物流寄递的毒品而代购毒者接收，没有证据证明其与购毒者有实施贩卖、运输毒品等犯罪的共同故意，毒品数量达到《刑法》第348条规定的最低数量标准的，对代收者以非法持有毒品罪定罪处罚。

行为人利用信息网络贩卖毒品、在境内非法买卖用于制造毒品的原料或者配剂、传授制造毒品等犯罪的方法，构成贩卖毒品罪、非法买卖制毒物品罪、传授犯罪方法罪等犯罪的，依法定罪处罚。行为人开设网站、利用网络聊天室等组织他人共同吸毒，构成引诱、教唆、欺骗他人吸毒罪等犯罪的，依法定罪处罚。

（二）共同犯罪认定问题

办理贩卖毒品案件，应当准确认定居间介绍买卖毒品行为，并与居中倒卖毒品行为相区别。居间介绍者在毒品交易中处于中间人地位，发挥介绍联络作用，通常与交易一方构成共同犯罪，但不以牟利为要件；居中倒卖者属于毒品交易主体，与前后环节的交易对象是上下家关系，直接参与毒品交易并从中获利。居间介绍者受贩毒者委托，为其介绍联络购毒者的，与贩毒者构成贩卖毒品罪的共同犯罪；明知购毒者以贩卖为目的购买毒品，受委托为其介绍联络贩毒者的，与购毒者构成贩卖毒品罪的共同犯罪；受以吸食为目的的购毒者委托，为其介绍联络贩毒者，毒品数量达到《刑法》第 348 条规定的最低数量标准的，一般与购毒者构成非法持有毒品罪的共同犯罪；同时与贩毒者、购毒者共谋，联络促成双方交易的，通常认定与贩毒者构成贩卖毒品罪的共同犯罪。居间介绍者实施为毒品交易主体提供交易信息、介绍交易对象等帮助行为，对促成交易起次要、辅助作用的，应当认定为从犯；对于以居间介绍者的身份介入毒品交易，但在交易中超出居间介绍者的地位，对交易的发起和达成起重要作用的被告人，可以认定为主犯。两人以上同行运输毒品的，应当从是否明知他人带有毒品，有无共同运输毒品的意思联络，有无实施配合、掩护他人运输毒品的行为等方面综合审查认定是否构成共同犯罪。受雇于同一雇主同行运输毒品，但受雇者之间没有共同犯罪故意，或者虽然明知他人受雇运输毒品，但各自的运输行为相对独立，既没有实施配合、掩护他人运输毒品的行为，又分别按照各自运输的毒品数量领取报酬的，不应认定为共同犯罪。受雇于同一雇主分段运输同一宗毒品，但受雇者之间没有犯罪共谋的，也不应认定为共同犯罪。雇用他人运输毒品的雇主，及其他对受雇者起到一定组织、指挥作用的人员，与各受雇者分别构成运输毒品罪的共同犯罪，对运输的全部毒品数量承担刑事责任。

（三）毒品数量认定问题

走私、贩卖、运输、制造、非法持有两种以上毒品的，可以将不同种类的毒品分别折算为海洛因的数量，以折算后累加的毒品总量作为量刑的根据。对于刑法、司法解释或者其他规范性文件明确规定了定罪量刑数量标准的毒品，应当按照该毒品与海洛因定罪量刑数量标准的比例进行折算后累加。对于刑法、司法解释及其他规范性文件没有规定定罪量刑数量标准，但《非法药物折算表》规定了与海洛因的折算比例的毒品，可以按照《非法药物折算表》折算为海洛因后进行累加。对于既未规定定罪量刑数量标准，又不具备折算条件的毒品，综合考虑其致瘾癖性、社会危害性、数量、纯度等因素依法量刑。在裁判文书中，应当客观表述涉案毒品的种类和数量，并综合认定为数量大、数量较大或者少量毒品等，不明确表述将不同种类毒品进行折算后累加的毒品总量。

对于未查获实物的甲基苯丙胺片剂（俗称“麻古”等）、MDMA 片剂（俗称“摇头丸”）等混合型毒品，可以根据在案证据证明的毒品粒数，参考本案或者本地区查获的同类毒品的平均重量计算出毒品数量。在裁判文书中，应当客观表述根据在案证据认定的毒品粒数。

对于有吸毒情节的贩毒人员，一般应当按照其购买的毒品数量认定其贩卖毒品的数量，量刑时酌情考虑其吸食毒品的情节；购买的毒品数量无法查明的，按照能够证明的贩卖数量及查获的毒品数量认定其贩毒数量；确有证据证明其购买的部分毒品并非用于贩卖的，不应计入其贩毒数量。

办理毒品犯罪案件，无论毒品纯度高低，一般均应将查证属实的毒品数量认定为毒品犯罪的数量，并据此确定适用的法定刑幅度，但司法解释另有规定或者为了隐蔽运输而临时改变毒品常规形态的除外。涉案毒品纯度明显低于同类毒品的正常纯度的，量刑时可以酌情考虑。

制造毒品案件中，毒品成品、半成品的数量应当全部认定为制造毒品的数量，对于无法再加工出成品、半成品的废液、废料则不应计入制造毒品的数量。对于废液、废料的认定，可以根据其毒品成分的含量、外观形态，结合被告人对制毒过程的供述等证据进行分析判断，必要时可以听取鉴定机构的意见。

（四）死刑适用问题

应当全面、准确贯彻宽严相济刑事政策，体现区别对待，做到罚当其罪，量刑时综合考虑毒品数量、犯罪性质、情节、危害后果、被告人的主观恶性、人身危险性及当地的禁毒形势等因素，严格审慎地决定死刑适用，确保死刑只适用于极少数罪行极其严重的犯罪分子。

1. 运输毒品犯罪的死刑适用

对于运输毒品犯罪，应当继续按照《大连会议纪要》的有关精神，重点打击运输毒品犯罪集团首要分子，组织、指使、雇用他人运输毒品的主犯或者毒枭、职业毒犯、毒品再犯，以及具有武装掩护运输毒品、以运输毒品为业、多次运输毒品等严重情节的被告人，对其中依法应当判处死刑的，坚决依法判处。

对于受人指使、雇用参与运输毒品的被告人，应当综合考虑毒品数量、犯罪次数、犯罪的主动性和独立性、在共同犯罪中的地位作用、获利程度和方式及其主观恶性、人身危险性等因素，予以区别对待，慎重适用死刑。对于有证据证明确属受人指使、雇用运输毒品，又系初犯、偶犯的被告人，即使毒品数量超过实际掌握的死刑数量标准，也可以不判处死刑；尤其对于其中被动参与犯罪，从属性、辅助性较强，获利程度较低的被告人，一般不应当判处死刑。对于不能排除受人指使、雇用初次运输毒品的被告人，毒品数量超过实际掌握的死刑数量标准，但尚不属数量巨大的，一般也可以不判处死刑。

一案中有多人受雇运输毒品的，在决定死刑适用时，除各被告人运输毒品的数量外，还应结合其具体犯罪情节、参与犯罪程度、与雇用者关系的紧密性及其主观恶性、人身危险性等因素综合考虑，同时判处二人以上死刑要特别慎重。

2. 毒品共同犯罪、上下家犯罪的死刑适用

毒品共同犯罪案件的死刑适用应当与该案的毒品数量、社会危害及被告人的犯罪情节、主观恶性、人身危险性相适应。涉案毒品数量刚超过实际掌握的死刑数量标准，依法应当适用死刑的，要尽量区分主犯间的罪责大小，一般只对其中罪责最大的一名主犯判处死刑；各共同犯罪人地位作用相当，或者罪责大小难以区分的，可以不判处被告人死刑；二名主犯的罪责均很突出，且均具有法定从重处罚情节的，也要尽可能比较其主观恶性、人身危险性方面的差异，判处二人死刑要特别慎重。涉案毒品数量达到巨大以上，二名以上主犯的罪责均很突出，或者罪责稍次的主犯具有法定、重大酌定从重处罚情节，判处二人以上死刑符合罪刑相适应原则，并有利于全案量刑平衡的，可以依法判处。

对于部分共同犯罪人未到案的案件，在案被告人与未到案共同犯罪人均属罪行极其严重，即使共同犯罪人未到案也不影响对在案被告人适用死刑的，可以依法判处在案被告人死刑；在案被告人的罪行不足以判处死刑，或者共同犯罪人归案后全案只宜判处其一人死刑的，不能因为共同犯罪人未到案而对在案被告人适用死刑；在案被告人与未到案共同犯罪人的罪责大小难以准确认定，进而影响准确适用死刑的，不应对在案被告人判处死刑。

对于贩卖毒品案件中的上下家，要结合其贩毒数量、次数及对象范围，犯罪的主动性，对促成交易所发挥的作用，犯罪行为的危害后果等因素，综合考虑其主观恶性和人身危险性，慎重、稳妥地决定死刑适用。对于买卖同宗毒品的上下家，涉案毒品数量刚超过实际掌握的死刑数量标准的，一般不能同时判处死刑；上家主动联络销售毒品，积极促成毒品交易的，通常可以判处上家死刑；下家积极筹资，主动向上家约购毒品，对促成毒品交易起更大作用的，可以考虑判处下家死刑。涉案毒品数量达到巨大以上的，也要综合上述因素决定死刑适用，同时判处上下家死刑符合罪刑相适应原则，并有利于全案量刑平衡的，可以依法判处。

一案中有多名共同犯罪人、上下家针对同宗毒品实施犯罪的，可以综合运用上述毒品共同犯罪、上下家犯罪的死刑适用原则予以处理。

办理毒品犯罪案件，应当尽量将共同犯罪案件或者密切关联的上下游案件进行并案审理；因客观原因造成分案处理的，办案时应当及时了解关联案件的审理进展和处理结果，注重量刑平衡。

3．新类型、混合型毒品犯罪的死刑适用

甲基苯丙胺片剂（俗称“麻古”等）是以甲基苯丙胺为主要毒品成分的混合型毒品，其甲基苯丙胺含量相对较低，危害性亦有所不同。为体现罚当其罪，甲基苯丙胺片剂的死刑数量标准一般可以按照甲基苯丙胺（冰毒）的 2 倍左右掌握，具体可以根据当地的毒品犯罪形势和涉案毒品含量等因素确定。

涉案毒品为氯胺酮（俗称“K 粉”）的，结合毒品数量、犯罪性质、情节及危害后果等因素，对符合死刑适用条件的被告人可以依法判处死刑。综合考虑氯胺酮的致瘾癖性、滥用范围和危害性等因素，其死刑数量标准一般可以按照海洛因的 10 倍掌握。

涉案毒品为其他滥用范围和危害性相对较小的新类型、混合型毒品的，一般不宜判处被告人死刑。但对于司法解释、规范性文件明确规定了定罪量刑数量标准，且涉案毒品数量特别巨大，社会危害大，不判处死刑难以体现罚当其罪的，必要时可以判处被告人死刑。

（五）缓刑、财产刑适用及减刑、假释问题

对于毒品犯罪应当从严掌握缓刑适用条件。对于毒品再犯，一般不得适用缓刑。对于不能排除多次贩毒嫌疑的零包贩毒被告人，因认定构成贩卖毒品等犯罪的证据不足而认定为非法持有毒品罪的被告人，实施引诱、教唆、欺骗、强迫他人吸毒犯罪及制毒物品犯罪的被告人，应当严格限制缓刑适用。

办理毒品犯罪案件，应当依法追缴犯罪分子的违法所得，充分发挥财产刑的作用，切实加大对犯罪分子的经济制裁力度。对查封、扣押、冻结的涉案财物及其孳息，经查确属违法所得或者依法应当追缴的其他涉案财物的，如购毒款、供犯罪所用的本人财物、毒品犯罪所得的财物及其收益等，应当判决没收，但法律另有规定的除外。判处罚金刑时，应当结合毒品犯罪的性质、情节、危害后果及被告人的获利情况、经济状况等因素合理确定罚金数额。对于决定并处没收财产的毒品犯罪，判处被告人有期徒刑的，应当按照上述确定罚金数额的原则确定没收个人部分财产的数额；判处无期徒刑的，可以并处没收个人全部财产；判处死缓或者死刑的，应当并处没收个人全部财产。

对于具有毒枭、职业毒犯、累犯、毒品再犯等情节的毒品罪犯，应当从严掌握减刑条件，适当延长减刑起始时间、间隔时间，严格控制减刑幅度，延长实际执行刑期。对于刑法未禁止假释的前述毒品罪犯，应当严格掌握假释条件。

（六）累犯、毒品再犯问题

累犯、毒品再犯是法定从重处罚情节，即使本次毒品犯罪情节较轻，也要体现从严惩处的精神。尤其对于曾因实施严重暴力犯罪被判刑的累犯、刑满释放后短期内又实施毒品犯罪的再犯，以及在缓刑、假释、暂予监外执行期间又实施毒品犯罪的再犯，应当严格体现从重处罚。

对于因同一毒品犯罪前科同时构成累犯和毒品再犯的被告人，在裁判文书中应当同时引用刑法关于累犯和毒品再犯的条款，但在量刑时不得重复予以从重处罚。对于因不同犯罪前科同时构成累犯和毒品再犯的被告人，量刑时的从重处罚幅度一般应大于前述情形。

（七）非法贩卖麻醉药品、精神药品行为的定性问题

行为人向走私、贩卖毒品的犯罪分子或者吸食、注射毒品的人员贩卖国家规定管制的能够使人形成瘾癖的麻醉药品或者精神药品的，以贩卖毒品罪定罪处罚。

行为人出于医疗目的，违反有关药品管理的国家规定，非法贩卖上述麻醉药品或者精神药品，扰乱市场秩序，情节严重的，以非法经营罪定罪处罚。

第五章　禁毒行政法规

禁毒行政法规是指由国家最高行政机关的国务院制定、颁布、施行的禁毒法规，是对全国人大及其常委会制定的禁毒法律内容的具体化。从禁毒工作的实践出发，具体指导行政机关规范开展各项禁毒工作。我国禁毒行政法规主要涉及麻醉药品和精神药品管理、易制毒化学品管理、毒瘾戒断管理和娱乐场所特定人员管理等方面内容。

第一节　我国禁毒行政法规概述

一、禁毒行政法规的意义与特点

禁毒行政法规是指国务院为了领导和管理国家禁毒行政事务，以《宪法》和法律为依据，依照《立法法》规定的职权和程序制定的、与禁毒活动相关的规范性文件的总和。

禁毒行政法规是对禁毒法律内容具体化的一种主要形式。由于国家禁毒法律对各职能部门开展禁毒工作的规定比较原则、抽象，还需要由行政机关针对各行政部门的具体禁毒工作做出进一步明确化的规定。在我国，禁毒行政法规均由最高行政机关——国务院制定和颁布，它具有以下两个基本特点：

1．以规范全国禁毒专项工作为主要内容

禁毒行政法规的法律效力仅次于宪法和法律，高于其他各级行政机关制定的行政法律文件，其效力及于全国范围，对全体公民都具有普遍的约束力；适用于全国禁毒相关专项工作。任何部门规章和地方性法规都不得与禁毒行政法规相抵触。

2．以条例为表现形式

禁毒行政法规用于详细具体规范、指导禁毒专项工作，以确保相关工作实效性开展。如《麻醉药品和精神药品管理条例》用于规范麻醉药品与精神药品生产、销售、使用及流通各环节，保证其合法、安全、合理使用，防止流入非法渠道。《易制毒化学品管理条例》用于管理限制可用于制造毒品的前体、原料和化学助剂等易制毒化学品的生产、经营、购买、运输、进出口等行为；《戒毒条例》用于规范戒毒工作，帮助吸毒成瘾人员戒除毒瘾，维护社会秩序；《娱乐场所管理条例》明确禁止娱乐场所及其从业人员进行涉毒违法行为等。

二、我国禁毒行政法规主要内容

（一）关于特殊药品的管制

我国禁毒行政立法始于1978年的《麻醉药品管理条例》。20世纪70年代末，我国毒品情势呈现死灰复燃的趋势，麻醉药品的滥用情况日益严峻，国务院于1978年制定了《麻醉药品管理条例》，主要针对阿片类麻醉药品的生产、经营、进出口、使用等进行具体规范，开始对麻醉药品实行严格管制。

此后，国务院又先后于1987年11月和1988年12月，颁布了《麻醉药品管理办法》和《精神药品管理办法》，分别对麻醉药品和精神药品的生产、供应、运输、使用、进出口的管理作出了明确规定。

根据不断变化的国内外麻醉药品和精神药品滥用形势，2003年国家食品药品监督管理局组织修订了《麻醉药品管理办法》和《精神药品管理办法》。

2005年8月，国务院颁布了《麻醉药品和精神药品管理条例》（2013年12月7日第一次修订，2016年2月6日第二次修订），进一步规范和加强麻醉药品和精神药品的管理，为打击违法犯罪活动提供了较为完善的行政法规依据，同时废止了《麻醉药品管理办法》和《精神药品管理办法》。

（二）关于易制毒化学品的管理

随着科学技术的发展，化学类合成毒品不断推陈出新，以各种形态的毒品危害着人类健康。因此，对制造毒品的前体、原料和化学助剂等易制毒化学品进行管理是减少化学类合成毒品危害的必要措施之一。国务院于2005年8月通过了《易制毒化学品管理条例》（2014年7月29日第一次修订，2016年2月6日第二次修订，2018年9月18日第三次修订），对易制毒化学品的生产、经营、购买、运输和进口、出口行为实行分类管理和许可制度。

（三）关于毒瘾戒断工作的规定

进入20世纪90年代，我国吸毒人员迅速增加，因吸毒导致的刑事案件和社会问题显著增加。因此，国家将戒毒作为禁毒工作的重中之重，并采取了较为强硬的态度。1995年1月12日国务院颁布了《强制戒毒办法》。详细规定了强制戒毒的对象，强制戒毒的主管机关，强制戒毒机构的设置要求，强制戒毒的期限，强制戒毒所的管理制度和措施，戒毒人员的脱瘾办法以及戒毒后的社会帮教措施等。

2008 年 6 月 1 日《禁毒法》开辟了中国禁毒的新篇章，构建了自愿戒毒、社区戒毒、强制隔离戒毒和社区康复的全新戒毒模式。据此，国务院为进一步规范戒毒工作特制定了《戒毒条例》，对四种戒毒模式和相关法律责任做了明确规定。

（四）关于特殊场所与人员的行为限制

由于缺乏有效监管，娱乐场所成为毒品泛滥的温床。其混乱隐蔽的环境及鱼龙混杂的从业人员成为毒品传播的通道与媒介，为限制轻微涉毒等违法行为，2006 年 1 月 18 日，国务院公布了《娱乐场所管理条例》（2016 年 2 月 6 日第一次修订），其中，对娱乐场所及其从业人员实施贩卖、提供毒品，或者组织、强迫、教唆、引诱、欺骗、容留他人吸食、注射毒品行为及其法律责任作了明确规定。

第二节　麻醉药品和精神药品管理条例

一、立法背景

1985 年，我国加入联合国《麻醉品单一公约》和《精神药物公约》，为履行缔约国义务，通过立法规范麻醉药品和精神药品的合理使用，我国于 1987 年 11 月和 1988 年 12 月由国务院发布《麻醉药品管理办法》和《精神药品管理办法》，在全国范围内对麻醉药品和精神药品进行较为严格的管制。

进入 21 世纪，随着国际毒品形势的变化，我国毒品问题日益严峻，除阿片类毒品之外，其他麻醉药品和精神药品的滥用问题对国家禁毒策略提出了新的挑战。国家充分认识到无论麻醉药品还是精神药品，一旦被滥用，就转变为毒品，都会产生相似的社会负面问题，因此，需要从生产、经营、运输、储存、使用的主体及程序进行严格、统一的管制，确保麻醉药品和精神药品的产生与流通各环节处于国家的管理与监控之下。据此，国务院结合我国加入的禁毒国际公约相关规定和我国麻醉药品和精神药品使用的具体情况，于 2005 年 7 月 26 日颁布了《麻醉药品和精神药品管理条例》（本节简称《条例》），该条例于同年 11 月 1 日起施行（2013 年 12 月 7 日第一次修订，2016 年 2 月 6 日第二次修订），同时废止了之前的《麻醉药品管理办法》和《精神药品管理办法》。

二、立法意义

麻醉药品和精神药品是用于治疗特殊疾病或特殊情况下必不可少的药品，如果正确使用，则其利大于弊。但其同时也具有容易成瘾和对人体某些器官产生损伤的特性，一旦被滥用就会产生严重的危害，不但伤害使用者个体，更会影响家庭和睦和社会治安，显露出其毒品的特性。因此，麻醉药品和精神药品不合理使用或者滥用会使滥用者产生身体依赖和精神依赖，流入非法渠道会导致严重的公共卫生问题及社会问题。

鉴于麻醉药品和精神药品的双重性质，《麻醉药品和精神药品管理条例》确立了一方面要实行严格管理，防止其流入非法渠道；一方面又要保证人民群众能够合法、安全、合理用药的立法宗旨，将麻醉药品和精神药品的使用限定在合法、安全、合理的范围之内，以防其流入非法渠道。通过施行《麻醉药品和精神药品管理条例》，从行政法规的高度，在全国范围内加强麻醉药品和精神药品的管理，保证麻醉药品和精神药品的正当使用，防止滥用。

三、管制对象

根据《条例》第3条规定，本条例所称麻醉药品和精神药品是指纳入我国《麻醉药品和精神药品管理条例》管制范畴的物品，包括列入国家麻醉药品目录和精神药品目录的药品和其他物质。

麻醉药品是指对中枢神经有麻醉作用，连续使用后易产生身体依赖性、能形成瘾癖的药品。

精神药品是指直接作用于中枢神经系统，使之兴奋或抑制，连续使用可以产生依赖性的药品。依据精神药品对人体产生依赖性和危害健康的程度，分为第一类精神药品和第二类精神药品。

其他相关物质主要指麻醉药品药用原植物、精神药品的前体和化学品。

麻醉药品目录和精神药品目录由国务院药品监督管理部门会同公安部门、卫生主管部门制定、调整并公布。上市销售但尚未列入目录的药品和其他物质或者第二类精神药品发生滥用，已经造成或者可能造成严重社会危害的，国务院药品监督管理部门会同公安部门、卫生主管部门应当及时将该药品和物质列入目录或者将该第二类精神药品调整为第一类精神药品。

目前我国适用的目录于2013年制定公布、2014年1月1日起施行，其中麻醉药品121种；精神药品共计149种，一类68种，二类81种。此后，麻醉药品和精神药品目录不断增加，截至2023年4月，管制麻醉药品122种，管制精神药品160种。

四、管理措施

（一）特许行为主体

根据《条例》第4条的规定，国家对麻醉药品药用原植物以及麻醉药品和精神药品实行管制。除满足条例规定的条件与资质，并严格按程序获得药品监督管理部门及相关部门的审批之外，任何单位、个人不得进行麻醉药品药用原植物的种植以及麻醉药品和精神药品的实验研究、生产、经营、使用、储存、运输等活动。

1. 麻醉药品药用原植物特许种植企业资质

根据《条例》第9条的规定，麻醉药品药用原植物种植企业由国家药品监督管理部门和国务院农业主管部门共同确定，其他单位和个人不得种植麻醉药品药用原植物。

2. 麻醉药品和精神药品特许实验研究单位资质及申报要求

根据《条例》第10条规定，开展麻醉药品和精神药品实验研究活动应当具备下列条件，并经国务院药品监督管理部门批准：①以医疗、科学研究或者教学为目的；②有保证实验所需麻醉药品和精神药品安全的措施和管理制度；③单位及其工作人员2年内没有违反有关禁毒的法律、行政法规规定的行为。

麻醉药品和精神药品的实验研究单位申请相关药品批准证明文件，应当依照《药品管理法》的规定办理；需要转让研究成果的，也应当经国务院药品监督管理部门批准。其他未获批准进行麻醉药品和精神药品实验研究的单位如在普通药品的实验研究过程中，产生了条例规定的管制品种，应当立即停止实验研究活动，并向国务院药品监督管理部门报告，由国务院药品监督管理部门根据具体情况，及时作出是否同意其继续实验研究的决定，在此之前，该实验研究单位或个人不得继续开展相关实验研究。

3. 麻醉药品和精神药品特许生产单位资质及申报要求

根据《条例》第14条和第15条规定，我国实行麻醉药品和精神药品定点生产制度，定点生产企业应当具备以下条件：①有药品生产许可证；②有麻醉药品和精神药品实验研究批准文件；③有符合规定的麻醉药品和精神药品生产设施、储存条件和相应的安全管理设施；④有通过网络实施企业安全生产管理和向药品监督管理部门报告生产信息的能力；⑤有保证麻醉药品和精神药品安全生产的管理制度；⑥有与麻醉药品和精神药品安全生产要求相适应的管理水平和经营规模；⑦麻醉药品和精神药品生产管理、质量管理部门的人员应当熟悉麻醉药品和精神药品管理以及有关禁毒的法律、行政法规；⑧没有生产、销售假药、劣药或者违反有关禁毒的法律、行政法规规定的行为；⑨符合国务院药品监督管理部门公布的麻醉药品和精神药品定点生产企业数量和布局的要求。

发生重大突发事件，定点生产企业无法正常生产或者不能保证供应麻醉药品和精神药品时，国务院药品监督管理部门可以决定其他药品生产企业生产麻醉药品和精神药品。重大突发事件结束后，国务院药品监督管理部门应当及时决定前述企业停止麻醉药品和精神药品的生产。

从事麻醉药品、第一类精神药品生产以及第二类精神药品原料药生产的企业，应当经所在地省、自治区、直辖市人民政府药品监督管理部门初步审查，由国务院药品监督管理部门批准；从事第二类精神药品制剂生产的企业，应当经所在地省、自治区、直辖市人民政府药品监督管理部门批准。同时，定点生产企业生产麻醉药品和精神药品，还应当依照药品管理法的规定取得药品批准文号。

4．麻醉药品和精神药品特许经营单位资质及申报要求

根据《条例》第 22 条和第 23 条规定，我国实行麻醉药品和精神药品定点经营制度。在我国麻醉药品和精神药品由定点企业特许经营，由定点批发企业从事批发业务，这些特许批发企业必须同时满足《药品管理法》相关规定和以下条件：①有符合条例规定的麻醉药品和精神药品储存条件；②有通过网络实施企业安全管理和向药品监督管理部门报告经营信息的能力；③单位及其工作人员 2 年内没有违反有关禁毒的法律、行政法规规定的行为；④符合国务院药品监督管理部门公布的麻醉药品和精神药品定点批发企业布局要求。除此之外，若经营麻醉药品和第一类精神药品的定点批发企业，还应当具有保证供应责任区域内医疗机构所需麻醉药品和第一类精神药品的能力和安全经营的能力。

任何单位不得开展麻醉药品和第一类精神药品的零售业务。跨省、自治区、直辖市从事麻醉药品和第一类精神药品批发业务的企业（以下称全国性批发企业），应当经国务院药品监督管理部门批准；在本省、自治区、直辖市行政区域内从事麻醉药品和第一类精神药品批发业务的企业（以下称区域性批发企业），应当经所在地省、自治区、直辖市人民政府药品监督管理部门批准。

专门从事第二类精神药品批发业务的企业，应当经所在地省、自治区、直辖市人民政府药品监督管理部门批准。经所在地设区的市级药品监督管理部门批准，实行统一进货、统一配送、统一管理的药品零售连锁企业可以从事第二类精神药品零售业务。

5．麻醉药品和精神药品使用范围限定

根据《条例》第四章规定，药品生产企业、食品、食品添加剂、化妆品、油漆等非药品生产企业、科学研究或教学单位、医疗机构、职业医师和患者个人，可以在特定情况下获准使用麻醉药品和精神药品。

具体而言，药品生产企业如需要以麻醉药品和第一类精神药品为原料生产普通药品，应向所在省、自治区、直辖市人民政府药品监督管理部门报送年度需求计划，由省、自治区、直辖市人民政府药品监督管理部门汇总报国务院药品监督管理部门批准后，药品生产企业方可以向定点生产企业购买。

食品、食品添加剂、化妆品、油漆等非药品生产企业需要使用咖啡因作为原料的，应经所在省、自治区、直辖市人民政府药品监督管理部门批准，方可向定点批发企业或者定点生产企业购买。

科学研究、教学单位需要使用麻醉药品和精神药品开展实验、教学活动的，应当经所在省、自治区、直辖市人民政府药品监督管理部门批准，方可向定点批发企业或者定点生产企业购买。

医疗机构需要使用麻醉药品和第一类精神药品的，应当经所在地设区的市级人民政府卫生主管部门批准，并取得购用印鉴卡，凭该购用印鉴卡方可向本省、自治区、直辖市行政区域内的定点批发企业购买麻醉药品和第一类精神药品。要取得购用印鉴卡，医疗机构必须具备以下条件：①有专职的麻醉药品和第一类精神药品管理人员；②有获得麻醉药品和第一类精神药品处方资格的执业医师；③有保证麻醉药品和第一类精神药品安全储存的设施和管理制度。医疗机构抢救病人急需麻醉药品和第一类精神药品而本医疗机构无法提供时，可以从其他医疗机构或者定点批发企业紧急借用；抢救工作结束后，应当及时将借用情况报所在地设区的市级药品监督管理部门和卫生主管部门备案。对临床需要而市场无供应的麻醉药品和精神药品，持有医疗机构制剂许可证和印鉴卡的医疗机构需要配制制剂的，应当经所在地省、自治区、直辖市人民政府药品监督管理部门批准。医疗机构配制的麻醉药品和精神药品制剂只能在本医疗机构使用，不得对外销售。

执业医师必须经所在单位组织的有关麻醉药品和精神药品使用知识的培训、考核方可取得开具麻醉药品和第一类精神药品的处方资格。根据临床应用指导原则，对确实需要使用麻醉药品和第一类精神药品的患者开具满足其合理用药需求的处方。但执业医师不得为自己开具麻醉药品和第一类精神药品的处方。麻醉药品和第一类精神药品用药实行专门处方制度，执业医师使用专用处方开具麻醉药品和精神药品，专用处方的格式由国务院卫生主管部门规定，单张处方的最大用量应当符合国务院卫生主管部门的规定。对麻醉药品和第一类精神药品处方，处方的调配人、核对人应当仔细核对，签署姓名，并予以登记；对不符合条例规定的，处方的调配人、核对人应当拒绝发药。医疗机构应当对麻醉药品和精神药品处方进行专册登记，加强管理。麻醉药品处方至少保存 3 年，第一类精神药品处方至少保存 2 年。

因治疗疾病或者缓解癌症疼痛，确实需要使用麻醉药品或第一类精神药品的患者，可以由其本人或者亲属，向具有麻醉药品和第一类精神药品处方资格的执业医师申请开具处方。个人向获准经营第二类精神药品零售业务的企业购买第二类精神药品也应当凭执业医师出具的处方，第二类精神药品零售企业根据处方，按规定剂量销售第二类精神药品，并将处方保存 2 年备查；禁止超剂量或者无处方销售第二类精神药品；同时，不得向未成年人销售第二类精神药品。

医疗机构、戒毒机构以开展戒毒治疗为目的，可以使用美沙酮或者国家确定的其他用于戒毒治疗的麻醉药品和精神药品。

（二）明确监管职能

《条例》明确了国家职能部门针对麻醉药品和精神药品横向与纵向的监督管理职责。

《条例》第 5 条规定，国务院药品监督管理部门负责全国麻醉药品和精神药品的监督管理工作，并会同国务院农业主管部门对麻醉药品药用原植物实施监督管理。国务院公安部门负责对造成麻醉药品药用原植物、麻醉药品和精神药品流入非法渠道的行为进行查处。国务院其他有关主管部门在各自职责范围内负责与麻醉药品和精神药品有关的管理工作。

省、自治区、直辖市人民政府药品监督管理部门负责本行政区域内麻醉药品和精神药品的监督管理工作。县级以上地方公安机关负责对本行政区域内造成麻醉药品和精神药品流入非法渠道的行为进行查处。县级以上地方人民政府其他有关主管部门在各自的职责范围内负责与麻醉药品和精神药品有关的管理工作。

（三）提倡行业自律

《条例》第 6 条规定，麻醉药品和精神药品生产、经营企业和使用单位可以依法参加行业协会，在行业协会组织下，加强行业自律管理，作为国家监管的补充，确保生产、经营、使用限定于合法、合理和安全的范围。

（四）全程系统监管

我国麻醉药品和精神药品监管涉及麻醉药品药用原植物种植、麻醉药品和精神药品的实验研究、生产、经营、使用、储存、运输的各个环节。主要通过限定行为主体的特许资格和操作规范来实现监管。关于麻醉药品药用原植物种植、麻醉药品和精神药品的实验研究、生产、经营、使用的限制已在前文叙述，此处对储存运输过程中的监管措施作简要介绍。

为确保麻醉药品药用原植物、麻醉药品和精神药品在存储过程中的安全，条例规定麻醉药品药用原植物种植企业、定点生产企业、全国性批发企业和区域性批发企业以及国家设立的麻醉药品和精神药品储存单位，应当设置储存专库，安装专用防盗门，实行双人双锁管理，保证具有相应的防火设施，具备监控设施和与公安机关报警系统联网的报警装置。

由于麻醉药品原料药一旦流入非法渠道，将可能以多种形态被滥用，而且其作用于人体的危害性也更直接、更显著，因此，条例规定麻醉药品原料药和制剂应当分别存放，分别管理。

麻醉药品和第一类精神药品的使用单位应当设立专库或者专柜储存。专库应当设有防盗设施并安装报警装置；专柜应当使用保险柜。专库和专柜应当实行双人双锁管理。麻醉药品和第一类精神药品储存实行专人管理制，入库与出库都应由双人验收、复核。建立麻醉药品和第一类精神药品专用账册，保证账物相符，该专用账册的保存期限应当自药品有效期期满之日起不少于 5 年。第二类精神药品经营企业应当在药品库房中设立独立的专库或者专柜储存第二类精神药品，并建立专业账册，实行专人管理。专用账册的保存期限应当自药品有效期期满之日起不少于 5 年。

为确保麻醉药品和精神药品在运输过程中的安全，条例规定，任何单位托运或者自行运输麻醉药品和第一类精神药品，应当向所在地省级药品监督管理部门申请领取运输证明，凭该证明方得托运或自行运输。承运人应当查验、收存运输证明副本，并检查货物包装后才得起运。条例同时规定，托运、承运和自行运输麻醉药品和精神药品，应当采取必要的安全保障措施，防止麻醉药品和精神药品在运输过程中被盗、被抢、丢失，一旦发生此类事件，应立即采取必要的控制措施，尽量挽回损失，同时报告所在地县级公安机关和药品监督管理部门。此外，考虑到医疗机构不具备相应的安全运输能力，《条例》第 28 条规定，医疗机构购买麻醉药品和第一类精神药品的，不得自行提取，而应当由销售该批药品的批发企业将药品送至医疗机构。

（五）总量、布局、价格限定

“三定”是我国麻醉药品和精神药品监管制度的一个显著特点，即“生产总量限定、定点单位布局限定、销售价格统一限定”。

我国实行麻醉药品药用原植物种植、麻醉药品和精神药品生产的总量控制制度。国家根据麻醉药品和精神药品的医疗、国家储备和企业生产所需原料的需要确定每年需求总量。国务院药品监督管理部门负责制定麻醉药品和精神药品的年度生产计划；国务院药品监督管理部门会同农业主管部门根据麻醉药品生产需要制定麻醉药品药用原植物年度种植计划。特许开展种植麻醉药品药用原植物和生产麻醉药品和精神药品的企业根据年度计划安排，开展种植和生产，并依照规定向所在地省、自治区、直辖市人民政府药品监督管理部门报告生产情况。

根据各行政区划的麻醉药品和精神药品使用情况，国家实行定点生产、定点经营制度。国务院药品监督管理部门根据麻醉药品和精神药品的需求总量，确定麻醉药品和精神药品定点生产企业的数量和布局，确定麻醉药品和第一类精神药品的定点批发企业布局，并根据年度需求总量对数量和布局进行调整、公布。从事麻醉药品和第一类精神药品的定点批发企业根据其特许经营范围可分为全国性批发企业和区域性批发企业。全国性批发企业可以跨省从事麻醉药品和第一类精神药品批发业务，但其只能在经国务院药品监督管理部门批准的具体区域内承担供药责任；区域性批发企业只能向本省级行政区域内取得麻醉药品和第一类精神药品使用资格的医疗机构销售麻醉药品和第一类精神药品，无特殊情况，不得跨省级区域销售，区域性批发企业之间因医疗急需、运输困难等特殊情况需要调剂麻醉药品和第一类精神药品的，应当在调剂后 2 日内将调剂情况分别报所在地省、自治区、直辖市人民政府药品监督管理部门备案。

为避免麻醉药品和精神药品因供应限制而引起的销售暴利，我国麻醉药品和精神药品实行政府统一定价，国家在制定出厂和批发价格的基础上，逐步实行全国统一零售价格。通过政府控制价格的方式减少其流入非法交易的可能。

（六）网络化信息监控

为及时监控麻醉药品和精神药品生产、经营、使用的信息，我国采取了网络化信息监控措施。《条例》第 58 条、第 59 条规定，省级以上人民政府药品监督管理部门根据实际情况建立监控信息网络，对定点生产企业、定点批发企业和使用单位的麻醉药品和精神药品生产、进货、销售、库存、使用的数量以及流向实行实时监控，并与同级公安机关做到信息共享。尚未连接监控信息网络的麻醉药品和精神药品定点生产企业、定点批发企业和使用单位，应当每月通过电子信息、传真、书面等方式，将本单位麻醉药品和精神药品生产、进货、销售、库存、使用的数量以及流向，报所在地设区的市级药品监督管理部门和公安机关；医疗机构还应当报所在地设区的市级人民政府卫生主管部门。设区的市级药品监督管理部门应当每 3 个月向上一级药品监督管理部门报告本地区麻醉药品和精神药品的相关情况。通过加强信息收集和部门间的信息交流，提高监管实效。

通过及时的信息监控，可以及时发现麻醉药品药用原植物种植、麻醉药品和精神药品实验研究、生产、经营、使用、储存、运输中的违法违规行为，以便尽快采取必要行动。同时，信息监控还可以及时反馈特定药品的使用情况，一旦发现某种麻醉药品和精神药品已经发生滥用、造成严重社会危害，国务院药品监督管理部门应当采取在一定期限内中止生产、经营、使用或者限其使用范围和用途等措施。对不再作为药品使用的麻醉药品和精神药品，国务院药品监督管理部门应当撤销其药品批准文号和药品标准，并予以公布。

五、法律责任

《条例》第八章专章明确规定了违反麻醉药品和精神药品管理制度行为的法律责任，承担法律责任的违法主体涵盖了承担行政管理职责的药品监督管理部门、卫生主管部门、麻醉药品药用原植物种植企业、麻醉药品和精神药品定点生产企业、定点批发企业、第二类精神药品零售企业、特许购买麻醉药品和精神药品的单位、取得印鉴卡医疗机构、执业医师、麻醉药品和精神药品储存、运输单位、药品研究单位等，只要上述单位或个人违反麻醉药品与精神药品管理相关规定都应承担相应的法律责任。例如，《条例》第75条规定，提供虚假材料、隐瞒有关情况，或者采取其他欺骗手段取得麻醉药品和精神药品的实验研究、生产、经营、使用资格的，由原审批部门撤销其已取得的资格，5年内不得提出有关麻醉药品和精神药品的申请；情节严重的，处1万元以上3万元以下的罚款，有药品生产许可证、药品经营许可证、医疗机构执业许可证的，依法吊销其许可证明文件。

《条例》同时规定了违法行为行政责任与刑事责任的衔接，如第82条规定，因违反条例，致使麻醉药品和精神药品流入非法渠道造成危害，构成犯罪的，依法追究刑事责任；尚不构成犯罪的，由县级以上公安机关处5万元以上10万元以下的罚款；有违法所得的，没收违法所得；情节严重的，处违法所得2倍以上5倍以下的罚款；由原发证部门吊销其药品生产、经营和使用许可证明文件。药品监督管理部门、卫生主管部门在监督管理工作中发现前款规定情形的，应当立即通报所在地同级公安机关，并依照国家有关规定，将案件以及相关材料移送公安机关。

第三节　易制毒化学品管理条例

一、立法背景

1989年我国加入《联合国禁止非法贩运麻醉药品和精神药物公约》（以下简称《88公约》）。该公约第12条、13条明确要求缔约国通过立法管制国内易制毒物品及制毒设备。20世纪90年代末，随着国内外冰毒、摇头丸、K粉等人工合成毒品的发展蔓延，我国易制毒化学品流入非法渠道走私出境或被不法分子用于非法制造毒品问题日趋严重，给社会治安稳定和人民身体健康带来了严重危害。作为《88 公约》的缔约国，我国开始了对易制毒化学品进行依法管制的探索之路。

国务院有关部门先后制定了《麻黄素管理办法》（1999 年 4 月国家药品监督管理局颁布，该部门规章于 2010 年 3 月由卫生部《药品类易制毒化学品管理办法》取代）、《麻黄素运输许可证管理规定》（2000 年 2 月公安部颁布）、《关于加强易制毒化学品生产经营管理的通知》（2000 年 11 月国家经济贸易委员会、公安部、国家工商行政管理局联合发文）、《易制毒化学品进出口国际核查管理规定》（2002 年 4 月国家对外贸易经济合作部发文，2006 年 9 月由商务部、公安部联合发文同名的部门规章取代）、《向特定国家（地区）出口易制毒化学品暂行管理规定》（2005 年 8 月商务部会同公安部、海关总署、国家安全生产监督管理总局、国家食品药品监督管理局联合发文）等部门规章，对易制毒化学品的生产、经营、运输、进出口管理措施做了较为明确的规定。云南、四川、重庆等省市根据本地实际情况，出台了省级易制毒化学品管理条例。

2005 年 8 月 26 日，国务院公布了《易制毒化学品管理条例》并于 11 月 1 日起施行（国务院令第 653 号、第 666 号、第 703 号修改，2008 年公安部等六部门公告、2012 年公安部等五部门公告、国办函〔2017〕120 号、国办函〔2021〕58 号增补），作为易制毒化学品管理和打击违法犯罪活动提供的主要法律依据。2010 年 3 月，根据《易制毒化学品管理条例》的规定和我国易制毒化学品被滥用的实际情况，卫生部又出台了《药品类易制毒化学品管理办法》，同时废止了原国家药品监督管理局 1999 年 6 月发布的《麻黄素管理办法》（试行）。

自此，以《易制毒化学品管理条例》（本节简称《管理条例》）为主、配合相关部门规章的禁毒行政法立法，逐步完善了我国易制毒化学品管理法律体系，对生产、经营、购买、运输和进口、出口易制毒化学品进行管制。

二、目的及意义

随着科学技术的发展，人们在不断探索世界的同时，也在不断发明或发现着新的毒品。无论是传统的阿片类毒品还是自 20 世纪 90 年代以来开始流行的合成类毒品，都可以用现代化工技术分解成若干化学成分。而这些化学成分又被广泛运用于生产生活的多种途径。因此，必须通过有效的制度对这些可用于制造、合成毒品的化学物质进行管理，保证其用于合法渠道，杜绝非法滥用。

早在 20 世纪 80 年代末，国际社会已认识到易制毒化学品泛滥的危害性。联合国《88 公约》明确要求各缔约国采取必要措施对国内化工企业所生产、经营、运输、进出口易制毒化学物质及设备进行管制，并开创了以列表对易制毒化学品分类管理的制度。

《88 公约》列表管制的易制毒化学品有 22 种，同时还明确指出包括这 22 种化学品可能存在的盐类。第四十三届联合国麻醉药品管理委员会又将降麻黄碱列入管制易制毒化学品。这些化学品既可用于工农业生产和人民日常生活，又可用于加工生产和合成毒品，由于世界各国的国情不同，纳入管制的易制毒化学品也不尽相同。我国目前在《88 公约》列表管制的品种上增加了 15 种，共 38 种。

民众生产生活离不开化学工业，我国存在大量的化工企业，其生产经营的化学物品种类多，数量大，一旦对易制毒化学品监管不力，其很容易流入国内地下毒品加工厂。目前，国内毒品加工厂主要加工冰毒、摇头丸等，被地下毒品加工厂滥用的易制毒化学品主要包括苯基丙酮、麻黄素、丙酮、甲苯、盐酸、硫酸等。

此外，我国邻近全球第二大海洛因生产地“金三角”地区，该地区化工行业并不发达，主要依靠从我国大量走私醋酸酐、三氯甲烷、乙醚、盐酸等，用于制造海洛因。同时，“金三角”地区冰毒加工厂不断增加，从我国走私制造冰毒所需的易制毒化学品问题也越来越突出。随着我国打击制贩冰毒犯罪力度的加大，毒贩开始将地下毒品加工厂转移到东南亚地区，企图从我国将制造冰毒的易制毒化学品通过夹藏、混装等方式从海上走私至马来西亚、菲律宾等东南亚地区。此外，麻黄素片不断走私到俄罗斯和醋酸酐走私到“金新月”地区的潜在危险也值得关注。国外市场的大量需求，在很大程度上刺激了我国国内易制毒化学物品流入非法渠道。

基于国内外易制毒化学品流入非法渠道严重的现实，我国政府必须采取有效的手段对易制毒化学品进行管制，制定专门对易制毒化学品进行统合管理的法律法规，作为打击非法生产、经营、运输、进出口易制毒化学物品行为的法律依据，进而保证执法的合法与高效。

三、管制对象

根据《管理条例》规定，易制毒化学品是指国家规定管制的可用于制造麻醉药品和精神药品的原料和配剂。其具有双重属性，即一方面可广泛应用于工农业生产和群众日常生活，另一方面，一旦流入非法渠道，可被用于制造毒品。

目前，我国以列举分类管制的形式，规定了三类 38 个品种的易制毒化学品。其中，第一类主要是用于制造毒品的原料，如 1- 苯基 -2- 丙酮、胡椒醛等，共计 19 种；第二类、第三类主要是用于制造毒品的配剂，如苯乙酸、醋酸酐、甲苯等分别有 11 种和 8 种。

易制毒化学品的分类和品种需要调整的，由国务院公安部门会同国务院食品药品监督管理部门、安全生产监督管理部门、商务主管部门、卫生主管部门和海关总署提出方案，报国务院批准。

省、自治区、直辖市人民政府认为有必要在本行政区域内调整分类或者增加条例规定以外的品种的，应当向国务院公安部门提出，由国务院公安部门会同国务院有关行政主管部门提出方案，报国务院批准。

四、管理措施

（一）管理机构

《管理条例》第3条规定，国务院公安部门、食品药品监督管理部门、安全生产监督管理部门、商务主管部门、卫生主管部门、海关总署、价格主管部门、铁路主管部门、交通主管部门、工商行政管理部门、环境保护主管部门在各自的职责范围内，负责全国的易制毒化学品有关管理工作；县级以上地方各级人民政府有关行政主管部门在各自的职责范围内，负责本行政区域内的易制毒化学品有关管理工作。

具体而言，药品监管部门负责药品类易制毒化学品生产经营和购买环节的管理；安全监管部门负责非药品类易制毒化学品生产经营环节的管理；公安机关负责药品类易制毒化学品的运输及非药品类易制毒化学品购买和运输环节的管理；商务部门和海关总署负责易制毒化学品进出口环节的管理其他部门在各自的职责范围内依法加强易制毒化学品管理。

（二）实行分类管理和相应的许可、备案制度

《管理条例》按照易制毒化学品的性质，将其分为三个大类，第一类为可直接用于制造、合成毒品的原料；第二类和第三类为用于制造毒品的配剂。

较之第二、三类易制毒品化学品，对于第一类易制毒化学品的生产、经营、购买、运输、进出口规定更加严格，实行生产经营、买卖、运输、进出口许可制度，未经许可，任何企业和个人不得从事相关业务。第二、三类易制毒化学品的生产、经营、购买、运输实行备案制度。

同时，条例规定禁止个人生产、经营、购买、运输第一类、第二类易制毒化学品。

1. 易制毒化学品生产许可、备案制度

《管理条例》第7、8条规定，申请生产第一类易制毒化学品，应当经相关行政主管部门审批，取得生产许可证后，方可进行生产。具体而言，国务院食品药品监督管理部门，负责审批申请生产第一类中的药品类易制毒化学品；省、自治区、直辖市人民政府安全生产监督管理部门审批申请生产第一类中的非药品类易制毒化学品。

申请单位应当具备下列条件：①属依法登记的化工产品生产企业或者药品生产企业；②有符合国家标准的生产设备、仓储设施和污染物处理设施；③有严格的安全生产管理制度和环境突发事件应急预案；④企业法定代表人和技术、管理人员具有安全生产和易制毒化学品的有关知识，无毒品犯罪记录；⑤法律、法规、规章规定的其他条件。申请生产第一类中的药品类易制毒化学品，还应当在仓储场所等重点区域设置电视监控设施以及与公安机关联网的报警装置。

行政主管部门应当自收到申请之日起60日内，对申请人提交的申请材料进行审查。对符合规定的，发给生产许可证，或者在企业已经取得的有关生产许可证件上标注；不予许可的，应当书面说明理由。审查过程中，行政机关根据需要，可以进行实地核查和专家评审。

取得第一类易制毒化学品生产许可的企业，应当凭生产许可证到工商行政管理部门办理经营范围变更登记。未经变更登记，不得进行第一类易制毒化学品的生产。

第一类易制毒化学品生产许可证被依法吊销的，行政主管部门应当自作出吊销决定之日起5日内通知工商行政管理部门；被吊销许可证的企业，应当及时到工商行政管理部门办理经营范围变更或者企业注销登记。

《管理条例》第13条规定，生产第二类、第三类易制毒化学品实行备案制度。生产单位应当自生产之日起30日内，将生产的品种、数量等情况，向所在地的设区的市级人民政府安全生产监督管理部门备案。

2. 易制毒化学品经营许可、备案制度

第一类中的药品类易制毒化学品药品单方制剂，由麻醉药品定点经营企业经销，且不得零售。其他易制毒化学品的经营实行许可或备案制度。

《管理条例》第9至12条规定：申请经营第一类易制毒化学品，应当经行政主管部门审批，取得经营许可证后，方可进行经营。国务院食品药品监督管理部门负责审批第一类中的药品类易制毒化学品的经营许可证；省、自治区、直辖市人民政府安全生产监督管理部门负责审批第一类中的非药品类易制毒化学品的经营许可证。

申请单位应当具备下列条件：①属依法登记的化工产品经营企业或者药品经营企业；②有符合国家规定的经营场所，需要储存、保管易制毒化学品的，还应当有符合国家技术标准的仓储设施；③有易制毒化学品的经营管理制度和健全的销售网络；④企业法定代表人和销售、管理人员具有易制毒化学品的有关知识，无毒品犯罪记录；⑤法律、法规、规章规定的其他条件。

行政主管部门应当自收到申请之日起30日内，对申请人提交的申请材料进行审查。对符合规定的，发给经营许可证，或者在企业已经取得的有关经营许可证件上标注；不予许可的，应当书面说明理由。审查第一类易制毒化学品经营许可申请材料时，根据需要，可以进行实地核查。

取得第一类易制毒化学品生产许可或者依照条例第 13 条第 1 款规定已经履行第二类、第三类易制毒化学品备案手续的生产企业，可以经销自产的易制毒化学品。但是，在厂外设立销售网点经销第一类易制毒化学品的，应当依照条例的规定取得经营许可。

取得第一类易制毒化学品经营许可的企业，应当凭经营许可证到工商行政管理部门办理经营范围变更登记。未经变更登记，不得进行第一类易制毒化学品的经营。

第一类易制毒化学品经营许可证被依法吊销的，行政主管部门应当自作出吊销决定之日起 5 日内通知工商行政管理部门；被吊销许可证的企业，应当及时到工商行政管理部门办理经营范围变更或者企业注销登记。

《管理条例》规定，经营第二、三类易制毒化学品实行分类备案制度。经营第二类易制毒化学品的单位，应当自经营之日起 30 日内，将经营的品种、数量、主要流向等情况，向所在地的设区的市级人民政府安全生产监督管理部门备案；经营第三类易制毒化学品的单位，应当自经营之日起 30 日内，将经营的品种、数量、主要流向等情况，向所在地的县级人民政府安全生产监督管理部门备案。负责备案登记的行政主管部门应当于收到备案材料的当日发给备案证明。

3．易制毒化学品购买许可、备案制度

《管理条例》第 14 至 16 条规定，单位购买第一类易制毒化学品，应当经行政主管部门审批，取得购买许可证后方能购买。具体而言，所在地的省、自治区、直辖市人民政府食品药品监督管理部门负责审批购买第一类中的药品类易制毒化学品的申请；所在地的省、自治区、直辖市人民政府公安机关负责审批申请购买第一类中的非药品类易制毒化学品。持有麻醉药品、第一类精神药品购买印鉴卡的医疗机构购买第一类中的药品类易制毒化学品的，无须申请第一类易制毒化学品购买许可证。

申请单位需要提供相关证件，具体而言，经营企业应提交企业营业执照和合法使用需要证明；其他组织应当提交登记证书（成立批准文件）和合法使用需要证明。

审批部门自收到单位购买申请之日起 10 日内，对申请人提交的申请材料和证件进行审查。对符合规定的，发给购买许可证；不予许可的，应当书面说明理由。

第一类易制毒化学品的销售情况，应当自销售之日起 5 日内报当地公安机关备案；第一类易制毒化学品的使用单位，应当建立使用台账，并保存 2 年备查。

第二类、第三类易制毒化学品的销售情况，应当自销售之日起 30 日内报当地公安机关备案。但个人基于自用需要，可以购买少量高锰酸钾（属于第三类易制毒化学品），不需要经行政许可和备案。

为保障购买易制毒化学品许可、备案制度的落实，《管理条例》同时规定了经营者的法定义务及程序。首先，经营单位销售第一类易制毒化学品时，应当查验购买许可证和经办人的身份证明。对委托代购的，还应当查验购买人持有的委托文书。经营单位在查验无误、留存上述证明材料的复印件后，方可出售第一类易制毒化学品；发现可疑情况的，应当立即向当地公安机关报告。其次，经营单位应当建立易制毒化学品销售台账，如实记录销售的品种、数量、日期、购买方等情况。销售台账和证明材料复印件应当保存 2 年备查。第三，实行易制毒化学品销售备案制度，即经营单位销售第一类易制毒化学品的，应当自销售之日起 5 日内将销售情况报当地公安机关备案；销售第二类、第三类易制毒化学品的，应当自销售之日起 30 日内将销售情况报当地公安机关备案。

4. 易制毒化学品运输许可、备案制度

《管理条例》第 20 条规定，跨设区的市级行政区域（直辖市为跨市界）或者在国务院公安部门确定的禁毒形势严峻的重点地区跨县级行政区域运输第一类、第二类易制毒化学品，必须要经过运出地公安机关审批，取得运输许可证后，方可运输。

申请运输第一类易制毒化学品的，由运出地的设区的市级人民政府公安机关审批；运输第二类易制毒化学品的，由运出地的县级人民政府公安机关审批。申请应当提交易制毒化学品的购销合同，货主是企业的，应当提交营业执照；货主是其他组织的，应当提交登记证书（成立批准文件）；货主是个人的，应当提交其个人身份证明。经办人还应当提交本人的身份证明。

基于特定需要而运输少量特定易制毒化学品的，有免于行政许可的特殊规定。具体包括以下两种情况：一是运输供教学、科研使用的 100 克以下的麻黄素样品和供医疗机构制剂配方使用的小包装麻黄素以及医疗机构或者麻醉药品经营企业购买麻黄素片剂 6 万片以下、注射剂 1.5 万支以下，货主或者承运人持有依法取得的购买许可证明或者麻醉药品调拨单的，无须申请易制毒化学品运输许可。二是因治疗疾病需要，患者、患者近亲属或者患者委托的人凭医疗机构出具的医疗诊断书和本人的身份证明，可以随身携带第一类中的药品类易制毒化学品药品制剂，但数量不得超过医用单张处方的最大剂量。

运输第三类易制毒化学品实行备案制度，即运输第三类易制毒化学品之前应当向运出地的县级人民政府公安机关备案，公安机关应当于收到备案材料的当日发给备案证明。

《管理条例》第24条规定了承运人的法定义务。接受货主委托运输的，承运人应当查验货主提供的运输许可证或者备案证明，并查验所运货物与运输许可证或者备案证明载明的易制毒化学品品种等情况是否相符；不相符的，不得承运。运输易制毒化学品，运输人员应当自启运起全程携带运输许可证或者备案证明，便于在运输沿途接受公安机关检查。由于有部分易制毒化学品同时具有易燃易爆、剧毒的特性，《管理条例》还要求承运人在运输过程中同时遵守国家有关货物运输的规定

5．易制毒化学品进出口许可制度及国际核查制度

《管理条例》第26条至28条规定了易制毒化学品的进出口许可制度。申请进口或者出口易制毒化学品应当经国务院商务主管部门或者其委托的省、自治区、直辖市人民政府商务主管部门审批，取得进口或者出口许可证后，方可从事进口、出口活动。

申请进口第一类中的药品类易制毒化学品还应当提交食品药品监督管理部门出具的进口药品通关单。申请易制毒化学品出口许可的，还应当提交进口方政府主管部门出具的合法使用易制毒化学品的证明或者进口方合法使用的保证文件。

任何企业或单位以任何方式进口、出口或者过境、转运、易制毒化学品均应当如实向海关申报，并提交进口或者出口许可证，海关凭许可证办理通关手续。

易制毒化学品在境外与保税区、出口加工区等海关特殊监管区域、保税场所之间进出的，也应当向海关提交进口或出口许可证。海关凭许可证办理通关手续。易制毒化学品在境内与保税区、出口加工区等海关特殊监管区域、保税场所之间进出的或者在上述海关特殊监管区域、保税场所之间进出的无须申请易制毒化学品进口或者出口许可证。

《管理条例》第29条规定，对易制毒化学品的进口、出口实行国际核查制度。即无论是进口还是出口被列入《核查化学品名称及商品编码》目录的易制毒化学品，都需要进口国和出口国双方对该笔贸易涉及的易制毒化学品种类、数量、用途进行核查。只有在双方共同认可该笔贸易的情况下，申请人才可以获得进出口许可证。建立该制度的目的在于通过国际合作，减少易制毒化学品经非法渠道跨国界交易。易制毒化学品进出口国际核查的具体措施、程序由商务部和公安部联合制定的部门规章进行详细规定（2006年9月，商务部、公安部制定《易制毒化学品进出口国际核查管理规定》）。

《管理条例》第31条规定，进出境人员出于自用目的，可以随身携带少量第一类中的药品类易制毒化学品药品制剂和高锰酸钾。“少量”是指以“合理自用”为限，并接受海关监管。除此之外，不得携带其他易制毒化学品。

（三）监督检查制度

《管理条例》第 32 条规定，县级以上的相关行政主管部门，应当在自己的职责范围内加强易制毒化学品的监督检查，对涉及易制毒化学品的非法行为依法查处。相关行政职能部门包括：人民政府公安机关、食品药品监督管理部门、安全生产监督管理部门、商务主管部门、卫生主管部门、价格主管部门、铁路主管部门、交通主管部门、工商行政管理部门、环境保护主管部门和海关。

行政主管部门在进行易制毒化学品监督检查时，可以依法查看现场、查阅和复制有关资料、记录有关情况、扣押相关的证据材料和违法物品；必要时，可以临时查封有关场所。被检查的单位或者个人负有协助义务，即应当如实提供有关情况和材料、物品，不得拒绝或者隐匿。

经监督检查依法收缴、查获的易制毒化学品，应当在省级或设区的高级人民政府公安机关、海关或者环境保护部门的监督下，区分种类进行相应处理。其中，涉及第一类中的药品类易制毒化学品的，一律销毁。其他易制毒化学品进行保管、回收或销毁。因此产生的费用由易制毒化学品单位或者个人承担，但其无力承担的，从回收易制毒化学品的所得中开支，或从有关行政主管部门的禁毒经费中列支。

《管理条例》第 36 条规定了易制毒化学品生产、经营、购买、运输、进出口单位负有协助行政主管部门开展监督检查的法定义务，规定上述单位应当于每年 3 月 31 日前向许可或者备案的行政主管部门和公安机关报告本单位上年度易制毒化学品的生产、经营、购买、运输或者进口、出口情况；有条件的单位，可以与有关行政主管部门建立计算机联网，及时通报有关经营情况，保证主管部门开展实时监控。

五、法律责任

《管理条例》第七章，第 38 条至 43 条规定了违法行为的法律责任。主要涉及以下几个方面：

（1）对未经许可或者备案擅自生产、经营、购买、运输易制毒化学品，伪造申请材料骗取易制毒化学品生产、经营、购买或者运输许可证，使用他人的或者伪造、变造、失效的许可证生产、经营、购买、运输易制毒化学品的，由公安机关处以没收非法物品设备和违法所得、罚款、吊销营业执照等处罚，构成犯罪的，依法追究刑事责任。

（2）对虽然取得了有关的行政许可，但生产经营活动中违反了《管理条例》有关规定的行为，由负有监督管理职责的行政主管部门给予警告，责令限期改正，对违反规定的易制毒化学品可以予以没收，处以罚款；逾期不改正的，责令限期停产停业整顿，逾期整顿不合格的，吊销相应的许可证。

（3）运输的易制毒化学品与易制毒化学品运输许可证或者备案证明载明的品种、数量、运入地、货主及收货人、承运人等情况不符，运输许可证种类不当，或者运输人员未全程携带运输许可证或者备案证明的，由公安机关责令停运整改，处以罚款；承运人具有危险物品运输资质的，运输主管部门可以依法吊销其危险物品运输资质。

（4）个人携带易制毒化学品不符合品种、数量规定的，没收易制毒化学品，处以罚款。

（5）对生产、经营、购买、运输或者进口、出口易制毒化学品的单位或者个人拒不接受有关行政主管部门的监督检查的，由负有监督管理职责的行政主管部门责令改正，对直接负责的主管人员以及其他直接责任人员给予警告；情节严重的，对单位处以罚款，并对直接负责的主管人员以及其他直接责任人员处以罚款；有违反治安管理行为的，依法给予治安管理处罚；构成犯罪的，依法追究刑事责任。

（6）对易制毒化学品行政主管部门工作人员在管理工作中有应当许可而不许可、不应当许可而滥许可、不依法受理备案，以及其他滥用职权、玩忽职守或者徇私舞弊行为的，依法给予行政处分；构成犯罪的，依法追究刑事责任。

第四节　戒毒条例

一、立法背景

我国于 2008 年 6 月 1 日开始实施《中华人民共和国禁毒法》（下简称《禁毒法》），构建了自愿戒毒、社区戒毒、强制隔离戒毒和社区康复的全新戒毒模式。为了实施《禁毒法》规定的各项戒毒措施，全面规范戒毒工作，在总结以往强制戒毒、劳教戒毒工作实践经验，以及禁毒法规定的其他戒毒措施的试点经验基础之上，我国制定了《戒毒条例》，以贯彻实施《禁毒法》中规定的各项戒毒制度与戒毒措施。《戒毒条例》由国务院于 2011 年 6 月 26 日颁布施行。

二、立法目的及意义

（一）规范戒毒措施

《禁毒法》实施前，我国的戒毒制度由自愿戒毒、强制戒毒和劳教戒毒构成。

2008年6月1日《禁毒法》实施以后，构建了自愿戒毒、社区戒毒、强制隔离戒毒和社区康复的全新戒毒模式。社区戒毒、社区康复是一项全新的戒毒实践，在此之前只有一些尝试，如昆明“金碧模式”、内蒙古“包头模式”、开远“雨露社区”、昆明“和谐家园”、海南“三亚模式”等，由于缺乏完整的理论基础及明确的政策指导，缺乏相应的法律依据，缺乏相关的机构、人员、经费等制度保障，很难在全国推广。但是，国外社区矫正理论不断为我们提供一些理论借鉴，我国的基层组织戒、社区帮教戒、康复场所戒等形式为社区戒毒、社区康复提供了实践经验。强制隔离戒毒是整合了公安机关的强制戒毒和司法行政部门的劳教戒毒构建的新的戒毒模式。《禁毒法》实施后，公安机关的强制戒毒所改制为强制隔离戒毒所或社区康复场所，司法行政部门的部分劳教所也改制为强制隔离戒毒所。两个中央国家机关管理同一项事务，各自为政，无不隶属，使得强制隔离戒毒工作很难实现管理统一、执法一致，很难实现戒毒工作的公平与公正，很难有效提高戒毒的效果，执法效益成本也大幅增加。各级人民政府、国家机关、社会团体、企业事业单位以及其他组织和公民，对于戒毒工作必须依照《禁毒法》、国务院《戒毒条例》的规定，依法履行职责义务、承担相应责任，不得违反。公安、司法行政、卫生行政等有关部门工作人员，强制隔离戒毒场所的工作人员违反法律规定，依法给予处分，构成犯罪的，依法追究刑事责任。乡（镇）人民政府、城市街道办事处负责社区戒毒、社区康复工作的人员，违反法律规定，依法给予处分。

（二）帮助吸毒人员戒除毒瘾

原来的强制戒毒从1～3个月延长到3～6个月，后再延至6～12个月，这一期限的规定主要着眼于生理脱毒。基于对戒毒的科学规律认识不足，我国原有的戒毒制度注重于生理脱毒，对戒毒人员后续的身心康复和回归社会重视不够。联合国1987年《控制麻醉品滥用今后活动的综合性多学科纲要》认为，吸毒是一种反复发作的慢性脑疾病，生理脱毒只是戒毒治疗和康复过程中的一个部分，生理脱毒之后必须有身心康复工作跟上，逐步引导吸毒人员恢复正常人的生活回归社会。但是吸毒人员要想恢复正常生活，还会遇到很多难以克服的困难。因此，采用职业康复或社会康复技术协助其重新融入社会显得十分重要。所以，《禁毒法》规定了3年的社区戒毒期限、2年的强制隔离戒毒（可提前一年或延长一年）期限和不超过3年的社区康复。呈现出戒毒形式多样化，戒毒期限个别化，戒毒过程一体化，戒毒力量专职化，戒毒救助社会化的特征。戒毒工作应当把戒毒治疗以及教育、挽救吸毒人员作为根本宗旨，而不是简单的训诫与惩罚。要真正实现这一目标，需要结合吸毒人员、家庭、社会、国家的力量，采取多种手段加强对吸毒人员的监督、管理与矫治，综合国家机关、社会团体、各种组织和公民个人等资源加强对吸毒人员的帮助、教育、感化和挽救，提高其法治道德意识，提高其生活、生存能力，回归社会。

（三）维护社会秩序

吸毒者需要大量的金钱，吸毒者面对这样高额的费用和强烈的诱惑，会丧心病狂、不择手段，甚至铤而走险，进行抢劫、盗窃、诈骗、贪污、卖淫，甚至杀人等违法犯罪活动，给社会治安造成严重危害。大量事实证明，吸毒已成为诱发犯罪、危害社会治安、影响社会稳定的根源之一。美国政府的一份调查材料表明，吸毒者用于购买海洛因的钱款中约20%是抢劫获得的，45%来源于倒卖毒品，17%来自卖淫，12%来自偷盗等，即总计约94%的毒资来自于刑事犯罪活动。国家禁毒委员会办公室发布的多份报告指出，当前毒品问题是诱发其他刑事犯罪和社会治安问题的温床，吸毒人员以贩养吸、以盗养吸、以抢养吸、以骗养吸、以娼养吸现象严重，一些地区抢劫、抢夺和盗窃案件中60%甚至80%是吸毒人员所为。据调查，我国80%的女吸毒人员靠卖淫维持吸毒消费。大力开展对吸毒成瘾人员收戒工作，不仅直接萎缩了毒品消费市场，而且还从源头上减少了因毒品问题诱发的抢劫、抢夺、盗窃等案件和艾滋病传播等社会问题的发生。

三、戒毒工作体制

《戒毒条例》规定，我国禁毒工作实行政府统一领导，有关部门各负其责，社会广泛参与的工作机制。国务院设立国家禁毒委员会，负责组织、协调、指导全国的禁毒工作。县级以上地方各级人民政府根据禁毒工作的需要，可以设立禁毒委员会，负责组织、协调、指导本行政区域内的禁毒工作。

具体而言，卫生部门主要负责对戒毒医疗机构的设置审批工作，取缔非法设立的戒毒医疗机构；制定戒毒治疗的规章制度和工作规范；对强制隔离戒毒场所、戒毒医疗机构从事医疗和护理工作的人员进行资格认证；开展健康教育工作，对经吸毒引起的传染性疾病依法进行监督管理，并对治疗工作提供业务指导和技术服务；加强对医疗机构内部麻醉药品和精神药物的管理并规范使用，加强处方管理；指导戒毒治疗科研工作，鼓励积极探索新的临床戒毒治疗方；配合公安机关和司法行政机关开展强制隔离戒毒工作。

司法行政部门负责管理司法行政系统强制隔离戒毒场所，对社区戒毒和社区康复人员开展法治宣传教育，向社区戒毒和社区康复人员提供司法援助，配合公安机关开展吸毒人员的登记工作。民政部门主要负责加强基层政权和社区建设工作，促进禁毒、戒毒政策的落实；救济符合社会救济条件、家庭人均收入低于当地最低生活保障标准的戒毒人员及其家属；加强对禁毒社团的管理，支持其依法开展工作；做好对禁毒英烈的抚恤工作；协助公安机关对戒毒人员进行禁毒、戒毒宣传教育，并对其中的吸毒、贩毒人员做好审查、移交工作。

工会、共产主义青年团、妇女联合会应当发挥自身优势，积极参与戒毒工作。禁毒志愿者，为戒毒人员提供志愿服务。县级以上人民政府鼓励和支持社会团体、企业事业单位以及其他组织和个人参与戒毒社会服务和戒毒社会公益事业。其他国家机关、社会团体、企业事业单位以及其他组织和公民，参与或者协助做好戒毒工作。

四、戒毒工作原则

我国戒毒工作坚持以人为本、科学戒毒、综合矫治、关怀救助的原则。

（一）以人为本

正确认识和把握吸毒人员的性质、吸毒成瘾行为的特征和戒毒治疗科学规律，并由此确定戒毒立法的宗旨和戒毒工作的基点。根据《禁毒法》和《治安管理处罚法》规定，吸毒是一种违法行为，需要给予行政拘留和罚款处罚。依照联合国 1987 年《控制麻醉品滥用今后活动的综合性多学科纲要》认为，吸毒是一种反复发作的慢性脑疾病，这就需要对吸毒人员进行精神心理治疗。同时，吸毒人员也是毒品的受害者，需要我们帮扶、救助。

（二）科学戒毒

生理脱毒只是戒毒治疗和康复过程中的一个部分。脱毒之后必须有康复跟上，引导吸毒人员恢复正常人的生活，学习如何使生活过得有意义，如何与他人建立健康的关系，如何正视日常生活中的困难而不再求助于毒品麻醉自己。治疗吸毒成瘾者时不应当忽视源于精神病理和社会心理的成瘾因素，因此需要给予吸毒人员心理治疗或药物治疗。根据戒毒规律设戒毒制度，通过戒毒制度保戒毒疗程；针对吸毒者的特征采取自愿 + 强制的戒毒措施；强化戒毒场所的医疗、服务、教育、培训功能；针对吸毒者本人将戒毒治疗方案个体化；采取生理 + 心理 + 行为 + 家庭……的综合矫治方法；确立并实施诊断评估制度等。

（三）综合矫治

设立完整的戒毒过程，包括生理脱毒—身心康复—重返社会各个环节。采取自愿戒毒、社区戒毒、强制隔离戒毒、社区康复等多种戒毒措施，采取生理脱毒、心理矫治、行为干预、家庭支持、社区关怀、社会监督等综合矫治。

（四）关怀救助

以教育和挽救帮助吸毒人员戒除毒瘾，是全社会的共同责任。各级人民政府、禁毒委员会，国家机关、社会团体、企业事业单位以及其他组织和公民，特别是发展与改革部门、公安机关、司法行政部门、医疗卫生机构、财政、民政、人力资源和社会保障、教育行政等部门，应当按照各自职责，将戒毒工作规划、方案、经费保障列入国民经济和社会发展规划与本级财政预算，依法开展戒毒工作、药物维持治疗，实施文化、道德、法治、就业等教育培训，建立最低生活保障、医疗保障、养老保障和其他社会保障，确保戒毒人员在入学、就业、享受社会保障等方面不受歧视。

五、戒毒措施体系

我国采取自愿戒毒、社区戒毒、强制隔离戒毒、社区康复等多种措施，建立戒毒治疗、康复指导、救助服务兼备的工作体系。根据不同吸毒人员的复杂情况，我国设立了自愿戒毒、社区戒毒、强制隔离戒毒和社区康复四种相互衔接、互为补充的戒毒措施，形成完整、符合科学戒毒治疗原则的戒毒治疗康复模式：即集生理脱毒、身心康复、融入社会功能于一体的“三位一体”戒毒康复新模式，通过治疗、康复、救助等多种形式系统矫正吸毒这一社会疾病。

（一）自愿戒毒

根据我国法律规定，吸毒是一种违法行为，必须受到治安处罚和接受戒毒治疗，但出于以人为本戒毒理念，我国设立自愿戒毒制度，对初次吸食、成瘾尚不严重，本人具有戒毒的意愿，自愿接受戒毒治疗的吸毒人员，公安机关对其原吸毒行为可以不予处罚。自愿戒毒主要目的在于鼓励吸毒人员主动戒除毒瘾。吸毒人员可以自行到戒毒医疗机构接受戒毒治疗。接受吸毒人员自愿戒毒的医疗机构应当符合国务院卫生行政部门规定的条件，报所在地的省、自治区、直辖市人民政府卫生行政部门批准，并报同级公安机关备案，这些机构包括专业开展戒毒服务的医疗机构、医疗机构专门从事戒毒治疗业务的门诊和疾病控制中心开设的药物维持治疗门诊。此外，本人自愿并经公安机关同意，还可以到强制隔离戒毒所、社区康复场所戒毒。

为保护戒毒人员的知情权、隐私权等，戒毒医疗机构应当与自愿戒毒人员或者其监护人签订自愿戒毒协议，就戒毒方法、戒毒期限、戒毒的个人信息保密、戒毒人员应当遵守的规章制度、终止戒毒治疗的情形等作出书面约定，并应当载明戒毒疗效、戒毒治疗风险等相关内容。

为规范戒毒医疗机构行为，《戒毒条例》明确规定戒毒医疗机构具有以下义务：对自愿戒毒人员开展艾滋病等传染病的预防、咨询教育；通过符合国务院卫生行政部门制定的戒毒治疗规范对自愿戒毒人员采取脱毒治疗、心理康复、行为矫治等多种治疗措施；采用科学、规范的诊疗技术和方法，使用的药物、医院制剂、医疗器械应当符合国家有关规定；依法加强药品管理，防止麻醉药品、精神药品流失滥用。

此外，符合参加戒毒药物维持治疗条件的戒毒人员，由本人申请，并经登记，可以参加戒毒药物维持治疗。戒毒药物维持治疗指给吸毒者服用戒断药物，以替代、递减的方法，减缓、减轻吸毒者戒断症状的痛苦，逐渐达到脱毒的戒毒方法。目前我国采取的戒毒药物维持治疗主要是指美沙酮药物维持治疗。它是一种替代和递减法的综合药物脱毒治疗方法，国内外使用都较为普遍，是控制海洛因成瘾者毒品滥用和艾滋病经注射吸毒传播最为有效的干预措施。但因为替代药物本身也是国家管制的麻醉药品，也具有成瘾性，因此，药物维持治疗只是一种“缓兵之计”，用降低对吸毒者身体和社会危害的变通方法，防止艾滋病的快速传播和蔓延，并不能真正戒断毒瘾。

（二）社区戒毒

对吸毒成瘾时间不长、程度不深、本人有戒毒意愿且具备家庭监护条件的人员，实行社区戒毒。社区戒毒是在城市街道办事处、乡镇人民政府的组织领导下，由社区戒毒小组具体落实的，对社区戒毒对象进行教育、帮助、监督与管理，实施心理干预、行为矫治和身心康复，促进其融入正常社会的戒毒过程，是一项带有强制性的教育、帮助、挽救、监督和矫治吸毒人员的行政措施。社区戒毒由公安机关依法责令接受或解除，戒毒期限为三年，戒毒期间戒毒人员需要履行相应义务，应遵守社区戒毒协议，根据公安机关的要求定期接受检测，离开社区戒毒地点 3 日以上需要经过批准，行动自由受到一定的限制。

社区戒毒的措施包括针对戒毒人员的戒毒知识辅导；教育、劝诫；职业技能培训，职业指导，就学、就业、就医援助；其他帮助戒毒人员戒除毒瘾的措施。紧紧围绕吸毒成瘾人员的戒毒治疗、身心康复、提高适应社会的能力等需求有针对性地开展，有利于提高戒毒人员对戒毒治疗的依从性，提高戒毒的效果。

一般情况下，社区戒毒优先于强制隔离戒毒措施，但社区戒毒并不是强制隔离戒毒的前置措施。对于吸毒成瘾严重，通过社区戒毒难以戒除毒瘾的吸毒成瘾人员，公安机关可以直接作出强制隔离戒毒的决定。

（三）强制隔离戒毒

对于吸毒成瘾严重、采用注射吸毒方式、多次反复吸食、屡戒不断的吸毒人员应当采取强制隔离戒毒措施，并且依照现行法律规定还要对其进行治安处罚，但同一吸食毒品的行为，不得依照不同法律给予二次及以上的行政处罚。

强制隔离戒毒是指戒毒人员离开所在家庭和社区，到公安机关或司法行政部门设立的强制隔离戒毒所接受针对性的生理、心理治疗和身体康复训练，同时参加必要的生产劳动，接受职业技能培训。

强制隔离戒毒的期限为二年，自作出强制隔离戒毒决定之日起计算。规定二年的期限，主要是总结和借鉴国内外在戒毒治疗方面比较成熟的经验。完整而又全面的戒毒需要有一个急性脱毒阶段、心理康复治疗阶段和回归社会阶段，需要一个漫长的时间过程。急性脱毒阶段所需时间很短，一般在二周以内。而心理康复治疗阶段所需时间很长，且有较大的个体差异，甚至伴随一个人的终身。回归社会也是一个比较困难的问题，这既有社会的因素，也有吸毒者个人的因素。结合我国原有强制戒毒、劳教戒毒的实践，对于吸毒成瘾严重的吸毒人员，戒除毒瘾、身心得以较好康复、心理较为稳定需要二年左右的时间，这样戒断后巩固率有所提高，复吸率得以有效降低。同时，强制隔离戒毒时间也不能太长，这主要是考虑吸毒人员人身自由不得长时间加以限制，长期脱离社会将增加其回归社会的困难。因此，二年的强制隔离戒毒的期限是较为恰当、适宜的。同时，《戒毒条例》规定，执行强制隔离戒毒一年后，经诊断评估，对于戒毒情况良好的戒毒人员，强制隔离戒毒场所可以提出提前解除强制隔离戒毒的意见，报强制隔离戒毒的决定机关批准。强制隔离戒毒期满前，经诊断评估，对于需要延长戒毒期限的戒毒人员，由强制隔离戒毒场所提出延长戒毒期限的意见，报强制隔离戒毒的决定机关批准。强制隔离戒毒的期限最长可以延长一年。

由于强制隔离戒毒人员的男女性别不同、成年与未成年年龄不同、吸食毒品种类不同、患有多种疾病或者传染病等情况的不同，强制隔离戒毒场所应当根据强制隔离戒毒人员的性别、年龄、吸食毒品种类和患病等情况对强制隔离戒毒人员实行分区、分级管理，分类分别矫治。性别管理，主要是将男女两性戒毒人员实行分别管理，设施上要物理隔断，预防女性受到侵害。年龄管理，是指对成年人和未成年人要分别管理，防止成年人对未成年人的教唆或侵害。患病管理，是指对于患有传染性疾病的戒毒人员要实行分别管理，防止传染病的蔓延，并给予针对性的治疗。强制隔离戒毒场所对有严重残疾或者疾病的戒毒人员，应当给予必要的看护和治疗；对患有传染病的戒毒人员，应当依法采取必要的隔离、治疗措施；对可能发生自伤、自残等情形的戒毒人员，可以采取相应的保护性约束措施。强制隔离戒毒场所管理人员不得体罚、虐待或者侮辱戒毒人员。对吸食不同种类毒品的，应当有针对性地采取必要的治疗措施。吸食鸦片类、大麻类、可卡因类、苯丙胺类毒品会呈现出不同的生理反应和心理反应，强制隔离戒毒所应当根据戒毒人员吸食毒品的不同种类，给予不同的生理戒断措施、心理康复模式、行为矫治方法。根据戒毒治疗的不同阶段和强制隔离戒毒人员的表现，实行逐步适应社会的分级管理。对于刚进入强制隔离戒毒所处于生理脱毒阶段的戒毒人员应当进行严格管理，防止发生人身安全风险。对于完成生理脱毒的戒毒人员，可以转入日常化的管理与教育。对于已经戒毒一年以上的戒毒人员，如若表现良好，遵守制度，实现了生理脱毒，心理得到了较好的康复，树立了戒毒的信心与决心，掌握了良好的生活技能，具备了回归社会的基本条件的，可以进行诊断评估，提前一年解除强制隔离戒毒。对于严重或经常违反强制隔离戒毒所规定，心理上尚未得到较好康复，生活技能低下，暂时不具备回归社会条件的，两年期限届满前，可以经诊断评估延长一年强制隔离戒毒期限，或者决定不超过三年的社区康复。强制隔离戒毒满一年后对于表现良好的戒毒人员还可以采用定期或不定期让其短时间回家团聚、参加婚丧嫁娶、参与农忙秋收等方法，以实现分级管理，实现尽早回归社会的目的。

由于强制隔离戒毒涉及到对吸毒人员人身自由的限制，具有较强的强制性，为保障公民合法权益不受侵犯，确保公安机关不滥用职权，《禁毒法》第 38 条第 1 款明确限定了适用强制戒毒的人员范围，即“吸毒成瘾人员有下列情形之一的，由县级以上人民政府公安机关作出强制隔离戒毒的决定：（一）拒绝接受社区戒毒的；（二）在社区戒毒期间吸食、注射毒品的；（三）严重违反社区戒毒协议的；（四）经社区戒毒、强制隔离戒毒后再次吸食、注射毒品的。此外，《禁毒法》第 38 条第 1 款规定，怀孕或者正在哺乳自己不满一周岁婴儿的妇女不得适用强制隔离戒毒，不满十六周岁的未成年人，可以不适用强制隔离戒毒。

除被公安机关依法决定接受强制隔离戒毒的人员外，吸毒成瘾人员也可自愿接受强制隔离戒毒，但必须经强制隔离戒毒场所所在地县级、设区的市级人民政府公安机关同意，方可以进入强制隔离戒毒场所戒毒。强制隔离戒毒场所应当与其就戒毒治疗期限、戒毒治疗措施等作出约定。但对于怀孕或者正在哺乳自己不满一周岁婴儿的妇女本人自愿申请进入强制隔离戒毒场所戒毒，县级、设区的市级人民政府公安机关不能同意。对于不满十四周岁的未成年人本人自愿申请进入强制隔离戒毒场所戒毒，公安机关一般不宜同意。即使对于已满十四周岁、不满十六周岁的未成年人本人自愿进入强制隔离戒毒场所戒毒，公安机关需要征求其监护人意见，并认真综合考量，慎重作出决定。

（四）社区康复

对解除强制隔离戒毒的人员，强制隔离戒毒的决定机关可以责令其接受不超过 3 年的社区康复。

社区康复是在城市街道办事处、乡镇人民政府的组织领导下，由戒毒康复小组具体落实，对戒毒对象继续进行教育、帮助，实施心理干预、行为矫治和身心康复，促进其融入社会、回归社会的完整戒毒过程中的一个阶段，是一项法定的戒毒措施。

社区康复的对象是被解除强制隔离戒毒措施的戒毒人员。强制隔离戒毒的决定机关“可以”责令接受社区康复，实际上是授权公安机关应当根据不同情况，责令需要接受社区康复的戒毒人员接受社区康复。在《戒毒条例》的立法调研过程中，对公安机关应当责令符合哪些条件的戒毒接受社区康复措施，存在很大争议，目前全国还没有形成统一的标准。

责令接受社区康复，是公安机关的一项具体行政执法行为，应当根据公安部的要求，出具相关的法律文书，并在规定时间内送达当事人及其家属和相关单位。“不超过 3 年”是社区康复的最长期限。具体到某一名戒毒人员，公安机关应根据其强制隔离戒毒诊断评估结果和出所后所处社会环境等各种因素，综合考量，决定社区康复的期限。个别地方不问情况、不加区别，强制隔离戒毒后一律决定社区康复，或一律决定 3 年的社区康复是错误的，严重侵犯戒毒人员的合法权益，应予纠正。

被责令接受社区康复的人员，应当自收到责令社区康复决定书之日起 15 日内到户籍所在地或者现居住地乡（镇）人民政府、城市街道办事处报到，签订社区康复协议。

社区康复主要由专门工作人员为当事人提供必要的心理治疗和辅导、职业技能培训、职业指导以及就学、就业、就医援助等帮扶服务。乡镇人民政府、城市街道办事处作为基层政权，应当综合协调公安、卫生行政、民政、人力资源和社会保障、司法行政等部门，按照本部门的具体职责，为社区康复工作提供指导和支持，为社区康复人员提供相关服务。

为维护法律的严肃性，尽可能地帮助吸毒人员戒断毒瘾，条例规定被责令接受社区康复的人员拒绝接受社区康复或者严重违反社区康复协议，并再次吸食、注射毒品的，将可被再次责令强制隔离戒毒，而且不得提前解除。

戒毒人员在其户籍所在地或者现居住地乡（镇）、街道办事处接受社区康复，但当事人也可以自愿与戒毒康复场所签订协议（协议的内容应当包括戒毒康复人员应当遵守的康复场所管理制度；双方的权利和义务；违反协议应当承担的法律后果等），到戒毒康复场所戒毒康复、生活和劳动。戒毒康复场所由县级以上地方各级人民政府根据戒毒工作的需要开办，也可由社会力量出于公益目的，依法经政府批准开办。从 2006 年开始，国家禁毒委员会部署各地试点建设戒毒康复场所。目前全国 70 多个戒毒康复试点项目中，均由公安机关和司法行政部门管理。当前，较为典型的有“开远雨露社区”、“昆明和谐家园”、“贵州云岩”等模式。

戒毒康复场所应当配备必要的管理人员和医务人员，为戒毒人员提供戒毒康复、职业技能培训和生产劳动条件，具备生活安置、生产劳动、职业培训功能、医疗护理功能，体现“自愿为前提、康复为中心、安居为条件、生产为平台、教育为手段、治疗为保障、回归为目标”的指导思想，通过把戒毒康复场所建成一个特殊的“无毒社区”，使戒毒康复人员在场所内像正常人一样生活、工作，早日实现重返社会的目标。

戒毒康复场所应当加强管理，严禁毒品流入，并建立戒毒康复人员自我管理、自我教育、自我服务的机制。倡导戒毒康复场所采取有约束的、开放式的管理模式方式，既严防毒品流入，确保戒毒康复人员在无毒环境中康复生活，又确保戒毒康复人员能够过上正常人的生活，矫治恶习，恢复自尊，提高自我约束和适应社会的能力。

戒毒康复场所组织戒毒人员参加生产劳动，应当参照国家劳动用工制度的规定支付劳动报酬。戒毒康复人员在戒毒康复场所参加生产劳动，既可以将劳动作为戒毒康复的一个有效的辅助手段，也可以通过劳动领取劳动报酬来获得治疗和生活的费用。参加生产劳动还可以帮助戒毒康复人员提高劳动技能，树立成功戒毒和回归社会的信心，从而为其最终离开戒毒康复场所回到社会中生活做好准备。同时，戒毒康复人员是自愿到戒毒康复场所参加生活劳动的，其与戒毒康复场所之间的劳动关系主要是合同性质的，戒毒康复场所应当根据其劳动的数量和质量，参照国家劳动用工制度的规定支付劳动报酬。

六、保障制度体系

戒毒是一项系统的社会工程，需要全社会的共同努力，需要明确的职责分工，更需要规范制度保障经费、组织机构、社会支撑等共同合力开展戒毒工作。据此，戒毒条例明确规定了戒毒经费来源、承担戒毒工作的职能部门、社会保障等具体措施。

（一）戒毒经费保障

《戒毒条例》规定，县级以上人民政府应当按照国家有关规定将戒毒工作所需经费列入本级财政预算。戒毒工作需要大量的人、财、物支持，将戒毒工作所需经费列入本级财政预算，才能保障戒毒工作的正常开展。各级人民政府应当配备与戒毒工作相适应的专业队伍和工作人员，将戒毒经费列入本级财政预算，保障社区戒毒、强制隔离戒毒和戒毒康复工作的正常开展。对经济欠发达地区戒毒经费保障确有困难的，中央财政予以补贴。被强制隔离戒毒人员的生活费和医疗费应由政府承担。对符合条件的吸毒成瘾人员在社区戒毒、康复期间的戒毒治疗、生活保障应当纳入公共医疗服务保障和社会救助体系。

（二）戒毒组织保障

县级以上地方人民政府设立的禁毒委员会可以组织公安机关、卫生行政和药品监督管理部门开展吸毒监测、调查，并向社会公开监测、调查结果。

县级以上地方人民政府公安机关负责对涉嫌吸毒人员进行检测，对吸毒人员进行登记并依法实行动态管控，依法责令社区戒毒、决定强制隔离戒毒、责令社区康复，管理公安机关的强制隔离戒毒场所、戒毒康复场所，对社区戒毒、社区康复工作提供指导和支持。

设区的市级以上地方人民政府司法行政部门负责管理司法行政部门的强制隔离戒毒场所、戒毒康复场所，对社区戒毒、社区康复工作提供指导和支持。

县级以上地方人民政府卫生行政部门负责戒毒医疗机构的监督管理，会同公安机关、司法行政等部门制定戒毒医疗机构设置规划，对戒毒医疗服务提供指导和支持。

县级以上地方人民政府民政、人力资源和社会保障、教育等部门依据各自的职责，对社区戒毒、社区康复工作提供康复和职业技能培训等指导和支持。

乡（镇）人民政府、城市街道办事处负责社区戒毒、社区康复工作。乡（镇）人民政府、城市街道办事处作为基层人民政府是社区戒毒、社区康复工作的责任主体，必须认真履行职责，确定相应机构或配备专职人员从事社区戒毒、社区康复工作，并把这一工作纳入重要议事日程加以研究落实。城市街道办事处、乡镇人民政府是我国的基层政权，管理能力较强，管理机构较为健全，对社区的情况熟悉，工作较为具体和细致，对社区戒毒、社区康复进行管理比较便利和有力。

（三）戒毒社会保障

吸毒人员具有病人、违法者和受害者三重身份，是一个特殊的社会群体，但其基本权利同样应当受到宪法和法律的全面保护，《戒毒条例》通过具体规定落实法律对吸毒人员权益的社会保障制度。

民政部门负责指导基层组织将社区戒毒和社区康复纳入社区建设和社区管理，促进和指导社会工作者参与社区戒毒和社区康复工作，将符合社会救助条件的戒毒人员家庭纳入救助范围，指导强制隔离戒毒场所的社会工作者对强制隔离戒毒人员提供心理治疗和行为矫治。

人力资源和社会保障部主要负责保障戒毒人员平等就业权利；组织社区戒毒和社区康复人员参加职业技能培训，帮助其掌握一定的技能，对符合条件的给予职业培训技能鉴定补助；落实各项就业扶持政策，做好戒毒失业人员就业管理和服务工作，指导公共就业机构为戒毒失业人员提供失业登记、政策咨询、职业指导、职业介绍等免费就业服务；充分发挥街道、乡镇、社区基层公共就业服务机构作用，为长期失业或者家庭困难的戒毒失业人员提供就业援助。

教育行政部门应当对社区戒毒人员、社区康复人员以及被强制隔离戒毒人员的文化教育给予支持。

同时，《戒毒条例》还规定“戒毒人员在入学、就业、享受社会保障等方面不受歧视。”根据宪法及义务教育法的规定，公民有受教育的权利。义务教育是由国家统一实施的所有适龄未成年人必须接受的教育，是国家必须予以保障的公益性事业。对于未成年吸毒人员，我们有义务保障其不受歧视的接受义务教育。对于非义务教育，我们也需要保障其不受歧视。根据宪法和就业促进法的规定，劳动者依法享有平等就业和自主就业的权利。劳动者不因种族、性别、民族、宗教信仰等不同而受到歧视。戒毒人员作为社会成员享有与其他人员一样的就业权利，不得因为吸毒受到歧视。依照我国社会基本养老保险、基本医疗保险和失业保险等有关规定，全体公民都有参加上述保险的权利，同样享有上述基本保障，不得因吸毒而被排除在保险范围之外。

此外，《戒毒条例》还规定对戒毒人员的个人信息应当依法予以保密。对戒断 3 年未复吸的人员，不再实行动态管控。我国目前尚未制定公民个人信息保护的专门法律、法规，但在有关民事、刑事的法律和有关行政的法律、法规里，有关于公民个人信息保护的零散的规定。例如，《民法典》第 1012 条规定，自然人享有姓名权；第 1018 条规定，自然人享有肖像权；第 1024 条规定，民事主体享有名誉权；第 1031 条规定，民事主体享有荣誉权。《政府信息公开条例》第 14 条关于行政机关不得公开涉及个人隐私的政府信息的规定，第 23 条关于行政机关处理涉及个人隐私的政府信息应当征求相对人意见的规定等。《刑法》第 253 条关于出售或非法提供公民个人信息罪的规定。当然，这些规定对于公民个人信息保护是很不全面的，需要不断完善。对戒毒人员戒毒的个人信息依法予以保密是对戒毒人员人权保障的具体体现。自 2006 年 8 月以来，公安部部署全国公安机关集中对吸毒人员进行全面排查，较为准确地掌握了全国吸毒人员的底数和现状，建立了吸毒人员信息数据库和动态管控机制，为推进禁吸戒毒工作奠定了良好基础。对戒断 3 年未复吸的人员，不再实行动态管控，这一规定主要是为了鼓励戒毒人员保持操守，巩固戒毒效果，降低复吸率，保障保持操守的戒毒人员的合法权益不受侵害，揭掉吸毒者作为一名违法者的标签，使其真正回归社会。对于戒断 3 年未复吸的理解，应当是指自愿戒毒戒断后 3 年，解除社区戒毒、强制隔离戒毒和社区康复后 3 年未复吸的人员，不再实行动态管控。

七、法律责任

为防止相关部门和人员违反法律法规，不按规定履行职责或滥用权力侵害戒毒人员的合法权益，《戒毒条例》明确规定了针对行政机关及其工作人员的法律责任。具体包括：

（一）违法泄露戒毒人员信息的法律责任

《戒毒条例》第 43 条规定：公安、司法行政、卫生行政等有关部门工作人员泄露戒毒人员个人信息的，依法给予处分；构成犯罪的，依法追究刑事责任。个人信息包括姓名、职业、职务、年龄、婚姻状况、学历、专业资格、工作经历、家庭住址、电话号码、信用卡号码、指纹、网上登录账号和密码等能够识别公民个人身份的信息，目前我国尚未制定公民个人信息保护的专门法律、法规，但在有关民事、刑事的法律和有关行政的法律、法规里，有关于公民个人信息保护的零散的规定。2009 年 2 月 28 日，经第十一届全国人民代表大会常务委员会第七次会议通过的《刑法修正案（七）》，对《刑法》第 253 条进行了补充，规定了关于出售或非法提供公民个人信息罪："国家机关或者金融、电信、交通、教育、医疗等单位的工作人员，违反国家规定，将本单位在履行职责或者提供服务过程中获得的公民个人信息，出售或者非法提供给他人，情节严重的，处三年以下有期徒刑或者拘役，并处或者单处罚金。"因此，如果公安、司法行政、卫生行政等有关部门工作人员通过出售或者非法提供给他人，泄露戒毒人员个人信息，情节严重的应当承担刑事责任。

（二）社区戒毒、社区康复工作的人员违反法定职责的法律责任

乡（镇）人民政府、城市街道办事处负责社区戒毒、社区康复工作的人员未与社区戒毒、社区康复人员签订社区戒毒、社区康复协议，不落实社区戒毒、社区康复措施；或对在社区戒毒的人员出现又吸食、注射毒品及严重违反社区戒毒协议的行为不履行报告义务的；以及其他不履行社区戒毒、社区康复监督职责的

行为，应当依法给予处分，承担相应行政责任。

（三）强制隔离戒毒场所工作人员违反有关规定的法律责任

《条例》第 45 条规定，强制隔离戒毒场所的工作人员有下列行为之一的，依法给予处分；构成犯罪的，依法追究刑事责任：（一）侮辱、虐待、体罚强制隔离戒毒人员的；（二）收受、索要财物的；（三）擅自使用、损毁、处理没收或者代为保管的财物的；（四）为强制隔离戒毒人员提供麻醉药品、精神药品或者违反规定传递其他物品的；（五）在强制隔离戒毒诊断评估工作中弄虚作假的；（六）私放强制隔离戒毒人员的；（七）其他徇私舞弊、玩忽职守、不履行法定职责的行为。

第五节　娱乐场所管理条例

一、立法背景

随着物质文明与精神文明建设的不断丰富繁荣，针对娱乐场所的规范早已成为公共秩序、社会管理的重要内容之一。娱乐场所是人们休闲娱乐、社会交往、商业往来必不可少的场所，但由于人员复杂、与经济利益密切相关、监管困难等原因，也是容易滋生违法犯罪的场所。尤其是进入 21 世纪以来，随着新型化学类合成毒品的涌入，娱乐场所常常成为吸食、贩卖冰毒、摇头丸、K 粉、LSD 等新型化学类合成毒品的主要场所，不少娱乐场所甚至半公开地容留他人吸食新型化学类合成毒品以招徕生意，导致一些青少年因无知或盲从而误入歧途，使吸食新型化学类合成毒品的人数和滥用种类呈不断增多之势，由此引发的致死、致伤、致残案件时有发生，造成严重的社会危害。因此，有必要加强对娱乐场所的监管力度，防止其成为毒品泛滥的主要渠道。

针对娱乐场所所处的新形势，为整顿和规范文化市场，加强对娱乐场所经营活动的管理工作，推动娱乐市场有序繁荣和健康发展，控制毒品的泛滥渠道，国务院于 2006 年 3 月 1 日起颁布了新的《娱乐场所管理条例》（2006 年 1 月 29 日国务院令第 458 号公布。2016 年 2 月 6 日第一次修订，2020 年 11 月 29 日第二次修订），同时废止了 1999 年 3 月 26 日国务院发布的《娱乐场所管理条例》。

二、对禁毒工作的意义

《娱乐场所管理条例》（本节简称《管理条例》）中涉及禁毒的规定，是我国禁毒行政立法的重要内容之一，其为有效遏制娱乐场所吸、贩新型化学合成类毒品行为的发生提供了法律依据。

与此同时，《管理条例》对娱乐场所及其从业人员的禁毒作为义务的规定也保证了娱乐场所成为开展预防毒品宣传教育的重要渠道之一，一方面，可以借助娱乐场所设立的禁毒标识普及宣传新型化学类合成毒品的相关知识，增强群众对毒品的防范意识。另一方面，可以通过针对娱乐场所从业人员的禁毒培训，加强禁毒宣传实效。

三、与禁毒相关的措施

（一）强调禁止娱乐场所经营单位及其从业人员从事毒品违法犯罪行为

《管理条例》第 14 条第 1 款明确规定：娱乐场所及其从业人员不得贩卖、提供毒品，或者组织、强迫、教唆、引诱、欺骗、容留他人吸食、注射毒品，也不得为进入娱乐场所的人员实施前述行为提供条件。

（二）明确娱乐场所经营单位及其从业人员承担的法定义务

《管理条例》规定：娱乐场所的法定代表人、经营管理人员和从业人员有主动发现、制止、举报本场所内吸贩毒违法犯罪活动，协助公安机关开展调查取证工作的职责；娱乐场所应在显著位置悬挂含有禁毒等内容的警示标志等。此前，我国法律法规没有明确娱乐场所经营单位在娱乐场所放任、纵容、参与毒品违法犯罪活动的法律责任，使得娱乐场所经营单位从事上述活动有恃无恐。大多数娱乐场所的经营管理人员或从业人员都是完全能够发现自己场所内发生的毒品违法犯罪活动，但为了经济利益，既不予制止，也不向公安机关举报。有的还公开向吸食、注射毒品人员提供吸毒用的托盘、吸管等工具，有的甚至雇佣保安为场所内毒品违法犯罪活动提供安全保护，以“容忍吸毒”为条件来拉客源，从而助长了娱乐场所内的毒品违法犯罪活动。

（三）限制开办娱乐场所主体条件

在娱乐场所设立上，《管理条例》第 5 条规定：“曾犯有走私、贩卖、运输、制造毒品罪”，“因吸食、注射毒品曾被强制戒毒的”人员不得开办娱乐场所或在娱乐场所内从业。这是从我国禁毒工作的实际出发而制定的，禁毒执法实践中发现，一些毒品违法犯罪分子，打着开歌厅、夜总会的名义，将娱乐场所变相为引诱、教唆和容留吸毒的“烟馆”。这一规定，从设立娱乐场所的法人和经营者的主体资格上，限制了设立、开办娱乐场所的人员的资格条件。使具有毒品违法犯罪劣迹的人利用开办娱乐场所从事涉毒活动的可能性降低。

（四）规定娱乐场所不得接纳未成年人

我国毒品形势表明，吸毒人群主要以青少年居多。由于青少年缺乏人生阅历，更容易受到不良诱惑。娱乐场所往往更容易吸引成为青少年进入，成为其走上吸食之路场所。因此，《管理条例》明确规定娱乐场所不得接纳十八岁以下未成年人，否则一经发现，将受到相应行政处罚。

（五）限制娱乐场所营业时间

吸贩毒行为往往集中在深夜和凌晨，因此，《管理条例》限定了娱乐场所营业时间，每日凌晨 2 时至上午 8 时不得从事营业，为公安机关打击娱乐场所吸贩毒行为提供了更多的执法依据。

第六章　禁毒部门规章

禁毒部门规章是指国务院所属各部门制定的与禁毒有关的规范性文件。它主要是由公安部、国家卫健委、国家食品药品监督管理局、商务部和海关总署等部门制定的规章。禁毒部门规章数量较多，在禁毒法中占有较大比例，是禁毒法的重要法源。它适用于全国，具有普遍的法律效力。

第一节　禁毒部门规章立法概述

一、禁毒部门规章概念

《立法法》第 91 条规定："国务院各部、委员会、中国人民银行、审计署和具有行政管理职能的直属机构，可以根据法律和国务院的行政法规、决定、命令，在本部门的权限范围内，制定规章。"部门规章是指国务院各部门根据法律和国务院的行政法规、决定、命令在本部门的权限内按照规定的程序所制定的规定、办法、规则等规范性文件的总称。

国务院部门规章的制定依据有两类，即法律、行政法规，国务院的决定和命令。部门规章的权限范围，涉及三个问题：一是调整的事项范围。部门规章规定的事项应当属于执行法律或者国务院的行政法规、决定、命令的事项。这就是说，为执行法律、国务院行政法规、决定、命令的规定可以制定规章，不是执行上述规定，不能制定部门规章。法律、行政法规、国务院决定、命令的规定，国务院各部门是要严格执行的，但在执行过程中，如果需要具体化，或作出专门规定，才能付诸实施，就可以制定规章。如果法律、法规的规定比较具体，不必再做规定就可以执行的，可以不再制定规章。二是部门权限。部门规章的制定和发布必须在其权限范围之内，在内容上必须是本部门业务范围的事项，凡不属于本部门管理的事项，不能在本部门规章中规定，即使是本部门权限内的事项，制定的规章也只能在法律、行政法规、决定、命令规定的幅度内加以具体化，不能越权或与法律、法规相抵触。三是处罚设定问题。规章可以在法律、法规规定的给予行政处罚的行为、种类和幅度的范围内作具体规定，尚未制定法律、法规的，可以设定警告或者一定数量罚款的行政处罚。

二、禁毒部门规章立法概况

当前我国的禁毒部门规章主要有：2015 年 9 月 24 日公安部、国家卫生计生委、国家食品药品监管总局、国家禁毒办发布《非药用类麻醉药品和精神药品列管办法》（公通字〔2015〕27 号），自 2015 年 10 月 1 日起施行；公安部于 2011 年 9 月 19 日部长办公会议通过，9 月 28 日发布施行的《公安机关强制隔离戒毒所管理办法》；2009 年 9 月 27 日公安部部长办公会议通过、发布，2010 年 1 月 1 日起施行的《吸毒检测程序规定》等；1996 年 3 月 5 日卫生部发布的《戒毒用美沙酮供应管理规定》；2010 年 3 月 18 日通过，5 月 1 日施行的《药品类易制毒化学品管理办法》；2010 年 1 月 5 日卫生部、公安部、司法部联合制定、发布的《戒毒医疗服务管理暂行办法》；2006 年 5 月 17 日商务部第五次部务会议审议通过，9 月 21 日发布的《易制毒化学品进出口管理规定》等。

此外，还包括上述各部门发布的与禁毒有关的规范性文件，如 2006 年 6 月 5 日公安部禁毒局（公禁毒〔2006〕335 号）《关于启用易制毒化学品购买和运输证明的通知》、2007 年 6 月 12 日国家禁毒委员会办公室（禁毒办通〔2007〕55 号）《国内卫星遥感监测非法种植罂粟工作规程》、2007 年 11 月 19 日公安部（公复字〔2007〕6 号）《关于无运输备案证明承运易制毒化学品如何适用法律问题的批复》、2007 年 12 月 26 日最高人民法院、最高人民检察院、公安部（公通字〔2007〕84 号）《办理毒品犯罪案件适用法律若干问题的意见》、2009 年 5 月 13 日公安部、司法部、卫生部（公通字〔2009〕26 号）《吸毒人员登记办法》、2010 年 7 月 16 日国家禁毒委员会办公室、中共中央宣传部、中央对外宣传办公室、中央社会治安综合治理委员会办公室、公安部、教育部、卫生部、民政部、司法部、人力资源和社会保障部、商务部、文化部、国家工商行政管理总局、国家广播电影电视总局、国家新闻出版总署、全国总工会、共青团中央、全国妇联（禁毒办发〔2010〕1 号）《关于深化全民禁毒宣传教育工作的指导意见》等。

上述各部门规章及规范性文件反映出不同的部门规章及规范性文件所规制的范围及涉及的内容是不一样的，公安部门的规章及文件，主要涉及查缉、处罚、戒毒具体问题方面的规定。卫生、医药部门制定的规章、文件，主要规定了麻醉药品、精神药品的生产、管理、使用制度以及戒毒医疗制度，使戒毒工作有法可依，规范了全国的戒毒治疗工作。经济贸易部门的规章文件涉及严格管制易制毒化学品方面。1980 年以来，政府对易制毒化学品和麻黄素实行严格的管制，不断健全管制易制毒化学品的规定。1997 年，国家教育委员会会同国家禁毒委员会下发通知，规定把禁毒教育作为国民素质教育的组成部分，正式纳入中小学德育教育教学大纲。

目前，关于禁毒的部门规章和规范性文件较多，在此不能一一介绍，本书只是对几个有代表性的部门规章做一些简要介绍。

第二节　非药用类麻醉药品和精神药品列管办法

一、制定《非药用类麻醉药品和精神药品列管办法》的背景

新精神活性物质（NPS），又称“策划药”“实验室毒品”，是联合国毒品与犯罪办公室在《2013年世界毒品报告》中提出来的一个新的概念，我国则使用非药用类麻醉药品和精神药品的概念对这些物质进行管制。它是指没有被国际禁毒公约管制的，存在滥用并会对公众健康带来威胁的物质。是不法分子为逃避打击而对管制毒品进行化学结构修饰得到的毒品类似物，具有与管制毒品相似或更强的兴奋、致幻、麻醉等效果。当前，新精神活性物质迅速蔓延，已成为继天然毒品、合成毒品后全球流行的“第三代毒品”。截至2020年年底，联合国监测到的品种多达1047种，分为9个大类。

近年来，我国的非药用类麻醉药品和精神药品制贩、走私和滥用问题日益突出，为加强对非药用类麻醉药品和精神药品的列管工作，防止非法生产、经营、运输、使用和进出口，遏制有关违法犯罪活动的发展蔓延，公安部、国家卫生计生委、国家食品药品监管总局、国家禁毒办于2015年9月24日发布了《非药用类麻醉药品和精神药品列管办法》，同时发布《非药用类麻醉药品和精神药品管制品种增补目录》，列管116种物质。经不断增补，截至2022年10月，我国共列管174种物质和整类芬太尼物质及整类合成大麻素物质。

二、立法目的、依据及概念界定

立法目的：为加强对非药用类麻醉药品和精神药品的管理，防止非法生产、经营、运输、使用和进出口。核心在于加强管理，防止流入非法渠道，造成社会危害。

立法依据：是根据《禁毒法》和《麻醉药品和精神药品管理条例》等法律、法规的规定制定。

概念界定：非药用类麻醉药品和精神药品，是指未作为药品生产和使用，具有成瘾性或者成瘾潜力且易被滥用的物质。

三、麻醉药品和精神药品的分类管制

麻醉药品和精神药品按照药用类和非药用类分类列管。除麻醉药品和精神药品管理品种目录已有列管品种外，新增非药用类麻醉药品和精神药品管制品种增

补目录。非药用类麻醉药品和精神药品管制品种目录的调整由国务院公安部门会同国务院食品药品监督管理部门和国务院卫生计生行政部门负责。

非药用类麻醉药品和精神药品发现医药用途，调整列入药品目录的，不再列入非药用类麻醉药品和精神药品管制品种目录。

对列管的非药用类麻醉药品和精神药品，禁止任何单位和个人生产、买卖、运输、使用、储存和进出口。因科研、实验需要使用非药用类麻醉药品和精神药品，在药品、医疗器械生产、检测中需要使用非药用类麻醉药品和精神药品标准品、对照品，以及药品生产过程中非药用类麻醉药品和精神药品中间体的管理，按照有关规定执行。各级公安机关和有关部门依法加强对非药用类麻醉药品和精神药品违法犯罪行为的打击处理。

四、监测与列管程序

各地禁毒委员会办公室（以下简称禁毒办）应当组织公安机关和有关部门加强对非药用类麻醉药品和精神药品的监测，并将监测情况及时上报国家禁毒办。国家禁毒办经汇总、分析后，应当及时发布预警信息。对国家禁毒办发布预警的未列管非药用类麻醉药品和精神药品，各地禁毒办应当进行重点监测。

国家禁毒办认为需要对特定非药用类麻醉药品和精神药品进行列管的，应当交由非药用类麻醉药品和精神药品专家委员会（以下简称专家委员会）进行风险评估和列管论证。

专家委员会由国务院公安部门、食品药品监督管理部门、卫生计生行政部门、工业和信息化管理部门、海关等部门的专业人员以及医学、药学、法学、司法鉴定、化工等领域的专家学者组成。

专家委员会应当对拟列管的非药用类麻醉药品和精神药品进行下列风险评估和列管论证，并提出是否予以列管的建议：（一）成瘾性或者成瘾潜力；（二）对人身心健康的危害性；（三）非法制造、贩运或者走私活动情况；（四）滥用或者扩散情况；（五）造成国内、国际危害或者其他社会危害情况。

专家委员会启动对拟列管的非药用类麻醉药品和精神药品的风险评估和列管论证工作后，应当在 3 个月内完成。

对专家委员会评估后提出列管建议的，国家禁毒办应当建议国务院公安部门会同食品药品监督管理部门和卫生计生行政部门予以列管。

国务院公安部门会同食品药品监督管理部门和卫生计生行政部门应当在接到国家禁毒办列管建议后 6 个月内，完成对非药用类麻醉药品和精神药品的列管工作。

对于情况紧急、不及时列管不利于遏制危害发展蔓延的，风险评估和列管工作应当加快进程。

五、施行时间

本办法自 2015 年 10 月 1 日起施行。

第三节　吸毒成瘾认定办法

一、《吸毒成瘾认定办法》制定的目的及依据

2010 年 11 月 19 日公安部部长办公会议通过，并经卫生部同意，发布了《吸毒成瘾认定办法》，自 2011 年 4 月 1 日起施行。2016 年 11 月 22 日公安部部长办公会议通过，并经国家卫生和计划生育委员会同意，《关于修改〈吸毒成瘾认定办法〉的决定》，自 2017 年 4 月 1 日起施行。《吸毒成瘾认定办法》的施行解决了认定吸毒人员是否成瘾和成瘾是否严重的标准的问题，为基层民警在戒毒执法中依法判断吸毒行为、吸毒成瘾和吸毒成瘾严重提供了重要法律武器，为规范我国的禁吸戒毒工作奠定了重要基础。

《吸毒成瘾认定办法》是根据《禁毒法》《戒毒条例》而制定，目的是为规范吸毒成瘾认定工作，科学认定吸毒成瘾人员，依法对吸毒成瘾人员采取戒毒措施和提供戒毒治疗。

二、吸毒成瘾及吸毒成瘾认定含义

吸毒成瘾，是指吸毒人员因反复使用毒品而导致的慢性复发性脑病，表现为不顾不良后果、强迫性寻求及使用毒品的行为，常伴有不同程度的个人健康及社会功能损害。吸毒成瘾认定，是指公安机关或者其委托的符合《戒毒医疗服务管理暂行办法》规定的专科戒毒医院和设有戒毒治疗科室的其他戒毒医疗机构通过对吸毒人员进行人体生物样本检测、收集其吸毒证据或者根据生理、心理、精神的症状、体征等情况，判断其是否成瘾以及是否成瘾严重的工作。

三、吸毒成瘾的认定

（一）吸毒成瘾认定条件

吸毒人员同时具备以下情形的，公安机关认定其吸毒成瘾：①经血液、尿液和唾液等人体生物样本检测证明其体内含有毒品成分；②有证据证明其有使用毒品行为；③有戒断症状或者有证据证明吸毒史，包括曾经因使用毒品被公安机关

查处、曾经进行自愿戒毒、人体毛发样品检测出毒品成分等情形。

戒断症状的具体情形，参照卫生部制定的《阿片类药物依赖诊断治疗指导原则》和《苯丙胺类药物依赖诊断治疗指导原则》《氯胺酮依赖诊断治疗指导原则》确定。

（二）吸毒成瘾严重的认定标准

吸毒成瘾人员具有下列情形之一的，公安机关认定其吸毒成瘾严重：①曾经被责令社区戒毒、强制隔离戒毒（含《禁毒法》实施以前被强制戒毒或者劳教戒毒）、社区康复或者参加过戒毒药物维持治疗，再次吸食、注射毒品的；②有证据证明其采取注射方式使用毒品或者多次使用两类以上毒品的；③有证据证明其使用毒品后伴有聚众淫乱、自伤自残或者暴力侵犯他人人身、财产安全或者妨害公共安全等行为的。

公安机关在吸毒成瘾认定过程中实施人体生物样本检测，依照公安部制定的《吸毒检测程序规定》的有关规定执行。

四、吸毒成瘾认定的机关及程序

（一）认定机关

公安机关在执法活动中发现吸毒人员，应当进行吸毒成瘾认定；因技术原因认定有困难的，可以委托有资质的戒毒医疗机构进行认定。承担吸毒成瘾认定工作的戒毒医疗机构，由省级卫生行政部门会同同级公安机关指定。

公安机关承担吸毒成瘾认定工作的人民警察，应当同时具备以下条件：①具有二级警员以上警衔及两年以上相关执法工作经历；②经省级公安机关、卫生行政部门组织培训并考核合格。

戒毒医疗机构认定吸毒成瘾，应当由两名承担吸毒成瘾认定工作的医师进行。承担吸毒成瘾认定工作的医师，应当同时具备以下条件：①符合《戒毒医疗服务管理暂行办法》的有关规定；②从事戒毒医疗工作不少于三年；③具有中级以上专业技术职务任职资格。

戒毒医疗机构对吸毒人员采集病史和体格检查时，委托认定的公安机关应当派有关人员在场协助。戒毒医疗机构认为需要对吸毒人员进行人体生物样本检测的，委托认定的公安机关应当协助提供现场采集的检测样本。戒毒医疗机构认为需要重新采集其他人体生物检测样本的，委托认定的公安机关应当予以协助。

戒毒医疗机构使用的检测试剂，应当是经国家食品药品监督管理局批准的产品，并避免与常见药物发生交叉反应。戒毒医疗机构及其医务人员应当依照诊疗规范、常规和有关规定，结合吸毒人员的病史、精神症状检查、体格检查和人体生物样本检测结果等，对吸毒人员进行吸毒成瘾认定。

（二）认定程序

公安机关认定吸毒成瘾，应当由两名以上人民警察进行，并在作出人体生物样本检测结论的二十四小时内提出认定意见，由认定人员签名，经所在单位负责人审核，加盖所在单位印章。有关证据材料，应当作为认定意见的组成部分。

公安机关委托戒毒医疗机构进行吸毒成瘾认定的，应当在吸毒人员末次吸毒的七十二小时内予以委托并提交委托函。超过七十二小时委托的，戒毒医疗机构可以不予受理。承担吸毒成瘾认定工作的戒毒医疗机构及其医务人员，应当依照《戒毒医疗服务管理暂行办法》的有关规定进行吸毒成瘾认定工作。

戒毒医疗机构应当自接受委托认定之日起三个工作日内出具吸毒成瘾认定报告，由认定人员签名并加盖戒毒医疗机构公章。认定报告一式二份，一份交委托认定的公安机关，一份留存备查。委托戒毒医疗机构进行吸毒成瘾认定的费用由委托单位承担。各级公安机关、卫生行政部门应当加强对吸毒成瘾认定工作的指导和管理。

五、违法责任

任何单位和个人不得违反规定泄露承担吸毒成瘾认定工作相关工作人员及被认定人员的信息。

公安机关、戒毒医疗机构以及承担认定工作的相关人员违反本办法规定的，依照有关法律法规追究责任。

六、相关说明

本办法所称的两类及以上毒品是指阿片类（包括鸦片、吗啡、海洛因、杜冷丁等），苯丙胺类（包括各类苯丙胺衍生物），大麻类，可卡因类，以及氯胺酮等其他类毒品。

本决定自 2017 年 4 月 1 日起施行。

第四节　吸毒检测程序规定

一、《吸毒检测程序规定》概述

2009 年 9 月 27 日，《吸毒检测程序规定》以中华人民共和国公安部令第 110

号发布，2016 年 12 月 16 日公安部令第 141 号《关于修改〈吸毒检测程序规定〉的决定》修订。制定规定的目的在于规范公安机关吸毒检测工作，保护当事人的合法权益。依据在于《禁毒法》《戒毒条例》等有关法律规定。

吸毒检测是指运用科学技术手段对涉嫌吸毒的人员进行生物医学检测，为公安机关认定吸毒行为提供科学依据的活动。吸毒检测的对象，包括涉嫌吸毒的人员，被决定执行强制隔离戒毒的人员，被公安机关责令接受社区戒毒和社区康复的人员，以及戒毒康复场所内的戒毒康复人员。

二、检测的分类及主体

吸毒检测分为现场检测、实验室检测、实验室复检。现场检测由县级以上公安机关或者其派出机构进行。实验室检测由县级以上公安机关指定的取得检验鉴定机构资格的实验室或者有资质的医疗机构进行。实验室复检由县级以上公安机关指定的取得检验鉴定机构资格的实验室进行。实验室检测和实验室复检不得由同一检测机构进行。

三、检测样本的规定

吸毒检测样本的采集应当使用专用器材。现场检测器材应当是国家主管部门批准生产或者进口的合格产品。检测样本为采集的被检测人员的尿液、血液、唾液或者毛发等生物样本。

被检测人员拒绝接受检测的，经县级以上公安机关或者其派出机构负责人批准，可以对其进行强制检测。公安机关采集、送检、检测样本，应当由两名以上工作人员进行。采集女性被检测人尿液检测样本，应当由女性工作人员进行。采集的检测样本经现场检测结果为阳性的，应当分别保存在 A、B 两个样本专用器材中并编号，由采集人和被采集人共同签字封存，采用检材适宜的条件予以保存，保存期不得少于六个月。

四、检测结果及其异议

现场检测应当出具检测报告，由检测人签名，并加盖检测的公安机关或者其派出机构的印章。现场检测结果应当当场告知被检测人，并由被检测人在检测报告上签名。被检测人拒不签名的，公安民警应当在检测报告上注明。

被检测人对现场检测结果有异议的，可以在被告知检测结果之日起的三日内，向现场检测的公安机关提出实验室检测申请。公安机关应当在接到实验室检测申请后的三日内作出是否同意进行实验室检测的决定，并将结果告知被检测人。

公安机关决定进行实验室检测的，应当在作出实验室检测决定后的三日内，将保存的A样本送交县级以上公安机关指定的具有检验鉴定资格的实验室或者有资质的医疗机构。接受委托的实验室或者医疗机构应当在接到检测样本后的三日内出具实验室检测报告，由检测人签名，并加盖检测机构公章后，送委托实验室检测的公安机关。公安机关收到检测报告后，应当在二十四小时内将检测结果告知被检测人。

被检测人对实验室检测结果有异议的，可以在被告知检测结果后的三日内，向现场检测的公安机关提出实验室复检申请。公安机关应当在接到实验室复检申请后的三日内作出是否同意进行实验室复检的决定，并将结果告知被检测人。公安机关决定进行实验室复检的，应当在作出实验室复检决定后的三日内，将保存的B样本送交县级以上公安机关指定的具有检验鉴定资格的实验室。

接受委托的实验室应当在接到检测样本后的三日内出具检测报告，由检测人签名，并加盖专用鉴定章后，送委托实验室复检的公安机关。公安机关收到检测报告后，应当在二十四小时内将检测结果告知被检测人。接受委托的实验室检测机构或者实验室复检机构认为送检样本不符合检测条件的，应当报县级以上公安机关或者其派出机构负责人批准后，由公安机关根据检测机构的意见，重新采集检测样本。被检测人是否申请实验室检测和实验室复检，不影响案件的正常办理。公安机关认为必要时，可以直接决定进行实验室检测和实验室复检。现场检测费用、实验室检测、实验室复检的费用由公安机关承担。

五、法律责任

公安机关、鉴定机构或者其工作人员违反本规定，有下列情形之一的，应当依照有关规定，对相关责任人给予纪律处分或者行政处分；构成犯罪的，依法追究刑事责任：（一）因严重不负责任给当事人合法权益造成重大损害的；（二）故意提供虚假检测报告的；（三）法律、行政法规规定的其他情形。

第五节　强制隔离戒毒诊断评估办法

一、制定的目的、依据及概念

（一）立法的目的、依据

立法目的：本办法是第一个有关强制隔离戒毒诊断评估的立法，具有开创性，也具有规范性及强制性。其所制定的标准居于科学性和系统性，有利于吸毒成瘾严重人员戒除毒瘾。同时保障戒毒人员的合法权益不受侵害。第1条规定：

规范强制隔离戒毒诊断评估工作，科学评价戒毒效果，帮助强制隔离戒毒人员（以下简称戒毒人员）戒除毒瘾，有效保障戒毒人员合法权益。

立法依据：是根据全国人大常委会制定发布的《禁毒法》和国务院颁布的《戒毒条例》，以及公安部、司法部、卫健委等有关部委制定的相关规定。

（二）强制隔离戒毒诊断评估的概念

强制隔离戒毒诊断评估，是指强制隔离戒毒所对戒毒人员在强制隔离戒毒期间的生理脱毒、身心康复、行为表现、社会环境与适应能力等情况进行综合考核、客观评价。

（三）诊断评估的主体、原则及其监督与结果运用

强制隔离戒毒所负责诊断评估工作。

强制隔离戒毒诊断评估坚持依法、科学、公正、公开的原则。

公安机关和司法行政部门分别设立强制隔离戒毒诊断评估工作指导委员会，负责指导、监督所辖强制隔离戒毒所的诊断评估工作。

县级以上人民政府公安机关、司法行政部门、卫生计生行政部门在各自职责范围内对强制隔离戒毒诊断评估工作进行监督和指导。

卫生健康行政部门应当对诊断评估中的生理脱毒、身心康复评估工作进行指导，必要时可以指派专业医师参与诊断评估工作。

强制隔离戒毒诊断评估结果，是强制隔离戒毒所对戒毒人员按期解除强制隔离戒毒、提出提前解除强制隔离戒毒或者延长强制隔离戒毒期限意见以及责令社区康复建议的直接依据。

二、诊断评估内容和标准

（一）诊断评估的内容

诊断评估内容包括生理脱毒评估、身心康复评估、行为表现评估、社会环境与适应能力评估。

生理脱毒评估、身心康复评估、行为表现评估结果分为“合格”、“不合格”两类；社会环境与适应能力评估结果分为“良好”和“一般”两类。

强制隔离戒毒期满 1 年后，强制隔离戒毒所对戒毒人员进行诊断评估，提出提前解除强制隔离戒毒的建议。2 年期满前，强制隔离戒毒所对戒毒人员进行综合诊断评估，提出按期解除或者延长强制隔离戒毒期限的建议。

（二）诊断评估的标准

1．戒毒人员生理脱毒评估标准

（1）毒品检测结果呈阴性；（2）停止使用控制或者缓解戒断症状的药物；（3）急性戒断症状完全消除；（4）未出现明显稽延性戒断症状；（5）未出现因吸毒导致的明显精神症状或者原有精神障碍得到有效控制。

诊断评估时，戒毒人员同时达到上述五项，生理脱毒评估为“合格”，否则为“不合格”。

2．戒毒人员身心康复评估标准

（1）身体相关机能有所改善；（2）体能测试有所提高；（3）戒毒动机明确，信心增强，掌握防止复吸的方法；（4）未出现严重心理问题或者精神症状；（5）有改善与家庭、社会关系的愿望和行动。

诊断评估时，戒毒人员同时达到上述五项，身心康复评估为“合格”，否则为“不合格”。

3．戒毒人员行为表现评估标准

（1）服从管理教育，遵守所规所纪；（2）接受戒毒治疗，参加康复训练；（3）参加教育矫治活动；（4）参加康复劳动；（5）坦白、检举违法犯罪活动。

对戒毒人员的行为表现，强制隔离戒毒所应当将上述考核内容分解量化，采取日积累、月考评、逐月累计的计分形式进行动态考核，达到规定分数的为“合格”，否则为“不合格”。

4．戒毒人员社会环境与适应能力评估标准

（1）与有关部门签订社会帮教协议或者有明确意向；（2）家属或者所在社区支持配合其戒毒；（3）有主动接受社会监督和援助的意愿；（4）掌握一定的就业谋生技能；（5）有稳定的生活来源或者固定居所。

诊断评估时，戒毒人员同时具备上述三项以上的，社会环境与适应能力评估为“良好”，否则为“一般”。

（三）诊断评估结果的运用

1．提出提前解除建议

对生理脱毒评估、身心康复评估、行为表现评估均达到“合格”，社会环境与适用能力评估结果为“良好”的，强制隔离戒毒所可以提出提前解除强制隔离戒毒的意见。对被二次以上强制隔离戒毒的，应当从严控制提前解除强制隔离戒毒的期限。

2．不得提前解除情形

对具有下列情形之一的戒毒人员，不得提出提前解除强制隔离戒毒的意见：（1）拒不交代真实身份和住址的；（2）脱逃被追回或者有自伤自残行为的；（3）所外就医、探视、请假外出等期间或者回所时毒品检测结果呈阳性或者拒绝接受毒品检测的；（4）被责令接受社区康复的人员拒绝接受社区康复或者严重违反社区康复协议，因再次吸食、注射毒品被决定强制隔离戒毒的；（5）其他不宜提前解除强制隔离戒毒的。

3．按期解除

对生理脱毒、身心康复、行为表现评估结果均达到“合格”的戒毒人员，强制隔离戒毒所应当按期解除强制隔离戒毒。

4．提出延长期限建议

对生理脱毒、身心康复评估结果中有一项以上为“不合格”的，强制隔离戒毒所可以提出延长强制隔离戒毒期限三至六个月的意见；对行为表现评估结果尚未达到“合格”的，强制隔离戒毒所根据其情况，可以提出延长强制隔离戒毒期限的意见，延长时间不得超过十二个月。

5．提出社区康复建议

强制隔离戒毒所对解除强制隔离戒毒的人员，可以根据其综合诊断评估情况提出对其责令社区康复的建议。对社会环境与适应能力评估结果为“一般”的，强制隔离戒毒所应当提出对其责令社区康复的建议。

三、诊断评估程序

（一）不同阶段的评估

戒毒人员入所七天内，强制隔离戒毒所应当为其建立诊断评估手册，记载其生理脱毒、身心康复、行为表现、社会环境与适应能力等情况，作为诊断评估依据。

公安机关强制隔离戒毒所向司法行政部门强制隔离戒毒所移交戒毒人员时，应当同时移交戒毒人员诊断评估手册。

司法行政部门强制隔离戒毒所接收公安机关强制隔离戒毒所移交的戒毒人员后，对其后续的戒毒情况应当继续在公安机关移交的戒毒人员诊断评估手册上进行记载。

执行强制隔离戒毒三个月后，强制隔离戒毒所应当参照生理脱毒评估标准对戒毒人员生理脱毒情况进行阶段性评价，评价结果应当作为一年后和期满前生理脱毒诊断评估的重要依据。

执行强制隔离戒毒一年后，强制隔离戒毒所应当对戒毒人员进行综合诊断评估。

（二）强制隔离戒毒诊断评估机构

强制隔离戒毒所应当成立由管理、教育、医疗等多岗位工作人员参加的诊断评估办公室。

强制隔离戒毒所可以邀请政府有关部门工作人员、社会工作者以及本所外的执业医师参加诊断评估工作。

强制隔离戒毒所诊断评估办公室应当采取查阅戒毒人员诊断评估材料、与戒毒人员谈话、进行相关测试和社会调查等方式开展诊断评估工作，形成诊断评估结果。

（三）强制隔离戒毒结果公示及救济

强制隔离戒毒所应当将诊断评估结果向戒毒人员公示三日以上。戒毒人员本人或者他人向强制隔离戒毒所提出异议的，诊断评估办公室应当给予解释或者答复。对解释或者答复仍有异议的，七日内可以向强制隔离戒毒所所属机关的强制隔离戒毒诊断评估指导委员会提出复核要求。

（四）提前或延长强制隔离戒毒的决定

诊断评估结果经公示并按有关规定审核后，强制隔离戒毒所提出提前解除强制隔离戒毒或者延长强制隔离戒毒期限意见的，应当向强制隔离戒毒决定机关提交以下材料：（一）提前解除强制隔离戒毒或者延长强制隔离戒毒期限的意见书；（二）强制隔离戒毒决定书的复印件；（三）其他需要移送的材料。

强制隔离戒毒决定机关应当自收到提前解除强制隔离戒毒、延长强制隔离戒毒期限的意见之日起七日内，作出是否批准的决定，于作出决定后七日内将决定书送达被决定人，并通知强制隔离戒毒所。

对不批准提前解除强制隔离戒毒或者延长强制隔离戒毒期限的，强制隔离戒毒决定机关应当作出书面说明，并在七日内通知强制隔离戒毒所。

四、附则

各省、自治区、直辖市和新疆生产建设兵团公安机关、司法行政部门、卫生计生行政部门根据本办法并结合本地实际，可以制定实施细则，报公安部、司法部、国家卫生计生委备案。

“以上”、“内”，包括本数。本办法自印发之日起施行。

第六节　药品类易制毒化学品管理办法

一、《药品类易制毒化学品管理办法》概述

（一）药品类易制毒化学品的界定

药品类易制毒化学品是指国务院制定的《易制毒化学品管理条例》中所确定的麦角酸、麦角胺、麦角新碱、麻黄素、伪麻黄素、消旋麻黄素、去甲麻黄素、甲基麻黄素、麻黄浸膏、麻黄浸膏粉等麻黄素类物质（说明：所列物质包括可能存在的盐类；药品类易制毒化学品包括原料药及其单方制剂）。

为切实加强药品类易制毒化学品监管，2010 年 3 月 18 日，卫生部发布了《药品类易制毒化学品管理办法》（卫生部令第 72 号，本节简称《管理办法》），于 2010 年 5 月 1 日起施行。《管理办法》一共有八章 50 条，涉及药品类易制毒化学品的生产、经营、购买以及监督管理等内容。

（二）《药品类易制毒化学品管理办法》实施的重要意义

药品类易制毒化学品具有双重属性，合理使用能解除患者病痛，如果管理不当流入非法渠道，就可能引起严重的公共卫生和社会问题。因此，国务院《易制毒化学品管理条例》明确规定对药品类易制毒化学品实行特殊管理。《管理办法》按照《易制毒化学品管理条例》确定的药品类易制毒化学品监管范围、监管制度和食品药品监管部门的职能分工，借鉴麻黄素、麻醉药品和精神药品监管的实践经验和有效做法，围绕防止药品类易制毒化学品流入非法渠道，对生产、经营、购买等环节有针对性地提出监管要求，进一步提高生产经营准入门槛，落实企业管理的责任，强化日常监管和信息通报，注重食品药品监管、公安等部门间的配合，合理安排食品药品监管部门层级、区域之间的分工合作。

《管理办法》的发布实施对进一步规范和加强药品类易制毒化学品管理，依法保障合法生产经营，有效防止从药用渠道流失制毒，具有十分重要的作用。加强药品类易制毒化学品管理是药品监管工作的重要内容，是履行禁毒工作职责的具体体现，是满足人民群众用药需求和禁绝毒品、构建社会主义和谐社会的必然要求，也是积极参与禁毒人民战争，推进我国禁毒事业的重要任务，切实抓紧抓好，能有效防止药品类易制毒化学品流入非法渠道用于制毒，保护公众身心健康，维护社会秩序。

二、药品类易制毒化学品的生产、经营许可

生产、经营药品类易制毒化学品，应当依照《易制毒化学品管理条例》和本办法的规定取得药品类易制毒化学品生产、经营许可。生产药品类易制毒化学品中属于药品的品种，还应当依照《药品管理法》和相关规定取得药品批准文号。

（一）药品类易制毒化学品的生产许可

药品生产企业申请生产药品类易制毒化学品，应当符合《易制毒化学品管理条例》第 7 条规定的条件，向所在地省、自治区、直辖市食品药品监督管理部门提出申请，报送以下资料：

（1）药品类易制毒化学品生产申请表；

（2）《药品生产许可证》、《药品生产质量管理规范》认证证书和企业营业执照复印件；

（3）企业药品类易制毒化学品管理的组织机构图（注明各部门职责及相互关系、部门负责人）；

（4）反映企业现有状况的周边环境图、总平面布置图、仓储平面布置图、质量检验场所平面布置图、药品类易制毒化学品生产场所平面布置图（注明药品类易制毒化学品相应安全管理设施）；

（5）药品类易制毒化学品安全管理制度文件目录；

（6）重点区域设置电视监控设施的说明以及与公安机关联网报警的证明；

（7）企业法定代表人、企业负责人和技术、管理人员具有药品类易制毒化学品有关知识的说明材料；

（8）企业法定代表人及相关工作人员无毒品犯罪记录的证明；

（9）申请生产仅能作为药品中间体使用的药品类易制毒化学品的，还应当提供合法用途说明等其他相应资料。

省、自治区、直辖市食品药品监督管理部门应当在收到申请之日起 5 日内，对申报资料进行形式审查，决定是否受理。受理的，在 30 日内完成现场检查，将检查结果连同企业申报资料报送国家食品药品监督管理局。国家食品药品监督管理局应当在 30 日内完成实质性审查，对符合规定的，发给《药品类易制毒化学品生产许可批件》（以下简称《生产许可批件》），注明许可生产的药品类易制毒化学品名称；不予许可的，应当书面说明理由。

药品生产企业收到《生产许可批件》后，应当向所在地省、自治区、直辖市食品药品监督管理部门提出变更《药品生产许可证》生产范围的申请。省、自治区、直辖市食品药品监督管理部门应当根据《生产许可批件》，在《药品生产许

可证》正本的生产范围中标注“药品类易制毒化学品”；在副本的生产范围中标注“药品类易制毒化学品”后，括弧内标注药品类易制毒化学品名称。

药品类易制毒化学品生产企业申请换发《药品生产许可证》的，省、自治区、直辖市食品药品监督管理部门除按照《药品生产监督管理办法》审查外，还应当对企业的药品类易制毒化学品生产条件和安全管理情况进行审查。对符合规定的，在换发的《药品生产许可证》中继续标注药品类易制毒化学品生产范围和品种名称；对不符合规定的，报国家食品药品监督管理局。

国家食品药品监督管理局收到省、自治区、直辖市食品药品监督管理部门报告后，对不符合规定的企业注销其《生产许可批件》，并通知企业所在地省、自治区、直辖市食品药品监督管理部门注销该企业《药品生产许可证》中的药品类易制毒化学品生产范围。

药品类易制毒化学品生产企业不再生产药品类易制毒化学品的，应当在停止生产经营后 3 个月内办理注销相关许可手续。

药品类易制毒化学品生产企业连续 1 年未生产的，应当书面报告所在地省、自治区、直辖市食品药品监督管理部门；需要恢复生产的，应当经所在地省、自治区、直辖市食品药品监督管理部门对企业的生产条件和安全管理情况进行现场检查。

药品类易制毒化学品生产企业变更生产地址、品种范围的，应当重新申办《生产许可批件》。药品类易制毒化学品生产企业变更企业名称、法定代表人的，由所在地省、自治区、直辖市食品药品监督管理部门办理《药品生产许可证》变更手续，报国家食品药品监督管理局备案。

药品类易制毒化学品以及含有药品类易制毒化学品的制剂不得委托生产。药品生产企业不得接受境外厂商委托加工药品类易制毒化学品以及含有药品类易制毒化学品的产品；特殊情况需要委托加工的，须经国家食品药品监督管理局批准。

（二）药品类易制毒化学品的经营许可

药品类易制毒化学品的经营许可，国家食品药品监督管理局委托省、自治区、直辖市食品药品监督管理部门办理。

药品类易制毒化学品单方制剂和小包装麻黄素，纳入麻醉药品销售渠道经营，仅能由麻醉药品全国性批发企业和区域性批发企业经销，不得零售。

未实行药品批准文号管理的品种，纳入药品类易制毒化学品原料药渠道经营。

药品经营企业申请经营药品类易制毒化学品原料药，应当符合《易制毒化学品管理条例》第 9 条规定的条件，向所在地省、自治区、直辖市食品药品监督管理部门提出申请，报送以下资料：

（1）药品类易制毒化学品原料药经营申请表；

（2）具有麻醉药品和第一类精神药品定点经营资格或者第二类精神药品定点经营资格的《药品经营许可证》、《药品经营质量管理规范》认证证书和企业营业执照复印件；

（3）企业药品类易制毒化学品管理的组织机构图（注明各部门职责及相互关系、部门负责人）；

（4）反映企业现有状况的周边环境图、总平面布置图、仓储平面布置图（注明药品类易制毒化学品相应安全管理设施）；

（5）药品类易制毒化学品安全管理制度文件目录；

（6）重点区域设置电视监控设施的说明以及与公安机关联网报警的证明；

（7）企业法定代表人、企业负责人和销售、管理人员具有药品类易制毒化学品有关知识的说明材料；

（8）企业法定代表人及相关工作人员无毒品犯罪记录的证明。

省、自治区、直辖市食品药品监督管理部门应当在收到申请之日起 5 日内，对申报资料进行形式审查，决定是否受理。受理的，在 30 日内完成现场检查和实质性审查，对符合规定的，在《药品经营许可证》经营范围中标注“药品类易制毒化学品”，并报国家食品药品监督管理局备案；不予许可的，应当书面说明理由。

三、药品类易制毒化学品的购买许可

国家对药品类易制毒化学品实行购买许可制度。购买药品类易制毒化学品的，应当办理《药品类易制毒化学品购用证明》（以下简称《购用证明》），但本《管理办法》第 21 条规定的情形除外。

《购用证明》由国家食品药品监督管理局统一印制（样式见附件 5），有效期为 3 个月。《购用证明》申请范围：

（1）经批准使用药品类易制毒化学品用于药品生产的药品生产企业；

（2）使用药品类易制毒化学品的教学、科研单位；

（3）具有药品类易制毒化学品经营资格的药品经营企业；

（4）取得药品类易制毒化学品出口许可的外贸出口企业；

（5）经农业部会同国家食品药品监督管理局下达兽用盐酸麻黄素注射液生产计划的兽药生产企业。

药品类易制毒化学品生产企业自用药品类易制毒化学品原料药用于药品生产的，也应当按照本办法规定办理《购用证明》。

购买药品类易制毒化学品应当符合《易制毒化学品管理条例》第 14 条的规

定，向所在地省、自治区、直辖市食品药品监督管理部门或者省、自治区食品药品监督管理部门确定并公布的设区的市级食品药品监督管理部门提出申请，填报购买药品类易制毒化学品申请表，提交相应资料。

设区的市级食品药品监督管理部门应当在收到申请之日起 5 日内，对申报资料进行形式审查，决定是否受理。受理的，必要时组织现场检查，5 日内将检查结果连同企业申报资料报送省、自治区食品药品监督管理部门。省、自治区食品药品监督管理部门应当在 5 日内完成审查，对符合规定的，发给《购用证明》；不予许可的，应当书面说明理由。

省、自治区、直辖市食品药品监督管理部门直接受理的，应当在收到申请之日起 10 日内完成审查和必要的现场检查，对符合规定的，发给《购用证明》；不予许可的，应当书面说明理由。省、自治区、直辖市食品药品监督管理部门在批准发给《购用证明》之前，应当请公安机关协助核查相关内容。

符合以下情形之一的，豁免办理《购用证明》：

（1）医疗机构凭麻醉药品、第一类精神药品购用印鉴卡购买药品类易制毒化学品单方制剂和小包装麻黄素的；

（2）麻醉药品全国性批发企业、区域性批发企业持麻醉药品调拨单购买小包装麻黄素以及单次购买麻黄素片剂 6 万片以下、注射剂 1.5 万支以下的；

（3）按规定购买药品类易制毒化学品标准品、对照品的；

（4）药品类易制毒化学品生产企业凭药品类易制毒化学品出口许可自营出口药品类易制毒化学品的。

四、药品类易制毒化学品的购销管理

药品类易制毒化学品生产企业应当将药品类易制毒化学品原料药销售给取得《购用证明》的药品生产企业、药品经营企业和外贸出口企业。药品类易制毒化学品经营企业应当将药品类易制毒化学品原料药销售给本省、自治区、直辖市行政区域内取得《购用证明》的单位。药品类易制毒化学品经营企业之间不得购销药品类易制毒化学品原料药。教学科研单位只能凭《购用证明》从麻醉药品全国性批发企业、区域性批发企业和药品类易制毒化学品经营企业购买药品类易制毒化学品。

药品类易制毒化学品生产企业应当将药品类易制毒化学品单方制剂和小包装麻黄素销售给麻醉药品全国性批发企业。麻醉药品全国性批发企业、区域性批发企业应当按照《麻醉药品和精神药品管理条例》第三章规定的渠道销售药品类易制毒化学品单方制剂和小包装麻黄素。麻醉药品区域性批发企业之间不得购销药品类易制毒化学品单方制剂和小包装麻黄素。

麻醉药品区域性批发企业之间因医疗急需等特殊情况需要调剂药品类易制毒化学品单方制剂的，应当在调剂后 2 日内将调剂情况分别报所在地省、自治区、直辖市食品药品监督管理部门备案。

药品类易制毒化学品禁止使用现金或者实物进行交易。药品类易制毒化学品生产企业、经营企业销售药品类易制毒化学品，应当逐一建立购买方档案。购买方为非医疗机构的，档案内容至少包括：

（1）购买方《药品生产许可证》、《药品经营许可证》、企业营业执照等资质证明文件复印件；

（2）购买方企业法定代表人、主管药品类易制毒化学品负责人、采购人员姓名及其联系方式；

（3）法定代表人授权委托书原件及采购人员身份证明文件复印件；

（4）《购用证明》或者麻醉药品调拨单原件；

（5）销售记录及核查情况记录。

购买方为医疗机构的，档案应当包括医疗机构麻醉药品、第一类精神药品购用印鉴卡复印件和销售记录。

药品类易制毒化学品生产企业、经营企业销售药品类易制毒化学品时，应当核查采购人员身份证明和相关购买许可证明，无误后方可销售，并保存核查记录。

发货应当严格执行出库复核制度，认真核对实物与药品销售出库单是否相符，并确保将药品类易制毒化学品送达购买方《药品生产许可证》或者《药品经营许可证》所载明的地址，或者医疗机构的药库。在核查、发货、送货过程中发现可疑情况的，应当立即停止销售，并向所在地食品药品监督管理部门和公安机关报告。除药品类易制毒化学品经营企业外，购用单位应当按照《购用证明》载明的用途使用药品类易制毒化学品，不得转售；外贸出口企业购买的药品类易制毒化学品不得内销。购用单位需要将药品类易制毒化学品退回原供货单位的，应当分别报其所在地和原供货单位所在地省、自治区、直辖市食品药品监督管理部门备案。原供货单位收到退货后，应当分别向其所在地和原购用单位所在地省、自治区、直辖市食品药品监督管理部门报告。

五、药品类易制毒化学品的安全管理

药品类易制毒化学品生产企业、经营企业、使用药品类易制毒化学品的药品生产企业和教学科研单位，应当配备保障药品类易制毒化学品安全管理的设施，建立层层落实责任制的药品类易制毒化学品管理制度。

药品类易制毒化学品生产企业、经营企业和使用药品类易制毒化学品的药品生产企业，应当设置专库或者在药品仓库中设立独立的专库（柜）储存药品类易制毒化学品。麻醉药品全国性批发企业、区域性批发企业可在其麻醉药品和第一类精神药品专库中设专区存放药品类易制毒化学品。教学科研单位应当设立专柜储存药品类易制毒化学品。专库应当设有防盗设施，专柜应当使用保险柜；专库和专柜应当实行双人双锁管理。药品类易制毒化学品生产企业、经营企业和使用药品类易制毒化学品的药品生产企业，其关键生产岗位、储存场所应当设置电视监控设施，安装报警装置并与公安机关联网。

药品类易制毒化学品生产企业、经营企业和使用药品类易制毒化学品的药品生产企业，应当建立药品类易制毒化学品专用账册。专用账册保存期限应当自药品类易制毒化学品有效期期满之日起不少于2年。药品类易制毒化学品生产企业自营出口药品类易制毒化学品的，必须在专用账册中载明，并留存出口许可及相应证明材料备查。

药品类易制毒化学品入库应当双人验收，出库应当双人复核，做到账物相符。发生药品类易制毒化学品被盗、被抢、丢失或者其他流入非法渠道情形的，案发单位应当立即报告当地公安机关和县级以上地方食品药品监督管理部门。接到报案的食品药品监督管理部门应当逐级上报，并配合公安机关查处。

六、药品类易制毒化学品的监督管理

县级以上地方食品药品监督管理部门负责本行政区域内药品类易制毒化学品生产企业、经营企业、使用药品类易制毒化学品的药品生产企业和教学科研单位的监督检查。食品药品监督管理部门应当建立对本行政区域内相关企业的监督检查制度和监督检查档案。监督检查至少应当包括药品类易制毒化学品的安全管理状况、销售流向、使用情况等内容；对企业的监督检查档案应当全面详实，应当有现场检查等情况的记录。每次检查后应当将检查结果以书面形式告知被检查单位；需要整改的应当提出整改内容及整改期限，并实施跟踪检查。食品药品监督管理部门对药品类易制毒化学品的生产、经营、购买活动进行监督检查时，可以依法查看现场、查阅和复制有关资料、记录有关情况、扣押相关的证据材料和违法物品；必要时，可以临时查封有关场所。被检查单位及其工作人员应当配合食品药品监督管理部门的监督检查，如实提供有关情况和材料、物品，不得拒绝或者隐匿。食品药品监督管理部门应当将药品类易制毒化学品许可、依法吊销或者注销许可的情况及时通报有关公安机关和工商行政管理部门。食品药品监督管理部门收到工商行政管理部门关于药品类易制毒化学品生产企业、经营企业吊销营业执照或者注销登记的情况通报后，应当及时注销相应的药品类易制毒化学品许可。

药品类易制毒化学品生产企业、经营企业应当于每月 10 日前，向所在地县级食品药品监督管理部门、公安机关及中国麻醉药品协会报送上月药品类易制毒化学品生产、经营和库存情况；每年 3 月 31 日前向所在地县级食品药品监督管理部门、公安机关及中国麻醉药品协会报送上年度药品类易制毒化学品生产、经营和库存情况。食品药品监督管理部门应当将汇总情况及时报告上一级食品药品监督管理部门。

药品类易制毒化学品生产企业、经营企业应当按照食品药品监督管理部门制定的药品电子监管实施要求，及时联入药品电子监管网，并通过网络报送药品类易制毒化学品生产、经营和库存情况。

药品类易制毒化学品生产企业、经营企业、使用药品类易制毒化学品的药品生产企业和教学科研单位，对过期、损坏的药品类易制毒化学品应当登记造册，并向所在地县级以上地方食品药品监督管理部门申请销毁。食品药品监督管理部门应当自接到申请之日起 5 日内到现场监督销毁。有《行政许可法》第 69 条第 1 款、第 2 款所列情形的，省、自治区、直辖市食品药品监督管理部门或者国家食品药品监督管理局应当撤销根据本办法作出的有关许可。

七、违反《药品类易制毒化学品管理办法》的法律责任

药品类易制毒化学品生产企业、经营企业、使用药品类易制毒化学品的药品生产企业、教学科研单位，未按规定执行安全管理制度的，由县级以上食品药品监督管理部门按照《易制毒化学品管理条例》第 40 条第 1 款第 1 项的规定给予处罚。药品类易制毒化学品生产企业自营出口药品类易制毒化学品，未按规定在专用账册中载明或者未按规定留存出口许可、相应证明材料备查的，由县级以上食品药品监督管理部门按照《易制毒化学品管理条例》第 40 条第 1 款第 4 项的规定给予处罚。

有下列情形之一的，由县级以上食品药品监督管理部门给予警告，责令限期改正，可以并处 1 万元以上 3 万元以下的罚款：

（1）药品类易制毒化学品生产企业连续停产 1 年以上未按规定报告的，或者未经所在地省、自治区、直辖市食品药品监督管理部门现场检查即恢复生产的；

（2）药品类易制毒化学品生产企业、经营企业未按规定渠道购销药品类易制毒化学品的；

（3）麻醉药品区域性批发企业因特殊情况调剂药品类易制毒化学品后未按规定备案的；

（4）药品类易制毒化学品发生退货，购用单位、供货单位未按规定备案、报告的。

药品类易制毒化学品生产企业、经营企业、使用药品类易制毒化学品的药品生产企业和教学科研单位，拒不接受食品药品监督管理部门监督检查的，由县级以上食品药品监督管理部门按照《易制毒化学品管理条例》第42条规定给予处罚。

对于由公安机关、工商行政管理部门按照《易制毒化学品管理条例》第38条作出行政处罚决定的单位，食品药品监督管理部门自该行政处罚决定作出之日起3年内不予受理其药品类易制毒化学品生产、经营、购买许可的申请。食品药品监督管理部门工作人员在药品类易制毒化学品管理工作中有应当许可而不许可、不应当许可而滥许可，以及其他滥用职权、玩忽职守、徇私舞弊行为的，依法给予行政处分；构成犯罪的，依法追究刑事责任。

第七节　易制毒化学品进出口管理规定

一、《易制毒化学品进出口管理规定》概述

近年来，由于国际社会毒潮泛滥，易制毒化学品流入非法渠道，用于制造毒品的问题已经成为国际社会禁毒领域关注的一个重要问题，是一个国际性的问题。国际上，各国政府不断加大对易制毒化学品管制工作的力度。我国也通过制定、颁布各种法律法规来加强对易制毒化学品的管理，2005年8月26日国务院公布并于2005年11月1日起施行的《易制毒化学品管理条例》，共八章45条。分别从生产经营管理、购买管理、运输管理、进出口管理、监督检查、法律责任等六方面对我国易制毒化学品的管理作了规定。这是中国第一部全面规范易制毒化学品生产、经营、购买、运输和进口、出口行为的重要行政法规，对于进一步依法严格易制毒化学品管理，保障合法的生产经营活动，防止流入非法渠道用于制造毒品，从源头上减少毒品生产，降低毒品危害，将起到十分重要的作用。

为进一步加强易制毒化学品进出口管理，防止其流入非法制毒渠道，根据《对外贸易法》和《易制毒化学品管理条例》等法律、行政法规，商务部于2006年5月17日第5次部务会议审议通过，2006年9月21日发布，并自公布之日起30日后施行了《易制毒化学品进出口管理规定》（本节简称《进出口管理规定》），2015年10月28日做了修订。

2007年12月29日第十届全国人民代表大会常务委员会第三十一次会议通过的《禁毒法》中第21条和第22条对易制毒化学品的管理作出了明确规定：国家对易制毒化学品的生产、经营、购买、运输实行许可制度；禁止非法生产、买卖、运输、储存、提供、持有、使用易制毒化学品。国家对易制毒化学品的进

口、出口实行许可制度；国务院有关部门应当按照规定的职责，对进口、出口易制毒化学品依法进行管理；禁止走私易制毒化学品。随后，相关部门相继出台了一系列配套规定，对《禁毒法》和《条例》的执行予以细化：国家安全生产监督管理总局制定了《非药品类易制毒化学品生产、经营许可办法》；公安部制定了《易制毒化学品购销和运输管理办法》；商务部修改了《进出口管理规定》，并制定了一系列的有关易制毒化学品进出口管制的文件，明确了国家对易制毒化学品进出口实行许可证管理制度。《进出口管理规定》规定，以任何方式进出口易制毒化学品均需申领许可证。

二、易制毒化学品进出口管理的主体

商务部负责全国易制毒化学品的进出口管理工作。国务院其他部门在各自职责范围内负责有关管理工作。各省、自治区、直辖市及计划单列市商务主管部门（以下统称省级商务主管部门）负责本地区易制毒化学品进出口管理工作。同时接受商务部委托负责本地区易制毒化学品进出口许可初审及部分易制毒化学品进出口许可工作。县级以上商务主管部门负责本地区易制毒化学品进出口监督检查工作。

三、易制毒化学品进出口申请和审查

1. 易制毒化学品进出口实行先申请、再许可、最后发放许可证

国家对易制毒化学品进出口实行许可证管理制度。《进出口管理规定》规定，以任何方式进出口易制毒化学品均需申领许可证，并凭进（出）口许可证办理相关手续。

经营者申请进出口易制毒化学品，应通过商务部两用物项和技术进出口管理电子政务平台如实、准确、完整填写《易制毒化学品进（出）口申请表》，并提交电子数据。省级商务主管部门应自收到进出口申请电子数据之日起 3 日内进行审查，符合填报要求的，网上通知经营者报送书面材料；不符合填报要求的，网上说明理由并退回重新填报。经营者收到报送书面材料的通知后，应向省级商务主管部门提交下列书面材料：

（1）经签字并加盖公章的《易制毒化学品进（出）口申请表》原件；

（2）对外贸易经营者备案登记表复印件；

（3）营业执照副本复印件；

（4）易制毒化学品生产、经营、购买许可证或者备案证明；

（5）进口或者出口合同（协议）复印件；

（6）经办人的身份证明复印件。

申请易制毒化学品出口许可的，还应当提交进口方政府主管部门出具的合法

使用易制毒化学品的证明复印件或进口方合法使用的保证文件原件。

申请进出口目录第三类中无须国际核查的易制毒化学品的，省级商务主管部门应自收到齐备、合格的书面材料之日起5日内对经营者提交的书面材料和电子数据进行审查，并作出是否许可的决定。许可的，省级商务主管部门应在上述期限内发放《两用物项和技术进（出）口批复单》，并将电子数据报商务部备案；不予许可的，省级商务主管部门书面通知经营者并说明理由。

对于申请进出口目录第一、二类易制毒化学品和目录第三类中需国际核查的易制毒化学品的，省级商务主管部门应自收到齐备、合格的书面材料之日起3日内对申请进行初审。初审合格后，对于申请进出口无须国际核查的目录第一、二类易制毒化学品的，省级商务主管部门将电子数据转报商务部审查；对于申请进出口需国际核查的易制毒化学品的，省级商务主管部门将书面材料和电子数据转报商务部审查。

对于申请进出口目录第一、二类中无须国际核查的易制毒化学品的，商务部应自收到省级商务主管部门上报电子数据之日起8日内进行审查，作出是否许可的决定并通知省级商务主管部门。

商务部依据前款对进出口申请予以许可的，省级商务主管部门应在收到许可决定后2日内发放《两用物项和技术进（出）口批复单》；不予许可的，省级商务主管部门书面通知经营者并说明理由。

对于申请进口需国际核查的易制毒化学品的，商务部应自收到省级商务主管部门上报电子数据和书面材料之日起8日内进行审查，作出是否许可的决定并通知省级商务主管部门。商务部依据前款对进口申请予以许可的，省级商务主管部门应在收到许可决定后2日内发放《两用物项和技术进口批复单》；不予许可的，省级商务主管部门书面通知经营者并说明理由。

对于申请出口需国际核查的易制毒化学品的，商务部应自收到省级商务主管部门上报书面材料和电子数据之日起5日内进行审查，符合规定的，进行国际核查。

商务部应自收到国际核查结果之日起3日内作出是否许可的决定并通知省级商务主管部门。商务部予以许可的，省级商务主管部门应在收到许可决定后2日内发放《两用物项和技术出口批复单》；不予许可的，省级商务主管部门书面通知经营者并说明理由。

申请进口第一类中的药品类易制毒化学品的，商务部在作出许可决定之前，应当征得国务院食品药品监督管理部门的同意。申请出口第一类中的药品类易制毒化学品，需要在取得出口许可证后办理购买许可证的，应当向省级食品药品监督管理部门申请购买许可证。

在易制毒化学品进出口许可审查过程中，商务主管部门可以对申请材料的实质内容进行实地核查。经营者可通过商务部两用物项和技术进出口管理电子政务平台查询有关申请办理进程及结果。经营者凭《两用物项和技术进（出）口批复单》依据《两用物项和技术进出口许可证管理办法》有关规定申领两用物项和技术进（出）口许可证。

2. 外商投资企业进出口许可申请和审查

外商投资企业申请进出口易制毒化学品的，通过外商投资企业进出口管理网络系统申报，如实、准确、完整填写《外商投资企业易制毒化学品进（出）口申请表》，并提交电子数据；手工不经过网络系统申报的，省级商务主管部门须按规范录入上述系统。省级商务主管部门应自收到进出口申请电子数据之日起3日内进行审查，符合填报要求的，网上通知外商投资企业报送书面材料；不符合填报要求的，网上说明理由并退回重新填报。

外商投资企业收到报送书面材料的通知后，应向省级商务主管部门提交下列书面材料：（1）经签字并加盖公章的《外商投资企业易制毒化学品进（出）口申请表》原件；

（2）盖有联合年检合格标识的批准证书复印件；

（3）营业执照副本复印件；

（4）商务主管部门关于设立该企业的批文及企业合营合同或章程、验资报告；

（5）易制毒化学品生产、经营、购买许可证或者备案证明；

（6）进口或者出口合同（协议）复印件；

（7）经办人的身份证明复印件。

申请易制毒化学品出口许可的，还应当提交进口方政府主管部门出具的合法使用易制毒化学品的证明或进口方合法使用的保证文件原件。申请易制毒化学品进口许可的，还需提交申请进口易制毒化学品的报告，包括外商投资企业对监管手段的说明及不得用于制毒的保证函。书面材料不齐全或不符合法定形式的，省级商务主管部门应在收到书面材料之日起5日内告知外商投资企业需要补正的全部内容，逾期不告知的，自收到书面材料之日起即为受理。

申请进出口目录第三类中无须国际核查的易制毒化学品的，省级商务主管部门应自收到齐备、合格的书面材料之日起5日内对外商投资企业提交的书面材料和电子数据进行审查，并作出是否许可的决定。许可的，省级商务主管部门应在上述期限内发放《外商投资企业易制毒化学品进（出）口批复单》，并将电子数据报商务部备案；不予许可的，省级商务主管部门书面通知外商投资企业并说明理由。

对于申请进出口目录第一、二类易制毒化学品和目录第三类中需国际核查的易制毒化学品的，省级商务主管部门应自收到齐备、合格的书面材料之日起3日内对申请进行初审。初审合格后，对于申请进出口无须国际核查的目录第一、二类易制毒化学品的，省级商务主管部门将电子数据转报商务部审查；对于申请进出口需国际核查的易制毒化学品的，省级商务主管部门将书面材料和电子数据转报商务部审查。

对于申请进口目录第一、二类中无须国际核查的易制毒化学品的，商务部应自收到省级商务主管部门上报电子数据之日起8日内进行审查，作出是否许可的决定并通知省级商务主管部门。

商务部依据前款对进口申请予以许可的，省级商务主管部门应在收到许可决定后2日内发放《外商投资企业易制毒化学品进口批复单》；不予许可的，省级商务主管部门书面通知外商投资企业并说明理由。

对于申请出口第一、二类中无须国际核查的易制毒化学品的，商务部应自收到省级商务主管部门上报电子数据和书面材料之日起10日内进行审查，作出是否许可的决定并通知省级商务主管部门。许可的，商务部应在上述期限内发放《外商投资企业易制毒化学品出口批复单》，省级商务主管部门通知外商投资企业；不予许可的，省级商务主管部门书面通知外商投资企业并说明理由。

对于申请进口需国际核查的易制毒化学品的，商务部应自收到省级商务主管部门上报电子数据和书面材料之日起8日内进行审查，作出是否许可的决定并通知省级商务主管部门。

商务部依据前款对进口申请予以许可的，省级商务主管部门应在收到许可决定后2日内发放《外商投资企业易制毒化学品进口批复单》；不予许可的，省级商务主管部门书面通知外商投资企业并说明理由。

对于申请出口需国际核查的易制毒化学品的，商务部应自收到省级商务主管部门上报书面材料和电子数据之日起5日内进行审查，符合规定的，进行国际核查。商务部应自收到国际核查结果之日起5日内作出是否许可的决定并通知省级商务主管部门。许可的，商务部应在上述期限内发放《外商投资企业易制毒化学品出口批复单》，省级商务主管部门通知外商投资企业；不予许可的，省级商务主管部门书面通知外商投资企业并说明理由。

外商投资企业申请进口第一类中的药品类易制毒化学品的，商务部在作出许可决定之前，应当征得国务院食品药品监督管理部门的同意。外商投资企业申请出口第一类中的药品类易制毒化学品，需要在取得出口许可证后办理购买许可证的，应当向省级食品药品监督管理部门申请购买许可证。

外商投资企业凭《外商投资企业易制毒化学品进（出）口批复单》依据《两

用物项和技术进出口许可证管理办法》有关规定申领两用物项和技术进（出）口许可证。

四、易制毒化学品进出口的监督检查

县级以上商务主管部门应当按照本规定和其他有关法律、法规规定，严格履行对本地区易制毒化学品进出口的监督检查职责，依法查处违法行为。县级以上商务主管部门对经营者进行监督检查时，可以依法查看现场、查阅和复制有关资料、记录有关情况、扣押相关的证据材料和物品；必要时，可以临时查封有关场所。有关单位和个人应当及时如实提供有关情况和材料、物品，不得拒绝或隐匿。易制毒化学品在进出口环节发生丢失、被盗、被抢案件，发案单位应当立即报告当地公安机关和当地商务主管部门。接到报案的商务主管部门应当逐级上报，并配合公安机关查处。

经营者应当建立健全易制毒化学品进出口内部管理制度，建立健全易制毒化学品进出口管理档案，至少留存两年备查，并指定专人负责易制毒化学品进出口相关工作。经营者知道或者应当知道，或者得到商务主管部门通知，拟进出口的易制毒化学品可能流入非法渠道时，应及时终止合同执行，并将情况报告有关商务主管部门。经营者违反本规定或当拟进出口易制毒化学品存在被用于制毒危险时，商务部或省级商务主管部门可对已经颁发的进（出）口许可证予以撤销。经营者应采取措施停止相关交易。

经营者应当于每年 3 月 31 日前向省级商务主管部门和当地公安机关报告本单位上年度易制毒化学品进出口情况，药品类易制毒化学品进出口经营者还须向当地食品药品监督管理部门报告本单位上年度药品类易制毒化学品进出口情况。省级商务主管部门将本行政区域内的易制毒化学品进出口情况汇总后报商务部。有条件的经营者，可以与商务主管部门建立计算机联网，及时通报有关进出口情况。

五、法律责任

未经许可或超出许可范围进出口易制毒化学品的，或者违反《进出口管理规定》第 12 条的，由海关依照有关法律、行政法规的规定处理、处罚；构成犯罪的，依法追究刑事责任。

违反本规定，有下列行为之一的，商务部可给予警告、责令限期改正，并处 1 万元以上 5 万元以下罚款：

（1）经营者未按本规定建立健全内部管理制度；

（2）将进出口许可证转借他人使用的；

（3）易制毒化学品在进出口环节发生丢失、被盗、被抢后未及时报告，造成严重后果的。

违反《进出口管理规定》第45、46条规定的，商务部可给予警告、责令限期改正，并处3万元以下罚款。

经营者或者个人拒不接受商务主管部门监督检查的，商务部可责令改正，对直接负责的主管人员以及其他直接责任人员给予警告；情节严重的，对单位处1万元以上5万元以下罚款，对直接负责的主管人员以及其他直接责任人员处1000元以上5000元以下罚款。

自相关行政处罚决定生效之日或者刑事处罚判决生效之日起，商务部可在三年内不受理违法行为人提出的易制毒化学品进出口许可申请，或者禁止违法行为人在一年以上三年以下的期限内从事有关的易制毒化学品进出口经营活动。

商务主管部门的工作人员在易制毒化学品进出口管理工作中有应当许可而不许可、不应许可而滥许可，以及其他滥用职权、玩忽职守、徇私舞弊行为的，依法给予行政处分；构成犯罪的，依法追究刑事责任。

第七章　禁毒地方性立法

禁毒地方性立法，指特定的地方国家政权机关，依照宪法、法律和本行政区域的现实情况，所制定的本行政区域范围的禁毒规范性法律文件。禁毒地方性立法从本地禁毒实际出发，结合区域性特色，具体规范本地区的禁毒工作。

第一节　省级地方禁毒立法概况

一、禁毒省级地方立法概况

禁毒省级地方立法是由省、自治区、直辖市或者较大的市的人大及其常委会根据本行政区域的具体情况和实际需要，在不与宪法、法律、行政法规相抵触的前提下制定的与禁毒有关的条例。据统计至今已有30个省、自治区、直辖市的人大及其常委会制定了相应的地方性法规。仅有西藏自治区没有制定禁毒条例（新疆维吾尔自治区制定了《新疆维吾尔自治区禁止大麻毒品条例》）。上述各省制定的禁毒条例，在结合本省情况贯彻实施禁毒法的过程中起到了积极的作用。

本节主要介绍《云南省禁毒条例》。因为云南省地处我国西南边陲，直接面临“金三角”地区毒品危害，是我国禁毒斗争的主阵地和主战场。

二、《云南省禁毒条例》简介

1991年5月27日云南省第七届人民代表大会常务委员会第十八次会议通过的《云南省禁毒条例》，被2018年3月31日云南省第十三届人民代表大会常务委员会第二次会议修订通过新的《云南省禁毒条例》替代。原条例废止，新条例自2018年6月1日起施行。

《云南省禁毒条例》共八章，69条，分为总则、禁毒宣传教育、毒品管制、戒毒管理和服务、禁毒国际合作、禁毒工作保障、法律责任、附则。

（一）总则

1. 制定的目的、依据与适用范围

目的是为了预防和惩治毒品违法犯罪，保护公民身心健康，维护社会秩序。

依据是《禁毒法》《戒毒条例》等有关法律法规。本省行政区域内的禁毒宣传教育、毒品管制、戒毒管理和服务、禁毒国际合作、禁毒保障等工作，适用本条例。

2．禁毒工作机制

禁毒是全社会的共同责任。禁毒工作实行政府统一领导，坚持源头治理、系统治理、综合治理、依法治理，实行工作责任制。县级以上人民政府设立禁毒委员会。禁毒委员会负责组织、协调、指导本行政区域内的禁毒工作，具体履行下列职责：（一）拟定禁毒工作规划、计划和政策措施；（二）建立健全禁毒协调合作机制和联席会议、信息共享等制度；（三）指导、督促禁毒委员会成员单位和下一级政府履行禁毒工作职责，并组织考核；（四）确定禁毒重点整治地区并督促整治；（五）组织评估毒情形势，协调解决禁毒工作中的重大问题；（六）组织制定专门场所、关爱机构、戒毒康复等场所的管理制度和保障措施；（七）上级禁毒委员会和本级人民政府交办的其他禁毒工作。

禁毒委员会设立办公室，配备工作人员，负责日常工作。乡镇人民政府、街道办事处根据需要可以设立禁毒工作领导协调机构，履行相应职责。

3．禁毒工作职责

禁毒委员会成员单位应当依法履行禁毒职责，向禁毒委员会报告禁毒工作。

公安机关负责毒品查缉，毒品原植物禁种，吸毒人员查处、动态管控，所属强制隔离戒毒场所管理等工作。司法行政部门负责所属强制隔离戒毒场所管理以及涉毒服刑人员的教育改造等工作。卫生行政主管部门负责戒毒医疗机构的设置规划和监督管理，指导、支持开展戒毒医疗服务。财政、民政、教育、市场监管、交通运输、海关、人民银行等有关行政主管部门和单位，按照职责做好禁毒工作。工会、共青团和妇联应当结合各自工作对象的特点，组织毒品预防教育、社会帮扶、志愿者活动等。各类开发园区、农场等管委会参照本条例的有关规定，履行禁毒工作职责。

各级人民政府应当动员社会力量参与禁毒工作，建立政府购买禁毒社会服务工作机制，推动禁毒社会工作者队伍和志愿者队伍建设，并对其进行指导培训，提供必要工作条件。

县（市、区）及乡镇人民政府、街道办事处应当组织开展无毒社区创建活动，上级人民政府负责组织创建活动的考核工作。被确定为禁毒重点整治地区的人民政府，应当制定整治方案，定期向上一级人民政府报告整治工作情况。

鼓励公民举报毒品违法犯罪行为。各级人民政府和有关部门应当对举报人予以保护，对举报有功人员以及在禁毒工作中有突出贡献的单位和个人，按照有关规定给予表彰和奖励。

（二）禁毒宣传教育

1．政府的责任

《云南省禁毒条例》明确规定了县级以上人民政府应当建立健全由禁毒委员会组织，各成员单位配合、社会各界广泛参与的禁毒宣传教育工作体系。各级人民政府及其部门应当采取多种形式加强禁毒宣传工作，普及毒品预防知识，实现禁毒宣传教育全覆盖。禁毒委员会应当组织编写、制作禁毒知识读本、音像制品、互联网宣传产品等，运用各类媒体对公民进行禁毒宣传教育。县级以上人民政府建立的禁毒教育基地应当免费向社会开放，提供禁毒宣传教育服务。

2．媒体、场所及单位的责任

报刊、广播、电视、网络等公共信息服务单位应当安排宣传版面和时段，免费定期刊登、播放禁毒公益广告和节目。铁路、公路、水上、航空、城市轨道交通和邮政、快递等经营单位以及旅馆、洗浴、会所、茶馆、酒吧、歌舞厅、网吧等娱乐服务场所，应当在显著位置设立禁毒警示标识，公布举报方式，开展禁毒宣传。公共图书馆、阅览室应当提供禁毒宣传教育读物。各级行政学院、公职人员培训机构应当将禁毒宣传教育列入培训内容。国家机关、社会团体、企业事业单位等应当定期开展对本单位人员的禁毒宣传教育。

3．教育行政部门和学校的责任

教育部门负责对学校禁毒教育工作的组织领导，加强师资培训，督促落实毒品预防教学任务。学校禁毒教育工作，校长为第一责任人。学校应当将青少年禁毒教育纳入教学计划，根据每个学龄阶段的学生特点，每学期安排禁毒教育专门课时。学校发现在校学生有吸毒行为的，应当及时报告学校所在地公安机关和教育部门，通知学生家长，并配合有关部门进行帮教，督促戒毒。学校不得以吸毒为由开除未完成义务教育的未成年学生学籍。父母或者其他监护人应当对未成年人进行禁毒教育。家庭成员有吸毒行为的，其他家庭成员应当对其教育和制止，配合有关部门帮助其戒除毒瘾。

4．村委会的责任

县级人民政府及其有关部门、乡镇人民政府、街道办事处、村（居）民委员会应当采取措施，加强对村（居）民、流动人口的禁毒宣传教育。鼓励在村规民约中规定禁毒的内容，并督促遵守。

5．民族地区宣传的方式

自治州、自治县应当使用国家通用语言文字和当地少数民族语言文字开展禁毒宣传，鼓励开展具有地方民族特色的禁毒宣传教育活动。

6．本章最大的亮点

“学校不得以吸毒为由开除未完成义务教育的未成年学生学籍”，民族自治地方应当使用国家通用语言文字和当地少数民族语言文字开展禁毒宣传，鼓励开展具有地方民族特色的禁毒宣传教育活动。

（三）毒品管制

毒品管制是禁毒的第一关，也是一个重要环节，直接决定禁毒工作的成败和实效。如果能构建出一个没有任何疏漏的管制网络，禁毒工作就事半功倍；否则，就事倍功半。因此，《云南省禁毒条例》从毒品的原植物的禁种到易制毒化学品和麻醉药品、精神药品的生产、经营、购买、运输、储存、使用、进口、出口等环节做出明确规定，并明确在管制环节上各单位、各部门的职责。

1．禁止非法种植毒品原植物

乡镇人民政府、街道办事处应当组织公安派出所、村（居）民委员会及有关人员加强巡查，发现非法种植毒品原植物的，立即采取措施予以制止、铲除。村（居）民委员会发现涉嫌出境参与种植、收割毒品原植物的人员，应当及时劝阻，并报告当地公安机关。

2．禁止走私或者非法买卖、运输、邮寄、携带、持有毒品原植物种子或者幼苗

禁止在生产经营的食品中添加罂粟壳、罂粟籽、罂粟苗等毒品原植物、种子、幼苗及其制品。种植、加工工业大麻的单位和个人应当取得相关许可证，不得向未取得加工许可证的单位和个人销售或者提供工业大麻花叶。

3．报告查处制度规定

卫生、科技、农业等行政主管部门和教学科研、医疗卫生、制药等机构，发现可能用于制造毒品、具有成瘾性且易被滥用的物质，应当及时报告省禁毒委员会。省禁毒委员会应当组织评估，必要时报告国家禁毒委员会。药品监管行政主管部门应当加强对含麻黄碱类复方制剂的检查，及时发现异常销售情况，依法查处违法行为。药品零售企业应当严格执行含麻黄碱类复方制剂凭处方购买、实名登记、限量销售、专柜专人管理等制度。药品生产、批发、零售企业发现出售的含麻黄碱类复方制剂被用于非法目的的，或者超过正常医疗需求，大量、多次购买含麻黄碱类复方制剂的，应当立即停止销售并向药品监管行政主管部门或者公安机关报告。

从事旅馆、洗浴、会所、茶馆、酒吧、歌舞厅、网吧等娱乐服务场所的经营者、管理者，应当与公安机关签订禁毒责任书，落实禁毒防范措施，对从业人员进行禁毒培训，在其场所内发现涉毒违法犯罪活动的，应当立即报告公安机关并

协助调查取证。房屋出租人、管理人、物业服务企业发现承租人有涉毒违法犯罪活动的，应当立即报告公安机关。

邮政、寄递、物流等经营单位应当建立寄递实名登记、收寄验视、信息保存以及收寄人员禁毒培训等管理制度，配备必要的检查设备，发现寄递疑似毒品、易制毒化学品等违禁物品的，应当停止运送、寄递，并立即报告公安机关。公安、交通运输、邮政、工业和信息化等部门应当建立健全禁毒联合检查机制，对邮政、寄递、物流等经营单位执行禁毒管理制度进行检查，对托运、寄递的物品进行抽查。对未严格执行相关管理制度的邮政、寄递、物流等经营单位应当增加检查频次。寄递、物流、运输、仓储企业应当加强其分支机构、挂靠经营单位的管理。其分支机构、挂靠经营单位违法运输、寄递、仓储毒品或者易制毒化学品的，应当追究企业及其相关人员的法律责任。

4．禁止发布吸毒制毒信息

任何单位和个人不得制作、发布、传播、转载、链接包含吸毒、制毒、贩毒的方法、技术、工艺、工具、原料来源等违法信息。各类互联网服务提供者及网络空间的创建者、管理者，应当采取有效措施，防止他人利用互联网、网络空间进行涉毒违法犯罪活动。发现涉毒违法犯罪活动的，应当立即向公安机关报告，并采取停止传播、保存记录等措施。公安、通信、网络等管理部门应当建立查处网络涉毒行为的协作机制，加强网上涉毒违法信息的监测，依法处理涉毒违法犯罪活动。

5．公开查缉制度

公安机关会同有关部门建立健全毒品联防联控机制，需要在口岸、机场、车站、码头以及其他重点区域和交通要道设置查缉点的，应当按照有关规定经批准后方可设置。在查缉地点应当设置警示牌。公安机关在毒品查缉点对来往人员及其携带的物品、货物以及交通工具等开展毒品和易制毒化学品检查，应当文明执法，规范执法，提高检查效率。被检查的单位和个人应当予以配合。

6．许可、查验及反洗钱制度

公安、商务、工业和信息化、市场监管、海关等行政主管部门应当建立易制毒化学品信息共享、流向追溯、责任倒查等制度。生产、经营、购买、运输和进出口易制毒化学品的单位，应当执行国家有关许可、备案等规定，建立和落实单位内部管理制度。

含有麻黄素类物质、麻醉药品、精神药品的易被提取制毒物品的复方制剂，以及尚未纳入国家易制毒化学品管理但易用作制毒原料或者配剂的化学品，由省公安机关会同负责药品监管、安全生产监管的行政主管部门制定管理措施，报省人民政府批准后实施。

海关在口岸监管区发现可能流入非法渠道的易制毒化学品，应当不予放行，并报告公安机关，由公安机关及时开展调查，调查应当在1个月内完成。货物所有人、发货人、收货人和运输人应当配合调查。

反洗钱行政主管部门和金融机构应当加强对大额交易和可疑交易的监测，发现涉嫌毒品违法犯罪的资金流动情况，应当向公安机关报告，并配合调查取证。

7．特殊人群监视居住制度

县级以上人民政府根据禁毒工作需要，可以设立专门场所。对下列符合指定居所监视居住条件的毒品犯罪嫌疑人，可以指定其在专门场所监视居住：（一）怀孕、正在哺乳自己不满1周岁婴儿的妇女；（二）患有艾滋病、癌症、尿毒症等传染病、严重疾病的人。县级以上人民政府应当加强对专门场所的管理和监督，组织财政、卫生、民政等行政主管部门提供医疗卫生服务和救助保障。

8．本章最大的亮点

县级以上人民政府根据禁毒工作需要，可以设立专门场所。对怀孕、正在哺乳自己不满1周岁婴儿的妇女；患有艾滋病、癌症、尿毒症等传染病、严重疾病的人，符合指定居所监视居住条件的毒品犯罪嫌疑人，可以指定其在专门场所监视居住。

（四）戒毒管理和服务

1．依法开展戒毒工作

针对吸毒人员既是违法者，又是毒品受害者的特征，《云南省禁毒条例》突出了以人为本的戒毒工作理念与措施。各级人民政府通过自愿戒毒、社区戒毒、强制隔离戒毒、社区康复等措施依法开展戒毒工作，并对吸毒人员实行分类评估、分级管理、综合干预，纳入社会综治网格化管理，帮助吸毒人员戒除毒瘾，教育和挽救吸毒人员。乡镇人民政府、街道办事处应当成立社区戒毒（康复）工作领导小组及其办公室，配备与任务相适应的专职工作人员，组成社区戒毒（康复）工作小组，具体实施社区戒毒（康复）措施。社区戒毒（康复）工作小组由社区民警、专职工作人员、医务人员、志愿者、社会工作者以及社区戒毒（康复）人员的家庭成员等组成。

2．社区戒毒（康复）工作人员履行下列职责

针对社区戒毒（康复）人员吸食毒品种类、吸毒成瘾程度等情况制定帮教和戒毒计划，实行动态管控；督促社区戒毒（康复）人员履行社区戒毒（康复）协议，对其进行禁毒法制宣传教育、劝导和心理辅导，给予帮扶；协助公安机关对社区戒毒（康复）人员是否吸毒进行检测；社区戒毒（康复）工作领导小组交办的其他工作。

3. 自愿戒毒规定

县级以上人民政府可以在公立医院设立专门区域或者建立专门的戒毒医疗机构，提供戒毒医疗服务，卫生、公安机关等部门应当加强业务指导并给予政策支持。自愿戒毒的人员可以到设有专门区域的公立医院、戒毒医疗机构、戒毒康复场所或者强制隔离戒毒所接受戒毒治疗，并签订和履行自愿戒毒协议。参加药物维持治疗的戒毒（康复）人员，按照国家有关规定执行，其登记和脱失的信息由药物维持治疗机构每月向公安机关备案。

4. 社区戒毒康复规定

对被解除强制隔离戒毒的人员，公安机关应当根据其强制隔离戒毒诊断评估结果，决定是否责令其接受社区康复；但对已强制隔离戒毒 2 次以上的，应当直接作出责令其接受社区康复的决定。

社区戒毒（康复）人员自愿，经执行地乡镇人民政府、街道办事处同意，可以到戒毒康复场所执行社区戒毒（康复）。社区戒毒（康复）人员户籍所在地或者现居住地不具备社区戒毒（康复）条件的，执行地乡镇人民政府、街道办事处可以安排其到戒毒康复场所或者戒毒康复人员集中就业基地接受社区戒毒（康复）。社区戒毒（康复）人员违反社区戒毒（康复）协议但达不到强制隔离戒毒条件的，执行地乡镇人民政府、街道办事处可以将其变更到戒毒康复场所或者戒毒康复人员集中就业基地执行剩余的社区戒毒（康复）期限。

执行地乡镇人民政府、街道办事处将上述人员送交戒毒康复场所或者戒毒康复人员集中就业基地前，应当征求本人或者其父母、其他监护人同意并签订戒毒（康复）协议。同时，将变更等情况及时通报作出社区戒毒（康复）决定的公安机关。

县级以上人民政府根据需要，可以设立关爱机构。对接受社区戒毒（康复）的老、弱、病、残等特殊吸毒人员，执行地乡镇人民政府、街道办事处征求本人或者其父母、其他监护人同意并签订戒毒（康复）协议后，可以送交关爱机构进行集中戒毒（康复）。

5. 强制隔离戒毒规定

吸毒成瘾人员被依法决定强制隔离戒毒的，由作出决定的公安机关送交强制隔离戒毒所执行。强制隔离戒毒所应当依法予以接收。强制隔离戒毒场所应当开辟专门区域收治病、残吸毒人员，实施分类戒治。

6. 戒毒人员的就业帮扶

各级人民政府应当对符合条件的戒毒（康复）人员，采取集中就业安置、分散就业安置、提供公益性岗位、鼓励自主创业等方式进行就业帮扶。县级以上人民政府应当对参与戒毒（康复）人员就业安置的单位和个人以及自主创业的戒毒

（康复）人员按照有关规定给予经费补助和税收优惠，支持集中安置基地（点）的建设用地和建设经费。

7. 戒毒人员自杀、自伤、自残规定

戒毒（康复）人员在戒毒康复场所、关爱机构、强制隔离戒毒场所患病或者自杀、自伤、自残的，戒毒（康复）机构应当及时进行医疗和救治，并通知其亲属，依法妥善处置；戒毒（康复）人员死亡的，戒毒（康复）机构应当立即报告所属主管机关，并通知其亲属、决定机关和有关部门。戒毒（康复）人员亲属对死亡原因有疑义的，可以委托有资质的机构进行鉴定。

8. 对吸毒人员的禁止性规定

严禁吸毒后驾驶机动车、船舶、轨道交通工具、航空器等。交通运输企业应当建立健全驾驶人员涉毒筛查制度，将吸毒筛查纳入驾驶人员体检项目，并主动接受公安机关的监督检查；发现驾驶人员有吸毒行为的，应当责令其立即停止驾驶，并向公安机关报告。

广播影视、网络视听、文艺团体及有关单位依照国家有关规定，对因涉毒行为被公安机关查处未满 3 年或者尚未戒除毒瘾的人员，不得邀请其作为主创人员参与制作广播影视节目或者举办、参与文艺演出；对上述人员作为主创人员参与制作的广播影视节目以及代言的商业广告节目，不予播出，但进行禁毒宣传教育的除外。

9. 本章最大的亮点

对不具备社区戒毒（康复）条件的，或社区戒毒（康复）人员违反社区戒毒（康复）协议但达不到强制隔离戒毒条件的，可以安排其到戒毒康复场所或者戒毒康复人员集中就业基地接受社区戒毒（康复）。

县级以上人民政府根据需要，可以设立关爱机构。

对因涉毒行为被公安机关查处未满 3 年或者尚未戒除毒瘾的人员，不得邀请其作为主创人员参与制作广播影视节目或者举办、参与文艺演出；上述人员作为主创人员参与制作的广播影视节目以及代言的商业广告节目，不予播出。

（五）禁毒国际合作

1. 边境禁毒合作规定

省人民政府和边境地区州（市）、县（市、区）人民政府及有关部门可以根据国家相关部门授权依法开展禁毒国际交流与合作，与周边国家、地区建立禁毒合作机制，开展情报交流、案件协查、国际合作研究及培训等活动。

2. 替代发展规定

县级以上人民政府及商务、海关等有关行政主管部门应当支持企业依法出境开展毒品原植物替代产业项目，发展替代产业，执行国家在境外开展替代产业的产品依法提供减免税、市场准入和进出口的便利和优惠政策。各级禁毒委员会应当加强境外毒品原植物替代发展的协调、服务和指导。

（六）禁毒工作保障

1. 各级政府的保障责任

县级以上人民政府应当加强禁毒队伍建设，保障禁毒工作条件。应当加强禁毒教育基地、戒毒（康复）场所、毒品检查站、禁毒情报中心（站）、毒品实验室等禁毒基础设施建设，并按照有关标准配备禁毒装备。

各级人民政府应当根据禁毒工作需要，保障禁毒经费并专款专用，任何单位和个人不得挤占挪用禁毒专项经费。各级人民政府和有关部门可以通过政府购买服务等方式，购买禁毒宣传、戒毒康复等社会服务；鼓励和引导社会力量参与禁毒工作，支持社会资金参与禁毒公益事业。

2. 禁毒委员会的保障责任

省禁毒委员会应当会同公安、司法行政、科技、教育、卫生等行政主管部门制定禁毒科研规划，促进禁毒科研成果转化，开发、引进先进禁毒技术、装备和戒毒方法。禁毒委员会应当推进禁毒信息化建设，建立毒品监测预警平台，完善毒品监测评估和毒情预警通报制度。禁毒委员会成员单位应当向毒品监测预警平台及时、准确地传送本单位与禁毒工作有关的信息和数据。

3. 对禁毒人员的保障规定

对存在职业暴露风险的禁毒工作人员应当由其所在单位定期组织专项体检，并为其办理相应的保险；对禁毒工作中牺牲、伤残的人员及家属进行抚恤和优待。禁毒警务辅助人员、社区戒毒（康复）专职工作人员的经费实行省、州（市）、县（市、区）三级保障。

（七）法律责任

1. 一般性规定

违反本条例规定的行为，法律、行政法规已有处罚规定的，从其规定；构成犯罪的，依法追究刑事责任。各级人民政府和有关部门不履行或者不按照规定履行禁毒工作职责的，由上级机关、主管部门责令限期改正；逾期不改正的，予以通报批评；情节严重的，由有权机关对直接负责的主管人员和其他直接责任人员依法给予处分。

2. 生产经营企业的责任

在生产经营的食品中添加罂粟壳、罂粟籽、罂粟苗等毒品原植物、种子、幼苗及其制品的，由食品监管行政主管部门给予警告，没收违法所得、违法生产经营的食品和原料，可以处500元以上2000元以下罚款；情节严重的，处2000元以上1万元以下罚款。

药品生产、批发、零售企业发现出售的含麻黄碱类复方制剂被用于非法目的，或者超过正常医疗需求，大量、多次购买含麻黄碱类复方制剂，未立即停止销售并向有关部门报告的，由药品监管行政主管部门予以警告，并处1万元以上3万元以下罚款。

3．特定场所、房主的责任

旅馆、洗浴、会所、茶馆、酒吧、歌舞厅、网吧等娱乐服务场所的经营者、管理者，在其场所内发现涉毒违法犯罪活动未报告的，由公安机关对单位处1万元以上3万元以下罚款，对直接负责的主管人员和其他直接责任人员，处5000元以上2万元以下罚款；情节严重的，责令限期停业整顿；处罚后再次发生上述行为的，由有关部门依法吊销许可证。

前款规定的场所限期停业整顿期间，不得变更法定代表人、负责人和企业名称等事项，不得使用该场所地址作为新设立同类场所的住所、经营场所。

房屋出租人、管理人、物业服务企业发现出租房屋内有涉毒违法犯罪活动未报告的，由公安机关对个人按照《治安管理处罚法》的相关规定予以处罚；对单位予以警告，并处1万元以上3万元以下罚款。

4．邮政寄递行业的责任

邮政、寄递、物流等经营单位未实行寄递实名登记、收寄验视、信息保存、收寄人员培训等制度，由有关行政主管部门责令改正，予以警告；导致收寄、承运毒品，发生涉毒案件的，处1万元以上3万元以下罚款；情节严重的，可以责令限期停业整顿。

为无法提供合法来源证明及相关许可文件的易制毒化学品提供运输、仓储等服务的，有违法所得的，由公安机关没收违法所得，并处以违法所得2倍以上5倍以下罚款；无违法所得的，处1万元以上3万元以下罚款。

5．传播涉毒信息者的责任

单位或者个人制作、发布、传播、转载、链接涉毒违法信息的，或者互联网服务提供者及网络空间的创建者、管理者发现他人利用互联网、网络空间进行涉毒违法犯罪活动，未向公安机关报告并采取停止传播、保存记录等措施的，由公安机关予以警告，没收违法所得，对单位处1万元以上3万元以下罚款，对个人处2000元以上5000元以下罚款；情节严重的，对单位处5万元以上15万元以下罚款，对个人处5000元以上1万元以下罚款，对互联网服务提供者可以责令限期停业整顿。

6．交通运输行业的责任

交通运输企业未建立驾驶人员涉毒筛查制度的，由交通管理部门责令改正，逾期不改正的，予以警告，并处 5000 元以上 2 万元以下罚款；交通运输企业发现驾驶人员有吸毒行为，未责令其立即停止驾驶并向相关部门报告的，由交通管理部门责令改正，处 1 万元以上 5 万元以下罚款；情节严重的，处 5 万元以上 10 万元以下罚款，并依法吊销相关许可证。

7．演艺活动举办者的责任

制作、播出广播影视节目或者举办文艺演出，邀请因涉毒行为被公安机关查处未满 3 年或者尚未戒除毒瘾的人员作为主创人员的，由文化、广播电视行政主管部门按照职责对邀请方、播出方责令改正，处 5 万元以上 15 万元以下罚款。播出上述人员代言的商业广告节目的，由市场监管行政主管部门责令停止发布广告，处广告费用 1 倍以上 3 倍以下罚款。

三、《云南省工业大麻种植加工许可规定》

《云南省工业大麻种植加工许可规定》（以下简称《许可规定》），2009 年 10 月 22 日云南省人民政府令第 156 号公布，自 2010 年 1 月 1 日起施行。

（一）一般规定

本规定所称的工业大麻，是指四氢大麻酚含量低于 0.3%（干物质重量百分比）的大麻属原植物及其提取产品。工业大麻花叶加工提取的四氢大麻酚含量高于 0.3% 的产品，适用毒品管制的法律、法规。

工业大麻种植包括科学研究种植、繁种种植、工业原料种植、园艺种植和民俗自用种植。工业大麻的科学研究种植、繁种种植、工业原料种植依法实行许可制度；工业大麻的园艺种植、民俗自用种植实行备案制度。

工业大麻加工包括花叶加工、麻秆加工、麻籽加工。工业大麻的花叶加工依法实行许可制度。未经许可任何单位或者个人不得从事工业大麻的科学研究种植、繁种种植、工业原料种植和工业大麻的花叶加工。民俗自用种植仅适用于少数民族地区或者边远山区的农户自产自用的工业大麻种植。

（二）主管部门

县级以上公安机关负责工业大麻种植许可证、工业大麻加工许可证的审批颁发和监督管理工作。公安机关应当自受理工业大麻种植、加工许可申请之日起 15 日内作出许可决定。作出准予许可决定的，应当在 5 日内颁发相应的许可证；作出不予许可决定的，应当书面告知申请人，并说明理由。从事工业大麻园艺种植或者民俗自用种植的，应当向种植地县级公安机关备案。

工业大麻种植许可证、工业大麻加工许可证上应当注明种植、加工及运输产品的种类、方式等内容。工业大麻种植许可证和工业大麻加工许可证的有效期为2年。有效期满需要延续的，应当在有效期届满30日前向作出许可决定的公安机关提出申请；公安机关应当在有效期届满前作出是否准予延续的决定。

（三）申请条件

1. 申请领取工业大麻种植许可证从事科学研究种植的，应当具备下列条件：（一）有科学研究种植的立项；（二）有3名以上从事科学研究种植的专业技术人员；（三）有四氢大麻酚检测设备和检测人员；（四）有工业大麻种子安全储存设施；（五）有检测、储存、台账等管理制度。

2. 申请领取工业大麻种植许可证从事科学研究种植的，应当向省公安机关提交下列材料：（一）工业大麻种植许可证申请表；（二）项目主管部门或者上级机关出具的科学研究种植立项批准文件；（三）营业执照或者单位登记证书；（四）科学研究种植专业技术人员和检测人员资格证明；（五）检测设备、储存设施清单及照片；（六）检测、储存、台账等管理制度文本。

3. 申请领取工业大麻种植许可证从事繁种种植的，应当具备下列条件：（一）有经依法登记的工业大麻选育品种；（二）有不少于100万元的注册资本或者开办资金；（三）有3名以上从事繁种种植的专业技术人员；（四）有四氢大麻酚检测设备和检测人员；（五）有工业大麻种子安全储存设施；（六）种植地点周边3公里以内没有非工业大麻植株；（七）有检测、储存、台账等管理制度。

4. 申请领取工业大麻种植许可证从事繁种种植的，应当向省公安机关提交下列材料：（一）工业大麻种植许可证申请表；（二）工业大麻品种权登记证书；（三）营业执照或者单位登记证书；（四）繁种种植专业技术人员和检测人员资格证明；（五）检测设备、储存设施清单及照片；（六）检测、储存、台账等管理制度文本。

5. 申请领取工业大麻种植许可证从事工业原料种植的，应当具备下列条件：（一）工业大麻种子由经过许可的繁种种植单位或者个人提供；（二）种植面积不少于100亩；（三）种植地点距离旅游景区和高等级公路1公里以外；（四）有台账管理制度。

6. 申请领取工业大麻种植许可证从事工业原料种植的，应当向种植地县级公安机关提交下列材料：（一）工业大麻种植许可证申请表；（二）营业执照或者单位登记证书；（三）与经过许可的繁种种植单位或者个人签订的种子供应合同；（四）种植用地协议或者土地使用证明；（五）产品种类及产量、销售的年度种植计划；（六）台账管理制度文本。

7. 申请领取工业大麻加工许可证从事工业大麻花叶加工的，应当具备下列条件：（一）有不少于 2000 万元的注册资本或者属于事业单位编制的药品、食品、化工品科研机构；（二）有原料来源、原料使用、产品种类、产品加工的计划；（三）有专门的检测设备和储存、加工等设施和场所；（四）有检测、储存、台账等管理制度。

8. 申请领取工业大麻加工许可证的，应当向加工地县级公安机关提交下列材料：（一）工业大麻加工许可证申请表；（二）营业执照或者单位登记证书；（三）检测设备、储存和加工设施清单及照片，加工场所的使用证明材料；（四）原料来源、原料使用、产品种类、产品加工的计划文本；（五）检测、储存、台账等管理制度文本。

（四）企业台账规定

1. 从事工业大麻种植的被许可人应当建立种植台账，如实记载下列事项：（一）种植地点、面积、日期情况；（二）品种名称、来源、用量情况；（三）种植产品种类、收获日期及数量情况；（四）储存、销售、运输情况；（五）其他重要事项。

2. 从事工业大麻花叶加工的被许可人应当建立加工台账，如实记载下列事项：（一）加工原料来源和检测报告；（二）生产品种、数量、工艺、日期；（三）花叶残留物处理及其责任人员；（四）产品的运输和销售去向；（五）其他重要事项。

种植台账、加工台账应当保存 3 年以上，并接受公安机关的核查。

（五）安全检测规定

从事工业大麻科学研究种植的被许可人，应当对选育的品种进行安全检测，保证其符合标准，并严防四氢大麻酚高于 0.3% 的大麻材料流失、扩散；发现流失、扩散的，应当及时报告公安机关。

从事工业大麻繁种种植的被许可人，应当在繁种种植期间进行安全检测，并对符合标准的繁种种子使用专门的识别标志；铲除种植地周边 3 公里以内的非工业大麻植株；无法铲除的，应当及时报告公安机关，由公安机关组织铲除。

从事工业大麻工业原料种植的被许可人，应当及时销毁未被利用的花叶，并按前款规定铲除非工业大麻或者报告公安机关。

从事工业大麻种植的被许可人，不得将工业大麻花叶提供给未取得加工许可的单位或者个人。

从事工业大麻花叶加工的被许可人，应当对花叶原料及其提取物实行专仓储存、专人保管、专账记载，及时销毁加工残留物，防止花叶、残留物流失；发现流失的，应当及时报告公安机关。

（六）公安监督检查

公安机关应当采取下列措施，对被许可人从事工业大麻种植、加工的活动进行监督检查：

（一）向有关人员调查、了解工业大麻种植、加工情况；（二）现场检查工业大麻种植、加工、储存场所；（三）查阅、复制、摘录合同、账簿、台账、出入库凭证、货运单和检测报告等有关材料；（四）提取和检测有关样品、产品。

公安机关在监督检查时发现违法行为的，可以依法扣押有关材料和物品，临时查封有关场所。

（七）违法处罚

从事工业大麻种植、加工的被许可人违反本规定，有下列情形之一的，由公安机关责令限期改正，可以处3000元以上3万元以下罚款；逾期不改正的，依法暂扣或者吊销其许可证：（一）未落实各项管理制度的；（二）未按规定建立和记载台账的；（三）未铲除种植地周边3公里以内非工业大麻植株的；（四）未报告四氢大麻酚高于0.3%的大麻材料流失、扩散情况的；（五）未报告种植立项研究情况或者技术转让情况的；（六）未按规定使用种子的；（七）未按规定及时销毁未被利用花叶或者花叶加工残留物的；（八）未按许可证载明的种类、方式运输工业大麻种子、原料麻籽、花叶及其提炼加工产品的；（九）将工业大麻花叶提供给未取得加工许可证的单位或者个人的；（十）拒绝接受公安机关监督检查的。

未经许可擅自从事工业大麻种植、加工的，公安机关应当采取措施予以制止，可以处5000元以上3万元以下罚款；构成犯罪的，依法追究刑事责任。

农户将民俗自用种植的工业大麻销售给他人使用的，由公安机关责令改正，可以处1000元以下罚款。

从事工业大麻园艺种植或者民俗自用种植未按照规定备案的，由公安机关责令改正，可以处500元以下罚款。

第二节　民族自治地方禁毒立法概况

一、禁毒民族自治地方立法概况

民族自治地方的禁毒立法主要指县级以上民族自治地方的人民代表大会根据当地特点和实际需要依法制定有关禁毒的规范性法律文件的活动，主要是禁毒单行条例。由省级、市级和县级民族自治地方的人民代表大会依照当地民族的特点，对禁毒法律和行政法规的规定作出变通规定，但不得违背法律和行政法规的基本原则，不得对宪法和民族区域自治法的规定以及其他有关法律、行政法规专门就民族自治地方所作的规定作出变通规定。自治区的单行条例，报全国人民代表人大常务委员会批准后生效。自治州、自治县的单行条例，报省、自治区、直辖市的人民代表大会常务委员会批准后生效。

目前我国禁毒单行条例主要有：省级自治区有《内蒙古自治区禁毒条例》《宁夏回族自治区禁毒条例》《广西壮族自治区禁毒条例》。自治州有《云南省大理白族自治州禁毒条例》《云南省德宏傣族景颇族自治州禁毒条例》《凉山彝族自治州禁毒条例》。自治县有《云南省澜沧拉祜族自治县禁毒条例》。

本节民族自治地方的禁毒立法主要选取《云南省澜沧拉祜族自治县禁毒条例》进行介绍。

二、《云南省澜沧拉祜族自治县禁毒条例》简介

（一）立法沿革及意义

澜沧县是全国唯一的拉祜族自治县，是云南通往缅甸和东南亚各国的重要门户之一。全县总面积8807平方公里，为云南省县级面积第二大县。西部和西南部有两段与缅甸接壤，国境线长80.563公里。有28个民族，少数民族人口占总人口的76%，其中拉祜族人口占总人口的42.5%。1953年4月7日成立澜沧拉祜族自治县。多年来，由于毒品犯罪形势较严峻，澜沧县高度重视禁毒工作，于1994年审议通过了《云南省澜沧拉祜族自治县禁毒条例》，报经省人大常委会批准后公布施行。原条例对贯彻禁毒工作方针，强化责任落实，推进禁毒工作的深入开展发挥了重要作用。但是，云南省禁毒条例和国家禁毒法相继出台后，原条例有的条款与上位法不够衔接，也不适应新型毒品增多，毒品犯罪变化等禁毒工作新形势。因此，修订该条例十分必要。而且原《云南省澜沧拉祜族自治县禁毒条例》自1994年9月1日起施行以来，已有十多年。虽然多

年来，澜沧县禁毒工作认真贯彻实施《禁毒法》《云南省禁毒条例》及《云南省澜沧拉祜族自治县禁毒条例》，坚持“四禁并举，预防为主，严格执法，综合治理”的禁毒工作方针，精心组织，采取各种措施，强化落实，堵源截流，毒品蔓延态势得到了有效遏制，有力地推进了禁毒人民战争的深入开展，取得了较好的成绩，全民禁毒意识不断增强，夯实了禁毒工作基础，对禁毒工作发挥了重要作用。但是，随着经济、社会的发展，禁毒工作出现了新情况和新问题，主要是：新型毒品增多，毒品犯罪呈上升趋势，毒品运输形式多样化，贩毒路线和流向多元化，交易方式繁杂多变，家族化贩毒案件日益增多；零星贩毒、以贩养吸，戒断巩固效果较差，复吸率较高；因吸毒引发的社会问题日趋突出等，严重影响了社会治安秩序。因此，澜沧县于1994年9月1日颁布实施的《云南省澜沧拉祜族自治县禁毒条例》，已不适应新形势下的禁毒工作。十三届县人大常委会根据《禁毒法》《云南省禁毒条例》和新形势下禁毒工作的需要，决定修订该《云南省澜沧拉祜族自治县禁毒条例》。新修订的《云南省澜沧拉祜族自治县禁毒条例》（本节简称《条例》），已于2011年1月21日澜沧拉祜族自治县第十三届人民代表大会第四次会议通过，2011年3月30日云南省第十一届人民代表大会常务委员会第二十二次会议批准，2011年5月26日澜沧拉祜族自治县第十三届人大常委会第二十二次会议决定，自2011年9月1日起施行。

该《条例》共28条，主要规定了禁毒工作的方针、原则、工作机制、打击毒品犯罪、禁毒宣传教育、毒品管制和戒毒措施以及法律责任和行政责任。澜沧县地处边境，吸毒、贩毒活动猖獗，是毒品受灾最为严重的地区之一。新禁毒条例的修订和颁布实施，为严厉打击毒品违法犯罪行为，禁绝毒品，维护边疆民族团结稳定和各族群众的身心健康，具有重大的长远和现实意义，是澜沧县禁毒工作的重要依据。

（二）制定依据

为预防和惩治毒品违法犯罪行为，保护公民身心健康，维护社会和谐稳定，根据《民族区域自治法》《禁毒法》等有关法律、法规，结合自治县实际，制定本条例。

（三）禁毒工作的方针、原则

自治县的禁毒工作实行预防为主，综合治理，禁种、禁制、禁贩、禁吸并举的方针，坚持堵源截流、标本兼治、社会参与、惩处与教育相结合的原则。

（四）禁毒工作机制

1．禁毒工作的主体

自治县人民政府设立禁毒委员会，负责组织、指导、协调本行政区域内的禁毒工作。自治县的公安机关主管本行政区域内的禁毒工作。自治县的司法、财政、发展和改革、工商、文化、教育、卫生、食品药品监督、民政、交通运输、广播电视、邮政等部门，应当按照各自的职责做好禁毒工作。乡（镇）人民政府应当成立禁毒领导小组，设立戒毒工作机构，建立监护小组，配备专职或者兼职人员，负责实施本辖区内的戒毒工作，并与戒毒人员签订戒毒协议，落实定期检测，提供戒毒治疗、安置帮教、从业技能培训和就业指导等服务。村民委员会（社区）协助做好本辖区内的禁毒工作，负责本辖区内的戒毒和康复工作（以下简称社区戒毒和社区康复）。自治县人民政府应当建立毒品违法犯罪举报制度，对检举、揭发毒品违法犯罪的单位和个人予以保护和奖励。自治县人民政府建立健全禁毒工作责任制度，开展创建“无毒社区”、“无毒单位”活动。乡（镇）人民政府应当与自治县人民政府签订禁毒工作责任书，负责本行政区域内的禁毒工作和创建“无毒社区”、“无毒单位”活动。国家机关、企业事业单位、社会团体、村民委员会（社区）和其他组织应当与所在地的乡（镇）人民政府签订禁毒工作责任书，做好本单位、本辖区内的禁毒工作，创建“无毒社区”、“无毒单位”。

2．禁毒经费

自治县人民政府应当加强禁毒工作，将其纳入国民经济和社会发展规划，设立专项资金，专款专用。资金来源：

（1）年度预算不低于当年财政经常性收入的2%；

（2）上级扶持资金；

（3）社会捐赠和其他资金。

（五）禁毒宣传教育

自治县人民政府司法行政部门应当将禁毒法律、法规列入普法内容，加大禁毒宣传力度，提高公民的禁毒意识。报刊、广播、电视等媒体应当采取多种形式开展禁毒宣传，每年安排一定版面、时段免费刊登、播放禁毒公益广告。自治县人民政府教育行政主管部门应当将禁毒常识纳入学校法制教育课程。学校应当对学生进行禁毒宣传教育，发现在校学生有吸食、注射毒品的，应当予以制止，及时报告公安机关，并配合公安机关和学生家长督促其戒毒。对戒除毒瘾后返校的学生应当加强教育，不得歧视。村民委员会（社区）应当结合当地实际，在村规民约或者社区公约中规定禁毒方面的内容，开展禁毒宣传，协助相关职能部门，落实禁毒防范措施。未成年人的父母或者监护人应当对其进行禁毒教育。

（六）毒品管制

在自治县行政区域内，禁止下列行为：

（1）走私、贩卖、运输、制造和非法持有毒品；

（2）吸食、注射毒品；

（3）向他人提供毒品；

（4）强迫、引诱、教唆、欺骗他人吸食、注射毒品；

（5）为他人吸食、注射毒品提供场所、器具或者其他便利；

（6）非法种植罂粟、大麻等毒品原植物；

（7）非法买卖、运输、携带、持有、使用未经灭活的毒品原植物种子或者幼苗；

（8）在食品和饮料中掺加罂粟壳（籽）、大麻籽等。

从事研制、生产、经营、运输、储存、使用麻醉药品和精神药品的单位及其人员，应当严格执行国家有关规定，保证麻醉药品、精神药品的安全使用，防止流入非法渠道。禁止采取胁迫、欺骗等手段使用或者向他人提供国家规定管制的麻醉药品和精神药品。旅馆、娱乐、饮食等服务行业的经营者、管理者，应当对从业人员进行禁毒教育，并在经营场所醒目位置张贴禁毒警示牌，公布举报电话，实行巡查制度。发现在本场所内有贩卖、吸食、注射毒品等违法犯罪活动的，应当及时报告公安机关，并协助开展调查取证工作。房屋出租人发现承租人有毒品违法犯罪活动或者有毒品违法犯罪嫌疑的，应当及时报告公安机关。

（七）戒毒措施

自治县人民政府鼓励和支持吸毒人员自愿接受戒毒，乡（镇）戒毒工作机构应当为其提供相关戒毒服务。吸毒成瘾人员有下列情形之一的，应当予以强制隔离戒毒：

（1）吸毒成瘾人员自愿接受强制隔离戒毒的；

（2）拒绝接受社区戒毒的；

（3）在社区戒毒期间又吸食、注射毒品的；

（4）违反戒毒协议的；

（5）经社区戒毒、强制隔离戒毒后再次吸食、注射毒品的。

执行强制隔离戒毒的，应当由自治县的公安机关决定。下列吸毒成瘾人员，由自治县公安机关责令接受社区戒毒：

（1）患有传染性疾病或者其他严重疾病的；

（2）怀孕或者正在哺乳未满 1 周岁婴儿的；

（3）其他不宜在强制隔离戒毒所内戒毒的。

上述人员由公安机关向本人及其家属发出戒毒通知书，居住地的村民委员会（社区）应当协助做好戒毒和监督管理工作。接受强制隔离戒毒的戒毒人员，在强制隔离戒毒期间，其家属及其他亲友应当积极配合戒毒工作。

（八）法律责任和行政责任

违反本条例有关规定，尚不构成犯罪的，由自治县公安机关依法给予治安管理处罚或者按照下列规定给予处罚；构成犯罪的，依法追究刑事责任。

1. 在自治县行政区域内，出现下列禁止性的行为及法律责任

（1）走私、贩卖、运输、制造和非法持有毒品的，按照《禁毒法》第 59 条的规定处理；

（2）吸食、注射毒品的，没收毒品和注射工具，并责令其接受戒毒；

（3）向他人提供毒品；

（4）强迫、引诱、教唆、欺骗他人吸食、注射毒品；

（5）为他人吸食、注射毒品提供场所、器具或者其他便利；

违反上述（3）、（4）、（5）项规定之一的，责令停止违法行为，没收毒品和注射工具，查封吸毒场所，并处 500 元以上 5000 元以下罚款；

（6）非法种植罂粟、大麻等毒品原植物；

（7）非法买卖、运输、携带、持有、使用未经灭活的毒品原植物种子或者幼苗；

（8）在食品和饮料中掺加罂粟壳（籽）、大麻籽等。

违反（6）、（7）、（8）项规定之一的，责令停止违法行为，铲除毒品原植物，没收未经灭活的毒品原植物种子、幼苗和罂粟壳（籽）、大麻籽等，并处 1000 元以上 1 万元以下罚款。

2. 涉及麻醉药品和精神药品的单位及其人员的法律责任

从事研制、生产、经营、运输、储存、使用麻醉药品和精神药品的单位及其人员，应当严格执行国家有关规定，保证麻醉药品、精神药品的安全使用，防止流入非法渠道。禁止采取胁迫、欺骗等手段使用或者向他人提供国家规定管制的麻醉药品和精神药品。

违反上述规定的，责令停止违法行为，有违法所得的，没收违法所得，并处 1 万元以上 10 万元以下罚款。

3．服务行业的经营者、管理者的法律责任

旅馆、娱乐、饮食等服务行业的经营者、管理者，应当对从业人员进行禁毒教育，并在经营场所醒目位置张贴禁毒警示牌，公布举报电话，实行巡查制度。发现在本场所内有贩卖、吸食、注射毒品等违法犯罪活动的，应当及时报告公安机关，并协助开展调查取证工作。房屋出租人发现承租人有毒品违法犯罪活动或者有毒品违法犯罪嫌疑的，应当及时报告公安机关。

违反上述规定的，责令改正，对单位处3000元以上3万元以下罚款，对直接负责的主管人员和其他直接责任人员处7500元以上5000元以下罚款；情节严重的，责令限期停业整顿。

4．公安机关和有关部门的工作人员在禁毒工作中的禁止性的行为及法律责任

自治县的公安机关和有关部门的工作人员在禁毒工作中禁止有下列行为：

（1）包庇、纵容毒品违法犯罪人员；

（2）体罚、虐待、侮辱戒毒人员；

（3）挪用、截留、克扣禁毒工作经费；

（4）擅自处理查获的毒品和扣押、查封、冻结涉及毒品违法犯罪活动的财物；

（5）利用职务之便，索取、收受他人财物或者谋取其他利益。

公安机关和其他有关部门的工作人员在禁毒工作中违反本条例上述规定，由其所在单位或者上级有关行政主管部门给予行政处分；构成犯罪的，依法追究刑事责任。

第八章　国外主要国家禁毒立法

世界大多数国家都深刻认识到毒品的危害，试图通过多种社会控制手段对毒品进行控制。其中，禁毒立法是最为重要、最为直接的控制手段。大多数国家通过法律对毒品及相关物质进行管控。由于法律文化背景及民族传统的差异，各国对待毒品的认识与态度有所不同，其禁毒立法呈现不同特色。对他国禁毒立法的研习与分析，可以为我国禁毒立法的完善提供重要经验。

第一节　美国禁毒立法概况

一、美国禁毒立法动机

（一）严峻的毒品滥用形势

美国是一个多文化、多民族融合的国家，多样的价值观在这个自由的国度得到充分展示，诸多观念碰撞的同时也引发了许多社会问题，毒品的滥用就是其中之一。从19世纪末期开始，毒品就成为危害美国社会安定、人民健康的“痼疾”。时至今日，美国发展成为世界上经济最发达的国家，也是世界上法制建设最精密的国家之一，但其也成为了世界上毒品消费量最大的国家。面对严重的毒品问题，美国始终在尝试以法律的方式寻求解决毒品带来的社会问题。因此，美国拥有着世界上最为严密、庞大的禁毒立法体系。

20世纪初，鸦片和可卡因的滥用已经在美国引发了恶性犯罪、精神恐慌、种族冲突、黑社会犯罪等严重的社会问题，联邦政府开始意识到必须通过严厉的立法来打击和控制毒品供给，以减少和改善毒品在全国范围内的滥用情况。于是，美国“麻醉品之父”汉密尔顿·怀特等政治名流开始积极倡导制定和颁布控制国内麻醉品的立法，1910年4月汉密尔顿·怀特向众议院提交了集中体现他强烈要求国家统一控制麻醉品思想的法案《福斯特法案》（The Foster Bill），该法案虽然因为没有权衡好各方利益而被否决，但其在后来却成为了美国禁毒立法开篇之作——《哈里森麻醉品法》的前身，从此，美国开始了她与毒品对抗的立法历程。

（二）推广“美国式”全球禁毒体制

美国作为19世纪新兴的资本主义国家，急需扩张自身实力，并高调展示她的国际影响力，与传统的英国、法国、意大利、沙俄等列强形成抗争之势。美国以意识形态的输出作为跻身世界强国的有力武器，并以此作为重新分割殖民地势力范围的突破口。

1909年由美国主导的第一次国际毒品管制会议——“万国禁烟会议”在中国上海召开，其背后隐藏的便是美国的在华利益。第二次“万国禁烟会议”又是在美国主导下于1912年1月在荷兰海牙召开，经过艰苦谈判，参会各方终于在2月签署了《海牙国际禁止鸦片公约》，要求各国制定严厉的法律措施以控制麻醉品的滥用。自此，美国开始了以国内禁毒立法模型塑造国际毒品管制体系的外交措施，这要求美国国内在鸦片问题上必须保持“清白”，因此，美国的“禁毒外交”（Drug Diplomacy）也显著推进了其国内禁毒立法的步伐，催生了《哈里森麻醉品法》。

通过两次世界大战，美国的国家实力进一步加强，美国联邦麻醉品局借助“麦卡锡主义”（McCarthyism）在美国国内掀起的“赤色恐慌”（Red Scare），把毒品问题同国际共产主义的威胁联系起来，促使国会先后颁布了1952年《博格斯法》和1956年《麻醉品管制法》。并以此为范本，确立了以1961年《麻醉品单一公约》为基础的全球禁毒体制，在世界范围内推广“美国式”禁毒法律模式，促使其不断完善国内禁毒立法，以保持全球禁毒立法的“领先水平”。

二、美国禁毒立法史上的里程碑

（一）在“合宪性”边缘挣扎——《哈里森麻醉品法》

20世纪初，吸食鸦片和可卡因所引发的社会问题已经在美国社会凸显，在诸多政治家的推动下，美国国会于1914年12月17日通过了由时任总统威尔逊签署的《哈里森麻醉品法》（The Harrison Narcotics Tax Act），该法案是联邦第一个管制开列鸦片和可卡因毒品处方的立法，试图用税收来控制有开列毒品处方权的医生和药剂师向成瘾者提供这些药品。

根据美国宪法，未经明确赋权，联邦所有权力属于各州与美国人民所有。而在当时的美国，吸毒作为道德层面问题，肯定不属于联邦政府权力所辖范围，迫于此，联邦政府只能使用“宪法给予的剩余权力”规定，所有进口、运输、制造、分发销售鸦片和可卡因的机构和个人必须在联邦政府注册登记，并按规定交税，通过加大向鸦片和可卡因成瘾者提供处方的医生和药剂师的税赋，间接对此类麻醉品的供应进行控制。因此，《哈里森麻醉品法》以税法的面貌而诞生。

受时代背景的局限，当时很多美国人没有意识到麻醉品滥用对个人、社会的严重危害，很多人不理解联邦政府通过司法手段控制麻醉品供应的措施。1915年4月《哈里森麻醉品法》公布初期，美国很多州都对它产生了对抗，大量地方法院的裁决表明，地方法官对该法案持否定态度。1916年6月，联邦最高法院在一起案件审理中，以7：2的表决结果否决了国内税收局在《哈里森麻醉品法》下扩大治安权力的观点，把税法解释为彻底的禁毒立法的企图受到了指责与批判，这一判决对该法案的早期执行产生了很大的负面影响，地方政府担心联邦政府借该法案干预州权，因此该法案自颁布就被置于合宪性的边缘。

1919至1920年间，美国联邦最高法院在“韦伯等诉美国案”（Webb et al.v.United States）、“美国诉多里默斯案”（United States v.Doremus）和“福依莫依诉美国案”（Fuey Moy v.United States）三个案例判决使《哈里森麻醉品法》的合宪性初步确立。但这些判决也对该法案进行了修正。联邦最高法院认为，医生以处方的形式为鸦片类物质习惯成瘾者提供能维持其瘾癖的剂量的鸦片类药物不是医生的正当医疗行为，而是非法行为。因为从治疗毒品成瘾的角度来看，提供适当鸦片类药物的目的是帮助成瘾者逐渐康复，最终痊愈，而不是为了维持鸦片类成瘾者的瘾癖。因此，最高法院判决，医生不能用处方给鸦片类成瘾者提供能维持其瘾癖剂量的鸦片类物质药品，但是医生有权在逐渐减量的前提下，为成瘾治疗者提供鸦片类药品。

自此，美国真正开始了通过司法方式对麻醉品供应进行全国性管制，到1925年很多麻醉品诊所都因违反该法案而被国内税收局勒令关闭，从供应方面实现了对麻醉品滥用的控制。

（二）从州到联邦的推动力——《大麻税法》

20世纪初，美国成为很多人的理想移民地。许多墨西哥人穿过美墨边境大量向美国西南部、西部和南部各州移民，其人数呈几何倍数增长。伴随墨西哥移民涌向美国的，还有他们吸食大麻的习俗与技术。吸食大麻的风气在美墨边境各州大行其道，引发了这些地区严重的社会问题。同时，大量的移民也对低收入阶层的就业形成了强大的冲击。出于对吸食大麻的恐惧心理和种族上的排外意识，加上“进步主义运动”的外推力，这些地区掀起了大麻管制的热潮。1912年马萨诸塞州率先通过法令来管制大麻；1913年加利福尼亚州药品局通过修改州《有害物质法》把印度大麻列入管制之列。到1931年，先后有16个州对大麻进行管制。东部兴起的进步主义运动日渐高涨，改革派积极倡导禁酒和管制麻醉品运动，作为这一运动的“副产品”，大麻在州层面开始受到关注，大麻成为受排挤的“非美国因素”，这一经济作物变为了“魔鬼之草”、“杀人之草”，其合法地位开始受到人们的质疑。在这些地区州政府的积极倡导与推动下，联邦政府逐渐认识到制定全国立法以控制大麻使用势在必行。1937 年 8 月 2 日，《大麻税法》（The Marijuana Tax Act）由富兰克林·罗斯福总统签署，10 月 1 日正式生效。

《大麻税法》共 18 个条款，主要内容包括：管制大麻种子、油脂和其他构成部分及衍生物；要求所有进出口、生产商都需要交纳一定特别税金，并到国内税收部门注册；所有交易中的受让方都要保留书面交易记录并交纳转让税；拥有大麻而未进行书面记录存档或者出售给没有保留记录纳税者将被视为非法；违法者将被处以罚金或 5 年以内的监禁或同时处以两种刑罚[①]。由此可见，该法案并未将大麻视为完全禁止流通的商品。

尽管是由地方各州推动了《大麻税法》的产生，但出于法案“合宪性”的考虑，该法案以“流通税”的方式来控制大麻交易，并在提交国会之前充分借助在全国制造“大麻危害”的公众舆论（包括带有种族歧视的依据——控制墨西哥人的恶习及对美国文化的冲击），该法案较为轻松地通过众、参两院的审议。自此，之前未列入《哈里森麻醉品法》的大麻终于被列入了美国联邦禁毒法管制体系，鸦片、可卡因和大麻这些传统意义上的麻醉品全部列入了美国法律管制的范围。

（三）从严厉的司法惩治模式到兼顾医学治疗综合模式的转变——从《博格斯法案》《麻醉品控制法案》到《麻醉品成瘾康复法》

随着毒品滥用情况的加剧，美国以司法惩治为主导的毒品管制模式占据上风。1952 年颁布的《博格斯法案》（The Boggs Act）和 1956 年颁布的《麻醉品控制法案》（The Narcotic Control Act）都以严厉的司法手段来对付毒品贩卖者。

《博格斯法案》统一了 1922 年《麻醉品进出口法》和 1937 年《大麻税法》中对违法行为的相关规定，用更精确更严格的方式处罚违法者，规定对第一次违法者处以 2 ~ 5 年监禁和 2000 美元以内的罚金；对第二次违法者处以 5 ~ 10 年监禁和 2000 美元以内的罚金；三次及以上违法者监禁时间增加到 10 ~ 20 年，罚金仍然为 2000 美元以内，但不允许给予两次及以上的违法者缓刑和假释[②]。该法案更有效地帮助联邦政府治理麻醉品的非法交易，加强相关麻醉品立法的执行力度，从而使累犯不再可能逃避监禁时间。

---

① Public Law No.75-238(Marihuana Tax Act)，August 1，1937.

② Public Law No.82-255(Boggs Act)，November 2，1951.

1955年，多名参议员联合提出一项议案要求给予毒品违法者更加严厉的刑罚。其中，参议员普赖斯·丹尼尔（Price Daniel）提请司法委员会对“美国的麻醉品问题进行全面和彻底研究，包括改善联邦刑法和其他法律及处理拥有、出售和运输麻醉品及类似毒品的执法程序”，并提议成立专门的小组委员会——丹尼尔小组委员会，由该小组在美国各地就联邦毒品法举行听证会，该议案获得了参议院通过。该小组用半年多时间完成了调查并提出建议报告，要求联邦和州加重对麻醉品违法行为的处罚力度，把毒品成瘾者清除出社会，以避免“传染”。该小组报告最终促使了1956年《麻醉品管制法》的出台。与《博格斯法案》相比，该法案进一步加重了对毒品违法者的处罚力度，提高了刑期，并把罚金提高至20000美金，并第一次把死刑用于惩罚毒品犯罪①。同时还强化了执法人员的权限，允许执法人员配带枪支，并可在没有许可证的情况下逮捕毒品犯罪嫌疑人。此外，还责令所有成瘾者和有毒品违法记录的人员必须到财政部联邦麻醉品局登记注册②，经许可后才能离开美国③。

与此同时，政府还创造并推广著名的“垫脚石理论”（stepping-stone）即，用“垫脚石”来比喻大麻有诱使青少年吸食其他毒品或诱发恶性事件的作用。该理论认为，青少年往往从吸食大麻开始，不久之后就会改用更强大的麻醉品，如海洛因、吗啡和可卡因，然后到直接进行静脉注射，并诱发犯罪。这一理论进一步巩固了人们要求对各种麻醉品进行严厉控制的态度。《博格斯法案》和《麻醉品管制法》的出台与实施加强了美国毒品案件执法力度和惩罚效力，使美国进入了一个毒品“严打”时代。各州政府也追随联邦制定了适用于各州的法律，被称为“小博格斯法案”，这些州立法要求最低刑期与联邦法律相同或超过联邦。

20世纪五六十年代成为美国对待毒品最为严厉、最为坚决的时期。这一时期，联邦麻醉品局由安斯林格（Harry J.Anslinger）专员执掌，也被称为安斯林格时代（The Anslinger Era），直到1962年他退休，美国开始对其以严厉的司法惩治模式为特征的毒品政策进行反思。虽然严厉的毒品控制法把大批的涉毒人员送进了监狱，违法者的判刑年限也明显增加，但这并没有从根本上控制住吸毒浪潮。到20世纪60年代中期，随着“嬉皮士”运动的兴起，毒品问题进一步恶化，很多青少年和中高收入者以吸食毒品为时尚，导致了美国毒品滥用的“低龄

---

① 依据陪审团的判断，年满18周岁的成年人出售海洛因给未成年人，可以判处死刑。

② 1930—1968年美国负责麻醉品管制的机构是“联邦麻醉品局”隶属于财政部；1968—1973年改称“麻醉品和危险品局”，隶属于司法部，自1973年至今改称“毒品管制局”，仍隶属于司法部。

③ Public Law No 84-728(Narcotic Control Act)，July 18，1956.

化”和“资产阶级化”，毒品滥用像流行病一样在美国城市与郊区扩散，吸食大麻、迷幻剂、海洛因的青少年越来越多，联邦政府不得不对现行禁毒政策进行调整，进入以更理性、更科学的态度制定毒品政策的时代。

1962年，时任美国司法部长的罗伯特·肯尼迪主持召开“毒品滥用白宫会议”，对美国禁毒政策进行深刻讨论，并决定成立“麻醉品和毒品滥用总统咨询委员会”（该委员会由巴雷特·普雷蒂曼法官领导，因此又称“普雷蒂曼委员会”），对禁毒政策的调整提出实质性建议。经过该委员会对美国社会的深入调查研究，向政府提交的研究报告显示，美国禁毒政策必须进行“重大转变”，采取措施放弃“惩治—威慑哲学”，放宽强制最低刑期；解散原隶属于财政部的联邦麻醉品局，将其职能交由司法部和卫生教育福利部门。其中，司法部负责调查非法贸易，卫生教育福利部门负责福利分配与研究，医学界通过科学评判确定麻醉品的合法使用与非法滥用；在各地建立麻醉品成瘾治疗中心，对成瘾者进行救治；提倡以民事拘留代替将麻醉品滥用者投入监狱的方式。该委员会的报告提醒联邦政府从公共健康的角度来重新审视毒品滥用问题，从此，美国开始了由医学界、律师等作为主要力量推动禁毒政策的制定时期。

1944年《公共卫生署法》（Public Health Service Act），正式确立将麻醉品成瘾视为一种精神疾病进行研究。1965年《药品滥用管制修正案》（Drung Abuse Control Amendment of 1965）第一次将镇静剂、迷幻剂和兴奋剂列入需要管制的药品行列，在联邦食品和药品管理局下建立“药品滥用管制署”（Bureau of Drug Abuse Control，曾在1966至1968年间为美国食品药品监管总局的下设机构，于1973年并入到麻醉药品和危险药物管理局），专门负责管理危险药品的制造、交易和使用。这标志着联邦对于危险药品的管制开始脱离严厉的执法和惩罚模式，逐渐转向以预防和治疗为主的公共健康模式。

以上述两个法案为基础，1966年，约翰逊总统签署《麻醉品成瘾康复法》（Narcotic Addict Rehabilitation Act），该法案规定：允许对确认的成瘾者暂时免于起诉，而代以36个月以内的民事关押，在成功戒断后可以取消对其进行刑事起诉；授权司法部长决定涉毒违法者作为成瘾者是否能通过治疗康复，是否用治疗取代监禁；没有被指控的成瘾者有权自愿到联邦医院接受治疗；授权公共卫生署署长建立“门诊病人毒品治疗项目”，帮助州和地方政府开发治疗项目；修正此前《博格斯法案》规定的不能给予毒品累犯缓刑或假释的规定。[①] 这一法案通过用“民事关押”的方式为成瘾者提供“有条件”的康复治疗，标志着联邦禁毒制度从司法惩治模式为主导向医学治疗模式的转型。但遗憾的是，该法案并没有

---

① Public Law No 89-793(Narcotic Addict Rehabilitation Act), November 8, 1966.

成功地控制非法毒品的交易，很多成瘾者在民事关押过程中接受了治疗，在回归社会后仍然继续从事犯罪以维持其毒瘾。

（四）全方位、多层次的毒品控制——《毒品滥用预防和管制综合法》

1968年，针对严重的毒品滥用与犯罪问题，司法部应约翰逊总统要求，做出了对联邦麻醉品和危险药品相关法律进行重大修改的决定，旨在用一个综合的版本，以取代多年来关于毒品及相关犯罪的各式法规，建立起对所有麻醉品和药品的进口、制造和扩散的合理、可行的管制；并且，此前的麻醉品管制法都是基于税法模式，已不适应当时的时代背景，不同法律之间存在一些相互冲突的情况。因此，1970年，联邦政府出台了《毒品滥用预防和管制综合法》（Comprehensive Drug Abuse Prevention & Control Act）。

《毒品滥用预防和管制综合法》的现实意义主要表现在以下几个方面：（1）正式确定了后来通行于国际社会的“毒品分类体系”。根据毒品滥用的潜在可能性和医学用途，把毒品分为五大类，并授权司法部长可以根据毒品滥用趋势，对毒品分类进行补充与修改。（2）建立严格的毒品存量监控制度，要求有权持有管制物质的单位或个人每年进行注册、登记，确保这些物质能被用于合法的制造、经营和销售。（3）根据涉案毒品的分类和犯罪情形进行具体的定罪量刑，如，吸毒人员进行非法毒品交易的目的在于单纯持有毒品的，被定为轻罪；但如非法毒品交易的目的在于进出口，则会受到5年以下的监禁或（和）15000美元的罚款。（4）赋以执法部门更加灵活的执法权力，规定警方有权在不预先通知的情况下开展搜查，并在取得法官或地方官员的同意下，进行证据保全，并可以没收用于毒品交易的交通运输工具。

《毒品滥用预防和管制综合法》统一了联邦之前的各种禁毒立法，并考虑将医学界专家邀请到立法过程中，因此，可以说该法案开启了美国“理性化”禁毒立法之门。与此同时，美国已认识到有效控制毒品供应，需要与周边国家，如墨西哥等进行司法、经济合作，从多个渠道减少毒品非法供应。

（五）对待毒品“零容忍”（zero tolerance）——再度严格的立法

进入20世纪80年代，毒品滥用现象在美国愈演愈烈，据1981年3月6日里根总统的新闻发布会称，“毒品滥用是美国面临的最为严峻的问题之一”。一时间，政界、宗教界、公民团体要求国家加大毒品“严打”力度的呼声四起，联邦政府积极响应，相继推动了一批针对毒品的严格立法，如1984年《综合犯罪管制法》（Comprehensive Crime Control Act of 1984）、1986年和1988年两个《反毒品滥用法》（Anti-Drug Abuse Act of 1986，1988），进一步加大了对毒品犯罪的处罚力度，对与毒品相关的杀人罪犯、毒品组织核心人物可以判处死刑。与五六十年代的“严打”相比，这系列法案已经增加了综合治理毒品犯罪的理念，尤其是1988年的《反毒品滥用法》，更多地强调治疗与教育，把它们列为毒品管制目标之一，并用立法的形式保证财政拨款用于减少需求，并提出现实“无毒美国”的宏伟目标。

根据1988年《反毒品滥用法》，美国成立了一个新的内阁级单位——白宫国家毒品管制政策办公室（The White House Office of National Drug Control Policy，ONDCP），专门负责向国会呈递《国家毒品管制战略》年报，制定国家短期、长期目标和管制与减少非法毒品使用的战略蓝图。这些年报是美国毒品管制政策、立法的纲领性文件，突出协调控制毒品滥用的各个方面，包括教育、治疗、宣传和执法等，同时致力于推动刑事司法、毒品治疗、教育宣传、社区康复、国际合作、毒品情报等多领域的研究与实施项目，以实现减少美国毒品非法使用目标。此后，历任美国总统及其政府都以“综合、严控”作为自己的禁毒主张，也从社会福利、医疗康复、国际合作等多个方面进行了投入与尝试。

但事与愿违，经过几十年的禁毒战争，美国的禁毒立法却没有起到预期的效果。相反，吸毒人数越来越多，非法交易、走私等与毒品相关犯罪越来越猖獗，奥巴马总统上台后，公开承认开展了40年之久的“禁毒战争”已经失败，并宣布放弃使用“禁毒战争”一词，计划将禁毒重点从“严打”转向戒毒治疗，主张“治疗为主，打击为辅”，把重点放在控制毒品需求上。

三、美国禁毒立法特点

（一）立法原动力源自种族间的紧张关系

回顾美国禁毒立法初期，政界是把毒品与外来种族和少数族群联系在一起的，“鸦片之于华人、大麻之于墨西哥、可卡因之于黑人”，其禁毒立法与种族矛盾难解难分，被称为麻醉品种族主义（Narco-racism），这一特点注定了美国禁毒立法的偏见，在立法早期，总把毒品问题归因于“非美国因素”，只注重打击毒品供应，而忽略从社会各个方面综合减少需求。

（二）以国内立法塑造国际禁毒立法的“美国化”

美国是一个善于出口“美国理念”的国家，总在各个领域推广自己的主张，并试图用美国模式改变世界，在禁毒立法方面也是如此，美国政府致力于以国内毒品立法模型塑造国际毒品管制体例，事实上，国际社会对毒品的管制也确实沿着“美国化”的途径在发展，自1961年《麻醉品单一公约》（Single Convention on Narcotic Drugs）起，国际禁毒法就在“美国—联合国”为主导的驱动力下不断完善。为配合美国禁毒法的“全球化”，美国还在各地区开展“移植”工作——截止到2012年，美国毒品管制局在全球63个国家设立了87个办事处，每年投入巨额费用，负责培训当地缉毒官员，与所在国进行毒品情报交流、联合办案等，在哥伦比亚、南美、巴基斯坦、阿富汗，甚至给这些国家的禁毒人员发工资，提供技术设备支持、专家咨询服务等。

（三）体现人类对毒品控制的认识规律（从惩治威慑到综合康复）

美国禁毒立法经历了从无到有，从单一、严厉的司法惩治模式到兼顾医学治疗综合模式的转变。在禁毒立法的初期，为了越过因人们对毒品危害性的无知而设置的重重障碍，美国立法甚至采用“借”税法之名行“禁毒”之实的策略，几乎每一个禁毒立法都是在激烈的辩论后才得以出台。此后，随着单一“严打”模式的失效，美国政府才开展反思其禁毒策略，通过立法来保证综合治理毒品这一复杂的社会问题。从美国禁毒立法历程可以看出，人类对待毒品问题的态度经历了无知、偏见、狭隘到理性、综合、科学的过程。

（四）以特别刑法方式来规定毒品犯罪

美国在法治建设方面，能够不断地推进、调整，以跟进时代的姿态不断补充自己的活力。1984年《综合犯罪管制法》颁布后，对与毒品相关犯罪处罚进行了详尽的实体性和程序性规范，但随着毒品犯罪形势的变化，美国又相继颁布了系列法律，如《参与诈骗和腐化组织法》（Racketeer Influenced and Corrupt Organizations Act）、《犯罪企业法》（Continuing Criminal Enterprise Statute）、《银行保密法》（Bank Secrecy Act）、《受控制物品法》（Controlled Substances Act）、《反洗钱活动计划法案》等单行法典，用特别刑法的形式加强对毒品犯罪集团及其共生团体的打击，以求用更严密的“法网”和更灵活的方式控制毒品犯罪。

（五）注重对毒品犯罪的经济处罚

美国法律注重对毒品犯罪处以高额罚金或没收财产，如《受控制物品法》和《综合犯罪控制法》授权毒品执法机关可以依据“相对证据”没收涉案财产。此外，《犯罪企业法》、《银行保密法》、《反洗钱活动计划法案》等法律设置了严密的查禁毒品洗钱活动的制度。毒品犯罪总是和高额的非法经济利益捆绑在一起，对于毒品犯罪的打击，最为有力的是不仅要惩罚行为人，对其进行人身罚，更有效的是摧毁他对非法财富的梦想——经济罚。同时，实施制造、走私等毒品犯罪需要具备一定的经济基础及物质基础，通过对毒品犯罪进行经济处罚，可以破坏犯罪集团再次开展毒品犯罪的能力。

第二节　欧洲主要国家禁毒立法概况

一、英国禁毒立法概况

自 19 世纪开始，英国已存在吸毒现象，政府却没有给予充分的重视，直到 20 世纪 20 年代，英国政府才意识到毒品问题在英国本土的严重性，开始尝试通过立法的方式对毒品及其危害进行控制，经过近一个世纪的努力，英国禁毒立法理念虽历经多次变更，却依然没有能够把毒品放置在可控范围。

2003 年英国媒体发布相关数据，显示英国禁毒方法在当前形势下根本行不通，英国的禁毒斗争收效甚微，甚至已经彻底失利[①]。根据媒体公布的统计数字，英国各主要城市发生的与毒品有关的犯罪活动正在飞速增长。在首都伦敦，这一数字上升了 30%；在工业城市伯明翰，则上升了 20%，其中涉及海洛因和可卡因的犯罪活动上升率更是高达 47%。这些数字反映出英国的毒品犯罪已经失控，甚至到了灾难的境地。英国官员也承认，虽然警方和海关每年缴获的毒品数量在不断增加，但是仍有 90% 左右的毒品抵达了目的地。目前，在英国各地吸毒人数不断上升，公众对政府禁毒不力大为不满，对禁毒政策的支持不断降低，已经到了崩溃的边缘，英国每年的毒品交易额超过 200 亿英镑，50% 的犯罪活动与毒品有关，80% 的在押犯吸食海洛因和可卡因。英国作为世界上最早利用毒品获取暴利而不断扩张的国家，却也受到了毒品的严重嘲弄。

（一）英国禁毒立法历程

1. 正式立法前的政策基调——温和的英国体制（20 世纪 20—60 年代）

20 世纪初的英国，毒品只在少数人群中流行，而这些人士几乎都属于中产阶级，其中很大一部分是医生，是“值得尊敬”的人士。因此，社会普遍认为吸毒成瘾并不是一个很严重的问题，只是为了“缓解压力”，最多也只能认为是一种“疾病”，医生认为突然或完全戒断毒瘾将产生严重的并发症，应当给成瘾者维持小剂量的毒品，以便让他们能“正常生活”，而后再逐步戒掉毒瘾。

进入 20 世纪 20 年代，随着国际禁毒共识的初步建立，迫于国际压力，吸毒

---

① 2003 年 7 月，英国《观察家》报刊登一篇题为《我们的禁毒战争已经失败了》的特别评论，提供了相关数据。

问题开始进入英国政府视野。1924 年政府认命由罗伦斯顿爵士领导的吗啡和海洛因成瘾问题委员会（Interdepartmental Committee on Morphine and Heroin Addiction），也称罗伦斯顿委员会（The Rolleston Committee），负责研究国内毒品形势，并制定禁毒政策。该委员会主要由医学专家组成，所以在毒品滥用情况分析及对应政策的制定上，融入了医学界的毒品控制观念。1926 年，该委员会发表了著名的《罗伦斯顿报告》，其主要观点是：毒瘾是一种疾病，吸毒成瘾者是病人；医生有权利根据自身的判断选择治疗方式，允许医生以处方的形式给成瘾者开出最低剂量的毒品，以帮助病人逐渐戒掉毒瘾；反对将成瘾者的情况通报给内政部。这个报告随后被政府接受，并作为国家政策在全国实行。这套仅从部分医生视角的禁毒政策被称为“英国体制”，对待毒品的态度比较温和，仅把吸毒当作是一种私人疾病，没有意识到毒品的社会危害性。这种温和的政策理念在此后长达 40 年的时间里指导着英国，这也决定了英国毒品控制政策不能真正落实。

2. 毒品本质暴露催生毒品控制立法（20 世纪六七十年代）

进入 20 世纪 50 年代末，英国的吸毒人数迅速增长，青年人越来越多地加入吸毒的行列之中。1958 年，有确切统计数字的成瘾者仅为 62 人，而到 1968 年就增长到 2782 人，其中 20 岁以下的吸毒者就有 764 人。吸毒人员远远超出了中产阶级范围，医生处方权的无限制性也出现了不良的后果。当时的社会学家们已经清楚地看到了毒品问题的实质，即若不加控制，毒品会在人群迅速蔓延并产生严重的社会危害性，此前政府的毒品政策显然已经不能控制突破医学范围的麻醉品滥用问题，尤其是青年人出于娱乐目的而使用海洛因。事实上，医生根据现有政策为“病人”开具的海洛因处方，很快流入了毒品黑市，因此促使更多的人感染上毒瘾。由此可见，毒瘾不再仅是“私人”的“疾病”，还会成为“社会性传染病”。至此，越来越多的人开始批评此前对待毒品温和的态度，要求政府进行反思，并出台相应措施。

1958 年，英国政府建立了毒瘾问题委员会（Interdepartmental Committee on Drug Addiction），作为专门研究毒品问题的咨询机构。该委员会由布赖恩爵士领导，因此也称布赖恩委员会（The Brain Committee）。该委员会根据英国当时的毒品使用情况，相继发表了两份“布赖恩报告”。（1961 年第一份报告未被政府采纳）1965 年的第二份报告向政府建议：应当通过注册和政府许可执照，医生才可以维持量向毒品成瘾者开具管制药品的处方。并对有处方权的医生进行限制，即许可执照一般只发给在专业治疗机构中工作的医生（主要是治疗精神病的医生），取消全科医生的处方权；同时由政府建立专门治疗毒瘾的治疗中心。此份报告被政府采纳，根据该报告，成瘾者仍然被视为病人而不是罪犯，但与目前的政策不同的是，医生和其他医务人员应向内政部通报吸毒成瘾者的情况，把治疗吸毒成瘾纳入公共管理的范畴。根据“布赖恩报告”，1967 年英国政府颁布了新的《危险药品法案》（Dangerous Drugs Act of 1967），该法案用立法的形式将报告中的建议上升为制度化的规定。

但英国的吸毒问题并未因限制医生开具麻醉品处方权而得到有效控制，反而愈加严重。因此，1971 年英国又颁布了《毒品滥用法案》（Misuse of Drugs Act），该法案要求建立毒品滥用问题顾问委员会（The Advisory Council on the Misuse of Drugs，ACMD），负责考察英国的毒品使用状况以及由此引发的社会问题，据此提出有效解决方案，并接受个人或政府大臣有关毒品问题的咨询。受国际禁毒法律体制的影响，该法案建立了管制药品的定义和分类制度，根据不同分类进行其生产、供应及持有的相应限制；进一步限制医生的处方权；对违规者制定相应惩罚措施。该法案是对以前毒品法案的认可和强化，也在一定程度上奠定了英国禁毒立法的基石，此后的英国毒品法案大多是依据该法案而进行的修订。

1967 年和 1971 年的禁毒立法强化了对毒品来源的控制，不仅医生的处方权受到很大的限制，而且成瘾者也受到了内政部的监控。在对成瘾者的治疗上，新法令也有了突破，不再仅仅强调医生开具治疗处方，而且开始有意识地发展公共卫生体系。按 1967 年《危险药品法案》的要求，英格兰各地普遍建立起门诊（Clinics）来治疗毒瘾。但这两个法案仍然将成瘾者视为病人，保留了医生的处方权，“英国体制”的传统以立法的形式被保留了下来。

3. 以公共卫生之名“严打”毒品引发的违法行为（20 世纪 80 年代以来）

进入 20 世纪 80 年代，全球毒品情势进一步恶化，英国毒品滥用也没有得到有效控制，大麻、海洛因、吗啡等各种毒品在英国空前泛滥。与注射毒品相随的是艾滋病的流行，英国政府不得不迅速调整禁毒方针，把重心放在发展公共卫生体系以抗击艾滋病的危害上。艾滋病是一种严重的致死性疾病，严重破坏人体免疫系统，到目前为止仍然是一种“可防不可治”的传染性疾病。艾滋病的暴发，引起了人们的恐慌。减少吸毒者共用注射器吸毒成为有效控制艾滋病通过血液传播的最好措施。一时间，吸毒成为了影响公共卫生的众矢之的。

政府出于公共卫生的考虑，更加关心对毒品滥用研究与控制。1988 年，毒品滥用问题顾问委员会公布了《艾滋病和毒品滥用报告》，指出把防止艾滋病病毒的感染和传播作为禁毒政策的优先目标。报告认为，对个人和公众卫生来说，HIV 传播的威胁比毒品滥用更大。为此，报告建议为成瘾者提供针头交换（Needle Exchanges），由政府供应清洁的注射器和处方毒品的服务，并建立更多的收容所，使成瘾者在那里能学到如何在社区过一种更健康、更自信、更有价值的生活，同时又能获得处方毒品。

但这些措施并没有使毒品滥用情况得到根本改善。随着吸毒问题的进一步恶化，促使政府加强了法律打击毒品犯罪的力度，断绝毒源。1985年，英国颁布了《管制药品惩罚法案》(The Controlled Drugs Penalties Act)，将贩毒罪的最高量刑提高到终身监禁。1986年颁布《毒品交易犯罪法案》(The Drug Trafficking Offences Act)，法庭一旦查明有贩毒罪行，即可没收其全部非法财产，这标志着执法政策从关注毒品本身转向打击与毒品有关的一切犯罪活动。1994年制定的《毒品交易法》(Drug Trafficking Act)，对毒品交易和毒品交易犯罪行为做了更严格的界定，加大了对毒品交易犯罪的惩罚力度。

进入20世纪90年代，吸毒带来的经济、社会问题变得更加突出，英国不断完善禁毒立法和控制措施，重点打击毒品违法行为。与此同时，艾滋病的蔓延正逐步得到遏制，政府对艾滋病问题的关注在降低，而毒品带来的违法犯罪问题又变得重要起来。为加大打击毒品违法犯罪行为，英国政府通过在系列法案中加强针对毒品违法行为的执法力度和惩罚力度。1994年的《刑事审判和公共秩序法案》(Criminal Justice and Public Order Act)规定，在监狱里实行强制的毒品检查。1997年颁布的《刑事量刑法案》(Crime Sentences Act)声明对于第三次走私A级毒品者给予至少7年的监禁。1998年的《犯罪和骚乱法》(Crime and Disorder Act)要求毒品罪犯要么选择被监禁，要么接受由法庭监控的强制性治疗。

与此同时，为了更有效地解决吸毒问题，纠正毒品管理中部门分割的弊端和各部门竞争的传统，英国政府的禁毒管理模式由部门分割走向联合统一。政府更加强调社会多种力量共同合作禁毒。1995年，保守党政府发表了“团结一致对付毒品”(Tackling Drugs Together)的白皮书：要求各政党通力协作，解决毒品问题；强调各个部门和服务团体之间广泛协作的重要性，力求将内政、教育、卫生三个部门的资源和专家整合起来，在各地设立禁毒行动队(Drug Action Teams)，以推动地方上各种禁毒力量的合作。1997年，工党上台后继续改革管理模式。在中央一级设立了毒品滥用问题内阁下属委员会(The Cabinet Sub-Committee on Drug Misuse)，协调全国禁毒政策，并专门任命了禁毒协调员(Anti-Drugs Coordinator)，又称“禁毒沙皇”(Drug Czar)，代表内阁大臣们负责领导日常的禁毒工作，集中贯彻和发展政府的禁毒政策，将各个部门的政策进行整合统一，并成立了禁毒战略指导小组辅助协调员工作。在地方一级，保留了禁毒行动队，充分发挥它在地方上整合各种禁毒力量的职能，使中央的禁毒政策适用于地方，并且确保这些政策能转化为具体的行动，进而英国形成了从中央到地方较为集中统一的毒品管理体系。

（二）英国禁毒立法的主要特点

回顾半个多世纪的英国禁毒立法发展历程，可以看出，英国的禁毒立法具有以下突出特点：

1. 英国政府对待毒品的态度经历了从“温和”到相对“严厉”的转变

英国政府在20世纪早期对待毒品及其危害的“无动于衷”、以及之后近半个世纪的“温和柔情”，间接导致了医用麻醉品大量转化为非法滥用，直至毒品在广大青少年中“流行”成为一种影响“公共卫生”的“社会疾病”，才引起了政府恐慌，但至此，其禁毒立法仍然没有以必要强硬的态度对待毒品，仍然企图通过立法对医用麻醉品供应的单方面控制来实现治理毒品的目标。直到毒品促进了艾滋病的传播，并引发越来越深重的社会问题，英国禁毒立法及政策才把重心转移到对毒品违法犯罪行为的“严打”及政府多部门综合治理之上。

2. 立法不能满足社会综合治理毒品的现实需求

早年偏颇的控毒政策已深刻地影响并限制了英国禁毒法律的实际效果，在很多人看来，毒品是享乐、是时尚，多而精密的禁毒法律虽然直击毒品违法犯罪行为，但只要对待毒品的理念不发生根本改变，毒品及其引发的犯罪将会层出不穷。英国的禁毒立法缺乏对宣传预防、成瘾者康复回归社会的有效保障，这些因素都限制了英国禁毒效果。

二、荷兰禁毒立法概况

20世纪初，荷兰发展成为世界上最大的可卡因生产国，毒品生产与贸易成为荷兰外部扩张、内部积累的重要产业。其对外运输、销售毒品的行径，随着国际禁毒体系的建立，逐渐受到国际社会的谴责。同时，荷兰作为英国的近邻，其对待麻醉品，尤其是大麻的态度比英国更加“宽松”。其别具一格的“控毒”理念及措施被称为“荷兰体制”，即以“公共卫生”为导向，否认毒品与犯罪之间的“正相关性”，认为非法毒品使用仅是与另类生活方式联系，可以由个人“自觉”加以控制，因此法律将毒品区分为“硬毒品”和“软毒品”，允许有限制地公开销售和使用大麻类“软毒品”，反对将吸毒者“边缘化”，并建立“咖啡馆体制”以保证大麻吸食者个人能“保质保量”地获得大麻，借此打击毒品黑市。

由于“荷兰体制”对待大麻类麻醉品的“宽容”，吸引了大批来自法国、德国等近邻的“毒品观光客”，并在一定程度上成为了这些国家毒品犯罪集团的“货源地”，因此，荷兰毒品政策尤其是针对大麻的“咖啡馆体制”受到了国际社会的普遍谴责。

（一）荷兰禁毒立法历程

1．“心不甘情不愿”的早期立法

20世纪初，在美国的倡导下，国际社会开始关注用立法的方式来控制毒品滥用，尽管第二次“万国禁烟会议”是在荷兰海牙召开，但东道主荷兰本身作为最大的可卡因生产与输出国，极不情愿通过立法来限制其牟取毒品暴利的道路。荷兰政府在会议中多次强硬抵制通过国际禁毒公约，来保护其在毒品贸易中获得的经济利益。但当时以美国为主的国际社会已经对用国际公约的形式控制毒品扩散达成了共识，经过两个多月的艰苦谈判还是形成了第一个国际禁毒公约——《海牙国际禁止鸦片公约》。

荷兰迫于国际压力，只能依据公约对自己国内毒品进行制度化限制。于是，1919年荷兰通过了《鸦片法》（The Opium Law），规定除用于医学和科研等合法目的之外，禁止可卡因、鸦片及鸦片类衍生物的制造、销售、进出口和持有行为。该法案是荷兰第一个管制毒品生产与贸易的全国性立法，但荷兰社会普遍把麻醉品成瘾者视为失败的医疗实践“受害者”，是需要接受治疗的“病人”，支持医生给成瘾者提供维持成瘾剂量的鸦片或可卡因。因此，该法案在实施过程中受到了现实的挑战，并且该法案并没有将大麻列入需要管制的麻醉品行列。

进入20世纪20年代，国际禁毒公约体系内的各缔约国对大麻及其制品进行控制的呼声越来越高，荷兰政府迫于国际压力，于1928年对《鸦片法》进行修正，把大麻列入受管制的物质之列，并规定使用和交易所有受管制麻醉品的行为人将被处于最高4年的监禁。①

但是，受对外输出麻醉品高额利益的驱使和国内对待麻醉品一贯宽容的态度影响，《鸦片法》并没有得到严格的执行。

2．初试“严打”失败再次巩固对毒品的宽容态度

第二次世界大战后，荷兰受世界格局的影响，成为美国的追随者，在很大程度上受到美国禁毒立法的影响。1953年荷兰议会再次对《鸦片法》进行修订，第一次把毒品使用界定为违法行为，学习美国通过“司法惩治”来控制国内逐渐开始严峻的麻醉品滥用问题，限制医生为成瘾者提供维持其瘾癖剂量的麻醉品。然后，这些立法上的改变，并没有控制住包括大麻在内的麻醉品使用人数的增加。相反，在20世纪60年代末至70年代，使用者人数大增，更为糟糕的是青

---

① Ed Leuw, *Drugs and drug Policy in the Netherlands*, Crime and Justice, 1991, Vol.14, P242–243

少年吸食海洛因的人数显著增加。

与此同时，世界各国在《麻醉品单一公约》体制下对麻醉品的严控都没有起到预期的效果，麻醉品滥用形势更加严峻。国内及国际对麻醉品“严打”政策的失效引发了荷兰各界的普遍关注，人们开始怀疑毒品严格管制制度的有效性和科学性，医学界和法学界的专家开始意识到有必要组建一个“专业共同体”来分析研究与吸毒相关的因素，并以此为基础提出更有效、更理性的毒品控制体制。因此，政府任命了“麻醉品工作组”（Narcotics Working Party）负责调查造成吸毒的各种原因，并为吸毒成瘾者提供治疗措施。根据该小组的调研报告，把毒品区分为“危害可以承受的软毒品”和“危害不能承受的硬毒品”，并据此对不同使用者进行界定，要求减轻对毒品持有者和使用者的处罚，呼吁通过医学方式来治疗毒品使用者，以取代通过司法方式来对其进行惩治。

随后，荷兰议会接受了该小组建议，于1976年通过了新的《鸦片法》修正案，确立了新的毒品分类制度，即“硬毒品”（hard drug）和“软毒品”（soft drug）。硬毒品包括海洛因、可卡因、安非他命和LSD类致幻剂等，软毒品包括大麻类麻醉品。对硬毒品的走私和非法交易采取更加严格的管制与处罚，提高了对违法者的最高监禁年限，但对软毒品的非法交易行为则从轻处罚，降低最高监禁年限；减轻所有持有毒品、使用毒品行为的处罚力度，强化对成瘾者的治疗和帮助，以非法使用大麻为例，仅给予500荷兰盾的罚金或一个月的关押。对于持有大麻则有最低量的限制，只有持有超过30克以上大麻才被认定为有罪。该修正案最引人注目的是，“出于公共卫生和福利”的考虑，允许青少年活动中心向中心的“常客”和“著名来访者”出售有限量的大麻，以阻止青少年卷入非法毒品市场，并阻止他们尝试毒害性更大的毒品。由此可见，荷兰禁毒立法再次以宽容态度面对所谓的“软毒品”，在很大程度上容忍大麻的非医学使用。

3. 以“疏导”控制毒患

随着新的《鸦片法》修正案的推进，政府对个人持有少量供自己使用大麻的容忍迅速转变为对小规模出售大麻行为的容忍。1978年司法部制定的《检控指南》指出，位于青少年活动中心的餐饮经营者在取得相关管理人员的认可后可以出售大麻并不会受到指控，进而确立了出售大麻的“餐馆经营体制”（house dealer system），以期用这一措施把青少年“挽留”在使用“软毒品”这一可控领域，通过“疏导”，减少他们吸食更为危险的其他毒品的可能。

一时间，荷兰各地相继出现了多家获得大麻经营许可的“咖啡馆”，到1995年全国共计约有1400多家这样的“咖啡馆”。

但是，进入20世纪90年代，随着荷兰“咖啡馆”的扩张，毒品形势却更加恶化，吸食各类毒品的人数仍然没有得到有效控制，周边国家也对其“纵容”麻醉品的立法开展了批评。迫于国际压力，荷兰政府于1996年颁布新的检控指南，加强对咖啡馆的管理，不允许咖啡馆出售酒类以及不准向18周岁以下的未成年人出售大麻制品，并且出售的数量不得超过5克，同时把对违规“咖啡馆”关闭的处罚权下放给地方，这在很大程度上限制了大麻的公开使用和销售。

1999年，荷兰议会再次对《鸦片法》进行修正，把对“咖啡馆”的管理权限更大程度地移交给市政当局，由此，荷兰的489个城市制定了自己的“咖啡馆”管理政策，其中有65%的城市对大麻持“零容忍”态度，禁止其辖区内开设供应大麻的“咖啡馆”，但也有17%的城市通过政策进一步放宽对“咖啡馆”的管理。总体而言，“咖啡馆”的数量大幅下降。

2001年，荷兰议会再一次对《鸦片法》进行修正，允许医生和药剂师给病人开列大麻制剂的药品，并由“医用大麻管理局”负责对医用大麻生产、检验和分销的监督。

至此为止，吸毒行为仍然被荷兰视为一种疾病，需要对成瘾者进行维持或治疗。

（二）荷兰禁毒立法主要特征

荷兰作为一个依靠麻醉品输出而崛起的国家，同样受到毒品的危害，但对待毒品，尤其是大麻类麻醉品的态度大体上保持着较大的宽容。其立法以“公共卫生”为导向，有着深刻的社会根源，同时，面对着国际采用“严打”模式与毒品进行对抗的失利，荷兰做出了独特的尝试，允许有限制地公开使用、销售大麻，体现了荷兰禁毒立法的“实用主义”，但荷兰在此方面的另类尝试能走多远，仍然有待考证。

三、德国禁毒立法概况

德国与荷兰毗邻，对待吸毒成瘾者的态度也较为温和，也把成瘾者看作是“病人”，但其历来对与毒品相关的违法行为持严谨态度。早在20世纪20年代德国就开始试图通过立法对毒品相关行为进行犯罪化和惩罚，以实现对毒品使用的遏制，进而减少并控制毒品对于社会的危害。

（一）德国禁毒立法进程简介

1929年12月，魏玛共和时期的德国制定了第一个《鸦片法》（das Opiumgesetz），于1930年1月生效。在德意志联邦共和国于1949年成立后，按照德国宪法《基本法》（das Grundgesetz）第123、124条之规定，关于毒品管理的权力归属于联邦政府，而不属于各州政府。

《鸦片法》于1981年7月更名为《麻醉品法》（das Betäubungsmittelgesetz）于1982年正式生效，后经1984年、1986年、1987年多次修改，最后一次修订为2021年11月，作为德国进行毒品管制的主要法律依据。

（二）德国禁毒立法主要特点

1．强调对成瘾者的治疗

对于吸毒成瘾者，德国禁毒立法强调以治疗代替刑罚，注重治疗与行为矫正在禁毒中的基础性和根源性。通过立法的形式明确戒毒机制，规定国家设立戒毒治疗中心，通过职业培训、小组谈心、劳动矫正等措施对吸毒成瘾者进行态度与行为的干预。

2．毒品违法行为处罚较轻

与毒品犯罪产生的严重社会危害性相比，德国《麻醉品法》的处罚力度明显较轻。德国刑法规定，凡为个人消费而走私少量毒品、种植大麻植物的，可以免于刑事处罚；非法种植、生产、制造、持有、走私、运输麻醉品的，判处3个月到5年徒刑或判处罚金；即使是贩卖麻醉品的行为也仅是判处3个月至5年的有期徒刑。对于有加重情形的，如非法种植、生产、制造、持有、走私、运输麻醉品对他人身心健康构成威胁的或将毒品提供给未成年人的，判处6个月年至10年徒刑。其坚持的禁毒理念认为，减少毒品流通的最佳措施，在于对犯罪追诉效率的提高，而非刑罚的轻重。[①]

第三节　亚洲主要国家禁毒立法概况

一、泰国禁毒立法简介

泰国地处传统毒源地“金三角”，长期受到毒品的危害与困扰，毒品及其引发的犯罪已成为泰国国家安全与稳定的主要威胁之一。自20世纪70年代末以来，泰国通过立法、执法、宣传教育等多种途径开展着与毒品的不懈斗争。

（一）泰国主要禁毒立法

泰国禁毒立法主要包括：1976年制定、后经多次修订的《禁毒法》（Narcotics

---

① D lling，Eind mmung des Drogenmi brauchs zwischen Repression und Pr vention，Heidelberg，1995。转引自高巍，《论德国禁毒法的基础理念》，学术探索，2006（6）。

Control Act 1976），1991 年《打击毒品犯罪措施法》（Act on Measures for Surpression of Offender in an Offence Relating to Narcotics 1991），《吸毒人员矫治法》（Narcotics Addict Rehabilitation 2002）和 1999 年《控制洗钱法》（Money Laundering Control Act 1999）。

（二）泰国禁毒执法机关

根据泰国禁毒法律相关规定，以下机关作为执法机关享有具体的执法权：

1．毒品管制委员会。该委员会下属于泰国国务院，是泰国的禁毒决策机构，下设 42 个部门，负责研究制定全国的禁毒政策；打击毒品犯罪及预测毒品犯罪趋势；开展国际禁毒合作等。

2．泰国毒品犯罪财产审查委员会。该委员会由泰国反贪委员会主席任主席，泰国司法部常务部长为副主席。负责检查涉及毒品犯罪的财产；判定毒品犯罪嫌疑人或其他人的财产是否属于毒品犯罪的财产；依法冻结、查封涉及毒品犯罪的财产。

3．控制洗钱委员会。该委员会由泰国总理直接担任主席，泰国财政大臣担任副主席，负责向内阁提出控制洗钱犯罪的措施；向内阁建议制定有关规章确保《控制洗钱法》的实施，并对其实施进行检查与评估；制定针对有关资产的养护、拍卖、使用、损害评估和折旧的规则；促进与公众在提供控制洗钱信息方面的合作等。

二、缅甸禁毒立法简介

缅甸是地处“金三角”的另一个国家，长期以来与鸦片类毒品结下了不解之缘，罂粟作为缅甸广大农村重要的经济作物，在很长一段时期内曾是当地居民赖以为生的依靠，同时，鸦片类毒品引发的社会问题，以及深重的政治冲突又让这个国家陷入了复杂的困境。自缅甸联邦 1948 年独立以来，迫于国际社会毒品形势，缅甸政府逐渐认识到了麻醉药品对人类所构成的威胁以及消除这一威胁的紧迫性，历届政府都与毒品进行着艰苦的斗争，政府高层全力关注毒品问题并给予优先权，制定一致的政策以打击这种威胁。政府决心加大措施力度以达到铲除罂粟生产、通过替代种植项目发展该国鸦片生产地区经济的最终目标。

（一）缅甸主要禁毒立法

1963 年 6 月 29 日起，缅甸成为联合国《麻醉品单一公约》的正式成员国，为履行成员国义务，缅甸政府于 1974 年通过了《麻醉品及危险药物控制法》，根据该法，缅甸于1975年成立了药品滥用控制委员会，由内政部部长任主席，负责统管全国的禁毒工作。1998年，为更有效地针对合成毒品，该委员会之下成立了化学品前体管制小组委员会，来控制和监视易制毒化学品在化工用途和医学用途方面的合法进口及分销。

随着国际禁毒形势的变化，缅甸政府于1993年1月颁布了《麻醉品和精神药物控制法》（The Narcotic Drugs and Psychotrpic Substances Law 1993），该法案加入了对麻醉品原植物种植进行管制、打击与毒品相关的洗钱行为、吸毒人员强制登记制等内容，为国家禁毒工作提供更为全面的法律依据。

为了促进《麻醉药品和精神药物控制法》的有效实施，缅甸又相继出台了相关配套法规，如2004年6月1日通过的《对管制易制毒化学品的监管法》、2002年6月17日颁布的《洗钱控制法》（The Control of Money Laundering Law 2002，2004年11月2日对该法案进行了修订）、2004年4月28日通过的《刑事互助法》（Mutual Assistances in Criminal Matters Law 2004）中关于毒品犯罪的相关规定等，规定了针对易制毒品化学品控制、反洗钱、毒品犯罪国际协作等具体措施。

（二）缅甸禁毒执法特点

缅甸是一个多民族、多党派的国家，国内政治环境复杂，由“国家和平与发展委员会”控制着国家的军政大权，在禁毒执法过程中一方面主要依靠军队和警察对毒品基地进行军事打击，清剿贩毒集团，另一方面是在国际禁毒组织、与其有禁毒合作关系的国家的援助下推行罂粟替代种植项目。但由于缅甸复杂的政治环境，很多区域是政府军队无法进入的区域，地方特区甚至采用“以毒养军、以军护毒”的策略，禁毒执法成效受到很大程度的限制。

三、老挝禁毒立法简介

老挝同样是地处“金三角”的国家，从19世纪末到1975年老挝人民民主共和国成立之前，长期处于政治动荡的局面中，当局者大多放任境内鸦片生产与贸易，导致老挝境内毒品泛滥，控制毒品的政策性文件形同虚设。再加上老挝自然条件恶劣，经济落后，广大农村尤其是北部山区，几乎把罂粟当作是唯一的经济作物，人民配合开展禁毒工作的热情不高。但自20世纪末以来，随着国际禁毒形势变化及境内因吸毒感染艾滋病人数的上升，老挝政府已经认识到从长远发展的角度来看，毒品对国家的影响是有害无利的，因此从多种途径展开了多样化的禁毒活动，并用立法的方式来确保这些行动的合法性与实效性。

（一）老挝主要禁毒立法

1990年，老挝在修订《刑法》时，把种植、贩卖、运输毒品等违法行为列入了犯罪的行列，开始用刑罚来惩戒毒品犯罪行为，但受国内毒品认识局限性的影响，该《刑法》对毒品犯罪行为的处罚较轻，其对老挝毒品的控制并没有起到实际作用。

进入21世纪，随着青少年吸毒人数和因吸毒感染艾滋病人数的不断上升，老挝政府不得不以更严厉的态度来控制境内毒品，于2001年重新修订了《刑法》，加重了对毒品犯罪的处罚力度，把死刑和无期徒刑纳入对毒品犯罪的刑罚范畴。

面对禁毒的复杂形势，老挝政府意识到不能仅仅通过“严打”来实现综合治理的目标，于2007年12月颁布了《禁毒法》，规定从宣传预防、学校教育、公民意识、资金保障、物资配备等多个方面进行毒品控制。

（二）老挝禁毒立法特点

老挝禁毒立法经历了从《刑法》中的简单规定到《禁毒法》综合、系统规定，对毒品犯罪的处罚从无到有、从轻到严的过程，体现了政府当局对毒品及其危害的认识过程。

由于老挝广大农村长期的种毒历史，以及落后的经济状况，制约了该国绝禁毒品的信心与行动实效，老挝政府只能在很大程度上依赖国际禁毒组织及有合作协议的国家的援助。主要通过引进新的经济作物来替代罂粟种植，增加农民收入来实现对毒品的控制。老挝的禁毒依然面临着艰难的挑战。

（三）老挝禁毒执法机构

根据2001年3月老挝第四届第七次国会决议，老挝成立了“反毒运动委员会”。作为指导全国实施毒品控制的中央机构，负责动员国内全体老挝公民和居住在老挝的外国人积极有效地参与各种反对毒品的运动，组织中央和地方的禁毒机构，对在国内加工、贩卖、运输毒品的人员进行严惩；向国内外筹集资金，指导建立和管理反毒基金，用于援助治疗吸毒人员；掌握有关毒品的各种信息数据，及时采取措施对毒品犯罪分子实施打击等。

此外，老挝还在罂粟种植比较普遍的北部地区省、县两级成立禁毒领导小组，专门负责禁毒工作，并要求省、县、乡、村、户逐级签订减少罂粟种植责任书，在边境的省、县加强禁毒执法工作。

第四节 各国大麻合法化概况

一、乌拉圭大麻合法化情况

作为世界范围内第一个大麻全面合法化的国家，仅拥有 340 万人口的乌拉圭相比于其他拥有天主教传统的南美邻居国家巴西、阿根廷可谓异类。在历史上，乌拉圭一直是一个自由开明的国家，自 1918 年和罗马天主教脱钩后，妇女投票权于 1932 年就写入了宪法，堕胎、同性恋结合也随即合法化。1974 年之后，出于个人使用目的而持有大麻的行为便不再被犯罪化处理。2012 年 6 月，为了打击非法走私大麻、有组织犯罪、降低因毒品犯罪造成的凶杀率和满足药用大麻需求，时任乌拉圭总统何塞·穆希卡（Jose Mujica）宣布了一项商业大麻合法化的计划，准许个人使用种植大麻，并对于大型大麻养殖农户发放经营许可执照。该计划的法案在 2013 年 7 月由乌拉圭众议院提出，经过众议院和参议院的讨论通过，最终于同年 12 月由总统穆希卡签署生效。

按照该法案，大麻合法化由乌拉圭政府严格控制，核心机构为大麻管理局（Instituto de Regulaci ó n y Control del Cannabis，缩写 IRCCA），购买大麻的个人或者种植大麻的团体、俱乐部必须向官方登记注册，由大麻监管局监督大麻的购买使用情况、并执行相关大麻规范。需要明确的是，该法案规定，可以合法购买大麻的主体必须为 18 岁以上的乌拉圭公民或具有乌拉圭永居权的个人，其目的在于规范大麻合法使用，政府并不希望以此法案招揽所谓的“大麻游客”。按照该法案，可以通过以下三种渠道在乌拉圭合法地获得非医用大麻：第一，个人种植。在合法注册后，每户每年可种植 6 柱开花雌性大麻，并通过此获得不超过 480 克大麻，超过部分则必须上缴大麻管理局。第二，大麻俱乐部。在合法注册后，每个俱乐部可以收纳 15 至 45 名成员、每年集体种植大麻至多 99 株；与对个人大麻规定类似，每个成员每年所获得的大麻不能超过 480 克，超过部分必须上缴给大麻管理局。第三，向药店购买。在合法注册后，个人可向药店购买最多每周 10 克、每月 40 克大麻，购买时需用指纹验证核实身份。最后，为了打击黑市的大麻，该法案一直将质量优于黑市的大麻价格控制在黑市大麻价格以下，约为每 25 克 /100 美元。

然而，法案的推行效果不尽如人意。原因如下：第一，缺乏注册药店。乌拉圭大约有 1200 个药店，2017 年只有 16 个药店合法注册销售大麻，其中绝大多数只分布在首都蒙德维地亚及周边。第二，缺乏对大麻使用者的有效管理。18 岁至 65 岁的大麻使用者从 2011 年的 120000 人增长到 2018 年的 147000 人，其中只有 35000 人在大麻管理局合法注册。第三，缺乏足够的合法大麻供给。因为政府对于大麻质量的严格把关，合法大麻的市场准入难度很高，因此，合法大麻供给始终处于匮乏状态。第四，凶杀率上升。在 2013 年大麻合法化后，2017 年创下了近三十年历史第二高的每万人 17 起的凶杀率；2018 年第一季度，59% 的凶杀案件都与毒品暴力犯罪有关，这一数值是大麻合法化前 2012 年同期两倍。第五，大麻俱乐部非法运营。虽然法案初衷并不愿意招揽“大麻游客”，然而，依然有大麻俱乐部假借组织游客参观俱乐部时机，分发免费的大麻作为礼物，以招揽生意。

二、加拿大大麻合法化情况

加拿大是全世界第二个、G7 和 G20 成员国中唯一一个大麻全面合法化国家。但在历史上，加拿大对于大麻的管制十分严格，自 1923 年大麻被列为非法以后，医用大麻直到 2001 年 6 月才被列为合法。尽管出于个人用途吸食大麻所面临可能的刑事指控非常严重，但仍有相当高比例的加拿大人吸食大麻。以 2006 年加拿大成瘾和心理健康中心（Center of Addiction and Mental Health）的调查为例，44% 的被访问者表示曾经吸食过大麻。除了加拿大公众对于大麻的接纳态度，全面大麻合法化还有以下三个原因：减少非法大麻销售所产生犯罪行为，铲除非法销售大麻的收入；控制青少年获得大麻的渠道，提供公民合法使用大麻的渠道；减轻犯罪化大麻给习惯吸食大麻的加拿大黑人群体以及原住民在被刑事问责后所带来的终身负担。加拿大大麻合法化运动背后的主要推手，是现任总理贾斯丁·杜鲁多（Justin Trudeau），其在 2015 年成为加拿大总理后，就成立了由联邦、各省、地区成员组成的专家小组，讨论大麻逐步合法化的可行方案。最终，对于娱乐用途使用大麻（recreational purpose）合法化的法案《大麻法》（Cannabis Act，C-45 法案）在 2018 年 6 月，经过加拿大联邦参众两院的讨论后通过。2018 年 10 月，加拿大联邦政府宣布，娱乐用途使用大麻不再违反刑法、构成犯罪，加拿大各州、地区保留对大麻管理的具体规定的决定权，例如，大麻的销售渠道、地点，合法使用大麻的法定年龄以及合法持有量等。

按照加拿大《大麻法》规定，首先，年满 18 周岁的成年人可以：（1）合法持有大麻不超过 30 克的合法干大麻或其他等量大麻制品；（2）与其他成年人分享至多 30 克干大麻或其他等量大麻制品；（3）从各省、地区的持有营业制造的零售商购买大麻，或在没有零售店时上网购买大麻；（4）在从持有营业制造的零售商获得的种子和幼苗种植后，每户种植不超过 4 株供个人使用的大麻；（5）制作含大麻的食品和饮料。

其次，该法案重点保护对象为青少年：（1）禁止向未满 18 周岁未成年人出售大麻，非法向未成年人出售或者提供大麻、利用未成年人实施与大麻相关犯罪者，可被判处最高 14 年有期徒刑；（2）禁止吸引未成年人的大麻包装或标签，禁止在自动贩卖机出售大麻，违者可被判处最高三年有期徒刑或者最高 500 万加币罚金；（3）自法案通过后 5 年内，加拿大政府承诺投入 4600 万加币，用于公众教育，特别是针对青少年，宣传吸食大麻存在的危害。

最后，在规定了大麻的合法使用的情形外，加拿大《大麻法》还对违法行为及可能的刑事责任进行了规定。除了前文提到的两个有关青少年的罪名，持有过量大麻可处以罚金或 5 年以内有期徒刑；非法分配销售大麻可处以罚金或 14 年以内有期徒刑；过量种植大麻植物可处以罚金或者 14 年以内有期徒刑；生产以有机溶剂为基础的大麻制品、携带大麻离开加拿大皆可处以 14 年以内有期徒刑。

加拿大《大麻法》的实施效果则是苦乐参半。一方面，随着大麻全面合法化，针对非法持有大麻的刑事指控数量骤降；吸食大麻并未像预期一样引发大面积的思觉失调（psychosis）和神经分裂（schizophrenia）等精神疾病，诚然，这也可能是由于对于吸食大麻产生长远负面影响所需要的时间还不够。而另一方面，对大麻的管控并未如预期一样带动合法大麻销售。加拿大 2019 年前 7 个月的总销售额仅为 5.34 亿加元，这与法案通过时所预测的 43 亿加元相去甚远，造成这样的原因也和严格管控有关。截至 2019 年 9 月，在有 2300 万人居住的安大略和魁北克省，每个省仅有 25 个大麻零售店，而对于合法大麻的质量和规格控制，也使得合法大麻的价格几乎达到黑市的两倍。这些因素都导致了合法大麻最终无法取代黑市非法大麻。

三、泰国大麻合法化情况

泰国是世界上继乌拉圭、加拿大之后第三个、亚洲唯一一个对于大麻进行合法化的国家。历史上，东南亚国家有使用、食用和药用大麻的传统，用于缓解重体力劳动产生的肌肉酸痛和妇女的产后疼痛，这样的传统来自于印度，泰语里大麻一词“Ganja”就是源自于印度。在近代，泰国也曾对于通过犯罪化而禁止大麻，1935 年泰国的《大麻法》（Cannabis Act 2477 BE）和 1979 的《麻醉品法》（Narcotics Act 2522 BE）都先后将大麻列为非法。2018 年，泰国首先合法化了医用大麻。2022 年 6 月，泰国食品药品监管局将大麻从第五类管制麻醉品名单中移除。自此，持有、种植、运输、吸食、买卖大麻制品在泰国都是合法行为。据称，此项举措的主要目的是为了利用大麻经济带动农业和旅游业，带动新冠肺炎疫情后的泰国经济。为此，2022 年 5 月，泰国卫生部部长 Anutin Charnvirakul 在

face book 上宣布，在大麻合法化生效后，将向泰国民众发放 100 万株大麻幼苗，并将大麻列为泰国的经济作物。

目前，泰国大麻合法化还处在初级阶段，如何管理大麻还需要时间和经验不断探索。因此，绝大多数有关大麻管理的规定都十分模糊，存在大量的执法灰色地带。在已有的规定中，首先，尽管吸食大麻已经是合法行为，但是可以合法吸食的大麻剂量很低，只有四氢大麻酚（简称 THC）含量低于 0.2% 的大麻制品可用于娱乐消费，高于此剂量的大麻制品依然被视为麻醉品，需要凭借处方按照医疗药品购买。其次，虽然吸食大麻合法，但是在公开场合吸食大麻依然被《公共卫生法案》（Public Health Act 1992 2535 BE）视为违法，违者将可能面临最高 25000 泰铢（约 500 美元）的罚金或 3 个月的监禁。再者，法律也禁止向 20 岁以下的人、怀孕以及哺乳期的妇女出售大麻。最后，对于大麻的经营，泰国政府出于振兴当地农业、保护地方农户和排除外国公司竞争的目的，禁止外国公司和在泰国成立的外国公司经营大麻。然而，这项贸易保护政策对于从外国进口的特定种类大麻持模糊态度。

尽管这项大麻合法化举措意在振兴泰国经济，却在国内遭到了强烈的反对。首先，近代泰国曾一度因为对毒品类犯罪采取了十分严厉的态度而“臭名昭著”。泰国拥有约 28.5 万名服刑罪犯，在东盟十国中位列前茅，其中 80% 的服刑罪犯都和毒品犯罪有关。在 2022 年 6 月泰国大麻合法化的同一天，约 4200 名罪犯被释放。这样的大麻合法化举措无疑象征着泰国禁毒政策的 180 度大转弯。因此，2022 年 9 月，在大麻被移除出管制药品名单后，一项针对大麻合法化做出详细规定的法案在泰国国会遭到了阻拦而没有通过。支持和反对的双方矛盾核心在于是否应当将出于娱乐目的的大麻使用合法化。反对者担心，通过这项法案将会危及青少年的身体健康，威胁泰国普通民众的长远利益；支持者则表示，在大麻被移除出管制药品名单后，长期缺乏详细立法所造成的灰色地带将会给泰国社会和周边国家造成更大的危害。

四、荷兰大麻合法化情况

荷兰的大麻管理政策可谓独特。在 1953 年，和大多数国家一样，荷兰对大麻进行了犯罪化处理。然而在 1976 年，荷兰修正了《鸦片法》，将毒品区分为对人体伤害较大的“硬毒品”（hard drugs）和对人体伤害较小的“软毒品”（soft drugs），前者包含海洛因、可卡因、安非他命“冰毒”、亚甲二氧甲基苯丙胺“摇头丸”和 4- 羟基丁酸“神仙水”，后者包含了大麻制品、安眠药和镇静剂等。尽管两类毒品都被视为非法，都可能面临被追究刑事责任的风险，但是荷兰政府对于包含大麻制品的软性毒品采取了所谓的“包容政策”（Toleration

Policy），在符合一定情形的前提下，对于非医疗目的携带、贩卖大麻的行为不进行追责。

对于软毒品的包容政策出发点，是为了严格打击硬毒品，即当人们有相对容易的渠道获得软毒品，则没有必要向可能混杂硬毒品的毒贩手中获得大麻，从而避免了沾染吸食硬毒品的可能性。包容政策主要适用于以下两种情形：（1）少量携带、持有大麻。荷兰公诉机关对于持有5克以下的大麻、种植5株以下的大麻的行为不予起诉，但会对种植的大麻植株予以没收。（2）咖啡点售卖少量大麻。在荷兰的443个城市中，至少100个城市拥有一个售卖大麻的咖啡店。咖啡店在售卖大麻时，需要遵循AHOJ-G“五不”原则，即：不过于明显地打广告招揽顾客、不贩卖硬毒品、不因售卖大麻引起纠纷、不向未成年人售卖大麻、不大剂量售卖大麻（5克以内）。值得注意的是，尽管咖啡店在符合规定的前提下少量贩卖大麻的行为是被容许的，但是咖啡店种植大麻、向咖啡店提供大麻则是严重违法行为。因此，荷兰的咖啡店所贩卖的大麻皆是从黑市上所购得。所以，阿姆斯特丹市市长也一度考虑出台新的政策，规定在咖啡店仅向荷兰本地居民而不对外向游客售卖大麻，以改善“大麻旅游”带来的社会治安和硬毒品犯罪猖獗等问题。

此外，荷兰自2003年起合法化了医疗大麻，荷兰医疗大麻办公室（Dutch Office of Medical Cannabis）负责管控所有和医疗大麻相关的行为，包括种植、进口、销售医疗大麻，并对符合条件的主体发放医疗大麻的授权经营许可。到目前为止，只有一家公司（Bedrocan）获得了种植医疗大麻的授权。病人如有需求，可凭借医生处方从药店获得医疗大麻。与从咖啡店购买的大麻相比，医疗大麻因为受到了政府的严格管控，质量明显较好。

五、西班牙大麻合法化情况

概括而言，西班牙虽然对于大麻进行了“去犯罪化”，但并没有合法化。而且，相较于其他同为联邦制的国家的联邦与地方政府的关系，西班牙各自治区享受更高的自治权、对联邦政府享有更高的独立性。因此，各自治区对大麻相关的详细规定都有很大的差异。

西班牙对于大麻的管理着重在公共场所。在公共场所，吸食、买卖、种植大麻都是违法的，违者将被刑事问责。在私人场合，可以种植大麻，但每户限种两株，而且不能被公众看到；可以持有和吸食不超过100克的大麻；在西班牙合法获得大麻的渠道只有私人大麻俱乐部。

如前文所提到的，西班牙各自治区对于大麻问题的细致规定非常不一致。以私人大麻俱乐部问题为例，据估计目前西班牙国内有大约500家私人的大麻俱乐部，其中400家在加泰罗尼亚自治区。该自治区于2005年10月还通过了一项医用大麻的计划，用于治疗手术后产生的恶心和肌肉紧张。而在安达卢西亚自治区，大麻俱乐部的合法性问题则一直没有被自治区政府承认，2006至2007年间，安达卢西亚的大麻俱乐部成员还因为非法持有大麻而被起诉，虽然最后涉事成员被免除了刑事处罚，警方也被要求归还大麻植株。

第九章　禁毒国际公约

毒品是全世界的共同敌人。据联合国发布的相关数据显示，全球 170 多个国家及地区涉及毒品贩运问题，130 多个国家及地区存在毒品消费问题。全世界每年毒品交易额在 8000 亿 ~ 12000 亿美元之间，相当于世界贸易额的 8% ~ 13%，成为仅次于军火的第二大贸易。全世界吸毒人数达 2.84 亿多，更出现了 2013 年以来的新精神活性物质的滥用。由于受巨大经济利益的驱使，毒品犯罪时常会突破一国疆界，涉及多个国家，为更有效地打击毒品犯罪，寻求国际协作已成为全世界大多数国家的共识。

从 20 世纪初至今，一百多年以来，世界各国一直在尝试以不同形式开展区域间或全球范围内的禁毒合作。禁毒国际公约作为全球开展禁毒合作的法律准则与依据，在打击国际毒品犯罪和倡导抵御毒品方面起到了显著的作用。

禁毒国际公约通常是指基于联合国有关禁毒教育、毒品管制、执法合作、戒毒治疗等方面内容，以减少毒品供应、减少毒品需求、减少毒品危害为目标，加强国际、国家政府、组织间禁毒合作的协议、规则、宣言和纲领，由成员国自愿签署加入，也可指国家政府间、国家与国际组织间、国际组织间签订的禁毒协议。公约通常具有开放性，非缔约国可以在公约生效前或生效后的任何时候加入。一旦加入公约，缔约国应当遵行公约规定，承担相应责任，履行相关义务。

第一节　国际公约概述

一、国际禁毒公约的由来

（一）从第一次国际禁毒会议到第一个国际禁毒公约

19 世纪末，鸦片、吗啡逐渐成为世界上很多国家的“毒瘤”，人们已经认识到毒品不仅危害个人身体健康，还会引发各类犯罪，危害社会治安，从而动摇统治者地位。中国自两次鸦片战争之后，从统治者到社会名流均认识到烟毒的危害。1906 年，清朝政府颁布《禁烟章程》，规定“禁种、禁吸、禁售”，尤其是禁止官员吸食。1908年，清朝民政部颁布《禁烟稽核章程考成办法》，将禁烟的成绩作为奖惩官员的标准之一。然而，禁烟不仅仅是内政决策能够解决的问题，英国政府以及鸦片商人都不愿意财路断绝，假如不将“禁毒”提到国际层面，中国禁毒仍然举步维艰。处于任列强瓜分窘迫地位的清朝政府，要肃清烟毒只得寻求列强的同情与支持。与此同时，鸦片、可卡因和大麻也在美国各州引发了突出的社会问题，再加上美国作为“调停方”并没有在第二次鸦片战争中获取太大的外交利益，而英国、法国及作为另一“调停方”的沙俄却成了战争的直接受益者，正在谋求对外扩张的美国，不能再坐视他人独大，基于本国社会安全及国际外交利益的考虑，中美双方一拍即合，于是由美国作为倡议国，酝酿了第一次国际禁毒会议——“万国禁烟会议”。

1909年2月1日至26日，由美国倡议、中国主办的“万国禁烟会议”在上海外滩最豪华的汇中饭店（今和平饭店南楼）隆重举行。来自中、美、英、法、德、俄、日、意、荷、葡、奥匈帝国、暹罗（今泰国）、波斯（今伊朗）等13个国家的41名代表齐聚一堂，共商禁烟大计。就当时的时代背景而言，能有来自不同大洲的13个国家参加国际会议已经很难得，故该会议被称为“万国禁烟会议”。

会上，中国代表团向大会建议为挽救无以计数的瘾君子，应成立一个委员会，专门研究戒烟办法，提供戒烟良策，该建议得到各国代表的一致赞同。在闭幕式上，大会发起国美国及东道主中国的代表，各自发表了总结性禁烟演说。中国代表唐国安在演说中指出，吸食鸦片是中国最紧急的道德问题和经济问题，大量事实和数据证明，中国因吸食鸦片遭受了巨大经济损失，并造成极度贫穷与落后，迫切需要其他国家的合作，以共同对付鸦片烟毒，取得禁毒的完全成功。唐国安以中国先圣孔子的“己所不欲，勿施于人”以及《圣经》里“爱你的邻人如爱你自己一样”两句名言作为结束语，引起了参会人员的共识。

上海“万国禁烟会议”是人类历史上第一次多边性的国际反毒禁毒会议，它第一次确认鸦片等毒品必须在世界范围内禁止，第一次唤起了各国政府对毒品的关注。这次会议就限制用于正当目的的鸦片数量、对鸦片的进口实行管制、逐渐取缔吸食鸦片等问题开展了商议，最终大会通过了有关禁止种植、吸食、贩运鸦片及戒烟等9项决议案，这9条决议虽然属于建议性质，对签字国不具有约束力，但其确定的原则被纳入之后的国际禁毒公约之中。1909年“万国禁毒会议”的召开，开创了通过国际行动来解决鸦片问题的先河，它让世人深刻地认识到，鸦片不仅关系到道德，更关系到商业、经济和政治。会议策划方巧妙地利用了美国、英国、日本和俄国在中国的战略博弈，推动英美两国政府调整对华政策，积极参与国际禁毒合作，争做“受欢迎的国家”，进而实现远东，特别是在中国的利益最大化。

由于上海“万国禁烟会议”除了迫于国际压力不得不出席的英国之外，并没有主要的鸦片生产国（如土耳其）等国家参加，因此，鸦片的生产及贸易问题，难以进入会议的议题，会议只能就限定鸦片的消费进行讨论，并不能实际限制鸦片的生产与滥用，也没有对全球范围不断扩张的英国势力起到实际牵制作用，于是1911年年末，美国开始极力主导召开第二届“万国禁烟会议”，除了力邀参加上海会议的各国代表外，还向主办方荷兰政府提交了一份备忘录，表明自己的立场，要求将主要的鸦片生产国“拉入”此次大会。

第二次“万国禁烟会议”在荷兰海牙召开，会议从1911年12月1日开始，一直持续到次年的1月底。经过近两个月的唇枪舌剑，1912年2月1日，会议最终通过了人类第一个国际禁毒公约——《海牙国际禁止鸦片公约》。公约共分六章，第一章至第三章，分别对“生鸦片”、“鸦片烟膏”和“药用鸦片、吗啡、可卡因及其他相似药品”的生产、分配及输出等进行了限定，规定“没有各缔约国正当的许可，禁止生鸦片的进出口”、“对鸦片烟膏采取先管制制造、使用再渐次禁止”的措施。第四章专门针对鸦片最大的消费国、也是列强利益冲突最突出的“中国及中国国内租借地”的鸦片管制问题进行了约定，要求缔约国减少在中国国内的生鸦片及鸦片烟膏贩卖店的数量；第五章要求各国尽快制定、完善与鸦片相关的法律条款；第六章则就各缔约国签署及批准的手续进行了正式规定。

从《海牙国际禁止鸦片公约》开始，关于禁毒的国际公约开始逐渐走上历史舞台，并在各国的共同努力下日趋完备。

（二）从“纲要”到“细节”

自《海牙国际禁止鸦片公约》开始，国际社会倾注了大量人力、物力对毒品宣战。在实践过程中，人们对毒品危害及毒品犯罪的认识越来越深刻，也推动了国际禁毒公约的不断发展，公约的内容体现出从最初的纲要式规范向毒品管制严格化、明确化的发展趋势。

为了检验《海牙国际禁止鸦片公约》的实施情况以及解决禁止贩运毒品问题，在国际毒品顾问委员会的提议下，国际社会又先后召开了两次国际禁毒会议，并于1924年12月11日签订了《关于熟鸦片的制造、国内贸易及使用的协定》、于1925年2月19日签订了《国际鸦片公约》，正式建立了麻醉品正当国际交易的进出口许可证制度。

此后，为了补充《海牙国际禁止鸦片公约》和《国际鸦片公约》的内容，更加严格地限制麻醉药品的制造，各国先后又签署了多个国际禁毒公约。1931年

7 月 13 日在日内瓦签订的《限制制造及调节分配麻醉品公约》，决定将世界麻醉品的生产控制在医用和科学研究所需的数量之内；1931 年 11 月 27 日，在曼谷签订的《远东管制吸食鸦片协定》，具体规定了对远东地区进行吸注鸦片的管制；1936 年 6 月 26 日，在日内瓦签订的《禁止非法买卖麻醉品公约》，第一次把非法制造、变造、提制、调制、持有、供给、兜售、分配、购买麻醉品等行为规定为国际犯罪，呼吁国际社会严惩麻醉品的非法交易活动。这是国际禁毒立法上的一项重大突破，使国际禁毒有了明确的法律依据，确认打击毒品犯罪是全世界的共同任务。该公约经 1946 年 12 月 11 日议定书修正，补充规定了各类毒品犯罪的刑事管辖权，并规定每一缔约国都有义务采取必要的立法措施，适用徒刑或其他剥夺自由的刑罚，严惩同毒品生产、制造、贩运等有关的犯罪行为，以及它们的同谋、未遂及预备行为。

二、内容日趋完备的国际禁毒公约

经过两次世界大战，国际势力划分基本确定，为寻求新秩序下的“稳定发展”，强权与妥协的共同产物——联合国诞生了。1945 年 10 月 24 日在美国加州旧金山签订生效的《联合国宪章》标志着联合国正式成立。作为政府间国际组织，联合国以促进各国在国际法、国际安全、经济发展、社会进步、人权及实现世界和平方面的合作为己任，自然也在国际反毒战争中发挥着重要作用。1946 年，联合国成立了麻醉品委员会，作为联合国麻醉品管制领域的决策机构，负责推进世界范围内的麻醉品研究与管制。

1961 年 3 月 30 日，联合国大会通过《麻醉品单一公约》。该公约不仅对过去的禁毒国际公约和协定进行了合并和修订，还把管制范围扩大到了天然麻醉品原料的种植等方面，并对有关刑事管辖权的问题作了较明确的规定。

针对国际毒品形势的变化，1972 年，联合国在日内瓦召开会议，对《麻醉品单一公约》进行了修订，于 3 月 25 日正式订立了《修正 1961 年麻醉品单一公约议定书》，即 1972 年议定书，并以《经〈修正 1961 年麻醉品单一公约议定书〉修正的 1961 年麻醉品单一公约》为名。公约将管制范围扩大到天然麻醉原料的种植，包括鸦片、大麻和古柯叶。公约要求各缔约国制定国内立法，将非法种植、生产、制造、提炼、销售等行为规定为犯罪行为，予以刑事制裁。

自从 20 世纪 60 年代开始，国际上滥用苯丙胺等兴奋剂、麦角副酸乙酸胺等致幻剂以及安眠酮等安眠药的情况日趋严重，致使许多人吸食成瘾，严重危及健康。在精神药物滥用严重的国际新背景下，1971 年联合国在维也纳签订了《精神药物公约》，建议各国对 32 种精神药物实行严格管制。

鉴于国际毒品犯罪数量不断上升，且日益与恐怖主义等有组织的国际犯罪相结合，严重威胁到国际社会的安定和人类的健康的情况，1984 年联合国第 39 届大会通过了一项关于起草新禁毒公约的 141 号决定。经过联合国和各国政府历时 4 年的努力，终于在 1988 年 12 月 19 日通过了《联合国禁止非法贩运麻醉药品和精神药物公约》。

时至今日，《禁止非法买卖麻醉品公约》（经 1946 年修正）、《经〈修正 1961 年麻醉品单一公约议定书〉修正的 1961 年麻醉品单一公约》（简称《61 公约》）、1971 年《精神药物公约》（简称《71 公约》）、《联合国禁止非法贩运麻醉药品和精神药物公约》（简称《88 公约》）四大禁毒国际公约仍然有效。其共同的主要内容包括：①麻醉药品和精神药物仅限于医药和科学研究之用；②各国政府须严格管制麻醉品和精神药物的合法种植、生产、制造、销售和使用；③各缔约国应采取立法和行政措施，并设立一个专门的法定管理机构，以便执行公约的各项规定；④为了确保麻醉药品和精神药物用于合法目的，对它们的种植制造、销售、和分配采取许可证或其他类似的管制措施；⑤每个缔约国都必须建立检查制度，检查麻醉药品和精神药物的制造商、进出口商、批发商及零售商的情况；⑥在国际合法贸易中，实行估计制度、进出口批准制度和报告制度，以控制该类物品的国际贸易；⑦各缔约国必须采取措施，预防和制止麻醉药品和精神药物的非法贩运，并与有关国际组织密切合作。这些公约共同构成了管制麻醉和精神药物的国际法律制度的基础，形成国际禁毒合作的法律依据，也为各缔约国的反毒刑事立法提供示范与指导。

此外，各国又在联合国的倡导下，陆续签订了一些禁毒的宣言和纲领，其中最著名的有：《控制麻醉品滥用今后活动的综合性多学科纲要》，以及联合国第 17 届特别会议通过的《政治宣言》《全球行动纲领》等。

纵观以国际协议为载体的国际禁毒法，都是各主权国在平等基础上通过谈判、协商进而达成的，体现了以下几个显要特征：一是尊重各国主权和领土完整和互不干涉内政，如《88 公约》第 2 条第 2 款、第 3 款规定“缔约国应以符合各国主权平等和领土完整以及不干涉别国内政原则的方式履行其按本公约所承担的义务”、“任一缔约国不得在另一缔约国的领土内行使该由另一缔约国国内法律规定完全属于当地的管辖权和职权”；二是加强国际合作，要求缔约国通过谈判、合理建议和协商的办法来处理双边禁毒事宜；三是强调毒品罪犯必须承担刑事责任，如《71 公约》第 22 条第 1 款规定“以不违背缔约国本国宪法上之限制为限，每一缔约国对于违反为履行本公约义务所订法律或规章之任何行为，其系出于故意者，悉应作为可科处刑罚之犯罪行为处分之，并应确保其罪行情节重大者受充分刑罚，尤其受徒刑或其他剥夺自由之处分”。正如贝卡利亚所言：“对于犯罪最强有力的约束力不是刑罚的严酷性，而是刑罚的必定性。”同时，也明确了毒品犯罪不是经济犯罪，不能仅给予经济处罚，也不是政治犯罪，不能因政治立场不同而被豁免。

第二节 麻醉品单一公约

一、《麻醉品单一公约》概况

在联合国组织下，各国政府于 1961 年 3 月 30 日在纽约举行特别国际会议，通过了《麻醉品单一公约》，该公约于 1964 年正式生效，该公约取代了于 20 世纪初以来缔结的关于阿片剂、大麻和可卡因的相关国际条约。①

《麻醉品单一公约》序言部分明确指出，世界范围内大多数国家均承认适当提供医用麻醉品对于人类福利不可或缺这一事实，但同时也承认药物成瘾是一个世界性的社会和经济威胁。因此，《麻醉品单一公约》旨在使麻醉品的使用局限于医疗和科研目的，并防止其被转移和滥用，与此同时确保为合法目的可以获得麻醉品。

该《公约》包括了对种植用作麻醉品原料来源的植物的管制措施、关于国家当局对生产、制造、交易和销售麻醉品采取管制措施的义务的规定，以及关于成瘾者的医疗和康复的规定。还强调了国际毒品管制局在确保用于医疗和科研的麻醉品的供求之间的平衡以及帮助防止非法药物种植、生产、制造、贩运和使用方面的作用。《麻醉品单一公约》同时指出，人类要有效地实现对麻醉品的管制，必须开展合作和协调一致的国际行动处理与药物滥用有关的问题。

经联合国认可，《麻醉品单一公约》具有普遍适用性，即无论是否为该公约的缔约方，联合国所有成员国都必须遵守其中的一些规定，如对人类健康和福利的关注，以及考虑防止麻醉品滥用的有效措施需要采取协调一致的全球行动。同时，要求所有国家都必须在实施《麻醉品单一公约》中发挥作用，以确保为医疗和科研目的可以适当地获得麻醉品，并且将它们的获取限于对麻醉品的正当需求。

1972 年 3 月 25 日联合国在日内瓦通过的《修正 1961 年麻醉品单一公约的议定书》对《麻醉品单一公约》进行了修订，并以《经〈修正 1961 年麻醉品单一公约议定书〉修正的 1961 年麻醉品单一公约》（简称《61 公约》）。经修订的

---

① 包括：（1）1912 年在海牙签订的《各国禁烟公约》；（2）1925 年 2 月 11 日在日内瓦签订的《关于熟鸦片的制造、国内贸易及使用的协定》；（3）1925 年 2 月 19 日在日内瓦签订的《国际鸦片公约》；（4）1931 年 7 月在日内瓦签订的《限制制造及调节分配麻醉品公约》；（5）1931 年 11 月在曼谷签订的《远东管制吸食鸦片协定》；（6）1946 年 12 月在美国成功湖所签订关于前列五项关于麻醉品之各种协定、公约的修正议定书。

公约由联合国于 1975 年正式颁布生效，条约共有 51 条，对国际药物管制机关、受管制的物质、缔约国国家药物管制制度、违反公约行为的罚则及进入公约的程序等进行了详细的规定。

二、《61 公约》中的国际药物管制机关

根据《61 公约》第 5 条的规定，主管国际麻醉品管制的两个国际机关分别是麻醉品委员会（简称麻委会）和国际麻醉品管制局（简称麻管局），合作机关是世界卫生组织（简称卫生组织）。

麻醉品委员会（麻委会）是联合国经济及社会理事会的一个附属机构，由联合国会员国组成。它是联合国系统内负责处理所有与药物有关事项，包括与公约宗旨有关事项的核心决策机构。

国际麻醉品管制局是为实施联合国各项药物管制条约而设立的一个独立的准司法管制机关，于 1961 年通过《麻醉品单一公约》时设立，并取代在此之前监督公约实施的国际条约机构。麻管局的工作就是要确保为医疗和科研目的可以获得适当的药物供应，并确保不发生从合法来源向非法贩运的转移。为实现此目的，麻管局施行麻醉品估计制度和麻醉品统计报告制度。

卫生组织在药物管制系统中所起的作用相当于一个咨询机构。有权对在附表中增加麻醉品、删除麻醉品或将其从一个附表转到另一个附表提出修改意见。同时，按照公约第 9 条的规定，麻管局的 13 名专家成员中有 3 名由卫生组织提名产生。

此外，《61 公约》还规定了联合国大会、经济及社会理事会（经社理事会）和联合国秘书长与国际麻醉品管制制度有关的职能，具体表现在：①联合国大会决定国际药物管制机关的预算事项；②联合国大会或经社理事会审查和批准麻委会有关《麻醉品单一公约》的所有决定、建议或决议，但根据第 3 条做出的决定（管制范围的变化）和次要的决议（如没有财务影响或涉及到已经接受该决议的专门机构的决议）除外；③经社理事会负责麻管局的选举，并可以为各方和麻管局提供讨论公约某些条款的适用问题提供一个论坛；④秘书长是《麻醉品单一公约》及其议定书以及麻委会根据第 18 条要求缔约各方提供的资料的保存机关。后一资料包括《61 公约》在缔约方领土上实施的年度报告、相关国内法律法规的文本（详细程度由麻委会根据非法贩运案件的情况确定），以及主管机关的名称和地址。秘书长还向麻委会和麻管局提供秘书处服务。

三、《61 公约》规定的受管制物质

《61 公约》中的受管制物质包括两大类，一是麻醉品及其制剂，二是麻醉品

植物和植物材料。公约以四个附表对需要管制的物品进行分类和罗列，对不同组的药物或药物制剂规定了严格程度各不相同的管制措施。各附表根据其罗列药物的依赖性、易滥用性和治疗用途加以定义。并根据缔约国或世界卫生组织情报，在必要时对附表中的物品进行修改，如增加、删除某些物品或将特定物品从一个附表转移到另一个附表。

根据定义，麻醉品是指附表一和附表二所列的物质。附表一中所列的是有高度成瘾性和易被滥用性或可以转化为有类似成瘾性和易被滥用性的药物的物质，包括大麻和大麻酯（以及浸膏和大麻酊）、麻醉品原料（古柯叶、罂粟草浓缩物、鸦片）、效力较强的鸦片止痛剂（吗啡、羟二氢可待因酮）、芽子碱—可卡因类药物以及大量的合成药物（芬太尼及其类似物、美沙酮）。

附表二所列的是比附表一成瘾性和易滥用性较小的物质，如可待因及其衍化物。

附表三所列的是供正当医疗用途的麻醉品制剂，但这些麻醉品的化学合成方式较简单，有可能被滥用。但各国不必要求对附表三的制剂实行进出口许可，也不必向麻管局提供这些制剂的任何估计数或统计报告（进口、出口、制造、消费或库存）。然而，各国必须提供关于用于制造附表三的制剂的麻醉品数量的资料。

附表四包括了附表一所列、被认为在其成瘾特性和滥用可能性方面极为有害的一些药物。其中的物质被假定很少用于医疗实践，而且各国可能对其制定了特别管制措施。附表四中的所有药物还必须包括在附表一中。各国可以选择在其认为必要时禁止使用附表四中的药物。

虽然罂粟、古柯叶、大麻植物、罂粟草和大麻叶不属于药物，但按照《61公约》的定义，它们仍然受该公约管制。管制措施包括：各国应当报告种植面积的估计数和统计数字以及其种植的地理位置；报告罂粟草的国际贸易信息（并要求进出口许可）；允许种植罂粟、古柯树和大麻植物的国家应当设立全国性机构，以便对种植进行管制并管理所产生的作物。在认为必须保护公众健康和防止非法贩运时，可以禁止种植罂粟、古柯树或大麻植物（缉获并摧毁非法作物）；采取为防止滥用和非法贩运大麻叶所必需的措施等。

《61 公约》的管制范围可以按照第 3 条的规定加以变更："缔约国或世界卫生组织根据情报认为有修订任一附表的必要时，应连同其所根据的情报通知秘书长。"秘书长应按要求将该通知转发各缔约方、麻委会和卫生组织。卫生组织应向麻委会提供关于该事项的医学和科学意见，再由麻委会根据卫生组织提供的意见，把特定药物添加到附表中、或从附表中删除特定药物、或将其从一个附表转移到另一个附表。

秘书长必须将麻委会与管制范围变更有关的任何决定通报所有国家、卫生组织和麻管局。从它们收到这种通报之日起，该决定对所有各方生效，即各国必须采纳并立即开始实施。麻委会关于变更麻醉品管制范围的决定，任何缔约方可以在收到决定通知之日起 90 日内提出异议请求及相关的支持性文件，该请求须经过经社理事会审查。经审查后该请求寄送秘书长。秘书长应向麻委会、卫生组织和所有缔约方转送审查请求的副本和相关资料，并请它们在 90 日内提出评论意见。经社理事会在确认、改变或推翻麻委会的决定时可以考虑到这些评论意见，经社理事会的决定是决定性的。在经社理事会审查期间，麻委会原来的决定仍应有效。

四、《61 公约》中的缔约国国家药物管制制度

根据公约内容，各国都负有在本国内进行药物管制的义务，必须把药物的生产、制造、进出口、销售、贸易、使用和拥有仅限于医疗和科研目的。这些义务具体表现在以下几个方面：

（一）成立特别管理机关负责本国内的药物管制

根据《61 公约》，各缔约方应当设有特别管理机关，负责施行公约的各项规定。该管理机关必须协调各部门和政府机构在保健、社会福利、司法、执法等领域与落实条约规定有关的工作。这些部门和政府机构包括有权颁发麻醉品进出口证书和许可的国家主管机关、管制麻醉品国内生产 / 制造机构、生产 / 制造麻醉品的国有企业、有关预防和处理药物滥用的机构以及负责对麻醉品非法贩运采取预防和打击行动的执法当局。

《61 公约》特别指出，该特别管理机关并不一定指的是单一机构，可以由该国根据情况设立由多部门协作组成。同时，该国可以指定单一机构如外交部作为代表政府与国际药物管制机构进行对话的机构，采取为落实公约规定和在执行过程中与其他国家进行合作所需的行政和立法措施。

（二）对本国麻醉品需求进行估计并报告

《61 公约》第 12 条、第 19 条和第 20 条规定了药物需求估计制度，要求各国的药物管理当局负责确定其领土上的麻醉品估计数，以及麻醉品进出口和流动情况的统计报告，并有义务向麻管局提供这些估计数据。估计制度的目的是要把各国麻醉品的供应量限制在正当用途、维持适当库存和合法出口所需的数量，从而最大限度地减少滥用非法药物交易的风险。

根据《61 公约》规定，一国制造或进口的麻醉品不得超出麻管局对该国已

确认的估计数，而且出口国出口的麻醉品也不允许超出进口国相应的估计数，因此，要保证缔约国有足够的麻醉品或阿片原材料以满足其正当的医疗和科研需要，就必须能够充分确定这些方面的需求，如果对需求的估计过低，国家可能无法满足特定年份其正当医疗对麻醉品的需要。

（三）对本国麻醉品原植物的种植、麻醉品的生产和制造进行管制

《61 公约》第 19、20、23、25、26 和 28 条规定各国对罂粟、古柯树和大麻植物的非法种植应当实行管制。各国应该能够提供罂粟种植面积的估计数和统计报告，并在罂粟、古柯树和大麻植物的种植威胁到公众健康时对其加以禁止。

如果一国允许为生产鸦片而种植罂粟，它就应该设立全国性鸦片管理机构，由它指定拟种植的面积、为种植者颁发许可证并严格管理该作物的交易、销售和库存。如果一国为生产鸦片以外的目的种植罂粟（即为提取生物碱、烹饪、装饰或园艺目的生产罂粟草），那么它应确保不会从这种罂粟中生产出鸦片。

如果一国允许种植古柯树和用于生产大麻或大麻酯的大麻植物（不包括用于种植工业用或园艺用大麻植物），它就应当实行与对种植生产鸦片用罂粟类似的管制制度，其中包括设立全国性管制机构。

如果一国禁止种植鸦片和大麻植物，该国还应当缉获并处置这些非法栽培品种。对非法种植应当按照《61 公约》第 36 条进行处罚。

各国必须对从事麻醉品制造的企业进行严格的特别许可证制度，对符合许可的特定企业颁发执照和许可证，并在许可证中详细列明有权制造的药物的种类和数量，并由国家麻醉品管制机关定期对该企业进行严格监督和检查。此外，国家麻醉品管制机关还必须在顾及当时市场条件的情况下，防止药物制造商拥有的药物和罂粟草的数量（库存）累积超过正常开展业务所需的数量。对非法制造麻醉品的行为应当按照公约第 36 条的规定进行处罚。

此外，《61 公约》要求各国开展生产阿片剂原材料的国际贸易必须通过与麻管局进行合作，以保证这些材料的全球供求之间达到平衡，以避免生产不足或过量生产以及避免滥用于非法贩运。

（四）对涉及麻醉品的相关单位进行定期检查

根据《61 公约》第 34 条的规定，所有涉及麻醉品的制造商、贸易商、医院和研究机构必须保存显示这些药物处置情况“全面、真实、充分”的记录至少两年，以备国家麻醉品管制机构进行检查，虽然公约没有明确规定检查的程序，但要求各国的检查必须足以确保对麻醉品经营交易各个阶段（种植、制造、贸易和分销）进行管制和监督的其他措施得以有效进行。检查内容可以包括：麻醉品的

特许种植者（生产者）、制造商、贸易商和分销商是否达到了取得这种许可证的标准（道德和技术上的限定条件）。

（五）对麻醉品的国内贸易和销售进行管制

《61公约》第30和34条规定，药物的国内贸易和销售应当根据许可证进行，被许可人应当具备充分的资格。各国政府必须管制这种贸易和销售所涉及的所有人和任何企业，以及发生这种活动的企业和地点。各国还应当防止贸易商、经销商和其他授权实体储备过多数量的麻醉品和罂粟草。

各国必须要求有医疗处方才能给个人配制附表一中的麻醉品，而且如果认为必要，各国还可以要求这些药物的处方开在正式的表格上，而这些正式的表格将由国家麻醉品管理机关或授权的行业协会以存根簿的形式发出。各国政府还可以选择对药品的标签和包装进行管理。

（六）对麻醉品的国际贸易进行管制

除对各国开展生产阿片剂原材料的国际贸易必须通过与麻管局进行合作的规定外，《61公约》第31条还载有关于麻醉品国际贸易的特别规定。对受公约管制物质的进出口实行许可证制度，且麻醉品的进出口限于进口国的估计需求，还要求对自由港和自由区进行管制和监督、禁止某些交易（如出口到某一邮政信箱）、要求扣留不附有单证的发运货物等。各国都应当设立有权颁发麻醉品进出口许可证的主管当局，并且必须向秘书长通报该主管当局的名称和地址（由联合国毒品和犯罪问题办事处执行主任转交）。

对于麻醉品的进口，规定进口国的主管当局在批准任何进口之前必须确定以下事项：①麻管局已对其希望进口的药物的估计数加以确认；②其希望进口的数量不超过对该药物总的估计数，同时考虑到已经订购的数量并排除该年重新出口的数量，如果该国对该药物没有估计数，或者如果该估计数太低，则国家主管当局应当向麻管局提供补充估计数，并说明必须补充的理由，但进口国必须等到麻管局确认补充估计数之后才能批准超额部分的进口；③进口商持有当前有效的麻醉品贸易或分销许可证（但国有企业或行使治疗或科研职能的医生、牙医、兽医或科学家除外）。

进口国一旦签发进口许可证，应当保证签发一式五份，其中一份寄送出口国主管部门、一份寄送进口国海关、两份发给进口商（其中一份由进口商寄送给出口商，另一份用于海关申报），最后一份由进口国主管当局留存。

对于麻醉品的出口，规定出口国的主管当局在批准任何出口之前必须确定以下事项：①目的国主管当局已经签发格式齐备的进口许可证。如果对该文件的真实性有怀疑，出口国应当联系麻管局或者进口国国家主管当局加以澄清；②进口国有它谋求进口的药物的估计数。如有疑问，出口国也应当联系麻管局或者进口国国家主管当局加以澄清；③进口许可证中要求的数量不超过目的国估计的总数，同时考虑到向该国的已知出口量，并扣除可能已经发生的重复出口量。如有疑问，出口国应加以澄清；④出口商持有允许其进行麻醉品贸易的有效许可证。

出口国一旦签发出口许可证，应当保证签发一式五份，其中一份寄送进口国主管部门，一份寄送出口国海关，两份发给出口商（其中一份必须跟随发运货物，一份由出口商保存），另一份由出口国主管当局留存。

关于进出口许可证的样式，公约也作了规定：要求进出口许可证均应当以标准格式制作，并采取防伪措施，进出口许可证样式应提交麻管局，并应载明下列信息：①药物名称（尽可能提供国际非专利商标名）；②拟进出口的数量和药品形式；③出口商和进口商的名称和地址；④进出口必须完成的期间；⑤在以制剂进出口的情况下该制剂的名称。此外，出口许可证应当注明相应的进口许可证的编号和日期以及签发机关的名称，在收到发运货物后，进口主管当局应当退回随附的出口许可证并加上批注，证明实际进口的数量。

（七）预防与治疗

世界各国已经意识到，仅依靠严格打击非法麻醉品不能从根源上改善麻醉品滥用的现实，还应当加强预防与治疗。根据《61 公约》第 38 条的规定，各国应当采取一切措施预防药物滥用，并向药物滥用者提供诊疗、教育、护理、康复和融入社会的服务。各国政府还应当尽一切努力培训或促进培训履行上述职能的人员。该条还设想了其他一些举措，如药物滥用研究、公众宣传和预防运动等。

（八）其他管制措施

根据《61 公约》第 39 条的规定，国家药物管制可以实行比公约规定更严格的管制措施。“虽有本公约所载各项规定，并不妨碍、亦不应视为妨碍缔约国采取较本公约所规定者更为严格或严厉的管制措施，尤不妨碍或视为妨碍缔约国对附表三的制剂或附表二的麻醉品规定应依适用于附表一内麻醉品的一切管制措施办理或依其认为必须或允宜适用以保护公共卫生与福利的一部分管制措施办理。”

五、违反公约行为的处罚

（一）对违反公约行为的认定

根据《61 公约》第 35、36 和 37 条的规定，各国必须在适当顾及其宪法、法律和行政制度的情况下，在国家和国际一级开展合作，预防和打击非法种植、生产、销售药物贩运活动。各国应当确保麻醉品的非法种植、生产、制造、提炼、配制、拥有、出售、购买、分销、分发、运输、交付、居间买卖、进口和出口根据国内立法都是应予惩处的犯罪行为。

对任何此等犯罪行为故意参与、共谋实施、实施未遂，以及从事与本条所指各项犯罪行为有关的预备行为及财务活动皆属应予惩罚的罪行。

以不违背缔约国宪法上的限制及其法律制度与国内法为限，前面所列举的每一犯罪行为，如在不同国家实施应由不同国家分别论罪。

（二）处罚原则

《61 公约》规定，故意实施前述犯罪行为且情节重大者，应当科以适当的刑罚，尤其应科以徒刑或其他剥夺自由的刑罚。

实施前述犯罪过程中所使用的或准备用于这种犯罪的药物、药品和设备应予缉获和没收。

实施前述犯罪行为的，如在其他国家已因类似行为受过刑事处罚，应当认定为累犯。

此外，当犯有前述罪行的人同时也是药物滥用者时，各国可以依据公约第 38 条中的规定，将治疗、教育、善后护理、康复并重新与社会融为一体，作为判罪或科处刑罚的替代措施，亦可作为判罪或科处刑罚的附加措施。

（三）关于管辖权及引渡

根据《61 公约》，对麻醉品违法行为采用属地管辖原则：本国人或外国人犯有前述罪行情节重大者应由犯罪地的缔约国诉究。

以不违背关系缔约国本国刑法关于管辖问题和不违反国内法律规定为限，各缔约国承允在各国间订立引渡条约，将前述罪行列为应予引渡的罪行，但以条约的存在为引渡条件的缔约国，在接到与该国未订有引渡条约的另一缔约国提出引渡请求时，可自由决定是否认可本公约作为办理引渡的法律根据；不以条约的存在为引渡条件的各缔约国应承认前述犯罪行为是各国间应予引渡的犯罪行为，但必须依照受请求的缔约国法律所规定的条件，引渡的准许应依受请求的缔约国法律，当该国麻醉品管制机构认为罪行不够严重时，缔约国仍有权拒绝实行逮捕或拒绝引渡。引渡不影响前述犯罪行为应依缔约国国内法予以认定、诉究及处罚。

六、加入及退出公约的程序

《61 公约》第 40 条及第 46 条分别规定了加入及退出的程序。《61 公约》系开放式公约，任何联合国会员国、国际法院规约当事国或联合国专门机构会员国的任何非会员国以及经由理事会邀请为缔约国的任何其他国家都可以向联合国秘书长提交加入申请，一旦申请均可获批准。公约应自批准书或加入书交存之日后的第 30 日起在申请国发生效力。

自《61 公约》在一个缔约国生效之日起满两年后，任何缔约国都可以因本身或代表由其负国际责任的领土向联合国秘书长交存退约文书，宣告退约。如果秘书长于每年的 7 月 1 日前收到退约书，则退约自次年 1 月 1 日起生效。如果退约书于 7 月 1 日之后才收到，则退约书被视为是次年 7 月 1 日前提出，要到自提出之日起第三个年度的 1 月 1 日起方生效，退约书一旦生效，缔约国不再承担公约所规定义务。

第三节　精神药物公约

一、《精神药物公约》概况

为控制世界范围内精神药物的泛滥，1971 年 2 月 21 日，联合国各成员国代表在维也纳签订了《精神药物公约》（简称《71 公约》），为国际社会对精神药物的管制提供法律依据和指导原则。

《71 公约》在序文部分对签订此项公约的目的做了如下阐述：各缔约国“关怀人类之健康与福利”，“察及因滥用某等精神药物而引起公共社会问题，至表关切”，“决心预防并制止该等物质之滥用及从而引起之非法产销”，“认为必须采取强力措施，将该等物质之使用限于合法用途”，“确认精神药物在医学与科学用途上不可或缺，且其仅供此种用途应不受不当限制”，“深信有效之防止滥用精神药物措施须有协调及普遍行动”。

《71 公约》几乎以《麻醉品单一公约》为范本，在体例和格式上都较为相似。全文共分 33 条，对精神药品的内容和管制范围、精神药品制剂的管理办法、专供医学和科学用途的限定等方面做了详尽的规定，并制定了防止滥用精神药物的措施和处罚措施，且提出了取缔其非法产销的行动计划。该公约的订立，为大多数国家提供了精神药物管制与国际合作的准则与规范。

二、公约中的国际药物管制机关

《71 公约》以《麻醉品单一公约》为模版，其沿用了《麻醉品单一公约》中国际药物管制机关的规定，即联合国经济及社会理事会、麻醉品委员会和国际麻醉品管制局。

三、公约规定的受管制物质

《71 公约》中受管制的物质主要针对精神类药物和特定制剂。其中，精神药物包括天然的、半合成的和人工合成的药物，制剂则指由一种或多种精神药物之混合物或溶剂。

关于具体管制范围仍然是采用四个附表的形式，对受管制的物质进行分类罗列。此外，也规定如果有证据证明某种被滥用的物质能让人的中枢神经系统产生兴奋、抑郁或幻觉作用，并对人体的动作机能、思想、行为、感觉和情绪等产生损害，而且有成瘾性，其滥用可能构成公共卫生与社会之问题、故须将该项物质置于国际管制之下时，则世界卫生组织应将对该项物质所作之判断，包括其滥用之范围与可能、其危害公共卫生与社会问题之严重程度，以及该项物质在医药治疗上所具效用之大小，连同依据其判断认为宜就有关管制措施提具之任何适当建议，一并通知麻委会，麻委会根据世界卫生组织的意见可以确定是否将该物质列入附表中，纳入管制范围。

随着科学的发展和形势的变化，世界卫生组织可以根据其对列表具体物质做出新的判断，并依此新判断提出对该物质的管制措施提出新的建议，该判断和建议应当通知麻委会。麻委会可以根据世界卫生组织的提议，决定将该项物质自某一附表改列另一附表，或将该项物质自各附表中删除。

对于精神类制剂的管制，适用与其所含精神药物相同的管制措施，如果该制剂中含有多种受管制的精神药物，则对该制剂中包含的精神药物的管制措施进行分析比较，选用针对所含物质最严格的管制措施对其进行管制。

但如果精神类制剂含有附表一之外的精神药物、而其配合方法并无滥用危险或仅有微不足道的危险且该项物质不能通过简易的方法提取并达到被滥用的数量、也不会引起公共卫生与社会问题时，则不必对该制剂进行管制，公约称其为“豁免管制制剂”。缔约国一旦确定对哪些制剂进行豁免管制，应将此种决定、有关豁免管制制剂名称与成分及对该制剂豁免的管理办法一并通知秘书长。秘书长应将该项通知转送其他各缔约国、世界卫生组织及管制局。

四、防止精神药物滥用的措施和处罚原则

（一）设立国家特别管制机关

《71 公约》要求每一缔约国针对精神药品设置一个特别管制机关，为方便管理，协调工作，该机关可以和《麻醉品单一公约》规定所设置的管制机关相同，或者是一个与该特别管理机关有密切合作的机关。

（二）对附表一中的物质实行极严格的控制

对于附表一中的物质，除了受政府直接管制或由其特别核准的医学和科研机构中特定人员基于科研或特定医学目的而使用外，各缔约国应当禁止一切使用。各国对附表一中的物质应采取严密监察办法，对制造、贸易、分配及持有这些物质的单位应当按规定凭特别执照或事先领有许可证，依法获准运用这些物质的人员也只能持有科学或医学必要的数量，使用此等物质执行医学或科学业务者应备存记录、列载此等物质之取得及其使用详情，此等记录自其所载最后一次使用日期起须至少保存两年。

（三）对附表二、附表三、附表四的物质实行执照和处方限制

《71 公约》第 8 条规定，各缔约国应规定附表二、附表三及附表四内所列物质之制造、贸易（包括输出及输入贸易）及分配须凭执照或受其他类似措施管制，只有依法获准进行或从事该物质制造、贸易（包括输出及输入贸易）及分配业务之人及企业凭核发执照或其他类似管制措施管制才能进行此种制造、贸易或分配业务，进行这些行为的机构及场地应采取安全措施以防止贮存品被盗窃或作其他挪移。有关执照或其他类似管制措施之规定只能颁发给适用于依法获准执行医疗或科研的相关专业人员，并要对这些人员的资格进行审核。

《71 公约》第 9 条规定各缔约国应规定附表二、附表三及附表四内之物质，除个人依法获准执行医疗或科研职务而合法取得、使用、配给或施用此类物质外，只能凭处方才能供应或配给个人使用。处方必须依正当医疗业务并以保障公共卫生与福利的原则而开具，并要求各国对处方的重配次数和有效期进行限定。

对于附表三和附表四中的少量物质，可以由缔约国根据当地实际情况决定由授权领有执照的药剂师、或由负责其全国或国内部分地区公共卫生事务当局所指定的其他领有执照的零售分配人在特殊情形下可以不凭处方酌量供应个人用于医疗目的。

（四）精神药品包装规范及禁止广告

《71 公约》规定，每一缔约国都应参照世界卫生组织的有关规章和建议，规定制备其认为使用人安全所必需的精神药物使用方法说明，包括注意事项及警语，并在其零售包装上标注警示语。缔约国还应通过法律规范，禁止利用广告向公众推销精神药物。

（五）精神药品产销及存贮记录制度

针对附表一中物质，各缔约国应规定制造人及所有其他获准从事此类物质贸

易及分配业务的人员，必须遵循缔约国所作规定备存记录，记录制造数量及贮存数量的详细信息，并记录每次取得与处置情况，包括数量、日期、供应人及收受人等各项细节。

针对附表二中的物质，各缔约国应规定制造人、批发人、输出人及输入人、零售分配人、医疗与护理机构及科学院所须遵每一缔约国所作规定备存记录，按每次取得与处置，记录数量、日期、供应人及收受人各项细节。

针对附表三中的物质，各缔约国应规定制造人、批发人、输出人及输入人须遵守缔约国所作规定备存记录，记录制造数量的详细信息，并按每次取得与处置，记录数量、日期、供应人及收受人各项细节。各缔约国应根据本国专业与贸易习惯采用适当方法，确保可以随时查询到有关零售分配人、医疗与护理机构及研究机构所取得与处置附表三内物质的情报。

针对附表四中的物质，各缔约国应规定制造人、输出人及输入人必须遵循缔约国所规定的备存记录，记录制造、输出及输入的数量。

对于《71 公约》规定的豁免管制制剂，各缔约国也应当规定制造人必须做好备存记录，载明制造豁免管制制剂所用每一种精神药物之数量与用以制成的豁免管制制剂性质，总量及其初步处置情形。

针对以上物质的记录与情报，公约要求各缔约国应确保至少保存两年。

（六）对精神药物国际贸易的限定

针对附表一、附表二和附表三中所列物质的国际贸易，公约进行了详细限定。

针对附表一和附表二中所列物质的国际贸易采取严格许可证制度，禁止通过邮寄或银行转移等形式进出口这两类物质。不论贸易涉及一种或多种物质，公约都要求缔约国规定每次出口或进口（包括发生在自由港、区内的贸易），都必须分别领取由麻委会规定的输出或输入准许证。准许证应载明有关物质的国际非专用名称（如果没有国际非专业名称，应载明附表内所用的名称），且载明将要出口或进口的数量、药型、进出口双方的名称、地址及进出口期限，如进出口的物质是制剂，还应加注其名称。缔约国在核发输出准许证前，应规定出口人缴验进口国或进口区域主管当局所核发的输入准许证，以证明贸易物品中一种或多种物质之进口已经对方核准，输出准许证还应载明有关输入准许证之号码、日期及发证机关。每批货品均应随货附有输出准许证的副本一份，否则，进出口国或进出口区域、过境国主管当局都可以扣留该批货物。核发输出准许证的政府还应将另一份副本送至进口国或进口区域的政府。进口国或进口区域政府于有关进口完成后，应在输出准许证的副本上加签，证明实际进口数量，并将该输出准许证送还出口国或出口区域政府。准许精神药物货品过境之任何国家或区域，其主管当局应照章采取一切适当措施，防止此项货品运往随行的输出准许证副本上所列目的地以外的任何地点，但其转运业经过境国家或过境区域之政府核准者，不在此限。交运的各项物质，在运输途中或寄存保税仓库期间，均不得以任何方法改变性质，其包装非经主管当局许可也不得作任何改动。

针对附表三内所列物质的国际贸易，采用“申报制”，进出口均须填报由委员会制定的申报书一式三份，申报书中注明下列情报资料：①进出口双方名称和地址；②有关物质的国际非专用名称（无此种名称时用附表内之名称）；③出口物质的数量与药型，如系制剂时标注其名称；④交运日期。出口方应将申报书副本一式两份缴送其本国或区域的主管当局，并检附第三份副本与交运货品随行。缔约国应于附表三内物质业已自其领土输出时，尽快（但不得超过自交运日期之后九十日内）将出口方提交的申报书副本一份，以双挂号邮寄进口国或进口区域的主管当局。各缔约国可以规定进口方于收到有关货品时须将交运货品所附的申报书副本经加签，注明所收数量及收受日期后，送达其本国或区域的主管当局。

缔约国可以根据本国情况，决定禁止进口任何附表二、附表三或附表四内一种或多种物质，其决定经联合国秘书长同意并通知所有其他缔约国后生效，其他缔约国接获此禁止通知后，应采取措施，确保该项通知所列物质不向发出通知的缔约国或其区域输出。但发出通知的缔约国可以在确实有特殊需要时，签发特别输入准许执照，准许进口特定数量的有关物质或含有此等物质的制剂。

凡船舶、航空器或其他各种国际公共交通工具如国际铁路火车或长途汽车等，在国际间携带航程中救护或紧急情况所需有限数量之附表二、附表三或附表四内物质，应不视为公约所指的进出口和过境情形，其应受交通工具登记国法律、规章、许可证及执照的管制，但不得妨碍其通过的主管地方当局在此类交通工具上实行查核、检查及采取其他管制措施。

（七）对涉及精神药物相关业务的单位和人员进行定期检查

各缔约国应对精神药物的制造人、出口人、进口人、批发人、零售分配人以及使用此种物质的医学及科研机构制定检查制度，并应对有关房地、贮存品及记录规定办法作其认为必要的其他情形进行定期、经常检查。

（八）处罚及管辖原则

《71公约》第22条规定，只要行为人出于故意，违反了缔约国依据公约所订的法律或规章的任何行为，在不违背缔约国本国宪法的前提下，该缔约国都应认定其行为为犯罪，对于犯罪情节重大者应当施以如徒刑或其他剥夺自由的刑罚。同时，凡拟用于实施涉及精神药物犯罪的任何精神药物或其他物质及器具都应缉获并没收。

在加强对精神药物犯罪处罚的同时，公约考虑到对于精神药物滥用者的挽救，规定：精神药物的滥用者如犯有上述罪行，缔约国可以制定相关法规，对其提供“治疗、教育、善后护理、康复并回归社会”的措施，并可以将其作为判罪或科处刑罚的替代措施，也可作为科处刑罚的附加措施。

如果行为人的一系列关联犯罪行为发生在若干不同国家境内，应依其每项行为分别论罪。对任何此等犯罪行为故意参与、共谋实施、实施未遂及从事与犯罪行为有关的预备行为及财务活动皆属应当被追究相关刑事责任。

涉及麻醉品的犯罪行为在外国判定有犯罪记录者应予以记录，可以由缔约国确定其是否构成累犯。

对于该类犯罪的管辖，公约采用以属地原则为主，规定本国人或外国人犯有上述罪行，情节重大者，应由犯罪行为发生地所在的缔约国诉究其责任。如行为人系在另一缔约国领土内被发觉，犯罪行为地缔约国虽经向该国请求引渡、但依被请求国法律不能引渡、且该罪犯尚未受被请求国诉究及判决者，应当由行为人所在地的缔约国依法追究其法律责任。

涉及麻醉品的犯罪行为宜列为各缔约国间已订或今后可能订立的引渡条约内所列应予引渡的犯罪，在不以条约的存在或互惠为引渡条件的缔约国间亦宜承认其为应予引渡的犯罪，但引渡许可应当依据受请求的缔约国国内法律认定是否成立，如受请求缔约国主管当局认为涉及的行为未达到犯罪标准，该缔约国有权拒绝实行逮捕和引渡。

五、加入及退出程序

《71 公约》第 25 条及第 29 条分别对加入和退出公约的程序做了明确规定，联合国会员国、非联合国会员国的其他专门机关或国际原子能总署会员国或国际法院规约当事国以及经理事会邀请的任何其他国家，可以通过签署公约而加入，批准书或加入书应存放于联合国秘书长处。

自《71 公约》在一个缔约国生效之日起满两年后，任何缔约国都可以因本身或代表由其负国际责任的领土向联合国秘书长交存退约文书，宣告退约。如果秘书长于每年的 7 月 1 日前收到退约书，则退约自次年 1 月 1 日起生效。如果退约书于 7 月 1 日之后才收到，则退约书被视为是次年 7 月 1 日前提出，要到自提出之日起第三个年度的 1 月 1 日起方生效，退约书一旦生效，缔约国不再承担公约所规定义务。

第四节 联合国禁止非法贩运麻醉药品和精神药物公约

一、《联合国禁止非法贩运麻醉药品和精神药物公约》概况

进入20个世纪80年代，国际社会深刻意识到全球范围内麻醉药品和精神药物的非法生产、需求及贩运的巨大规模和上升趋势，构成了对人类健康和幸福的严重威胁，并给社会经济、文化、政治基础带来了严重不利影响。毒品的非法贩运，严重侵蚀着社会的各类群体，特别是在很多地区，儿童群体不但被“开发”为消费市场，还被利用进行毒品的非法生产、分销和买卖，已造成无法估量的危害。同时，非法贩运麻醉药品和精神药物还常与其他有组织的犯罪联系在一起，损害着其他正当合法经济，危及各国的稳定、安全和主权。所以，根除非法贩运麻醉药品和精神药物是所有国家的共同责任，有必要在国际合作范围内采取协调行动，并探寻增进国际刑事合作的有效法律手段。因此，1988年12月19日联合国在奥地利维也纳禁止非法贩运麻醉药品和精神药物公约会议的第六次全会上通过了《联合国禁止非法贩运麻醉药品和精神药物公约》(简称《88公约》)，该公约于1990年11月11日正式生效，也称《联合国禁毒公约》。《88公约》共计有34个条款，目的在于禁止非法贩运麻醉药品和精神药物，为执行1961年通过的《麻醉品单一公约》和1971年《精神药物公约》提供另外的法律机制。明确规定打击毒品洗钱犯罪的刑法手段和缔约国承担的强制性义务，对毒品犯罪及刑罚原则、制度，以及与国际禁毒相关的刑事合作做了较为系统详细的规定，是典型的国际刑法规范文件。同时公约也第一次提出了毒品洗钱犯罪的概念，初步规范侦查和识别毒品洗钱犯罪案件的国际合作机制等，是国际社会制定的第一个惩治跨国洗钱犯罪的国际性法律规范文件。

二、对毒品犯罪行为的界定

《88公约》第3条针对行为人故意实施的毒品犯罪行为进行了分类与列举，规定缔约国应当通过立法及行政措施，将以下十七类行为认定为犯罪，并采取相应处罚措施：

(一)非法制造毒品

非法制造毒品，是指违反《61公约》和《71公约》的各项规定，生产、制造、提炼、配制任何非法制造毒品，是麻醉药品和精神药物的行为。

（二）非法提供毒品

非法提供毒品，是指违反《61公约》和《71公约》的各项规定，有条件交付或无偿奉送毒品的行为。

（三）贩卖毒品

贩卖毒品，是指违反《61公约》和《71公约》的各项规定，兜售、分销、出卖任何受管制的麻醉药品或精神药物，获取非法利润的行为。

（四）贩运毒品

贩运毒品，是指违反《61公约》和《71公约》的各项规定，以任何条件和手段经纪、发送、运输受管制的麻醉药品和精神药物的行为。

（五）走私毒品

走私毒品，是指违反《61公约》和《71公约》的各项规定，进口或出口受管制的麻醉药品和精神药物的行为。

（六）种植毒品原植物

种植毒品原植物，是指违反《61公约》各项规定，为生产麻醉品或供个人消费而种植罂粟、古柯或大麻植物的行为。

（七）非法持有毒品

非法持有毒品，是指违反《61公约》和《71公约》规定，为了进行上述非法制造、提炼、贩卖、贩运、走私受管制的麻醉药品或精神药物的任何活动或供个人消费而以某种方式获取毒品并据为己有的行为。

（八）非法购买毒品

非法购买毒品，是指违反《61公约》和《71公约》的各项规定，为了进行上述非法制造、提炼、贩卖、贩运、走私受管制的麻醉药品或精神药物的任何活动或供个人消费而购买毒品的行为。

（九）制造、运输、分销制毒设备、物质

制造、运输、分销制毒设备、物质，是指明知其用途或目的是非法种植、生产或制造受管制的麻醉药品或精神药物而故意加工、制作、运送、出售任何可用于非法制造毒品的设备和物质的行为。

（十）组织、管理或资助毒品犯罪

组织、管理或资助毒品犯罪，是指通过某种途径、方式对任何非法制造、提供、贩卖、贩运、走私、种植、持有、购买毒品等活动进行策划、指挥或者提供某种便利或援助的行为。

（十一）转换或转让毒品犯罪非法所得财产

转换或转让毒品犯罪非法所得财产，是指明知特定财产来自非法制造、提供、贩卖、贩运、走私、种植、持有、购买毒品的犯罪或参与前述犯罪的行为，为了隐瞒或掩饰该财产的非法来源或为了协助任何涉及此种犯罪的人逃避其行为的法律后果而转换或转让该财产的行为。

（十二）隐瞒或掩饰毒品犯罪非法所得财产

隐瞒或掩饰毒品犯罪非法所得财产，是指明知特定财产来自非法制造、提供、贩卖、贩运、走私、种植、持有、购买毒品的犯罪或参与前述犯罪的行为，隐瞒或掩饰该财产的真实性质、来源、所在地，处置、转移其相关权利或所有权的行为。

（十三）非法获取、占有或使用毒品犯罪财产

非法获取、占有或使用毒品犯罪财产，是指明知财产来自非法制造、提供、贩卖、贩运、走私、种植、持有、购买毒品的犯罪或参与前述犯罪的行为，而获取、占有或使用该财产的行为。

（十四）非法持有制毒设备、物质

非法持有制毒设备、物质，是指明知特定设备、物质被用于非法种植、生产或制造受管制的麻醉药品或精神药物而占有制造毒品设备、物质的行为。

（十五）教唆实施毒品犯罪

教唆实施毒品犯罪，是指以任何手段公开鼓励或引诱他人去进行以上任何涉及毒品犯罪的行为。

（十六）鼓励、引诱他人非法使用毒品

鼓励、引诱他人非法使用毒品，是指以任何手段公开鼓励或引诱他人吸食、

注射受管制麻醉药品和精神药物的行为。

（十七）参与实施上述涉及毒品犯罪的行为

参与实施上述涉及毒品犯罪的行为，是指参与实施、合伙或共谋实施、实施未遂以及帮助、教唆、为其提供便利和建议实施以上任何毒品犯罪的行为。

三、对毒品犯罪的惩罚原则及特殊方法

《88 公约》对追究毒品犯罪行为的刑罚原则、制度及形式，以及查获毒品犯罪的特殊方法等内容进行了相应规定。

（一）严罚毒品犯罪行为

《88 公约》第 3 条第 4 款（a）规定："各缔约国应按本条第 1 款确定的犯罪受到充分顾及这些罪行的严重性质的制裁，诸如监禁或以其他形式剥夺自由，罚款和没收。"对于由第 5 款规定的八种严重情节应当从重处罚，这八种严重情节指：①有组织的犯罪；②涉及其他国际上有组织的犯罪活动；③因实施此项犯罪进而可以更加便利地开展其他非法活动的；④使用暴力或武器；⑤行为人担任公职，且其所犯罪行与该公职有关；⑥危害或利用未成年人；⑦犯罪发生在监禁管教场所，或教育机构或社会服务场所，或在紧邻这些场所的地方，或在学童和学生进行教育、体育和社会活动的其他地方；⑧以前在国外或国内曾被判罪，特别是类似的犯罪，但以缔约国国内法所允许的程度为限。

《88 公约》要求各缔约国在制定针对毒品犯罪行为人的提前释放或假释法规时，应当充分考虑毒品犯罪突出的严重社会危害性和主观恶性，以及行为人有无前述"严重情节"，严格控制提前释放和假释，以防止行为人再次实施毒品犯罪。

由于毒品犯罪往往具有跨国化、集团化的性质，案件侦破难度大，耗时长，因此公约特别要求各缔约国应当针对毒品犯罪规定"一个长的追诉时间期效，当被指称的罪犯已逃避司法处置时，期限应更长。"从程序上保证能更有效地打击此类犯罪。

（二）强调替代、补充措施的适用

《88 公约》寻求惩罚与挽救相结合的司法目标，强调教育、治疗、康复、重返社会等措施的运用，以期实现毒品罪犯从思想和身体双方面消除再犯类似罪行的目的。第 3 条第 4 款规定："缔约国还可规定除进行定罪或惩罚外，对犯有按本条第 1 款确定的罪行的罪犯采取治疗、教育、善后护理、康复或回归社会等措施。""在性质轻微的适当案件中，缔约国可对罪犯采取治疗、教育、善后护理、

康复或回归社会的措施，以作为定罪或惩罚的替代办法，或作为定罪或惩罚的补充。如罪犯为吸毒者，还可采取治疗和善后护理等措施。”

（三）突出经济惩罚

《88公约》第5条把“没收”作为一种特殊的措施单列出来，作为针对毒品犯罪必须附加的刑罚之一。没收的目的在于对毒品犯罪非法获取的暴利实施惩戒，同时也使罪犯失去再次实施毒品犯罪赖以凭借的物质基础，从源头上降低该类犯罪发生的可能。

没收所得的收益、财产或罚没物变卖所得的款项可以捐给专门从事打击非法贩运及滥用毒品的政府间机构，或按照没收实施国国内法律、行政程序或专门缔结的双边或多边协定，定期地或逐案地与其他缔约国分享这类收益或财产或由变卖这类收益或财产所得的款项，将其作为对社会被侵害利益与秩序的一种变相补偿。

《88公约》明确规定了针对毒品犯罪实施没收财产的范围、程序、罚没物的处置及国际合作等内容。

没收范围包括：“从按第3条第1款确定的犯罪中得来的收益或价值相当于此种收益的财产；以及已经或意图以任何方式用于按第3条第1款确定的犯罪的麻醉药品和精神药物、材料和设备或其他工具。”为了便于主管当局实施没收，公约还规定，各缔约国应制定可行的必要措施，让主管当局得以识别、追查和冻结或扣押与犯罪相关的收益、财产、工具或任何其他物品；各缔约国应授权其法院或其他主管当局下令提供或扣押银行记录、财务记录或商业记录。缔约国不得以保守银行秘密为由拒绝按照本公约的有关规定采取行动。如果收益已转化或变换成其他财产，则应将此种财产视为收益的替代，对其采取上述措施。如果收益已与来自合法来源的财产相混合，则应在不损害任何扣押权或冻结权的情况下，没收此混合财产，但以不超过所混合的该项收益估计价值为限。

缔约国应遵行公约原则，制定本国国内法和相关行政程序，并以此为依据实施没收程序。各缔约国可以考虑规定涉案收益或应予没收的其他财产的合法来源举证责任倒置原则，即由涉案人员负责举证说明相关财物非用于毒品犯罪或非毒品犯罪而获利，但这种行动应符合其国内法的原则和司法及其他程序的性质，且不得解释为损害善意第三方的权利。

如果涉案收益、财产、工具或任何其他物品在另一个缔约国的领土内，对该毒品犯罪拥有管辖权的缔约国，可以依公约向财物所在国提出请求，被请求国接到请求书后，应将该项请求提交其主管当局，依据被请求国国内法的规定及其程序规则或可能约束其与请求国关系的任何双边或多边条约、协定或安排，以取得没收令。对于符合条件的请求，被请求国应采取措施识别、追查和冻结或扣押相关收益、财产、工具或任何其他物品。如此项命令已经发出，则应予以执行。除公约第 7 条第 10 款（公约第 7 条规定，相互法律协助的请求书应载有：（a）提出请求的当局的身份；（b）请求所涉的调查、起诉或诉讼的事由和性质，以及进行此项调查、起诉或诉讼的当局的名称和职能；（c）有关事实的概述，但为送达司法文件提出的请求除外；（d）对请求协助的事项和请求国希望遵循的特殊程序细节的说明；（e）可能时，任何有关人员的身份、所在地和国籍；（f）索取证据、情报或要求采取行动的目的）所列信息外，请求国提出的请求书还应包含以下各项内容：①附有足够的对拟予没收财产的说明和请求国所依据的事实的陈述，以便被请求国能够根据其国内法取得没收令；②附有该请求所依据的、由请求国发出的、法律上可接受的没收令副本，有关事实的陈述和关于请求执行该没收令的范围的说明；③附有请求国所依据事实的陈述和对所请求采取行动的说明。被请求国按另一缔约国的请求采取行动时，可特别考虑就罚没财物所取得款项的归属缔结专门协定，如将其全部或部分，捐给专门从事打击非法贩运及滥用麻醉药品和精神药物的政府机构；或者按照本国法律、行政程序或专门缔结的双边或多边协定，定期地或逐案地与其他缔约国分享这类款项。

（四）控制下交付

针对毒品犯罪突出的跨国性和集团性，《88 公约》第 11 条提出了一项专门对付国际非法贩运毒品的独特手段——控制下交付。为了查获毒品犯罪中的“上下线”及真实的幕后买卖双方，不能简单地没收货主不明或夹带毒品的货物，逮捕承运人，而是采用俗称的“放长线，钓大鱼”措施。控制下交付要求各缔约国协同作战，密切配合，及时搜集、交换毒品犯罪情报。在实施毒品犯罪案件侦破过程中，在一国或多国的主管当局知情或监督下，允许货物中非法隐藏或夹带的毒品输出、通过或运往其领土，以期查明涉及毒品犯罪的所有行为人，并给予严厉打击。

通常，当发现托运货物中夹带毒品，经主管当局同意，采取维持原状或者用替代物替换其全部或部分，而不使非法贩运者发觉并使之符合海关运输规则的方法，许可有关飞行器、船舶或车辆出入境，许可收货人领取集装箱、行李包、药丸及其他物品或者代领、搬运，或者向收件人所在地的邮政局退回小包邮件等，同时对该货物或邮件采取严密监视和控制措施，待查明所有涉案人员后，再采取强制措施，以对目标国际毒品犯罪集团进行一网打尽。

（五）加强多种形式国际合作

《88 公约》要求各缔约国应直接或通过主管国际组织或区域组织进行合作，通过关于拦截和其他有关活动的技术合作方案，尽可能协助和支援过境国，特别是需要这种协助和支援的发展中国家。缔约国可承诺向这些过境国提供财政援助，以便充实和加强有效控制和预防非法贩运所需的基础设施。缔约国间可缔结双边或多边协定或安排，增强国际合作的有效性。

如果将特定毒品犯罪案件移交其他缔约国更有利于适当的司法处置，缔约国应考虑将其刑事起诉移交的可能性。同时，《88 公约》第 9 条提供了各缔约国开展国际合作的其他形式，例如，交换案件情报信息、组建合作小组、为执法人员提供综合培训、开展科研合作及召开国际研讨会，以促进共同打击毒品犯罪行为。

四、对易制毒物品及制毒材料设备进行管制

《88 公约》第 12 条、第 13 条要求各缔约国采取有效措施对其国内的易制毒物品（不包括药用制剂，也不包括含有表一或表二所列物质但其复方混合方式使此种物质不能以方便的手段容易地加以使用或回收的其他制剂）及可用于制毒的材料、设备的买卖、使用进行管制，并进行与此相关的国际合作。

《88 公约》采用附表的方式，分别用附表一及附表二列举经常被非法滥用于制造受管制的麻醉药品和精神药物的物质。缔约国或麻管局可以根据其掌握的情报，认为必要时可以按照规定的程序建议将附表中的物质进行变动，包括新增、删除、从表一移至表二等。通常，如果麻管局在考虑了该物质合法使用的范围、重要性和多样性，以及利用其他替代物质供合法用途和非法制造麻醉药品或精神药物之用的可能性与难易程度之后，认为该物质经常用于非法制造某一麻醉药品或精神药物，并且非法制造某一麻醉药品或精神药物的数量和范围造成了严重的公众健康问题或社会问题，因而需要采取国际行动，则麻管局应告知麻委会它对该物质的评价，包括把该物质列入表一或表二后对合法使用及非法制造所可能造成的影响，以及根据这一评价所建议的任何适当监测措施。麻管局在科学问题上的评价具有决定性。麻委会在考虑各缔约国提交的意见以及麻管局提出的意见和建议并适当考虑其他有关因素之后，可由其成员的三分之二多数作出决定，将某一物质列入表一或表二。麻委会按照本条作出的任何决定，应由秘书长通知所有国家和已成为或有资格成为本公约缔约方的其他实体以及麻管局。这一决定自通知之日起 180 日后即对各缔约国完全生效。如果缔约国对该决定有异议，则应按规定的程序向理事会提出主张，由理事会裁定维持或否定麻委会的决定。

《88 公约》要求各缔约国采取其认为适当的措施，监测在其领土内进行的制造和分销表一和表二所列举物质的活动，并可以通过颁发许可证照的方式，控制可进行这种制造或分销的单位和场所，严格控制获得许可的制造者和分销者囤积此种物质的数量，防止其储备超出正常业务和市场基本状况所需的数量。

各缔约国应按麻管局所规定的形式和方法，用其规定的表格，每年向麻管局

提供如下情报：①表一和表二所列物质的缉获量，以及其所知悉的来源；②任何未列入表一或表二但查明已用于非法制造麻醉药品或精神药物且缔约国认为其严重性足以提请麻管局注意的物质；③滥用列表中物质和非法制造的方法。

公约还要求各缔约国建立并实施监测表一和表二所列物质的国际贸易制度，以便查明可疑交易。进出口相关货物应贴上适当标签，附有必要的单据。在发票、载货清单、海关、运输及其他货运单证等商业文件中应按表一或表二所规定的名称写明进口或出口物质名称、数量，以及进口商、出口商和所掌握的收货人的姓名和地址。这些单证至少应保存两年，并可提供给主管当局检查。在有充分证据证明交易物被用于非法制造某一麻醉药品或精神药物的表一或表二所列的任何物质时，主管当局可以规定扣押该货物，并应尽快通知有关缔约国的主管当局和部门，说明关于支付手段和引起怀疑的任何其他主要因素的情报。提供此情报的缔约国可要求接受该情报的缔约国对任何贸易、业务、商业或专业机密或贸易过程保密。

五、根除非法种植毒品原植物、消除对麻醉药品与精神药物非法需求的措施

《88 公约》要求各缔约国应当采取严格于《61 公约》《71 公约》的措施，根除非法种植含有麻醉药品或精神药物成分的植物以及消除对麻醉药品和精神药物的非法需求。

各缔约国应在尊重基本人权，并适当考虑历史原因及对环境保护的前提下，防止非法种植含有麻醉药品或精神药物成分的植物，如罂粟、古柯和大麻植物等，并根除在其领土上已经存在的非法种植物。

为增强根除活动的有效性，缔约国可相互合作。特别是有共同边界的缔约国，更应加强相互合作，在各自边界沿线地区实施根除方案。国际合作可以基于对进入市场、资源供应和现有的社会经济条件等因素的考虑，提出支持农村综合发展方案，以便采用经济上可行的办法取代非法种植。此外，缔约国还应开展与根除活动相关的科学研究，并进行科技情报的交流。

缔约国应采取适当措施，消除或减少对麻醉药品和精神药物的非法需求，以减轻个人痛苦并消除非法贩运的经济刺激因素。这些措施可参照联合国、世界卫生组织等联合国专门机构及其他主管国际组织的建议，以及 1987 年麻醉品滥用和非法贩运问题国际会议通过的《控制麻醉品滥用今后活动的综合性多学科纲要》。该纲要涉及政府和非政府机构及个人在预防、治疗和康复领域应当做出的努力。缔约国可达成旨在消除或减少对麻醉药品和精神药物的非法需求的双边或多边协定或安排。

为了尽量控制已存在的麻醉药品、精神药物不被非法滥用，公约要求各缔约

国采取必要措施，及早销毁或依法处理已经扣押或没收的麻醉药品、精神药物、表一与表二所列的物质和用于证明含有此类物质的相关物证。

六、缔约国毒品情报报告制度

为准确掌控全球范围内的毒品信息，制定有效禁毒策略，《88 公约》第 20 条明确规定了各缔约国向联合国提供其本国内具体毒品情报的义务。要求各国依照麻委会指定的方式和日期，通过联合国秘书长向麻委会提供关于在其领土内执行本公约的情况，具体包括：为实施公约而颁布的法律和法规的文本、在其管辖范围内发生的非法贩运案件中发现的新趋势、所涉及的毒品数量、获得有关物质的来源或从事非法贩运行为人使用的手段以及其他重要的案件详情。

各缔约国提供的毒品情报有着非常重要的意义，是麻委会和麻管局开展工作的重要依据之一，根据这些情报，麻委会审查公约在各缔约国实施的情况，并提出具体提议和一般性建议；对麻管局工作提出指导和要求，并采取必要的措施；在其认为有必要时对附表一和附表二进行修订。麻管局每年的年度报告也需要在各缔约国提供的情报信息基础上完成。

七、对毒品犯罪的管辖与引渡

关于毒品犯罪的管辖权，《88 公约》第 4 条做出了较明确的规定："各缔约国在遇到下述情况时，应采取可能必要的措施，对其按第 3 条第 1 款确定的犯罪，确立本国的管辖权；①犯罪发生在其领土内；②犯罪发生在犯罪时悬挂其国旗的船只或按其法律注册的飞行器上""进行该犯罪的人为本国国民或在其领土内有惯常居所者；犯罪发生在该缔约国已获授权按第 17 条（指公约第 17 条第 4、9 款规定，经过船旗国依双方协议授权）规定对之采取适当行动的船舶上""犯罪发生在本国领土外，但目的是在其领土内进行"。可见，公约遵行国际法惯例，确定管辖权的原则包括属地原则、属人原则及普遍管辖原则三种情况，规定犯罪行为地国、罪犯国籍国和犯罪目的地国都有权对毒品犯罪行使管辖权。

引渡作为一种国际重要的司法协助形式，影响到毒品犯罪行为人能否被恰当地科以刑罚。《88 公约》第 6 条对毒品犯罪的引渡根据、规则、拒绝、保证和执行等方面进行了规定，对于毒品犯罪均应视为在缔约国之间可引渡的范围。各缔约国承诺将毒品犯罪作为可以引渡的犯罪列入它们之间将要缔结的每一个引渡条约之中，并且缔约国应努力加快引渡程序并简化对有关证据的要求。被请求国在不违背其国内法及其引渡条约各项规定的前提下，可在认定情况必要且紧迫时，应请求国的请求，将被要求引渡且在其领土上的人予以拘留，或采取其他适当措施，以确保该人能在进行引渡程序中顺利移交。

同时，出于对各国主权的尊重，公约规定引渡应遵守被请求国法律或适用的引渡条约所规定的条件，包括被请求国可据以拒绝引渡的理由等。被请求国在接到其他缔约国提出的请求时，如果有充分理由认为按该请求有违其国内法或可能被他国利用对特定人因其种族、宗教、国籍或政治观点进行起诉或惩罚，则可以拒绝按该引渡请求。但也提出了“或引渡或起诉”[①] 的要求，即，如果被请求国拒绝了引渡请求，除与请求国另有协议外，就应当根据其本国的法律，将此案提交其主管当局以便起诉，或者根据请求国的申请，考虑执行按请求国法律判处的该项刑罚或未满的刑期，保证毒品犯罪行为人受到应有的刑事处罚。

八、《88 公约》的加入和退出

《88 公约》具有开放性，任何国家、区域经济一体化组织都可以加入，自提出批准书、接受书、核准书或加入书交存于联合国秘书长后第九十天起在其领土内生效。

任一缔约国可随时向联合国秘书长发出书面通知，宣告退出公约。此种退约应自秘书长接获通知之日起一年后对该有关缔约国生效。

第五节　其他国际禁毒政策文件

一、联合国《控制麻醉品滥用今后活动的综合性多学科纲要》

（一）产生的背景

1987 年 6 月，在奥地利首都维也纳举行了联合国部长级禁毒国际会议，138 个国家的 3000 多名代表出席了此次国际禁毒会议。此次会议决议，从 1988 年开始将每年的 6 月 26 日定为“国际禁毒日”，以引起世界各国对毒品问题的重视，并号召全球人民共同来解决毒品问题，奠定了人类与毒品斗争过程中又一个里程碑。同时，会议还发布宣言，并通过了《全球控制麻醉品滥用今后活动的综合性多学科纲要》（本节简称《纲要》），作为各国查禁麻醉品滥用和非法贩运活动的建议措施。

人类社会从有历史记载以来，一直在不断认识和使用一些可以减轻痛苦、改

① “或引渡或起诉”本是一句拉丁语格言，作为国际法术语最早出现在格劳秀斯的《战争与和平》一书中，原意指遇违反数个国际社会利益的犯罪行为时，作为一种国际责任，各国应以国际社会名义承担“要么将其引渡，要么对其进行刑事诉讼”二选一的义务，该原则是保证国际禁毒条约产生实际效力的重要依据。

变情绪的药物。随着时代的发展和科学的进步，人们开始意识到这些药物兼具两面性——一方面它们有缓解痛苦的作用，另一方面，一旦其被误用或滥用，就会使服用者产生依赖并有害健康。人们逐渐认识到应当将这些药物限制于宗教或治疗的用途，并把它们的使用权限交给牧师或医生。但是由于种种原因，自19世纪中叶以来，麻醉品的滥用在许多国家逐渐盛行。最主要的原因之一是麻醉品可以通过人工合成而轻易获取。同时，交通、运输的日益便利、移民和迅速的都市化以及人们态度和价值观的多元化又促进了麻醉品滥用现象在全世界范围内蔓延。为了应对日益严峻的麻醉品滥用现象，国际社会自20世纪初以来，便逐步形成了一些全球性的控制机构，借以限制麻醉品的供应以防止其被滥用。

自1912年至1972年，国际社会先后缔结了十余个多边麻醉品控制条约。在联合国主持下，《61公约》综合了大多数早期文书，而《71公约》则将麻醉品控制系统扩大到了新型的人造麻醉品。在这一时期，国际社会主要致力于逐步建立和加强一个行政控制网，其首要目标是控制麻醉品的供应和流动，以便把麻醉品的制造和进口控制在合法的医药和科学用途所需数量之内。同时，各国政府也越来越认识到有必要协力合作，共同查禁麻醉品的非法生产、制造和贩运，并相应地向国际控制机关提出关于执行国际条约的定期报告，而且为了共同的利益，接受国际监督。随着国际控制系统的逐渐完备，人们更加普遍地认识到，在此之前为了实行国际供应控制的一套机构本身已不足以满足国际社会的当前需要。必须在国家一级和国际一级发起大规模的反攻行动，以对付麻醉品滥用造成的威胁，不但应当加强针对麻醉品非法生产和贩运的各项措施和方案，还应当采取有助于预防麻醉品非法需求、有利于麻醉品成瘾者的治疗及其最终重新参与社会的各项活动的措施。

自20世纪80年代开始，许多国家元首和政府首脑都密切关注发动反攻毒品的行动。联合国秘书长于1985年5月24日在经济及社会理事会致辞时指出："现在应是国际社会做出更大的努力，在全球范围内开展一场更协调一致、更全面的行动的时候了"。他设想以一场"真正全球性的努力来制止非法麻醉品的瘟疫"，因此提议在1987年召开部长级世界会议，商讨有关麻醉品滥用的各方面的问题。会议围绕预防和减少非法需求、控制供应、查禁非法贩运和治疗及康复四个议题进行了讨论，并最终确定了《控制麻醉品滥用今后活动的综合性多学科纲要》，明确了今后控制麻醉品滥用的35个目标。针对各目标，《纲要》从国家一级、区域一级和国际一级两个层面提出了具体行动方案建议。

《纲要》第一次站在全球高度，提出控制麻醉品的滥用不仅仅应加大打击非法贩运行为的力度，更应从多学科、多领域的综合视角，考虑社会、经济和文化诸因素，寻求有效控制麻醉品非法需求、并有效改善已存在的非法滥用现象。虽然其本身并不是一个正式的法律文书，没有规定国际性的权利或义务，但以《61公约》和《71公约》为范本，为各国提供一些建议性的工作指南，供各国作为“工具书”使用，由各国结合其实际情况从中选取一些设计方案，并以它们认为适宜的方式将这些设想转化为与当地情况相宜的行动。

（二）《纲要》四项议题简介

1．预防和减少非法需求

《纲要》的第一项议题是：预防和减少非法需求，该议题下设立有7项目标，即目标1至目标7。

对于查禁麻醉品滥用和非法贩运以及对付由此引起的种种现象的最佳方法，不同的学者以及各个国家的政府都有不同的看法。支持控制供应的学派认为，非法麻醉品供应的来源应当是采取统一、坚决行动的首要打击目标，因为如果供应被制止了，或至少被压缩了，吸毒成瘾和贩运就会停止，或至少会有所减少。20世纪80年代之前，各国和国际上采取的行动，许多都是针对麻醉品供应的严控。这些行动主要包括控制合法的生产和贸易（防止转入非法渠道），禁止麻醉品植物的种植以及根除（从物质上根除即毁掉非法种植的植物）等；而支持控制需求的学派认为对付麻醉品滥用和非法贩运有关的犯罪活动的最有效的办法就是降低对麻醉品的非法需求。

《纲要》认为，为了对付麻醉品的滥用和非法贩运所带来的问题，无论是麻醉品的供应或是需求都应加以压缩，而且还要采取行动切断供求之间的联系，即堵塞非法贩运。而且还应当存在有效的和强制执行的法律制裁。从《纲要》的体例看，减少非法需求被放在了首位，这表明国际社会已普遍意识到减少非法需求在控制麻醉品滥用方面的重要性。

《纲要》指出应当在尊重各国的实情，尊重差异的前提下，充分借助民众运动和自愿性组织，由民众、非政府组织和政府机构协同合作，进行长期而全面的努力。《纲要》就减少非法需求共提出了7个目标，分别是：目标1建立麻醉品滥用情况调研机制；目标2组织全面的收集和评估资料的系统；目标3通过教育进行预防；目标4防止在工作场所滥用麻醉品；目标5由民众团体、社区团体，特别是有关团体和执法机构进行的预防方案；目标6开展业余活动以形成杜绝滥用麻醉品的连续性运动；目标7强调传播媒介的作用。这些目标突出了控制的“综合”性，涉及到政府职能部门、宣传教育、社会各界力量、行动的可持续性及大众传媒等内容，从多个层面全方位地提出建议。

2．控制供应

《纲要》的第二项议题是：控制供应。该议题下设立9个目标，即目标8至目标 16。

从 20 世纪 60 年代以来，国际社会对鸦片、海洛因及其他麻醉品原植物的非法种植、生产和销售失去控制。同时，一些发展中国家的边远地区和当地政府难以进行有效控制的地区将种植的罂粟、古柯和大麻作物作为乡村居民生活的补充性收入来源，使根除非法种植毒品原植物成为一项复杂的工作。

随着有机化学工业的发展，产生了一系列可以对中枢神经产生作用的合成药物，而其中许多药物经证明均可以使人对药品产生依赖性，精神药物的滥用也成为世界关注的问题，但由于《71 公约》缔结不久，对这一新的国际控制制度在获得承认和实施方面尚远未发展到与已有的国际控制制度相类似的水平，某些精神药物转入非法途径，给个人福利和公众健康造成了严重的威胁，并危及到国家安全。《纲要》提出，国际社会在控制麻醉药品供应方面所取得成就的最重要保障之一是逐渐形成一套麻醉药品国际控制制度，致力于平衡世界范围内麻醉药品的合法需求和供应，并防止麻醉药品转用于非法目的。

针对上述控制麻醉药品和精神药物国际困境，《纲要》第二部分提出了控制供应的 9 个目标，分别是：目标 8 加强国际控制麻醉药品和精神药物的制度；目标 9 合理使用含有麻醉药品或精神药物的药剂；目标 10 加强对精神药物国际流动的控制；目标 11 由于受控制的精神药物的增多而涉及的行动；目标 12 控制前体、特定化学品和设备的商业流通；目标 13 对国际控制药物的类似物加以控制；目标 14 查明非法种植麻醉药品植物的情况；目标 15 取缔非法种植；目标 16 重新开发原来非法种植麻醉品作物的地区。

3．查禁非法贩运

《纲要》第三项议题是：查禁非法贩运。该议题下设立 12 个目标，即目标 17 至目标 28。

麻醉品贩运导致麻醉品滥用成为可能。贩运往往涉及大量麻醉品，并往往跨越多个国家或地区，其影响广泛。因此，非法贩运麻醉品往往同时违反多个国家的国内刑法和国际公约，更为严重的是，由于贩运麻醉品可产生巨额经济收益，其往往引发其他反社会行为，如恐怖组织活动、非法持有枪支、暴力犯罪等。《纲要》提议加大各国刑事执法能力，从多个角度、途径加强对非法贩运各个环节的查禁力度，提高针对非法贩运麻醉品罪犯的逮捕、起诉、刑罚等环节的有效性。并强调各国之间、非政府组织与政府之间通力合作，相互援助，提供便利，共同查禁非法贩运麻醉品行为。

查禁非法贩运共涉及 12 个目标，分别是：目标 17 粉碎重要的贩毒网；目标 18 促进使用控制下交付的技术；目标 19 协助引渡；目标 20 相互的司法和法律协助；目标 21 承认缴获大宗麻醉品取样证据；目标 22 提高刑罚条款的有效性以充分发挥作用；目标 23 没收非法贩运毒品的工具和收益；目标 24 加强管制经由正式入境点的走私活动；目标 25 加强边境外缘的管制和主权国家经济联盟内相互协助的机构；目标 26 监视接近边境的水陆空通道；目标 27 对利用国际邮政贩运麻醉品的管制措施；目标 28 对公海上船只和国际空域中飞机的管制措施。

4．治疗及康复

《纲要》第四项议题是：治疗及康复。该议题下设立 7 个目标，即目标 29 至目标 35。

麻醉品成瘾是一个世界性难题，麻醉品成瘾者既是违法者，同时也是受害者。对麻醉品成瘾者的治疗和康复需要在国家、区域和国际各级进行全球规模的多学科协作。制定治疗麻醉品上瘾的政策困难而复杂，因为它应当包括劝告、指导、推动、医学含义上的治疗、康复和重新参与社会生活，并理想地最终使麻醉品上瘾者恢复不沾染麻醉品的生活。因此，对麻醉品成瘾者的治疗和康复应充分重视社会、文化和环境因素。应特别强调治疗和康复战略的多学科方面，需要各种专业的专家参与。必须考虑建立和维持由父母、家庭成员和同辈人组成的小组，在治疗中和治疗后的整个过程中给予麻醉品成瘾者心理及情感上的支助。因为这些心理及社会支柱结构能大大提高痊愈和防止复吸的可能性。

成功的治疗能减轻滥用麻醉品对健康和社会造成的后果，从而减少麻醉品的使用、贩运者的活动和复吸的危险。但由于资源有限，对于麻醉品成瘾者的治疗成为一种额外的财政负担，治疗麻醉品成瘾在发展中国家面临更大的困难。《纲要》要求国际社会应特别注意发展中国家的需要以及设法制定兼顾到这些国家所受的经济、文化和社会制约的治疗和康复办法。

《纲要》从 7 个目标分别提出了针对成瘾者治疗及康复的指导性建议，即目标 29 制定治疗政策；目标 30 查清现有的治疗和康复方法技术；目标 31 选定合适的治疗方案；目标 32 培训面向麻醉品上瘾者的工作人员；目标 33 减少通过滥用麻醉品习惯传染的疾病发病率和传染人数；目标 34 在刑事司法和监狱内对上瘾罪犯进行治疗，目标 35 使接受了治疗和康复方案的人员重新参与社会生活等。

总之，《纲要》从预防和减少非法需求、控制供应、查禁非法贩运和治疗及康复四个综合方面提供了国际社会控制麻醉品滥用今后活动的综合性、多学科的建议性方法，但也承认这并非放之四海皆准的“圣经”，也不一定是医治麻醉品滥用这种社会疾病的灵丹妙药，或者是打击非法贩运犯罪活动的最好办法，但《纲要》的提出，表明世界各国已普遍意识到毒品严重影响各国的经济、社会和文化结构并威胁着各国的主权和安全，它呼吁社会各界为禁止麻醉品滥用和非法贩运而采取强有力的国际行动，加强在国家、区域和国际各级的行动和多样性合作，争取实现一个没有麻醉品滥用现象的国际社会。《纲要》的提出还促进了更多的国家申请加入《61公约》《71公约》，并严格执行这些公约，同时也促进了《88公约》草案的最终完成与通过。

二、联合国《政治宣言》与《全球行动纲领》

进入20世纪90年代，麻醉药品和精神药物的滥用情况越来越严重，世界各国普遍意识到只有加强国际合作，采取全面行动才能对毒品的滥用进行有效控制。应对新的毒品形势，联合国于1990年2月在纽约召开了第十七届特别会议，审议国际合作取缔麻醉药品和精神药物的非法生产、供应、需求、贩运和分销问题。会议最终就上述问题达成共识，发表了《政治宣言》，并通过了作为其具体落实措施的《全球行动纲领》。

（一）《政治宣言》的主要内容

政治宣言强调了毒品对人类的危害，肯定世界各国应当在遵守《联合国宪章》的原则和国际法原则、尊重各国主权的前提下以《61公约》、《71公约》和《88公约》为依据，开展广泛、综合的国际合作。

《政治宣言》认为禁止非法贩运麻醉药品和精神药物的斗争必须采取综合措施，包括：消除非法吸食、种植和生产麻醉药品和精神药物；防止经常用于非法制造麻醉药品和精神药物的前体化学品、特定化学品、材料和设备从合法用途中转移到非法用途；把利用银行系统和其他金融机构洗钱的活动认定为犯罪，并有效控制洗钱行为等。

《政治宣言》第一次提及毒品与艾滋病的关系，并强调各国在开展禁毒过程中应当注意与毒品犯罪相关资金的控制与处理措施，为国际禁毒工作的开展提供了新的思路。同时，《政治宣言》还关注到非法贩运麻醉药品同恐怖主义活动的关系，并提出国际军火贸易应当受到充分控制。

《政治宣言》肯定了联合国及相关部门在管制滥用麻醉药品和精神药物方面的作用，并认为联合国应当继续充分发挥其作用，将1991—2000年定为联合国禁止麻醉品滥用的十年，以促进实现加强国际合作的目标。

《政治宣言》的核心内容是各国达成的控制毒品的目标协议。协议共计30条，主要内容可概括为以下几个方面：

（1）各国共同努力并决心使人类免于麻醉品滥用和非法贩运麻醉药品和精神药物的灾祸；

（2）各国政府及区域或国际组织应当优先考虑禁毒工作的重要性；

（3）各国都应当对吸毒问题承担责任并采取行动；

（4）各国开展禁毒合作应在尊重各国主权和领土完整、不干涉内政的前提下进行；

（5）国际合作包括必要的经济、卫生、法律等内容；

（6）各国禁毒应当采取范围全面、多学科的战略，包括采取措施扫除麻醉药品和精神药物非法需求；消除种植非法作物和非法麻醉品贩运，防止金融和银行的滥用，以及促进有效的治疗、戒毒康复和恢复社会生活的方法。提醒各国根据本国国情，考虑实施联合国《控制麻醉品滥用今后活动的综合性多学科纲要》提供的各项建议；

7. 敦促各国批准或加入已有的联合国禁毒公约，并遵守公约规定的各项义务，尤其是即将生效的《巴巴变公约》。

8. 在1991—2000年联合国禁止麻醉品滥用十年中，致力于采取有效而持续的国家、区域和国际行动，以促进《全球行动纲领》的实施。

（二）《全球行动纲领》内容概要

为将联合国第十七届特别会议审议结果通过制度化的方式在各国落实，会议确定了《全球行动纲领》（以下简称《纲领》）。

《纲领》由导言、活动和后续措施三部分组成。纲领力求详细规划世界各国和联合国相关机构在禁毒战争中的责任及行动原则。

导言部分对《纲领》产生的背景及依据作了说明。并标明其目的在于作为《61公约》《71公约》《88公约》和《控制麻醉品滥用今后活动的综合性多学科纲要》（以下简称《综合性多学科纲要》）各成员国、联合国相关机构开展禁毒斗争和国际协作的行动指引。

《纲领》用了较大篇幅对联合国及相关机构、世界各国在禁毒方面的活动提出了综合详细的要求，具体包括以下八个方面：

1. 预防、减少麻醉药品和精神药物的非法需求。要求各国参照《综合性多学科纲要》的建议，从国内立法、执法；需求原因分析；采取有针对性的新闻、教育策略；建立吸毒情报信息数据库和动态研究制度；动员民众参与和社区参与；加强与非政府组织的合作等方面做出努力。要求联合国开展促进《综合性多学科纲要》落实的措施，如促进国际合作；鼓励联合国其他相关部门开展宣传、教育和培训；给予发展中国家经济支持等。

2. 针对吸毒者治疗、戒断、康复和重返社会的措施。要求各国通过立法保证对吸毒者和吸食毒品的犯罪人提供重返社会的机会、获得戒毒康复和治疗；协助和促进非政府组织参与治疗和康复领域的工作。鼓励国家、区域和国际就吸毒者的治疗、戒断和重返社会开展新技术的培训与交流。要求联合国相关机构与各国政府开展合作，提供戒毒治疗方案服务与培训；帮助各国制定卫生教育方案和政策，以防止因滥用麻醉品而感染 HIV 病毒。

3．对麻醉药品和精神药物供应进行严格管制。一方面，要控制麻醉药品的非法生产、非法加工和毒品原植物的替代种植。关于替代种植问题，应当考虑从传统、经济、技术支持多方面考虑开发农村综合发展方案。另一方面，也要保证维持麻醉药品和精神药物的合法生产、制造与供应。要求各国开展多边合作，联合国建立监测和管制机制。

4．取缔全球范围内的非法贩运活动。敦促各国尽快加入《88 公约》，承担禁止非法贩运麻醉药品和精神药物的国际法律义务；鼓励各国开展双边、区域和多边协作；有能力的国家和联合国各组织应尽可能地提供技术和财政方面的支援；建议相邻国家考虑合设边境检查站，以提高打击跨境非法贩运活动的力度；加强各国禁毒执法机关、海关的协作与培训；突出国际刑警在打击国际毒品犯罪中的作用。

5．重视并加强对涉毒资金的管制。要求各国对非法麻醉品贩运所获得的资金、用于毒品犯罪或与之相关的非法资金和非法利用银行系统的行为采取相应措施；通过国内立法将借助金融系统开展的洗钱行为规定为犯罪；各国应加强对洗钱行为开展打击的合作、信息交换和经验交流，并拟订相关的国际协定；建议各国考虑将没收到的非法资金用于控制吸毒和打击非法贩运活动；国际经济首脑会议的金融专家在调查与研究后，应对各国防止利用金融系统进行洗钱提供技术指导和建议。

6．强化成员国国内禁毒法制建设。要求各国根据本国国情，并在遵行国际禁毒公约原则的前提下，加强针对禁毒的国内立法、执法和司法活动，并鼓励扩大此方面的国际合作，如技术援助、培训、情报交换等；鼓励各国开展双边、区域和多边协定，协调各国刑事司法制度以更有力地打击跨境毒品犯罪。

7．防止武器、爆炸物在毒品犯罪中被运用，并采取措施预防船舶、飞机、车辆等交通工具被用于从事麻醉药品和精神药物的非法贩运。各国应采取有效措施对武器和爆炸物进行管制，以防被用于毒品犯罪中，而扩大毒品犯罪的社会危害性；对交通工具进行严格管理，以防被用于毒品贩运和相关活动。

8．协调整合联合国内部机构资源和结构，以便更有利于促进全球禁毒工作的开展。

《纲领》最后一部分是对后续措施的说明，主要包括要求各国落实本《纲领》在其国内的宣传与执行；麻醉品委员会和联合国麻醉品管制机构对《纲领》在全球范围内执行进度进行持续监测，并由联合国秘书长就此方面的情况进行年度报告；提高全球民众对禁毒战争的意识，并开展预防性措施。

第十章　禁毒国际合作协议

毒品的最大危害在于它能跨越文化与国界在人群中迅速蔓延，并引发刑事犯罪、疾病传播、理想缺失、社会恐慌等系列公共危机。有效控制毒品泛滥，需要各国的共识与合作。20 世纪 90 年代以来，面对严峻的国际禁毒形势，各国普遍开始通过国家政府层面的正式合作，来寻求综合预防、打击犯罪和地区安全等方面的协调，以形成较有效的国际禁毒防线，以减少毒品使用及毒品引发的公共危机。各国政府除在联合国禁毒法律体制框架下履行相关义务之外，还通过相关国家之间多边合作、区域内部协议等多种途径来完成。

针对严峻的国内、国际禁毒形势，除尽力做好国内的毒品管制、宣传教育、戒断康复、打击犯罪之外，我国还紧紧围绕国内禁毒工作的中心任务和外交大局开展对外合作与交流，积极构建、拓展禁毒国际合作渠道和平台，不断扩大和加强同世界各国、特别是与周边国家和地区在禁毒领域的双边、多边业务交流与合作，认真实施联合国禁毒合作项目，履行缔约国的义务，在国际及本区域内担当应有责任。

第一节　禁毒合作（部长）会议及《北京宣言》

一、中国开展区域禁毒合作的背景

中国西南部地区与传统毒源地“金三角”山水相依，西北部地区与全球最大鸦片产地“金新月”毗邻，东北地区受到来自于俄罗斯远东地区和朝鲜北部的鸦片、海洛因渗透，东南部地区面临我国台湾、香港地区的毒品渗透和来自于南美洲“银三角”可卡因的走私转运。复杂的毒品形势迫使中国政府近四十年来不断与周边国家、区域开展与禁毒相关的多方合作。

我国一贯重视禁毒国际合作，认真履行国际禁毒公约，积极支持并参与国际禁毒事务，在国际禁毒领域地位、影响显著提高。按照我国政府在第 20 届禁毒特别联大上提出的“广泛参与、责任共担，全面实施综合、均衡的禁毒战略，重视替代发展”的原则，我国完善了《东亚次区域禁毒谅解备忘录》《东盟和中国禁毒行动计划》等国际禁毒合作机制并把巩固和发展与缅甸、老挝、泰国、柬埔寨、越南等东南亚区域内各国的禁毒交流与合作作为中国政府积极开展国际禁毒合作的重点。

1990 年 8 月，公安部禁毒代表团首次访问缅甸和泰国。自此，拉开了中国与东南亚“金三角”地区区域性禁毒国际合作的序幕。

2000 年 10 月，中国参加了由泰国政府和联合国禁毒署联合举办的“东盟 + 中国”国际禁毒会议，会议提出了开展进一步禁毒国际合作遵循的四项原则：①以各国政府为主体；②以《联合国宪章》的宗旨和原则为指导，各国相互尊重主权，互不干涉内政，在平等互利的基础上加强禁毒合作，确保共同受益；③坚持非政治化、非歧视性原则；④提倡全社会参与。此外，会议还通过并发表了《曼谷政治宣言》，签署了《东盟和中国禁毒合作行动计划》[①]。该计划旨在加强东盟十国与中国的禁毒合作，并通过合作，帮助东盟实现到 2015 年成为无毒地区的目标。根据该计划，中国和东盟将建立打击毒品犯罪的合作体系以及合作进展进行评估机制，并在加强社会禁毒意识、遏制毒品需求、加强禁毒执法工作和杜绝毒品生产等四个领域展开具体合作。该计划的签署确立了“东盟 + 中国”区域禁毒合作框架，标志着中国与东盟组织的禁毒合作正式启动。

2001 年 8 月，中国、老挝、缅甸、泰国四国禁毒合作部长会议在北京举行，讨论并通过了指导四国今后禁毒合作的《北京宣言》。宣言强调四国继续在现有禁毒合作机制下通过各层次加强磋商、协调与合作的重要性、必要性和紧迫性；一致同意在现有密切合作的基础上，确立禁毒合作伙伴关系，继续在禁毒领域相互谅解、信任、合作与支持；决定四国加强工作层和专家层的交流与合作，充分发挥现有禁毒合作机制的作用，在毒品预防教育、缉毒执法、信息交流、戒毒治疗和康复、易制毒化学品管制、替代发展、人员培训等方面开展实质性合作并相互提供必要的帮助与援助；重点在调查与预警方面加强合作，在打击沿湄公河流域非法贩运毒品和易制毒化学品的活动等方面加强合作。

2002 年 11 月，第六次中国与东盟“10+1”领导人会议发表了《中国与东盟关于非传统安全领域合作联合宣言》，该宣言将打击贩毒列在首位，并要求在深化多边和双边合作的基础上，加强信息交流、人员交流与培训，促进能力建设；加强在非传统安全领域的务实合作，加强对非传统安全问题的共同研究。

2004 年 1 月 11 日，首届东盟与中日韩“10+ 3”打击跨国犯罪部长级会议在曼谷举行，中国与东盟签署了《非传统安全领域合作谅解备忘录》，确定了双

① 该计划为东盟与中国的禁毒合作指明了四个方向：（1）通过宣传毒品危害提高公众认知和社会响应；（2）在减少需求方面，通过形成共识和分享最佳实践经验来减少毒品消费；（3）加强缉毒执法，通过一个更大的管控措施网络增强法律约束性；（4）推进替代发展项目，消除或显著减少毒品原植物非法种植。

方反恐、禁毒和打击国际经济犯罪等重点合作领域，明确了各领域的中长期目标，规定双方将通过信息交流、人员交流与培训、执法协作和共同研究等方式加强合作。

2005 年 10 月，中国政府、联合国毒品和犯罪问题办公室（UNODC）和东盟联合主办的第二届东盟和中国禁毒合作国际会议在北京举行。东盟十国和中国主管禁毒事务的部长、UNODC 执行主任以及欧盟等国际组织、美国等的代表约 150 人参加了会议。会议回顾了五年来本地区各国禁毒工作进展情况及取得的成功经验，确定今后一个时期的禁毒战略和行动计划；参会代表还就打击苯丙胺类毒品犯罪、减少毒品需求和执法和戒毒康复等议题进行了讨论。会议最终通过了《北京宣言》和修订后的《东盟和中国禁毒合作行动计划》，以及《东盟和中国在 2006 年开展打击苯丙胺类毒品犯罪联合行动的倡议》。

二、东亚次区域禁毒合作部长会议发展历程

20 世纪 90 年代以来，中国与缅甸、老挝、越南、柬埔寨、泰国等大湄公河次区域国家逐渐建立和加强了区域性的国际禁毒合作，签署了一系列协定。1991 年 5 月，中国、缅甸、泰国和联合国禁毒署三国四方禁毒高级官员会议在北京召开，初步确定了开展次区域多边禁毒国际合作的模式。

1992 年 6 月，中国、缅甸、泰国政府代表团和联合国禁毒署在缅甸仰光签署《禁毒谅解备忘录》，确定在次区域禁毒合作中保持高级别接触。1993 年 10 月，中国、缅甸、老挝、泰国和联合国禁毒署在纽约第 48 届联大禁毒特别会议期间共同签署了《东亚次区域禁毒合作谅解备忘录》（MOU[①]），次区域禁毒合作框架基本形成。

1995 年 5 月，首届东亚次区域禁毒合作部长级会议在北京召开，柬埔寨、中国、老挝、缅甸、泰国、越南和联合国禁毒署通过了表达六国七方禁毒合作决心的《北京宣言》，呼吁各国关注毒品问题，并在禁止毒品生产、打击毒品过境和预防毒品滥用方面加强合作，同时签署了《次区域禁毒行动计划》和一系列禁毒合作项目，次区域禁毒合作框架至此最终形成。此后，东亚次区域禁毒合作部长级会议被作为常规会议来举办。

2002 年 5 月 20 日，东亚次区域禁毒合作谅解备忘录高官会议在北京召开，中国、柬埔寨、老挝、缅甸、泰国、越南和联合国禁毒署东亚和太平洋地区中心（曼谷）等六国七方约 50 名代表参加了此次会议。会议介绍了《次区域行动计划》下毒品滥用、减少非法毒品生产和贩运以及执法合作领域有关项目的进展情

---

① MOU，指谅解备忘录，是英文 Memorandum of Understanding 的缩写。

况。在讨论中引起各方高度关注的问题有：禁毒措施战略、使用电脑开展培训、跨境执法合作、合成毒品贩运和滥用的增长与蔓延、注射毒品感染艾滋病、农村毒品需求、减轻贫困和替代发展。各国代表一致同意进一步加强次区域国家之间的信任和合作，认为次区域禁毒合作机制对推动各国之间的禁毒合作发挥着越来越重要的作用，充分体现出各成员国在禁毒合作上团结一致、相互谅解和尊重的合作伙伴精神。但由于国际毒品形势的变化，如何促使各国政府担负起为禁毒合作项目提供财政支持的责任，大力推进次区域禁毒合作，成为急需解决的问题。为此，联合国禁毒署倡议从 2002 年开始新一轮次区域禁毒合作，对在新时期区域禁毒合作所出现的新问题进行讨论和协商。在大湄公河次区域禁毒伙伴关系进入第十个年头之际，此次会议标志着 MOU 机制已成为一个能就新的毒品挑战进行适应性变革的平台。

2005 年 5 月第六届东亚次区域禁毒谅解备忘录签约国部长级会议在柬埔寨暹粒举办，中国、柬埔寨、老挝、缅甸、泰国、越南以及联合国毒品和犯罪问题办公室参加了会议，会议通过了《暹粒宣言》。

2007 年 5 月第七届东亚次区域禁毒谅解备忘录签约国部长级会议在北京召开，中国、柬埔寨、老挝、缅甸、泰国、越南以及联合国毒品和犯罪问题办公室的近百名代表和观察员参加了会议，会议肯定了 12 年来 MOU 合作机制在解决本地区毒品问题方面取得的成果，并针对新的毒品形势提出了应对措施，通过了《2007 年 MOU 北京宣言》，更新了《次区域行动计划》，决定成立专门工作组对 2002 年通过的《MOU 伙伴关系补充文件》进行修改。

2011 年 5 月第九届东亚次区域禁毒谅解备忘录签约国部长级会议暨高官会在老挝万象举行。来自中国、柬埔寨、缅甸、老挝、泰国、越南、联合国毒品和犯罪问题办公室、捐款国以及相关国家驻老挝使节等 100 余名代表参加了会议。会议高度评价了 MOU 机制成立 18 年来东亚次区域禁毒合作取得的巨大成就，分析了当前次区域严峻的毒品形势和面临的挑战，就 MOU 机制未来发展提出建议，重申了各方遵行国际禁毒公约、支持本区域禁毒合作的决心与努力，呼吁六国七方与国际社会共同采取切实措施，遏制本区域不断蔓延的毒品形势，造福本区域国家和人民。

三、中国与周边区域禁毒合作的主要协议——《北京宣言》

（一）中国、老挝、缅甸、泰国四国禁毒合作部长会议《北京宣言》（2001 年）

2001 年 8 月 28 日，中、老、缅、泰四国禁毒合作部长级会议在北京举行，通过了指导四国今后禁毒合作的《北京宣言》。该宣言主要包括对现有合作体制的共同认识以及今后努力方向。

1．四国对现有禁毒合作体制的共同认识

开展四国禁毒合作必须坚持原则。必须充分遵守《联合国宪章》的宗旨和原则及其他公认的国际法准则，坚持相互尊重主权和领土完整、互不干涉内政、平等互利的原则。

肯定“东亚次区域”、“东盟和中国”禁毒合作机制起到的作用。四国满意地确认以上两个合作体制在解决本地区毒品问题方面的重要作用。

四国开展禁毒合作意义重大。在现有禁毒合作机制下通过各层次包括边境合作加强磋商、协调与合作极其重要、必要和紧迫；

四国政府有义务承担禁毒任务。各国政府在致力于解决毒品问题上有着坚定的、明确的政治意愿，并在现有的双边、次区域、区域和国际禁毒合作机制下开展了一系列富有成效的合作，为遏制本地区毒品泛滥进行了不懈的努力，做出了巨大的贡献。

本区域毒品形势依然严峻。各国深切关注本地区麻醉药品和精神药物，特别是海洛因和安非他明类兴奋剂的生产、贩运和滥用形势仍然严重，给本地区各国的国家安全、政治稳定、经济繁荣、社会发展和人民健康造成严重危害。

2．四国开展进一步禁毒合作的努力方向

通过开展综合合作来应对本地区的毒品问题。进一步加强合作，通过均衡、综合措施解决本地区麻醉药品和精神药物特别是海洛因和安非他明类兴奋剂的非法种植、生产、制造、销售、滥用、贩运和分销及相关犯罪活动。

以国际公约、禁毒合作协议为依据。决定秉承联合国有关公约、1998 年联合国禁毒问题特别联大通过的文件以及区域、次区域和四国间业已达成的禁毒协议和谅解备忘录的精神，在责任共担原则的基础上，通过均衡、全面的禁毒战略，联合起来，共同打击本地区非法生产、贩运麻醉药品和精神药物以及非法贩运易制毒化学品等犯罪活动。

推进“东亚次区域”、“东盟和中国”禁毒合作机制的落实与完善。四国同意共同努力，进一步推动本地区现有的“东亚次区域”、“东盟和中国”等禁毒合作机制的工作，并落实具体措施。

建立更紧密的合作。四国将在现有密切合作的基础上，确立禁毒合作伙伴关系，继续在禁毒领域相互谅解、信任、合作与支持；四国就国际和地区重大问题，包括禁毒合作进行高层会晤与磋商并及时协调立场。强化禁毒合作具体内容，加强工作层和专家层的交流与合作，充分发挥现有禁毒合作机制的作用，在毒品预防教育、缉毒执法、信息交流、戒毒治疗和康复、易制毒化学品管制、替代发展、人员培训等方面开展实质性合作并相互提供必要的帮助与援助；并重点在调查与预警方面加强合作打击沿湄公河流域非法贩运毒品和易制毒化学品的活动。

争取更多支持。四国将共同努力，争取各国及国际社会继续从资金、技术等方面资助本地区的禁毒工作，并在政治和道义上争取更多的理解与支持。

（二）东亚次区域禁毒谅解备忘录高官委员会会议《北京宣言》（2002）

2002 年 5 月 20 日，东亚次区域禁毒合作谅解备忘录（MOU）高官会在北京开幕，来自中国、柬埔寨、老挝、缅甸、泰国、越南和联合国禁毒署等六国七方的代表出席会议。会议分析了在新情势下该区域严峻的禁毒形势，并发布了表明各方进一步开展禁毒合作决心的宣言。宣言主要包括以下内容：

深切关注世界以及东亚次区域麻醉药品和精神药物，尤其是苯丙胺类兴奋剂非法生产、贩运与消费问题以及易制毒化学品的快速扩散和急剧恶化问题；意识到毒品对个人、家庭、社会以及对各国社会、经济与政治结构所造成的有害影响。

确认坚持各项国际禁毒公约和落实联合国特别会议与麻委会有关决议的重要性。牢记各国在 1998 年第二十次联合国特别大会通过的《政治宣言》、《减少毒品需求指导原则宣言》中规定的促进世界禁毒国际合作的措施以及 2000 年签署的《曼谷政治宣言》与《东盟和中国禁毒行动计划》中做出的承诺；重申各国根据联合国有关会议的精神，通过均衡、综合以及多领域的方式，依据坦诚合作、责任共担的原则，加强合作打击毒品生产、贩运和消费行为的决心。

强调联合国禁毒署在世界范围内和本区域协调一致的国际禁毒和预防行动的重要作用。主张与联合国禁毒署密切合作，利用国际承认的科学方法建立一个可靠、可持续，并确认非法罂粟种植情况的监控系统，根据禁毒特别联大设定的目标，规划有关行动，进一步减少罂粟种植。

承认国际毒品贩运与洗钱等其他跨国有组织犯罪，包括洗钱、贩卖和剥削人口、腐败等之间的密切联系。

认识到东亚毒品形势需立即加以关注，呼吁各国加强跨境、双边、区域以及国际级政策层面的联合行动和务实合作。

重申 MOU 各成员国积极参与落实次区域行动计划的精神和任务，采取行动，及时、优先为当前和新的行动调动人力和财政资源；确认为次区域禁毒行动计划中的新项目提供财政和实物支持并根据《1993 年 MOU 伙伴关系补充文件》支持 MOU 机制的承诺。

鼓励成员国增强规划、协调、管理和实施禁毒行动的国家能力和操作机制的能力，主动应要求积极为其他签字国履行在 MOU 中的承诺提供制定国家禁毒计划以及实物、技术等方面的支持。

承诺对本地区急剧蔓延的苯丙胺类毒品（ATS）问题加以特别关注，针对MOU国家间或者机制外国家中的此类问题，单独或联合制定策略或规划。因为各国特别注意到目前ATS问题已经快速蔓延到了社会更广泛的层面。

重申对易制毒化学品进行管制的重要性以及继续在MOU国家间并且与东亚、太平洋区域和其他区域的国家开展合作、积极采取各种方式加强管制此类化学品的必要性。

呼吁成员国特别重视收集并报告本国履行联合国特别会议、麻醉品委员会有关决议、次区域行动计划以及《东盟和中国禁毒行动计划》精神的成果。

呼吁国际社会与联合国禁毒署一道，为次区域和各国打击毒品生产、贩运、消费活动的行动提供政治上和财政上的支持。

强调与其他国际、区域和国家组织、非政府组织、私营企业、民间社会加强协调和合作，共同与毒品作斗争的重要性。

（三）中国与东盟禁毒合作国际会议《北京宣言》（2005）

2005年10月18至20日，第二届东盟和中国禁毒合作国际会议（ACCORD）在北京召开，针对该地区的禁毒形势和各方合作前景，会议通过了《北京宣言》。该宣言的主要内容包括：回顾目前合作取得的阶段性成果及进一步合作的努力方向两个方面。

1. 目前合作取得的阶段性成果

宣言充分肯定了2000年10月在曼谷举行的“实现2015年东盟无毒品：统一观点，改变进程”国际会议所通过的《曼谷政治宣言》框架下各方通过积极开展禁毒合作取得的成果；注意到东盟和中国禁毒合作机制（ACCORD）国家在上述会议通过的《东盟和中国禁毒合作行动计划》(《行动计划》）的框架下，以及在有关技术援助下，取得的重要成果；同时注意到需要更新《行动计划》，以充分反映本地区最紧迫的禁毒问题。

在本地区各国的不懈努力和国际社会的支持和帮助下，非法罂粟种植区的替代发展已产生了显著成果，“金三角”地区罂粟种植面积持续下降，本地区鸦片及其衍生物的贩运活动显著减少，传统毒品的蔓延有所减缓；但同时也注意到苯丙胺类毒品（ATS）的制造、贩运、销售和滥用正急剧蔓延，特别是在青少年之间的蔓延，以及本地区苯丙胺类毒品缴获量占据全球缴获量80%左右的现实，认为此种情况已对本地区国家的社会结构和公共卫生构成了巨大威胁。

关注在本地区毒品犯罪、洗钱、跨国有组织犯罪等之间呈现出的密切联系；强调专门的易制毒化学品管制法律的重要性。

本地区许多国家已经建立控制毒品的法律。根据这些法律，在确保合法使用的前提下，由警察、禁毒、工业、卫生和环境保护等有关主管部门，对易制毒化学品的生产、购买、运输和使用等各个环节实施严格的管制；呼吁所有未实行上述作法的ACCORD国家采取紧急行动，以开展上述活动。

本地区各国充分利用自身潜力和优势开展研究，初步形成了具有本地区特色的预防教育工作经验和戒毒康复体系，并尝试了一些有效的干预措施，以防止艾滋病和其他传染病的传播。

明确共同解决本地区毒品问题的原则。东盟和中国应继续本着彼此尊重、相互信任、平等相待、真诚合作的原则，在广泛参与、责任共担的基础上采取行动，并继续实施综合均衡的国际禁毒战略，着眼于解决当前突出的毒品问题。

2．明确进一步合作的努力方向

确认并加强合作框架。各方一致认可把ACCORD禁毒合作机制作为涵盖东盟和中国的唯一禁毒框架，在此框架下完成本地区的禁毒成效。号召有关国家及时开展包括高层访问在内的沟通和交流，以加强双边和多边合作。

确立新“东盟和中国禁毒合作行动计划”和它的四个工作组。这四个工作组指：①积极宣传毒品危害，提高群众防毒意识，并号召全社会切实响应；②达成共识并交流减少需求的成功经验；③通过加强执法合作和探讨现代立法模式，以加强法律原则；④通过推动可持续替代发展项目，以减少毒品作物的种植。

明确将该地区的苯丙胺类毒品的滥用问题作为重点。同意通过摸清各国滥用、制造ATS的基本情况和趋势，积极收集有关情报和线索，采取协调一致的执法措施，将打击ATS犯罪作为本国禁毒工作的一项首要任务，以严厉打击本地区制贩ATS犯罪活动，努力遏制ATS在本地区的泛滥趋势；同意本地区打击ATS犯罪联合行动的倡议，并将完全按照更新后的行动计划予以实施。

继续加大替代发展工作的力度，为在传统罂粟种植区内开展的各项替代发展活动提供更多资金和技术的支持，为各项替代产业产品提供更优惠的市场准入政策；在不同地域的罂粟种植区扩展和启动替代发展项目，包括建立替代发展示范项目；呼吁评估包括大麻种植区在内的其他毒品原植物种植区扩展替代发展项目的可能性。

推动加强本国有关法律的制定工作，对易制毒化学品的生产、购买、运输和使用等环节加强监管，对易制毒化学品进行有效的管理，防止其流入非法制毒渠道，同时积极参加国际麻醉品管制局（INCB）组织的有关联合行动。

加强联合研究，制定切实可行的预防教育和戒毒康复措施。结合本地区的社会文化特征，考虑开展药物替代治疗等行之有效的干预措施以切实减少滋生新吸毒人员，提高吸毒人员的戒毒康复效果、防止艾滋病和其他传染病的传播。

加强东盟和中国内部筹资、支持 ACCORD 账户、特别是支持一些优先项目和活动的承诺，同时吁请国际社会采取实际、有效的行动，提供资金和技术方面的支持，帮助本地区解决毒品问题，保证按时实现“2015 年东盟和中国无毒品”的目标。

（四）第七届东亚次区域禁毒合作部长级会议《北京宣言》（2007 年）

自 1995 年在北京召开首届 MOU 签约国部长级会议以来，六国七方在 MOU 机制下建立了禁毒合作伙伴关系，成为次区域禁毒合作的典范。为进一步落实联合国第二十届特别会议禁毒会议制定的目标和原则、解决全球毒品问题做出了更大贡献，加强合作，早日彻底解决本地区毒品问题，柬埔寨王国代表团，中华人民共和国代表团，老挝人民民主共和国代表团，缅甸联邦代表团，泰王国代表团，越南社会主义共和国代表团，以及联合国毒品和犯罪问题办公室代表团六国七方，参加了 2007 年 5 月 25 日在北京召开的第七届东亚次区域禁毒合作部长级会议，并通过了《2007MOU 北京宣言》。

《2007MOU 北京宣言》主要分为两个部分，第一部分是对次区域就禁毒合作情况形成的共识，第二部分是各方将来禁毒工作的努力方向与决心。

1．各方就次区域禁毒合作形成的共识

各方对此合作体系一致满意。自 1995 年在北京召开首届 MOU 签约国部长级会议以来，六国七方在 MOU 机制下建立了禁毒合作伙伴关系，成为次区域禁毒合作的典范，为落实联合国第二十届特别会议禁毒会议制定的目标和原则、解决全球毒品问题做出了突出贡献。

各方对合作的具体形式充分肯定。六国在开展信息沟通、司法互助以及跨境联合执法行动等方面建立了流畅的合作渠道和机制、为有效遏制本地区毒品犯罪及其他跨国犯罪奠定了坚实基础。

各方对替代发展高度评价。六国在国际社会的协助下，密切合作，积极开展可持续的替代发展活动，相关国家相继宣布罂粟基本禁种，现有非法罂粟种植面积大幅减少，为全球探索解决毒品原植物种植提供了成功经验。

各方就治疗康复与因吸毒引发的艾滋病问题进行干预探索。六国在毒品滥用的治疗康复和减少因吸毒引发艾滋病方面，探索和形成了一套有效的方法和模式，为减少毒品危害、建立无毒社会做出了重要贡献。

各方认可联合国在本区域禁毒工作中的贡献。多年来联合国毒品和犯罪问题办公室（UNODC）（及其前身联合国禁毒署（UNDCP））在引进国际先进禁毒工作理念、推进实施禁毒合作项目，促进提高各国禁毒能力方面发挥着积极作用。

各方认识到全球化对毒品滥用的影响。在全球化过程中，贩毒手段和路线更加复杂，本地区苯丙胺类兴奋剂（ATS）和海洛因的生产、贩运和滥用以及氯胺酮的滥用情况更加突出；易制毒化学品管制与核查机制有待完善；国际和区域性毒品犯罪和其他跨国犯罪联系更加紧密。

各方认识到发展替代种植存在的困难与挑战。各方清楚地认识到可持续替代发展与社会经济发展、减少贫困密切相关，需要国际社会的长期关注和支持；本地区非法罂粟种植依然大面积存在，已禁种地区仍有复种可能；对国际社会和本地区继续构成威胁。

各方积极关注吸毒对社会的严重危害。深切关注本地区仍存在大量吸毒人员，特别是青少年吸食新型毒品的情况仍在蔓延，一些国家因注射毒品感染艾滋病的问题依然严重。

各方注意到“金新月”对本地区禁毒形势的影响。“金新月”生产的海洛因、南亚的氯胺酮、南美的可卡因、欧洲的摇头丸等频繁流入，已对本地区形成威胁。

各方注意到禁毒资金的紧缺。用于开展禁毒合作所需资金持续不足，严重制约了本地区禁毒工作的有效开展。

2. 各方在将来禁毒工作中的努力方向与决心

进一步明确合作的依据与原则。各方将继续根据联合国第二十届特别会议禁毒会议发表的《政治宣言》、《减少毒品需求指导原则宣言》、《加强国际合作以处理世界性毒品问题的措施》等三个文件的要求，本着坦诚合作、责任共担的原则，共同解决本地区毒品问题。

进一步完善合作机制。强调六国七方MOU禁毒合作机制在解决本地区毒品问题的必要性以及发挥各国主观能动性和自身优势方面的重要作用。进一步深化禁毒合作伙伴关系。使其成为互助、高效、灵活、务实的禁毒合作平台；加大对该合作机制的资金、技术和实物投入，强化各成员国责任；及时沟通、密切协调立场，向国际社会、特别是主要捐资国大力宣传禁毒成效。

各国采取更有力措施。呼吁各国继续采取有力措施，开展灵活多样的双边和多边合作，加大非法罂粟种植监测、铲除以及可持续替代发展的力度，尽早全面消除非法罂粟种植。

进一步加强本地区禁毒执法合作。通过多种方式开展人员培训，畅通情报交流和信息通报渠道，完善办案协作和司法互助机制，协调开展跨境联合行动，有效遏制跨国制贩毒活动；改进并加强禁毒信息沟通。加强本地区禁毒信息收集、分析、通报机制，加强对毒品特别是ATS滥用趋势的监测和预警。

加大宣传力度与经验分享。决定继续加大针对青少年和其他高危人群苯丙胺类兴奋剂（ATS）、氯胺酮等新型毒品危害的宣传力度，适时举办联合宣传活动；

相互学习和借鉴海洛因和ATS戒毒康复、预防吸毒者感染艾滋病方面的经验和做法。

决定建立和完善易制毒化学品管制法律体系。建立严格的国内化学品管制和进出口核查措施，防止流入非法渠道。

加强与区域外的禁毒合作。各方将适时与其他国际组织和地区禁毒组织开展合作交流，建立沟通、协调及合作机制，缓解其他地区毒品对本地区的威胁。

呼吁国际社会更多的参与支持。呼吁国际社会本着责任共担的原则继续对本地区禁毒工作提供道义、资金、技术等方面的支持与援助。

四、中国与周边区域禁毒合作协议机制存在的不足

中国政府与周边区域开展禁毒合作主要途径是高层领导人之间会议。实施具体合作内容的主要依据主要是一些"共识"、"计划"与"宣言"等纲领性协议，在肯定这些合作协议现实意义的同时，我们发现这些文件仅仅体现了各国政府开展禁毒合作的主观态度与立场，却缺乏对其实际行动进行强制性约束的规定。

回顾《东盟和中国禁毒合作行动计划》和多个《北京宣言》，可以发现，尽管各方都尽量明确进一步开展合作的具体方向，但却缺乏两个最为关键的保障：一是缺乏监控机制。即这些合作文件没有提议建立专门的监控机关来对各方在禁毒合作践行方面的实际情况进行考查与评估，更缺失强有力的"奖优罚劣"制度，这限制了各方开展禁毒合作的实效；二是缺乏稳定的资金支持。禁毒本身是一项复杂的社会工程，开展跨国禁毒合作更需要有大量的资金保证宣传教育、康复治疗、打击犯罪、替代种植等等具体项目的开展，但在这些区域性禁毒合作框架下，所有的"宣言"都在强调资金的缺乏，很难想象，在缺乏稳定资金支持的情况下，国际禁毒合作能够走多远。

尽管各方都在努力，但中国政府与周边区域开展禁毒合作协议的局限性却长期存在。究其原因主要有以下几点：一是各国政府对毒品的控制能力不统一，例如，缅甸与中国接壤的边境线有1997公里，但缅甸政府能够实际控制的只有400公里左右，其他区域都被非政府民族武装力量所控制，政府需要进入这些区域开展铲除罂粟行动必须要与这些武装势力交涉；二是该区域很多国家自然经济条件落后，很多农村仍以种植罂粟作为唯一的经济收入来源。要在此地区推广替代种植需要更多的投入，除经济支援之外，更重要的是当地人民思想的转变；三是各国的禁毒法律、政策不统一。出于对各方主权的尊重，这些合作协议不能改变各国法律对与毒品相关违法行为的定罪量刑、管辖权、证据交换、司法协助等方面的差异，尤其是就死刑适用而言，这导致各方在共同打击毒品犯罪方面的合作存在法律层面的困难。

第二节　中国与单个国家间禁毒合作协定

一、中国与单个国家间禁毒合作概况

中国参与国际禁毒合作最初主要以个案合作的形式。但随着国际毒品犯罪形势的恶化，国际合作更加频繁，主要通过与其他相关国家签署双边协议，以法律文件形式明确双边合作的领域、重点和方式。

个案合作始于 20 世纪 80 年代，主要涉及泰国、缅甸等周边国家。20 个世纪 90 年代末，我国开始与美国、泰国、菲律宾、澳大利亚、缅甸在禁毒执法、情报交流等方面合作。目前，已与有关国家签订政府间、部门间双边禁毒协议 30 余个，并加强与联合国毒品和犯罪问题办公室、国际麻醉品管制局务实合作，基于上海合作组织、金砖国家组织等开展区域禁毒和，成功举办了东亚次区域禁毒合作会议、上海合作组织成员国禁毒部门领导人会议、“万国禁烟会议”百周年纪念活动等国际禁毒活动，金砖国家成员国禁毒部门领导人会议。

二、中国与“金三角”地区国家签署禁毒合作协定概况

目前，中国国家禁毒委员会办公室每年都分别与缅、老、泰、越开展双边会晤和经验交流，规划优先合作事项。中老、中缅、中泰、中越涉毒情报交流和案件合作机制日趋成熟，中老、中缅、中越边境已建成 9 个边境禁毒联络官办公室，在情报交流、追逃、人员引渡等方面的作用初见成效。“澜湄禁毒合作”是指中国、柬埔寨、老挝、缅甸、泰国、越南 6 国围绕澜沧江 – 湄公河流域开展的禁毒合作。2011 年 10 月 5 日上午，我国“华平号”和“玉兴 8 号”两艘商船在湄公河金三角水域遭遇袭击，我国 13 名船员全部遇难。2012 年 4 月 25 日，“10 · 5”案件联合专案组在老挝波桥省抓获案件主犯糯康，破获全案。2013 年 3 月 1 日，案件主犯糯康、桑康 · 乍萨、依莱、扎西卡在云南昆明被执行死刑。2017 年 12 月 28 日，澜沧江—湄公河综合执法安全合作中心（简称“澜湄执法中心”）启动仪式在云南省昆明市举行，这标志着澜沧江—湄公河流域第一个综合性执法安全合作政府间国际组织正式启动运行。

（一）中缅两国禁毒合作协定及实施概况

中国与缅甸接壤，两国边境线全长 1997 公里，加强双边禁毒合作，共同打击毒品犯罪，减少毒品的社会危害，是中缅两国人民的共同愿望。经过两国政府和禁毒部门的努力，双方禁毒合作取得了显著成效。2001 年，两国正式签订

了《中缅禁毒合作谅解备忘录》；同年8月，又在北京召开了中老缅泰四国禁毒合作部长会议，并共同发表了《北京宣言》。随后，中缅双方采取了一系列有效的执法合作行动：抓获大毒枭谭晓林并移交给中方；在果敢地区采取扫毒行动，抓获了毒枭尚朝美并捣毁一批毒品加工厂；应中方要求抓捕毒枭刘明，因其拒捕将其击毙。同时，通过双方的合作，罂粟替代发展项目取得了阶段性成果。在2002年结束的中缅双边禁毒合作工作会议上，两国代表在双边联络、情报交流、联合行动、替代发展、减少需求等方面进一步开展合作达成了共识。中方将继续向缅方在执法与替代发展领域提供人员培训和技术援助。2006年5月中国和缅甸在仰光签署了《中国政府和缅甸政府关于禁止非法贩运和滥用麻醉药品和精神药物的合作协议》。双方还签署了《中国国家禁毒委和缅甸中央肃毒委关于在缅北地区联合进行卫星遥感监测罂粟种植的意向备忘录》，建立完善了中缅中央、省邦、州县三级禁毒合作机制等。2007年，双方依据该协议，又签署了《中缅替代种植的行动方案》。国务院专门出台了资金、信贷、免税、人员和货物出入境便利等一系列支持政策，鼓励企业在中缅两国政府商定的区域开展罂粟替代种植，并将替代种植内容明确写入《禁毒法》。经过中缅双方的合作努力，替代项目渐成规模，罂粟禁种成效明显。

截至2013年年底，我国在缅老北部的替代企业共有100多家，共投资10多亿元，累计替代种植面积300多万亩，涉及水稻、玉米、香蕉、橡胶、甘蔗等40多个品种，替代种植成效初显，缅北罂粟种植面积由20世纪90年代最高峰的248万亩降至60多万亩，开展替代种植区域内的掸邦第一、二、四特区连续多年禁种。缅北因替代项目受益人群超过13万，当地人均年收入从过去的500元增加到目前的2000元人民币左右。此外，项目还带动改善了当地的道路、桥梁、房屋、饮水工程、学校、卫生所等基础设施建设。2006年、2008年，中国还两次向缅北禁种罂粟的烟农捐赠了2万吨大米。

2011年7月，第9届中缅禁毒合作双边会议在华举办，国家禁毒委员会代表中国与缅方达成重要共识和下一步合作意向，2011年11月，中缅替代发展合作部长级会议在缅甸掸邦木姐县召开。中国国家禁毒委员会副主任与缅甸内政部副部长分别率团出席。会议回顾了自20世纪90年代，特别是2007年中缅两国政府签署替代种植行动方案以来两国替代发展合作情况及成效，交流对当前缅北地区罂粟种植的看法，探讨替代发展合作中面临的困难和问题，就进一步推进中缅替代发展合作深入交换意见，达成共识，签署了《中缅替代发展合作部长级会议纪要》。此外，双方还就落实中老缅泰湄公河流域执法安全合作会议进行了研究，两国间的禁毒合作向着更为务实的方向迈进。

2013年5月，双方再次召开中缅禁毒合作双边会议，并于7月由商务部、公安部、财政部及云南省商务厅替代办、禁毒办完成了《中缅罂粟替代种植规划纲要（2014—2020）》，启动中老罂粟替代种植工作规划（一期）编制工作。6至7月，国家禁毒办会同商务部、中国农业科学院等有关部门人员赴缅甸北掸邦7个地区实地考察，为缅北替代种植示范项目建设打下基础。2013年10月10日至11日，第十一届中缅禁毒合作双边会议在陕西举行。国家禁毒委员会、公安部禁毒局领导率由国家禁毒办、云南省禁毒办、陕西省禁毒办有关部门负责人以及云南省保山、德宏、临沧、西双版纳、普洱等边境地州禁毒部门负责人组成的代表团参加了会议。缅甸中央肃毒委员会秘书长、警察总监佐温警少将率团来华与会。会议期间，中缅双方交流了当前面临的毒品形势，就禁毒情报交流与执法合作、易制毒化学品管制、人员培训、边境禁毒合作等议题进行了探讨，议定将继续巩固和加强中缅两国在禁毒领域的全面合作，共同推进解决“金三角”毒品问题，联手打击跨国毒品犯罪活动，切实维护两国边境地区的社会稳定。近年来，中缅两国禁毒领域合作保持良好发展态势，逐步发展形成了完善的双边禁毒合作机制。中央、省（邦）、边境地州三级保持畅通密切联系和频繁交流，实现了重要情况信息及时、有效交流，通过无缝办案合作成功侦破数起重特大跨国贩毒案件。同时，双方积极推进罂粟替代种植和替代发展方面的合作，联合开展的卫星遥感监测罂粟种植和实地踏查铲除行动成果丰硕，成为本地区禁毒合作的一大亮点。此外，中方还向缅方提供了禁毒执法官员培训、曼德勒警务指挥中心建设等援助。

2015年12月11日，第十三届中缅禁毒合作双边会在云南省昆明市举行。会议期间，中缅双方禁毒部门交流分析了当前面临的区域毒品形势和互涉毒品情况，就边境执法合作、易制毒化学品管制、替代发展、人员培训等议题进行了探讨，就开展边境联合扫毒、制定两国省邦级别合作规范、协调解决缅甸籍特殊涉毒人群接收问题、加强边境联络官办公室建设、毒品样品交换、设备援助等合作达成广泛共识。双方议定将继续巩固和加强既有机制，切实改善两国和本地区毒品形势，共同推动两国禁毒合作关系不断向前发展。在情报交流、联合办案、人员培训、边境协作、罂粟种植遥感监测、实地踏查等方面开展了卓有成效的务实合作，建立了腾冲—密支那、南伞—果敢、瑞丽—木姐3个边境联络官办公室，共同开展了“平安航道”、昆曼公路考察等一系列联合行动，破获了一大批涉两国的毒品案件，并且在联合国麻醉品委员会、MOU、东盟等多边机制下相互支持、紧密配合，为努力解决本地区乃至全球毒品问题作出了贡献。

2017年11月8日，第十五届中缅禁毒合作双边会议在云南省昆明市召开。中国国家禁毒委员会、公安部禁毒局领导，缅甸中央肃毒委员会联席秘书兼禁毒局局长敏昂分别率团出席会议。中缅禁毒年度双边会议机制已建立15年，通过这一平台，双方持续推动各领域禁毒合作，机制日益完善，联系日益紧密，成效日益显著，已成为本地区乃至国际禁毒领域禁毒合作的成功典范。中缅禁毒合作仍面临缅北地区制贩毒活动高发、缅籍特殊人群贩毒问题突出、边境地区合作效率有待提升等问题，需要中缅双方禁毒部门心往一处想，智往一处谋，劲往一处使，为推动解决地区毒品问题、构建人类命运共同体贡献更多才智、更大力量。缅方对中方给予的设备援助和执法培训表示衷心感谢。缅方将一如既往高度重视中缅禁毒合作，把中国置于缅甸禁毒国际合作优先位置，希望双方进一步加大禁毒合作力度，遏制本地区制贩毒活动。

2021年1月12日，受新冠疫情影响，第十七届中缅禁毒合作会议通过视频系统举行。双方一致表示，两国在禁毒领域互为最重要的合作伙伴。自2001年建立年度会晤机制以来，两国禁毒部门互相信任、互相支持、互相配合，联手破获了一系列跨国毒品犯罪案件，抓获了一大批毒品犯罪分子，为维护两国和地区安全稳定做出了积极贡献，也结下了深厚的情谊。会议强调，当前金三角地区罂粟种植面积有所下降，海洛因生产虽然稳定，但大规模、工业化生产冰毒、氯胺酮等合成毒品日益严重，给两国和周边国家带来巨大威胁，两国禁毒部门有责任、有义务联手应对金三角毒品问题。会议认为，双方需进一步加强合作支持，开展双向贸易核查并及时反馈，交流化学品走私团伙情报，交换化学品流失线索，充分利用科学技术手段，阻止化学品用于制造毒品。会议强调，双方要充分发挥禁毒边境联络官的沟通协调作用，加大对联络办的授权，进一步提高效率；开展常态化定期会晤会面，保持合作连续性。双方以此次会议为契机，进一步增进互信、完善机制、高效合作，将中缅禁毒合作打造出国际禁毒合作典范。

（二）中老两国禁毒合作协定及实施概况

中老边境全长700多公里，自磨憨口岸1993年确立为国家级口岸后，中老双方经济文化交流合作明显增强，人员出入日益增多，双边不法分子也伺机而动，勾结跨国境犯罪率有所上升，“金三角”地区的大量毒品有可能从这里突破中国国门，流入中国内地，通往亚欧大陆。为加强双边禁毒合作，两国从20个世纪90年代末开始尝试开展禁毒方面的合作，加大跨国毒品犯罪的打击力度。2000年11月，中国国家禁毒委、联合国禁毒署和老挝禁毒委，在中国云南勐腊县确立了名为“D91项目”的勐腊与老挝南塔项目联络机制，项目实施期为6年。由此，勐腊县公安局与丰沙里省正式建立跨境禁毒联盟，在互通毒品情报、跨境打击毒品犯罪、联合破案联合扫毒等方面开展有效的合作。两国警方通过合作先后摧毁老挝境内多处毒品加工点，打击贩毒团伙并抓捕毒贩，缴获大量毒品、毒资。

2001 年 1 月 5 日，中华人民共和国政府和老挝人民民主共和国政府签署了《关于加强禁毒合作的谅解备忘录》。双方应遵照各自国内的法律、法规，在以下诸方面开展合作：（1）预防和打击非法贩运麻醉药品和精神药物及非法转移、使用化学品前体的违法犯罪；（2）控制种植毒品原植物和替代发展措施；（3）管理麻醉药品、精神药物、化学品前体和基本化学品的措施；（4）减少毒品需求措施，包括戒毒治疗和康复；（5）开展禁毒和缉毒执法领域的技术和业务合作，包括情报交流、协助调查、收缴毒品和毒资、协助缉捕和遣返毒品罪犯、设立边境禁毒联络机制、人员培训等；（6）交流双方有关麻醉药品、精神药物和化学品前体及基本化学品管理的法律、法规的信息。

2006 年 11 月中国与老挝正式签署了《中国政府和老挝政府关于禁止非法贩运和滥用麻醉品和精神药物的合作协议》，为两国进一步开展禁毒合作提供了更加明确、更加稳定的政策保障。2011 年 9 月，第九届中老禁毒合作双边会议在中国长沙召开，双方交流了近年来两国各自毒情和禁毒工作的情况，并就加强两国间禁毒执法合作、替代发展、禁毒援助、边境禁毒合作等事务开展了沟通与协商，深化了中老两国禁毒合作。2013 年 3 月，中老双方再次召开禁毒合作双边协议，并于 7 月签署中老《关于推进罂粟替代种植工作的谅解备忘录》，进一步明确两国协作减少罂粟种植的方案。

2017 年 12 月 5 日第十四届中老禁毒合作双边会议在江苏扬州举行。会议期间，双方交流分析了当前面临的区域毒品形势和互涉毒品情况，就“平安航道”联合扫毒行动、缉毒执法和情报交流、边境执法合作、替代发展、人员培训等议题进行了深入探讨，达成广泛共识，议定将继续巩固和加强既有机制，切实改善两国和本地区毒品形势，共同推动两国禁毒合作关系不断向前发展。近年来，中老两国禁毒合作保持良好发展态势，在情报交流、联合办案、人员培训、边境协作、罂粟种植遥感监测、实地踏查等方面开展了卓有成效的务实合作，开展了联合扫毒行动，建立了磨憨—磨丁、江城—约乌等边境联络官办公室，并联手破获了“10·5”、“3·19”等一批影响力较大的大要案件，移交了张佳才等毒枭，有力打击了中老边境地区跨国毒品犯罪活动。

2021 年 12 月 29 日，第十七届中老禁毒合作会议通过视频方式举行。双方一致认为，在中老建交 60 周年和发展全面战略合作伙伴关系大背景下，两国加强禁毒合作极其重要和必要。多年来，中老两国禁毒部门长期保持密切合作，相互支持，在情报交流、执法办案、人员培训、技术设备支持、替代发展等领域合作均取得务实进展。两国在大湄公河次区域禁毒合作备忘录（MOU）框架下通力合作，为解决本地区及周边毒品问题而努力。同时，中老两国与其他大湄公河次区域国家共同开展“平安航道”联合扫毒行动，有效打击跨国毒品犯罪，维护地区安全稳定，保障人民利益，在本地区乃至国际社会产生了积极反响。双方回顾了上次会议以来双方合作情况，通报了近期区域及互涉毒情形势、案件、替代发展工作情况。受疫情影响，当前“金三角”地区毒情形势更加复杂，制造冰毒、氯胺酮等合成毒品问题日趋严重，给中老两国和周边国家带来巨大威胁。中老两国应在双边及 MOU、“平安航道”等多边机制下进一步加强合作，保持及时顺畅沟通，推进中老禁毒合作继续务实发展，坚决防止大湄公河次区域毒情进一步恶化，为维护地区安全、人民福祉做出更大贡献。

（三）中泰两国禁毒合作协定及实施概况

中泰禁毒合作始于 20 世纪 90 年代，近年来不断深化发展，高层互访和友好交往不断，双方建立了深厚友谊和互信关系。为进一步密切中泰两国禁毒合作关系，共同应对毒品犯罪的挑战，双方一致同意进一步完善和深化两国禁毒合作机制，加强针对“金三角”毒源地和西非裔贩毒团伙的情报交流，联合开展缉毒执法行动，共同打击跨国毒品犯罪，合作查缉易制毒化学品、麻醉药品和精神药品走私活动，联合培训缅甸、老挝、柬埔寨禁毒官员，进一步拓展毒品预防教育、戒毒康复、替代发展等方面交流与合作。此外，两国还先后成功举办中小学生禁毒预防教育交流营、联合打击西非裔贩毒团伙研讨会等，推动建立点对点联合查缉机制。推动两国和本地区禁毒斗争取得明显成效。

2000 年 10 月，中泰两国签署《禁毒谅解备忘录》。2005 年 5 月 24 日，中国国家禁毒委员会办公室和泰国肃毒委员会办公室签署《关于毒品样品交换的意向备忘录》。

中泰两国在禁毒执法领域一直保持密切合作关系，20 余年来两国禁毒部门先后合作破获一系列在本地区具有重大影响力的案件，开展了“平安航道”联合扫毒行动。除禁毒执法合作外，双方还就减少毒品需求、戒毒康复、替代种植等领域开展合作，并在联合国、大湄公河次区域禁毒谅解备忘录（MOU）、东盟加中国禁毒合作（ACCORD）等机制下协调立场、密切配合，共同引领、推动次区域禁毒合作发展。2002 年起，两国已连续召开 14 次禁毒合作双边会议。2016 年，在已有中央禁毒合作机制框架下，双方新建省区间禁毒合作机制。目前，中泰禁毒合作已经成为本地区乃至世界各国禁毒合作的典范，双方已建立全方位、全天候的禁毒合作关系，在缉毒执法、情报交流、毒品分析、减少毒品需求等各禁毒领域都保持着紧密合作。

2009 年 9 月，第八届中泰禁毒合作双边会议在云南省大理召开。中国国家禁毒委员会常务副秘书长和泰国肃毒委员会秘书长分别率团出席。会议回顾了近年来特别是第七届中泰禁毒合作双边会议以来两国禁毒合作取得的新进展、新成果，分析了当前两国面临的毒品形势，研究了进一步推进双边禁毒合作的意向和措施，签署了两国交换毒品样品备忘录。

2016年8月30日，第十四届中泰禁毒合作双边会议在广西壮族自治区南宁市举行。两国代表就最新毒情、互涉案件和情报、边境执法、戒毒康复、易制毒化学品管控、毒检分析、“平安航道”联合扫毒行动等领域进行了深入交流和探讨，达成了深入开展合作的一系列重要合作意向。双方议定，将继续巩固和加强现有机制，切实改善两国和本地区毒品形势，共同推动两国禁毒合作务实、深入发展。

2019年10月21～28日召开第十七届中泰禁毒合作双边会议。期间，中泰双方回顾了上届会议以来双方开展的合作、取得的成效，就最新毒情、互涉案件和情报线索、毒品检验分析、边境执法合作等议题进行了深入交流和探讨，达成一系列重要合作意向。双方一致同意将继续巩固和加强现有合作机制，切实改善两国和地区毒品形势，共同推动中泰两国禁毒合作持续、健康、深入发展。会议期间，泰方还向中方提供了相关毒品样品，双方签署了《泰国肃毒委员会办公室向中国国家禁毒委员会办公室提供毒品样品交接书》。

2021年4月27日，第十八届中泰禁毒合作会议通过视频方式举行。双方一致认为在新冠肺炎疫情下举行视频会议显示中泰禁毒友好合作的重要性和必要性。会议指出，中泰两国在禁毒领域立场相同、措施相近，互为重要合作伙伴。长期以来，两国禁毒部门互相信任、互相支持，在各层级、各领域保持密切交流和良好合作，联手破获了一系列跨国毒品案件，抓获了一大批毒品犯罪分子，为打击两国毒品犯罪、维护大湄公河次区域安全稳定做出贡献，积极促进了全球禁毒合作开展，引领了南亚、东南亚的禁毒事业。“金三角”毒品问题是两国共同重要关切，受新冠肺炎疫情和缅甸政局变化影响，当前“金三角”地区毒情形势更加复杂，规模化、工业化制造冰毒、氯胺酮等合成毒品问题日趋严重，给两国和周边国家带来巨大威胁。两国禁毒部门有责任、有义务联手应对“金三角”毒品问题。双方应继续秉持“平安航道”联合扫毒行动品牌作用，积极开展情报交流和执法合作，全力打击“金三角”制贩毒活动。双方将共同加强易制毒化学品管控合作，开展双向核查和来源倒查，全力阻止化学品流入制毒渠道；建立季度案件情报交流通报机制，积极开展直接、实时的情报交流；加强边境地区禁毒合作，推动云南省和泰北第五区完善更为紧密的合作机制。双方要加强禁毒各领域、全方位合作。疫情结束后，双方将加强预防教育、毒品检验交流，拓宽在毒资调查、人员培训等领域的合作，联手将中泰禁毒合作打造成国际禁毒合作典范。

三、中国与俄罗斯开展禁毒合作及签署合作协定概况

俄罗斯是中国的近邻，更是中国重要的经济与政治合作伙伴，与此同时，中亚的毒品也伺机从密切的中俄经贸中混入中国。为加强两国共同打击毒品走私的力度，1996 年 4 月，中俄两国政府签署了《关于禁止非法贩运和滥用麻醉药品和精神药物的合作协议》。2001 年 7 月，中俄两国签署《中俄睦邻友好合作条约》将开展禁毒合作列为其中一项重要内容。按照两国政府的战略部署和外交政策，黑龙江省禁毒部门与俄罗斯远东地区禁毒部门积极推进双边区域性的禁毒国际合作，构建禁毒国际防线，严厉打击跨国毒品犯罪活动，破获跨国毒品大要案件多起，抓获犯罪嫌疑人多人，缴获大量毒品和制毒物品。

2005 年 11 月 29 日，第一届中俄禁毒合作部长级会议在俄罗斯联邦哈巴罗夫斯克市召开。双方签署了《中华人民共和国公安部和俄罗斯联邦麻醉品监管总局边境地区禁毒合作议定书》。根据该议定书的有关规定，我国的黑龙江、吉林、新疆、内蒙古等边境省区公安禁毒部门可在授权范围内与俄罗斯远东和西伯利亚联邦区的边境地区禁毒执法部门直接进行情报信息交流与协作，共同打击跨国毒品犯罪活动。双方就“金新月”地区日益严峻的毒品形势和加强两国禁毒合作等议题深入交换了意见，一致表示作为上海合作组织的成员国，双方应继续积极落实 2004 年成员国元首共同签署的《上海合作组织成员国关于合作打击非法贩运麻醉药品、精神药物及其前体的协议》，推动有关各方共同解决阿富汗毒品问题。

多年来，中俄双方以签署的政府间、部门间禁毒合作协议为基础，在中央和边境地区层面开展了不同形式的交流，并在上海合作组织等多边机制框架内进行了卓有成效的合作。双方共成功召开了九次禁毒合作部长级会议。2013 年 12 月，第九届中俄禁毒合作部长级会议在俄罗斯圣彼得堡市召开，国家禁毒委员会委派公安部禁毒局局长参加该会议，会议回顾了近年来特别是第八届中俄禁毒合作部长级会议以来两国禁毒合作情况及成效，交流了对当前国际和地区毒品形势的看法，就完善双边禁毒合作的途径及深化务实合作深入交换了意见，达成广泛共识。会后，双方签署了《第九届中俄禁毒合作部长级会议纪要》和《中华人民共和国公安部与俄罗斯联邦麻醉品监管总局关于开展控制下交付行动的意向书》。双方一致认为中俄应当继续认真落实两国元首达成的有关共识，继续深化禁毒领域务实合作，加强情报信息交流和行动配合，有效打击涉毒犯罪活动，共同推动上海合作组织框架下禁毒合作的健康发展，加强在禁毒领域重大国际问题上的沟通，推动国际社会积极、有效应对毒品问题。

2019年7月30日至8月3日，中俄两国禁毒部门在俄罗斯举行禁毒工作会晤，双方就深化双边禁毒合作机制、引领上合组织和金砖国家禁毒合作机制建设、强化国际禁毒政策协调等深入交换意见。针对日益突出的新精神活性物质问题，双方同意及时交换各自列管清单，交流本国滥用情况和实验室技术，加强互涉线索通报和个案合作；针对互联网涉毒犯罪突出问题，双方拟加强合作，尤其是应对“暗网”涉毒犯罪，要联合攻关，并加强对互联网交易平台管理；针对寄递渠道涉毒犯罪等挑战，双方及时分享涉毒邮包核查经验，加强情报交流；在有需求并具备条件的中俄边境地区，探讨成立边境禁毒联络官办公室，强化在情报交流、线索核查、联合办案、调查取证等方面合作。关于上合组织和金砖国家禁毒合作，双方一致认为要共同充分发挥引领作用，推动禁毒合作文件执行，近期要抓好上合组织青岛峰会通过的《2018—2023年上海合作组织成员国禁毒战略》及其《落实行动计划》的合作工作。双方共同努力推动上合组织禁毒协调机构建设，开展联合行动，务实解决阿富汗毒品问题，提升上合组织国际禁毒影响力。在金砖国家框架下，积极推进禁毒机制运转，共同推动巴西和南非等国积极参与，建立多边联络渠道，按照“一年一会一主题”，支持俄方明年举办金砖国家禁毒会议，同时在重大国际禁毒问题上协调立场，互相支持，确保金砖五国禁毒机制沿着正确轨道发展。

四、中国与美国开展禁毒合作及签署合作协定概况

作为两个处于毒源地周边的大国，中美两国在世界禁毒领域起着重要作用。中国非常重视与美国之间的禁毒合作，早在1987年中美两国政府就签署了《中美禁毒合作备忘录》。1997年10月，江泽民同志访美，为中美两国进一步发展双边禁毒合作奠定了更加坚实的基础，双方于1997年10月发表中美联合声明，决定中方和美方相互派驻缉毒联络官。近年来，中美两国的警方、海关和卫生等业务部门在禁毒合作各个领域开展了良好的合作。在缉毒情报交流、协作办案等方面，中国公安部和美国司法部缉毒署开展了富有成效的业务合作，并正就签署部门间禁毒合作意向备忘录进行磋商。

禁毒合作是中美双方都极为关注的一个合作领域，两国领导人多次会晤时均谈到了这一话题，双方禁毒部门也定期和不定期召开会议推进和落实相关工作。目前双方已联合举办了3届中美禁毒合作情报交流会。在双方的共同努力下，立案侦办了“12·5”特大跨国贩毒案、“03·03”特大跨国走私毒品案件等一大批大案要案，成为国际禁毒合作成功典范。

虽然在一些议题方面还存在分歧，但中美两国开展禁毒合作的利益是相同的。目前双方的总体合作形势良好。为进一步加强禁毒合作，除及时反馈核查请

求外，双方还达成如下共识：在现有法律框架下，进一步加强中美禁毒主管部门的交流，增强了解和互信，推动友好合作关系；加强在法律法规以及法理、体制方面的沟通协调，尽可能为对方调查取证、讯问犯罪嫌疑人等提供便利；加强在涉毒犯罪中的反洗钱合作；进一步加强中美在毒品检验鉴定技术领域的合作等。2005 年，双方签署了关于缉毒合作的意向备忘录，为两国开展更加广泛的禁毒合作打下了良好基础。

2009 年 10 月 20 日，第三届中美禁毒情报交流会在北京召开，中美两国禁毒部门就进一步深化情报交流、办案合作、继续关注“金三角”、“金新月”地区毒品问题等方面达成重要共识。中美两国禁毒部门合作的在情报信息交流、案件协查、易制毒化学品管制、人员培训等领域开展了务实合作。表明了两国深化禁毒合作的意向，体现出双方禁毒合作向更为务实的方向迈进，对于促进两国及区域性的禁毒事业具有积极意义。

2012 年 9 月，国务委员、国家禁毒委员会主任在京会见了美国白宫国家禁毒政策办公室主任。双方一致认为中美两国在禁毒领域加强合作，既体现了履行政治承诺、共同应对世界毒品问题的决心，也是促进两国关系的具体实践。希望双方进一步加强在禁毒领域重大国际问题上的沟通协调，深化互利务实合作，为推动中美关系发展作出积极贡献。会后，双方签署了更新后的《中国国家禁毒委员会和美国白宫国家禁毒政策办公室关于加强合作的意向备忘录》，提出了进一步的合作方案。

2018 年 12 月 1 日，中国国家主席习近平应邀同时任美国总统特朗普在阿根廷布宜诺斯艾利斯举行会晤。双方同意采取积极行动加强执法、禁毒合作，包括对芬太尼类物质的管控。中方决定对芬太尼类物质进行整类列管，并启动有关法规的立法程序。白宫在 1 日晚发表的美中元首会晤声明中称：“至关重要的是，中方领导人展现出极好的人道主义姿态，同意将芬太尼列为管制物质，意味着向美国出售芬太尼的人，将面临中国最严厉的刑罚。”

2022 年 8 月 6 日，美国众议院议长佩洛西窜访台湾，严重冲击中美关系的政治基础，我国宣布暂停中美禁毒合作。美国将中国公安部物证鉴定中心、国家毒品实验室等承担芬太尼类物质检测管控的科研机构列入实体清单，以芬太尼类为由制裁中国企业，转移国内毒品滥用治理不力的责任。这些破坏两国关系、损害中美禁毒合作的后果应由美方完全来承担。中国厉行禁毒的立场是坚决的，在全球毒品形势持续蔓延的大背景下，中国毒品治理取得了令人瞩目的成效。作为负责任的大国，将一如既往积极参与国际和多边的禁毒合作，为全球毒品治理贡献中国智慧和中国力量。

五、中国与其他国家开展禁毒合作概况

（一）中国与各大洲其他国家间禁毒合作

在亚洲，除与泰国、缅甸、老挝、越南、柬埔寨等国家签订合作协议、开展禁毒合作之外，中国还与印度、巴基斯坦、哈萨克斯坦、塔吉克斯坦、吉尔吉斯斯坦、阿富汗等国政府签署了双边禁毒合作协议。与日本、韩国等国家在禁毒合作方面一直保持着工作级的合作关系。与亚洲多国在缉毒情报信息交流、业务互访、人员培训、办案协作、调查取证等方面开展了密切的合作，并取得显著成效。

2013 年首次派禁毒高级别代表团访问巴基斯坦和伊朗，精心构建堵截“金新月”毒品和易制毒化学品贩运的严密防线。2019 年 3 月 28 日，中巴双方在广州举行禁毒工作会谈暨“兄弟”联合缉毒行动，会议交流分析了当前面临的区域毒品形势，就禁毒情报交流与案件合作、边境执法合作、人员培训等议题进行了探讨，达成广泛共识，并议定将继续巩固和加强既有机制，切实改善两国和本地区毒品形势，共同推动禁毒合作不断向前发展。双方签署了《中巴“兄弟”联合缉毒行动方案》，宣布中巴“兄弟”联合缉毒行动正式启动。

2006 年，中国与阿富汗签署了政府间禁毒合作协议，通过情报交流、案件协查等务实合作，破获多起贩毒案件。迄今为止，中国已举办 10 余期培训班，为阿富汗培训了 200 余名禁毒执法人员。中国将“巴黎进程”作为应对阿富汗毒品问题的重要机制，愿与各方继续推动“巴黎进程”禁毒合作机制健康发展，全面发掘合作潜力。“巴黎进程”是一个应对阿富汗毒品和犯罪问题的多边合作机制，参加者为受到阿富汗毒品影响的国家及相关国际组织，其名称来自 2003 年 5 月召开的巴黎会议。目前，这一机制共有 58 个伙伴国及 23 个国际组织，上合组织成员国加入。“巴黎进程”运作模式包括会议磋商、提供技术援助、在一些重点国家设立分析师等，旨在强化毒情搜集和分析能力，为禁毒战略、计划、政策和行动提供数据支撑。

在欧洲，1993 年 11 月，公安部与法国内政部签署了为期三年的禁毒合作协议。1997 年 2 月，中法双方签署了新的合作协议，内容涉及禁毒合作等。1998 年法方禁毒专家在华举办了缉毒业务培训班和反洗钱培训班。2001 年 12 月，中法两国在北京举办了禁毒执法研讨会，签署了禁毒合作会谈纪要。2017 年 11 月 21 日由最高人民检察院检察理论研究所与法国驻华大使馆联合举办“合成毒品犯罪治理”中法国际研讨会在北京举行。近百位来自中法双方有关部门和机构的代表围绕合成毒品犯罪的形势、政策与预防，合成毒品犯罪的侦查、国际司法协

助与审判，合成毒品犯罪的定罪与量刑，合成毒品犯罪的证据审查与运用等四大主题展开深入研讨。

中德两国政府也不断加大易制毒化学品监管力度，严厉打击各类易制毒化学品走私贩运活动，全力遏制易制毒化学品流入制毒渠道。2012 年 11 月，中德易制毒化学品管制合作研讨会在北京召开。中德双方一致认为，应继续加强易制毒化学品管制合作，及时通报情报信息，分享易制毒化学品立法、行政监管、打击、检验鉴定等方面经验和做法，强化对含麻黄碱类复方制剂、α－氰基苯丙酮等非列管化学品的监管和堵截，适时完善易制毒化学品监管法律法规，有效防止易制毒化学品流入制毒渠道。

在北美洲，自 1996 年起，我方应邀派员参加了加拿大警方组织的多次业务培训活动。中加禁毒执法部门一直在情报核查、联合办案方面保持着密切联系。

在南美地区，我国已于 1996 年、1998 年和 2002 年先后与墨西哥、哥伦比亚和秘鲁签订了政府间禁毒合作备忘录或议定书。2019 年 12 月 16 日至 21 日，中国禁毒代表团赴秘鲁、阿根廷参加中秘、中阿禁毒合作交流。

在澳洲，我国与澳大利亚联邦警察研究制定《中澳打击邮包藏毒“控制下交付”工作程序》，中澳警方业务交往比较频繁，双方在禁毒部门业务联系和案件协查方面有密切合作，2013 年，双方签订中澳《关于毒品案件控制下交付的意向声明》，并联合举办中澳“中国华南地区跨国毒品犯罪研讨会”，进一步明确了双方在毒品侦察过程中的合作关系。2017 年 8 月 24 日澳大利亚司法部长迈克尔·基南盛赞澳大利亚与中国开展的缉毒合作，说这是澳大利亚目前开展的最成功的缉毒合作之一。基南当天发布了一份安全形势研究报告。报告指出，国际合作是打击毒品等犯罪行为最有效的方式，例如澳大利亚与中国开展的联合缉毒行动。自 2015 年澳中组成联合缉毒行动小组以来，两国成功破获多起涉毒案件，缴获各类毒品近 13 吨。2015 年 11 月，中国国家禁毒委员会与澳大利亚联邦警察局签署中澳联合缉毒行动方案，开展中澳联合缉毒“火焰”专项行动。2017 年 6 月基南访华期间，双方签署协议，将“火焰”专项行动延长至 2018 年 1 月。此外，我国还与澳大利亚、新西兰两国签订易制毒化学品管制合作协议，在协议框架下开展案件深度合作。

（二）中国在上海合作组织框架下的禁毒合作

除与东亚次区域、东盟国家开展禁毒合作机制、与多个国家协定禁毒合作双边协议之外，中国还借助“上海合作组织”框架，与其他五个成员国开展了系列禁毒合作。

上海合作组织的前身是上海五国会晤机制。2001 年 6 月 14 日至 15 日，上海五国元首在上海举行第六次会晤，乌兹别克斯坦以完全平等的身份加入“上海五国”。六国元首举行首次会议，并签署了《上海合作组织成立宣言》，上海合作组织正式成立。此次峰会还签署了《打击恐怖主义、分裂主义和极端主义上海公约》。

面对共同的毒品威胁，上海合作组织各成员国一致认为，应将打击毒品犯罪作为组织的一项重要工作。各国政府不断加强沟通协调，在禁毒政策制定、减少毒品需求、缉毒执法、易制毒化学品管制等领域开展双边和多边合作，推动建立地区禁毒体系。

2004 年 6 月，“上海合作组织”成员国各国元首在塔什干峰会上签署了《上合组织成员国关于合作打击非法贩运麻醉药品、精神药物及其前体的协议》，自此拉开了上合组织禁毒合作的序幕。

2006 年 4 月，上海合作组织成员国首次缉毒执法研讨会在北京召开，会议就建立禁毒情报信息交流机制、打击通过贩毒为恐怖主义融资的犯罪行为以及如何建立上合组织禁毒合作机制等问题进行研讨，确定了禁毒部门高官定期会晤制度和联络员机制。

2008 年 4 月，上合组织成员国秘书处首次召集禁毒领域会议，就落实上合组织禁毒合作协议和在本组织框架内建立长效禁毒机制等问题进行了研讨。

2011 年 6 月，上合组织成员国元首在阿斯塔纳峰会上批准了《2011—2016 年上合组织成员国禁毒战略》及其《落实行动计划》，明确各成员国在应对阿富汗毒品威胁、禁毒预防教育、戒毒康复、国际合作等领域的相关措施及落实机制，为成员国禁毒合作指明了方向。

2012 年 4 月 2 日，“上海合作组织”成员国禁毒部门领导人第三次会议在中国北京举行，各方在友好和建设性气氛中就国际和地区毒品形势、进一步完善三级禁毒合作机制、加强成员国禁毒领域务实合作、落实《2011—2016 年上合组织成员国禁毒战略》及其《落实行动计划》等问题进行了讨论，并就赋予上合组织常设机构禁毒协调职能问题交换了意见、达成了共识。

2013 年 4 月，我国公安部部长出席上合组织成员国禁毒部门领导人第四十二次会议，推动会议批准《〈2011—2016 年上合组织成员国禁毒战略落实行动计划〉2013—2014 年措施计划》，推动各领域禁毒合作务实开展，由此推动“上海合作组织”在禁毒合作方面进入机制化务实发展阶段，促进组织禁毒合作方面取得更加实质性的发展。

2018 年 5 月 17 日，上海合作组织成员国禁毒部门领导人第八次会议在天津举行。中国、印度、哈萨克斯坦、吉尔吉斯斯坦、巴基斯坦、俄罗斯、塔吉克斯坦、乌兹别克斯坦禁毒部门负责人及上合组织秘书长出席会议。上合组织是本地区禁毒合作的重要平台。多年来，各成员国注重完善机制，着力推动各领域禁毒合作；注重立场协调，坚定维护现行国际禁毒体制，反对毒品合法化；注重规划引领，确定了共同发展的任务目标；坚持执法先行，推动各国打击跨国毒品犯罪效能进一步增强；注重能力建设，加强工作往来和经验交流，提供禁毒培训和技术设备支持，成员国禁毒执法能力水平进一步提高。当前，国际和地区毒品形势依然严峻复杂。上合组织是我们的共同家园，中国政府始终高度重视上合组织框架下禁毒合作，将上合组织视为推动地区禁毒合作的重要平台。中国国家禁毒委员会副主任强调，中方愿与各方一道，发展“持续、稳定、互利、共赢”的禁毒合作关系，进一步丰富务实合作内涵，确保上合组织禁毒合作在新起点上取得新进展。中方愿与各方一道巩固禁毒合作成果，丰富务实合作内涵，为人类健康和各国人民创造更多福祉。各成员国应坚持互信共赢，坚定弘扬“上海精神”，引领国际禁毒政策走向，共同应对威胁挑战，合力治理毒品问题，建立更加紧密的禁毒合作关系。应坚持求同存异，建立起高效的禁毒协调机构。应坚持互利互惠，着力推进情报交流和联合执法，开展联合行动，强化易制毒化学品管控，加强减需、培训和技术交流，推进更加务实的禁毒合作措施。会议赞同各方商定的《上合组织预防麻醉药品和精神药品滥用构想》草案，支持按程序将其提交上合组织成员国元首理事会会议批准。

2022 年 4 月 20 日，上合组织成员国禁毒部门负责人第十二次会议以线上线下混合方式召开。会议听取了上合组织秘书处关于《〈2018—2023 年上合组织成员国禁毒战略落实行动计划〉2021—2023 年工作计划》落实情况及四个专家工作组开展工作情况通报，就成员国毒品形势及下步合作深入交换了意见。各方指出，合成毒品和新精神活性物质迅速蔓延、制毒化学品流入非法渠道严重威胁地区安全与稳定，强调成员国应共同努力，打击利用现代信息通讯技术和电子支付工具用于毒品走私和涉毒洗钱。各方重申，愿在联合国及其他禁毒平台框架下，继续推动共同禁毒立场及合作，维护和巩固现行国际禁毒体制。

（三）中国在金砖国家组织框架下的禁毒合作

禁毒合作是金砖国家组织框架下合作的重要组成部分。金砖国家禁毒合作机制建立于 2013 年，迄今已召开 6 届工作组会议，是中国、巴西、俄罗斯、印度、南非五国开展国际禁毒合作的重要多边平台。

2013 年 6 月 6 日金砖国家首次禁毒部门领导人会议在莫斯科举行。各方就金砖国家毒品形势，采取措施应对共同面临的毒品问题，推动金砖国家禁毒合作机制化发展等议题建设性交换了意见，达成广泛共识。与会各方指出，金砖五国在国际社会各领域均具有重要影响。解决好金砖国家的毒品问题，对推动解决全球毒品问题，维护金砖国家安全、稳定和发展具有重要意义。目前，中国与金砖国家其他成员的禁毒合作拥有坚实基础。中国与俄罗斯签署了政府间、部门间和边境地区禁毒合作协议，建立了部长级年度会晤机制，互派了联络官；与南非保持密切高层交往，多次成功开展毒品案件情报交流和个案合作；与印度多次联合侦办跨国制贩毒案件，共同打击邮政寄递渠道毒品走私；与巴西就南美可卡因贩运和国家禁毒政策协调等共同关心的问题广泛深入交换过意见。

2017 年 8 月 16 日，第三届金砖国家禁毒工作组会议在山东威海召开。会议秉承“深化金砖伙伴关系，开辟更加光明未来”的精神，交流了各自国家的毒情和禁毒工作情况，探讨了在禁毒情报交流、案件合作、易制毒化学品管制、新精神活性物质管制、人员培训和技术交流等方面开展合作的方式和内容，一致认为金砖国家在上述领域合作尚有很大潜力。中国愿继续与各国深化金砖框架下合作以及双边禁毒合作，在禁毒政策方面加强沟通协调，在打击毒品犯罪方面加大侦查合作力度，在减少需求方面开展经验交流，并愿在人员培训、毒检技术方面为各方提供协助，携手各方共同应对毒品问题的危害。会议原则通过了《金砖国家禁毒工作组工作规则》，这是金砖机制建立以来首个禁毒工作组工作规则。会议各方一致决定，加强金砖框架下和双边的禁毒合作，并就建立金砖禁毒工作组联络机制、情报交流和缉毒执法合作、国际禁毒政策协调、人员培训和经验交流等达成共识。

2022 年 4 月 26 日，第六届金砖国家禁毒工作组会议通过视频方式举行，中国作为今年金砖国家轮值主席国主办本次会议。各国分别介绍了本国毒情形势，重点交流了毒品治理经验，探讨了如何更好开展下步合作。与会各方一致表示，毒品问题给人类社会带来巨大挑战和威胁，任何一国都难以独善其身。金砖五国毒情是世界毒情的缩影，反映出当前国际毒品形势复杂多变，毒品问题不仅涉及减少供应和需求，还涉及科技、网络、金融、生物医药等多方面复杂因素，是跨学科跨领域的社会问题。各国只有秉持人类命运共同体理念，共筑全球安全体系，相互借鉴，加强合作，才能更好应对毒品问题，促进世界安危与共。各方一致同意进一步加强五国禁毒部门之间的沟通协作，及时分享情报信息，同时加强在执法侦查、减需交流、人员培训、毒检技术交流等多方面的合作，增进战略互信、凝聚合作共识，把金砖禁毒合作打造成国际禁毒合作的典范。

第十一章　禁毒组织法

禁毒组织法泛指各类禁毒组织开展具体禁毒工作的规范性文件的总和。由于禁毒组织性质不同、类型差异，禁毒组织法呈现不同形态特征，通过不同形式指引、规范着各类禁毒组织的禁毒活动，包括国家禁毒法律、国际禁毒公约、禁毒非政府组织的内部规章制度等。

第一节　禁毒组织及组织法概述

一、禁毒组织

（一）禁毒组织概念及特性

禁毒组织是指以禁毒为目标，依据一定的章程或法律法规而组建的系统或机构，在一定时期内根据特定规则和制度开展与禁毒相关的活动，如宣传、教育、打击毒品犯罪、毒瘾戒断等。

禁毒组织主要具有以下五个方面的特性：

1. 以禁毒为特定的组织目标。禁毒组织的目标往往明确而具体，表明其性质与功能，组织内部人员围绕禁毒这一特定目标形成从事共同活动的意愿。禁毒组织存在及开展具体活动的目标都是为实现“禁毒”这一社会功能，这是禁毒组织与其他社会组织的本质区别。

2. 有一定数量的固定成员。禁毒组织实质上是由人组成的机构。组织成员相对固定，成员明确地意识到自己属于某一禁毒组织。固定成员是禁毒组织存在的实体基础，也能保持组织在一定时期具有稳定性。

3. 制度化的组织结构。为了实现禁毒目标并提高活动效益，禁毒组织内部一般都具有制度化的职位分层与部门职责划分，以保证内部运作协调。

4. 普遍化的行动规范。禁毒组织依靠一定的制度或规则来组织开展工作，“有章可循”，以保证组织稳定、内部协调、活动开展、目标实现。禁毒组织行动规范一般以成文的形式出现，并作为组织成员进行活动的依据。组织行动规范是每个成员的行为守则，经常通过辅助的奖惩制度以制约组织成员的活动，维护组织活动的统一性。

5. 具有一定开放性。就每一个禁毒组织而言，它不仅自身要与周围环境进行物质、人员、信息的交换，而且还根据与其他组织的关系，组成不同的组织体系，在更大的范围内和更高的水平上与外界环境进行各种形式的交换。例如，中国国家禁毒委员会要与国际禁毒组织、其他国家禁毒行政组织、禁毒民间组织等外界组织保持交流与合作。

（二）禁毒组织的类型

根据组织成立的依据和资金来源，禁毒组织可分为禁毒行政组织和非政府禁毒组织。禁毒行政组织是指由一国政府依据国家的禁毒政策或法律法规而成立的机构，由国家行政力量作为支撑，享有一定的行政权力，并能支配一定的行政资源，如人员、经费、信息、技术等。如我国的国家禁毒委员会，依据 1990 年 11 月 3 日国务院第七十二次常务会议决定而成立，成员的职责则依据 2000 年 12 月由委员会制定、后经国务院批准的《国家禁毒委员会成员单位主要职责》这一文件来确定和履行。2008 年 6 月 1 日实施的《禁毒法》进一步明确了禁毒委员会的法定地位及法定职责。禁毒非政府组织是由民间力量募集资金自发成立、自主开展活动的禁毒组织。其经费靠募集，组织相对松散，职责分工不够明确，活动也较法定组织少，更多依赖于个人的能力。

根据组织开展活动的主要范围及影响区域，禁毒组织可分为国内禁毒组织和国际禁毒组织。国内禁毒组织如中国公安部禁毒局，负责统管中国国内的禁毒执法工作；国际禁毒组织如联合国麻醉品管制署，负责在国际范围内协调麻醉品管制活动。

（三）禁毒组织的社会功能

禁毒是一项长期、艰巨、复杂的社会系统工程，关系国家富强、民族振兴和社会安定，是各国政府义不容辞的责任，同时也关乎每个人的利益与安危。关于毒品及其危害，人类经历了从无知、无奈到抗争的过程，其间，人们开始了各种反毒、控毒、治毒的尝试，从依靠个人力量到民间自发组织，从统一的政府机构到专门而明确的禁毒职能部门，从单个国家政府到国际禁毒合作机构。通过这些实践，人们发现以组织的形式来开展禁毒，最为经济，也最能体现人类社会本质。

禁毒组织主要具有整合资源和优化协调两个方面的社会功能。

禁毒组织往往通过各种规章制度（包括成文的和不成文的）对组织成员进行召集和约束，使组织成员的活动互相配合、步调一致。通过资源整合，一方面可以使组织成员的活动由无序状态变为有序状态；另一方面，又可以把分散的个体粘合为一个新的强大集体，把有限的个体力量变为强大的集体合力，以对抗不断变化的毒品形势。

禁毒组织内部成员往往各具优势、不同组织也有不同的专长，通过组织的形式，依托规章制度保证内部成员分工协调，以提高活动效率；通过组织间合作，可以扩大禁毒活动的影响力和执行力。

二、禁毒组织法主要内容及形式

（一）禁毒组织法的主要内容

在复杂而艰巨的禁毒斗争中，要保证禁毒组织目标最终实现和任务有效开展，必须要有相应的规范体系来对其进行控制和指导，而这一系列的规范就是禁毒组织法。禁毒组织法主要包括规范组织的成立及预想目标、组织的内部结构及职能分工、组织的资金及运作、组织的发展与对外合作等系列规则。

1. 组织的成立依据及目标

禁毒组织依据一定的章程或理念（包括成文和不成文）而设立，并以实现特定目标为存在和开展活动的前提。

就禁毒行政组织而言，其成立往往依据国家的政策或法律法规，如美国白宫国家禁毒政策办公室，依据1988年美国《反毒品滥用法》而建立。该法案是白宫国家禁毒政策办公室取得合法开展全美国禁毒统领工作的依据，同时也规定了该办公室的职责与目标，即为美国全国禁毒工作制定政策、筛选优先措施和建立实施项目，最终减少毒品的非法使用、制造、贩运和与毒品有关的犯罪和暴力以及由毒品导致的不良结果。

一些民间禁毒机构往往是依据发起人的理念而设立，如中国最早的民间禁毒组织“理门”，其始创人为明末清初的传奇人物羊来如。此人极其反对烟酒，其成立的“理门”组织就是以推行禁戒烟酒为目的。在组织内部，教众相互劝诫，相互监督，形成了一个自觉抵制鸦片、烟酒的特殊社会群体。当时许多家庭为使其子弟远离鸦片而送其皈依“理门”，该组织在民间有着非常大的影响。

2. 组织的内部结构及职能

为保证禁毒组织内部协调一致，有序、有效地开展禁毒活动，需要有明确的分工和相应的职责作为管理依据，这些依据也是禁毒组织法的重要组成部分。如中国的《国家禁毒委员会成员单位主要职责》这一规范性文件就明确规定了国家禁毒委员会各成员单位的分工与职责。

3．组织的资金及运作

经费的合理收支是保证禁毒组织存在与发展的重要前提，需要有明确的规章制度来管理其资金募集、账目往来、投入流向、保值增值和产出效益等。如为充分发挥联合国禁毒基金会的公益作用，更好地募集、管理和使用基金，最大限度地服务和支持国际禁毒事业，根据国际有关规定和《联合国禁毒基金会章程》，联合国禁毒基金会制定了基金管理办法，对基金的募集和运作进行了详细规定。中国禁毒基金会也是如此。

4．组织的发展与对外合作

禁毒组织要在禁毒战争中保持生命力并不断完善，需要有保障其发展的制度，并把加大与外界力量合作作为一项制度。如中国《禁毒法》第五章，专门规定了国家禁毒委员会根据国务院授权，负责组织开展禁毒国际合作，履行国际禁毒公约义务。

（二）禁毒组织法的主要形式

禁毒组织法主要包括国际禁毒公约、国家禁毒法律（政策）、国际禁毒合作协议、禁毒非政府组织对该禁毒组织成立、目标、职能、经费、发展、合作等内容的规范性文件。

第二节　禁毒国际组织

由于国际麻醉品滥用和非法贩运形势日益恶化，为增强联合国在国际麻醉品管制领域的中心作用，提高效率，1990 年联合国大会决定将联合国原负责麻醉品工作的 3 个机构（联合国麻醉品司、国际麻醉品管制局秘书处和联合国麻醉品滥用管制基金）合并为一个统一的麻醉品管制机构，并于 1991 年 1 月根据联合国大会第 45 / 179 号决议正式成立了联合国国际麻醉品管制署（United Nations International Drug Control Programme，缩写 UNIDCP），简称“联合国禁毒署”。1997 年 11 月，联合国成立了联合国毒品控制和犯罪预防办公室（United Nations Office for Drug Control and Crime Prevention，缩写 ODCCP），禁毒署成为其主要组成部分。

一、联合国麻醉品委员会（Commission on Narcotic Drugs）

（一）基本情况

为更好地进行世界范围内的麻醉品研究与管制，联合国经济及社会理事会经

1946年决议成立麻醉品委员会，作为联合国麻醉品管制领域的决策机构。该委员会是联合国经社理事会八个职司委员会之一，前身为“鸦片和其他危险毒品贩运顾问委员会”。成员由经社理事会从联合国会员国、麻醉品公约缔约国、麻醉药品和精神药物的重要生产国和消费国中选出，同时注意地域均衡分配原则（非洲地区11个，亚洲地区11个，拉丁美洲和加勒比地区10个，东欧地区6个，西欧和其他地区14个，1个席位在亚洲、拉美和加勒比地区四年轮换一次）。现有成员53个，任期4年。委员会下设中近东麻醉品非法贩运和有关事务小组委员会和亚太地区、非洲地区、欧洲地区、拉丁美洲及加勒比地区四个地区性协调委员会。委员会每年召开一次届会。四个地区性委员会定期分别举行会议，审议本地区管制和禁止麻醉品滥用和非法贩运等问题。在闭会期间日常业务由设在维也纳的联合国国际麻醉品管制署（下详）负责处理。

自1991年起该委员会每年召开一次届会（原每两年召开一次届会，必要时可召开特别会议）。1997年11月，联合国成立了联合国毒品控制和犯罪预防办公室，该委员会成为办公室的一个组成部分。

（二）主要职能

麻醉品委员会是联合国系统内负责麻醉品管制问题的中心决策机构，主要职能包括：协助经社理事会制定有关政策和措施；根据国际禁毒公约的规定，管制非法使用和滥用麻醉品、精神药物及其前体，审议各缔约国落实国际禁毒公约情况；审议各国落实1998年禁毒特别联大《政治宣言》和2016年禁毒特别联大成果文件的情况等。依据联合国《61公约》《71公约》和《88公约》，麻醉品委员会有权对上述公约宗旨和目标有关的所有事项进行活动，这些事项具体包括：①根据缔约国按公约有关规定提供的有关在其领土上执行公约的情报，尤其是有关禁毒法律和法规的文本，以及毒品违法犯罪的新趋势、毒品来源、犯罪手段等重要情报，审查上述公约的实施情况；②在审查各缔约国提供情报的基础上，提出具体建议和一般性建议；③提请国际麻醉品管制局（下详）注意可能与该局职能有关的任何事项；④对麻醉品管制局根据公约提交其处理的任何事项，采取它认为适当的行动；⑤依照公约规定的程序修改有关公约的各项附表（附表中列有受管制的麻醉药品、精神药品及制毒化学物质名称），并提请非缔约国注意它根据有关公约通过的决议和建议，以其由非缔约国考虑按照这些决定和建议采取行动。

1991年联合国经社理事会通过决议，授予该委员会三项新职能：审议《全球行动纲领》的执行情况、审议《联合国系统麻醉品滥用管制行动计划》的发展和执行情况、向联合国国际麻醉品管制署提供政策指导并监督其活动。

（三）主要贡献

该委员会成立以来，已分别草拟并由联合国大会通过了《61公约》、《71公约》和《88公约》。之后又制定了“联合国系统麻醉品滥用管制行动计划”和“全球行动纲领”等文件，并督促各国政府贯彻执行。

（四）中国参与情况

1973年，中国派观察员出席了委员会第二十五届会议。1981年起，中国以观察员身份出席该委员会的历届会议和特别会议。1986年1月1日起，中国成为该委员会的成员国。

二、联合国国际麻醉品管制署（United Nations International Drug Control Programmer，UNIDCP）

（一）基本情况

由于国际麻醉品滥用和非法贩运形势日益恶化，为增强联合国在国际麻醉品管制领域的中心作用，提高效率，1990年联合国大会决定将联合国原负责麻醉品工作的3个机构（联合国麻醉品司、国际麻醉品管制局秘书处和联合国麻醉品滥用管制基金）合并为一个统一的麻醉品管制机构，并于1991年1月根据联合国大会第45/179号决议正式成立了联合国国际麻醉品管制署，简称“联合国禁毒署”，该机构以在国际范围内协调麻醉品管制活动为宗旨，其总部设在奥地利维也纳。1997年11月，联合国成立了联合国毒品控制和犯罪预防办公室（下详），禁毒署成为其主要组成部分。

（二）主要职能

禁毒署作为麻醉品委员会的秘书处和执行工具，履行现有国际药物管制协定以及联合国大会、经济及社会理事会和麻醉品委员会的授权所规定的职责，主要负责协调国际麻醉品管制活动，协助各成员国实施各项药品管制条约。承担与药物管制工作有关的各种工作，具体包括：①为麻委会的各附属机构服务，特别是近东和中东麻醉品非法贩运和有关事项小组委员会，亚洲及太平洋、非洲、欧洲以及拉丁美洲和加勒比各国禁毒执行机构负责官员区域会议；禁毒执法机构负责官员区域间会议；②提供法律援助，协助各国申请加入和实施联合国各项药物管制公约；③作为关于管制吸毒的材料、出版物和方案的交流中心，开展各种与禁毒相关的培训及普及专业知识，编写和分发禁毒执法培训手册和其他材料，开发各种培训方案并配合各国开展禁毒执法培训活动；向各机构提供出版物和宣传画，推动药物管制活动；④建立国际药物滥用状况评估制度；⑤为各国开展毒品鉴定、法医化验等提供信息及技术支持，并与世界各地的化验室网络进行协作；⑥编印载有研究结果的联合国定期出版物《麻醉药品简报》（每年两期）和概述毒品问题发展动态的双月刊《通讯》；定期修订出版《受国际管制的麻醉药品和精神药物多种语言字典》以及一系列工作手册，以协助药物管制领域的工作人员；⑦与联合国系统内的专门机构、各政府间组织和非政府组织以及其他机构进行协作。

三、联合国毒品控制和犯罪预防办公室（The United Nations Office on Drugs and Crimes，UNODC）

（一）基本情况

毒品是全人类共同的敌人，它不仅严重危害人类健康，而且直接导致和诱发各种犯罪。为遏制、减少直至最终消除毒品犯罪，1997 年 11 月，联合国成立了专门机构——毒品控制与犯罪预防办公室，该机构由联合国禁毒署和联合国预防犯罪中心合并而成，由毒品控制和犯罪预防办公室执行主任领导，直接向秘书长报告工作，是全球在打击非法毒品和国际犯罪方面的领导者，办公地点设在奥地利维也纳。

毒品控制和犯罪预防办公室还包括联合国麻醉品委员会、国际麻醉品管制局、联合国预防犯罪和刑事司法委员会等机构，下设 22 个地区办公室并在纽约和布鲁塞尔设有联络办公室。

（二）主要职能

毒品控制和犯罪预防办公室主要负责协助各成员国实施各项禁毒公约，履行联合国大会授权规定的职责。具体职责包括以下几个方面：①对各国禁毒工作进行指导，办公室主要负责审查各国的禁毒方案，收集、分析和散发减少非法需求方面的资料，审查和评价各国在取缔麻醉品滥用方面的方案，以及协调各国就这类活动所进行的努力。同时对各国政府的请求作出回应，要求各国主管部门尽可能广泛地实行取缔吸毒和非法贩运各方面问题的均衡战略，并将其付诸行动；②积极为附属机构服务，这些附属机构包括近东和中东麻醉品非法贩运和有关事项小组委员会，亚洲及太平洋、非洲、欧洲以及拉丁美洲和加勒比各国禁毒执行机构负责官员区域间会议，禁毒执法机构负责官员区域间会议等；③广泛开展禁毒宣传、教育、调研与培训工作；④促进立法，办公室除了为联合国起草立法方案外，还督促各国针对毒品犯罪的形势，采取必要的立法措施，加强禁毒缉毒工作；⑤监测与鉴定，办公室积极与世界各地的化验室开展协作，对特定化学品的管制及对麻醉品贩运监测提供技术支持，向各国化验室提供化验设备和化验标准指南，定期修订出版《受国际管制的麻醉药品和精神药物多种语言字典》以及一系列工作手册等。组织开展系列阻止易制毒化学品非法贸易专项行动；⑥替代与预防，针对传统种植毒品原植物的国家，如阿富汗、老挝等，开展技术扶贫项目。这些项目包括作物替代、乡村发展、禁毒执法、治疗和康复、公共教育以及立法和体制改革等范围广泛的活动。例如，2011 年 12 月 7 日，办公室召开阿富汗及周边 7 国部长级会议达成了《2011—2014 年区域计划》，以加强中亚和西亚地区各国打击跨境毒品犯罪的能力。办公室与工业发展组织共同在老挝的罂粟种植社区成功开展了生产替代项目，为鸦片成瘾者提供康复治疗，让他们参与创收活动，帮助其产品进入市场等。2012 年 3 月 19 日，办公室与工业发展组织再次签署协议，联手为依赖非法种植毒品作物的一些贫困农村社区提供资助。在玻利维亚、哥伦比亚、秘鲁等安第斯国家，办公室成功实施了以社会经济发展为导向的毒品管制。通过实施造林项目改善环境，使不少人凭借小额信贷创建自己的企业；⑦分析与评估，办公室建立了国际麻醉品滥用评估系统，对麻醉药品和精神药物的非法需求及需求上升的原因加以分析，提出必要措施。办公室在建立强大的数据库的同时，协助各国建立国内数据库。

（三）中国参与情况

长期以来，我国与该办公室一直保持良好合作关系，其执行主任多次访华。20 世纪 80 年代以来，其向我国提供了约 3000 万元人民币援助。我国与其在区域禁毒合作机制中合作较好，如东南亚次区域禁毒合作谅解备忘录，就是在该办公室的促进下而签订并执行的。

四、国际麻醉品管制局（International Narcotics Control Board，INCB）

（一）基本情况

国际麻醉品管制局根据《61 公约》于 1968 年建立，是独立的、半司法性质的国际麻醉品管制机关。其宗旨是促进履行联合国有关毒品公约，促使各国遵守各项条约的有关条款，并为缔约国在此方面的努力提供协助。

国际麻醉品管制局独立于各成员国政府及联合国，由 13 名经社会选出、以个人身份任职的专家组成，其中 3 名从世界卫生组织推荐的人选中选出，另 10 名从各成员国推荐的人选中选出。成员每任 5 年，可连选连任。每年至少召开两次常会（目前惯例为每年三次），每次会期 1~3 周。该机构秘书处现挂靠在联合国毒品和犯罪问题办公室（UNODC），负责闭会期间的日常事务。

（二）主要职能

依据相关禁毒公约规定，国际麻醉品管制局目标主要在于两方面，一是对于合法制造、贸易及销售的药品，确保其用途仅为医用和科学研究，并防止流入非法渠道；二是对于非法制造和贩运的毒品，找出国内、国际社会管制链中的薄弱环节，并寻求解决方法。具体职责主要包括以下四个方面：①与各国政府合作，根据相关公约规定，努力限制麻醉药品和精神药物的种植、生产、制造及使用，使其不超出医药及科学用途所需的适当数量；②要求特定或全体缔约国提供与公约宗旨相关的任何情报，如认为有必要，可以请有关缔约国采取公约规定的补救措施[①]。根据公约规定，各成员国应当定期向 INCB 报送统计表，由 INCB 进行汇总并研究国际禁毒趋势、在全球范围内对数据进行核实以便发现和阻止可疑的转让；③根据缔约国或该机构掌握的情报，确定及修订列入《88 公约》附表（第 I 和第 II 表格）中的物质（包括可被用于非法制造毒品的化学品前体），对需要作列入、删除、移换等变更的，应在全面考虑后做出决定性的科学评价，并提出适当监测措施的建议；④向联合国主管机关或专门机构建议对有关国家提供技术和财经援助。

此外，该机构还负责编制自己的年度工作报告书及必要的补充报告书，并经过麻委会提交联合国经社理事会，转送各缔约国，最后由联合国秘书长予以发表。

（三）工作机制

国际麻醉品管制局是独立于各成员国政府及联合国的机构，通过“与各国政府对话”来促进各国落实条约。这种对话通过定期寻求协商和通过对有关国家政府间访问来进行。

如果国际麻醉品管制局发现成员国有违反条约规定的情况，可要求有关方面做出解释，并向未充分适用条约的政府提出补救措施建议；若有关方面仍未采取必要措施，则可提请各有关方、麻委会和联合国经社理事会注意这一事项。作为最后手段，该机构有权建议当事方停止与违约国的药物进出口业务。

为打击毒品前体化学品的非法贩运，国际麻醉品管制局在 21 世纪初与有关

---

① 这些补救措施包括：防止公约附表所列化学物质被挪用于非法制造麻醉药品或精神药物；防止为非法生产或制造麻醉药品和精神药物而买卖或挪用材料与设备；确保合法出口的麻醉药品和精神药品单证齐全，所贴标签准确无误。

国家政府一道，发起了多项针对特定化学品的国际执法行动，并作为有关行动的国际联络点。这些行动的核心内容是各国共同对涉及相关敏感化学品的贸易进行层层审查，从而达到阻止有关化学品被出口用于生产毒品的目的。如：棱柱行动（Project Prism）[①]、紫色行动（Operation Purple）[②]、黄玉色行动（Operation Topaz）[③]。

（四）中国参与情况

中国专家曾多次担任 INCB 委员。2000 年至 2005 年我国国家药物信赖研究所主任郑继旺教授曾担任委员会专家。

五、其他禁毒国际组织

（一）联合国禁毒基金会（United Nations Drug Control Foundation，UNDCF）

联合国禁毒基金会是具有独立法人地位的国际性公募基金会，注册地是美国加利福尼亚州。宗旨是坚持以人为本、贯彻联合国禁毒方针，动员社会各界和广大人民群众参与禁毒斗争，面向国际募集和接受捐赠，支持联合国禁毒事业的发展，为禁毒事业做出贡献。具体而言主要包括以下三个方面：

1．推进以禁毒为主题的公益项目。基金会主要组织开展针对全社会，特别是青少年的禁毒宣传和预防教育活动，努力减少新吸毒人员的滋生。

2．有针对性地提供资助。资助范围包括：戒毒、戒毒康复人员的戒毒治疗、药物维持、康复训练、就业技能培训，以及涉毒人员子女教育等；重点戒毒场所戒毒治疗所需的医疗器材、药品及其他必需品；戒毒康复场所建设和人员培训；资助禁毒部门毒品检测试剂等实物，对吸毒、戒毒人员实行动态管控；对在禁毒工作中作出突出贡献者实施奖励，对在禁毒工作中牺牲、受伤的工作人员进行抚恤慰问。

3．与其他国际禁毒组织、非政府组织及禁毒社会团体开展交流与合作，为推进国际禁毒事业服务。

---

① 该行动是旨在防止苯丙胺类兴奋剂前体非法转移的国际行动。该行动的对象包括多种化学品，多采取在特定时限内针对特定化学品的行动方式。2004 年，该活动的重点包括监测黄樟脑的国际贸易；防止含有伪麻黄素的医药制剂的转移；以及查明非法制造 1- 苯基 -2- 丙酮的制药厂的地点。

② 该行动由 INCB 于 1999 年与有关国家政府共同发起，是旨在打击高锰酸钾非法贩运的国际行动。高锰酸钾是用于可卡因非法制造的重要化学品。

③ 该行动由 INCB 于 2001 年与有关国家政府共同发起，是旨在打击醋酸酐非法贩运的国际行动。醋酸酐是一种用于海洛因非法制造的关键化学品。目前，该行动共有 46 个国家或地区参加。

（二）世界卫生组织（World Health Organization，WHO）

世界卫生组织（简称世卫组织），是联合国下属的专门机构，国际最大的公共卫生组织，总部设于瑞士日内瓦。世界卫生组织的宗旨是使全世界人民获得尽可能高水平的健康。由于毒品严重危害人类健康，因而WHO十分注重在国际禁毒领域发挥自己的职能作用，在此方面，其主要活动包括：根据授权限定可以合法生产、出口麻醉药品的国家；根据其对麻醉药品、精神药物的研究和评断，向麻管局提出修订有关麻醉药品和精神药物的国际公约附表的建议；提出并组织实施滥用麻醉药品和精神药物的国际计划。

（三）国际刑事警察组织（International Criminal Police Organization，INTERPOL）

国际刑事警察组织成立于1923年，最初名为国际刑警委员会，总部设在奥地利首都维也纳，是全球最大的警察组织，包括184个成员国。其宗旨是保证和促进各成员国刑事警察部门在预防和打击刑事犯罪方面的合作。主要任务包括：汇集、审核国际犯罪资料，研究犯罪对策；负责同成员国之间的情报交换；搜集各种刑事犯罪案件及犯罪指纹、照片、档案；通报重要案犯线索、通缉追捕重要罪犯和引渡重要犯罪分子；编写有关刑事犯罪方面的资料等。当前，毒品犯罪几乎渗透到世界所有角落，跨国毒品交易猖獗，仅靠单一国家的力量很难打击国际毒品犯罪集团，国际刑事警察组织的职能范围包括调查跨国毒品交易犯罪，协助成员国打击犯罪。根据《88公约》的有关规定，国际刑事警察组织可以根据缔约国的要求，传递有关国际毒品犯罪的情报和联系国际缉毒刑事法律协助事宜。

第三节　禁毒行政组织

一、中国主要禁毒行政组织

（一）国家禁毒委员会

我国禁毒工作实行政府统一领导，有关部门各负其责，社会广泛参与的工作机制。

1990年，中国政府成立多部门组成的国家禁毒委员会。委员会成员单位由外交部、公安部、最高人民法院、最高人民检察院、司法部、民政部、教育部等23个部委组成，后增至40个部委。国家禁毒委员会是我国最高的禁毒领导机构，负责研究制定禁毒方面的重要政策和措施，协调有关重大问题，统一领导全国的禁毒工作，负责禁毒国际合作。委员会主任由国务委员、公安部部长担任，办公室设在公安部禁毒局。

根据禁毒法规定，县级以上地方各级人民政府根据禁毒工作的需要，可以设立禁毒委员会，负责组织、协调、指导本行政区域内的禁毒工作。目前，全国31个省、自治区、直辖市和市（州）、县（市、区）政府都建立了相应的禁毒领导机构，

禁毒委员会是各级党委、政府禁毒工作的专门领导机构，它担负着打击毒品犯罪、严格执行禁毒法律法规、禁毒行政管理、禁毒宣传教育等涉及各个行业部门的统筹协调工作，保障各项禁毒工作协调有序，富有成效地进行，研究制定开展和加强禁毒工作的重要政策、意见及措施，组织协调禁毒工作重大行动的开展，重要举措的落实。了解各地毒情基本情况、特点和规律。禁毒委员会的成员包括公安、检察、法院、司法、海关、卫健、食药监、市场监督、宣传、民政、财政、农林业、文化、教体、工青妇等机关部门组织。

禁毒委员会设禁毒委员会主任一名，一般由各级人民政府分管禁毒工作的副省长、公安厅长担任。设副主任若干人，多由宣传部、法院、检察院、卫健委、教育厅局负责人出任。禁毒委员会下设办公室，多数设在公安局禁毒部门，也有设在党委政法委或政府内，作为禁毒委员会的日常办事机构和依托，负责禁毒委员会日常管理工作和文件政策起草工作。

禁毒委员会自成立以来，在党委和各级政府的领导下，统一领导、协调部署对毒品违法犯罪的打击、预防教育、戒断治疗和社会回归等工作，确定禁毒斗争的方针、目标，开展大量卓有成效的工作，对集中全社会各行业、部门团体、组织和人民群众的力量，遏制走私、运输、贩卖、制造和吸食毒品等违法犯罪活动在我国的迅速蔓延发挥了积极作用。

（二）公安禁毒机构

1998年，国务院批准公安部成立禁毒局，该局同时作为国家禁毒委员会的日常办事机构。主要负责以下几个方面的具体工作：掌握毒品违法犯罪动态，研究制定预防、打击对策；组织、指导、监督毒品犯罪案件的侦查工作，毒品预防教育、禁吸戒毒、禁种铲毒工作，麻醉药品、精神药物安全管理和易制毒化学品管制等工作，以及因毒品犯罪被判处有期徒刑在被交付执行前剩余刑期在1年以下的和被判处拘役的罪犯的监管改造工作；履行国际禁毒公约义务，统一协调禁毒国际合作。

1982年云南省成立新中国成立以来第一支缉毒专业队伍，成立了云南省公

安厅缉毒处。后续全国各级公安机关，也根据当地实际情况成立专门的禁毒专业部门，目前，全国31个省、自治区、直辖市及其所辖的199个市（州）、771个县（市、区）的公安机关组建了禁毒专业队伍。

（三）其他主要行政职能部门

根据国务院批准的《国家禁毒委员会成员单位主要职责》（国办发〔2001〕4号），除公安部外，其他成员单位，如宣传部、卫生部、海关、外交部、教育部、安全部、民政部、文化部、国家广电总局等都承担着具体的禁毒职责：

公安部：掌握毒品违法犯罪动态，研究制定预防、打击对策；组织、指导、监督毒品犯罪案件的侦查工作，毒品预防教育、禁吸戒毒、禁种铲毒工作，麻醉药品、精神药物安全管理和易制毒化学品管制等工作，以及因毒品犯罪被判处有期徒刑在被交付执行前剩余刑期在一年以下的和被判处拘役的罪犯的监管改造工作；履行国际禁毒公约义务，统一协调禁毒国际合作。

中央宣传部：宣传党中央、国务院及国家禁毒委员会有关禁毒工作的部署和指示精神；参与制定禁毒宣传工作的方针、政策和规划组织、指导、协调新闻单位宣传国家禁毒法律、法规、方针、政策、禁毒知识和禁毒斗争的成果、经验、先进典型及重大活动。

卫生部（现卫健委）：监督地方各级卫生行政部门对戒毒医疗机构的设置审批工作，组织协调地方各级卫生行政部门取缔非法设立的戒毒医疗机构；制定戒毒治疗的规章制度和工作规范；对戒毒所、戒毒医疗机构从事医疗和护理工作的人员进行资格认证；贯彻“预防为主”的方针，积极开展健康教育工作，对经吸毒引起的传染性疾病依法进行监督管理，并对治疗工作提供业务指导和技术服务；加强对医疗机构内部麻醉药品和精神药物的管理并规范使用，加强处方管理；指导戒毒治疗科研工作，鼓励积极探索新的临床戒毒治疗方法；配合公安机关和司法行政机关开展强制戒毒和劳教戒毒工作。

海关总署：依照有关法律、法规，在海关监管区内和沿边沿海规定地区开展禁毒执法工作，严厉打击走私毒品和易制毒化学品违法犯罪活动；依照有关规定，加强对易制毒化学品和麻醉药品、精神药物进出口的监督，防止流入非法渠道。

最高人民法院：监督地方各级人民法院和专门人民法院对毒品犯罪案件的审判工作。对地方各级人民法院和专门人民法院已经发生法律效力的判决和裁定，发现确有错误的，进行提审或者指令下级人民法院再审。直接审理最高人民法院认为应当由本院审理的第一审毒品犯罪案件；各高级人民法院、解放军军事法院作出一审判决，被告人提出上诉或人民检察院按照二审程序提出抗诉的毒品犯罪案件；最高人民检察院按照审判监督程序提出抗诉的毒品犯罪案件。复核未经授权的各高级人民法院、解放军军事法院审理的毒品死刑案件，以及虽经授权但人民检察院提出抗诉，高级人民法院按照第二审程序改判死刑的毒品犯罪案件；《刑法》第 63 条第 2 款规定的在法定刑以下判处刑罚的毒品犯罪案件；《刑法》第 81 条第 1 款规定的特殊情况的毒品假释案件。对毒品犯罪案件审判中出现的具体法律问题作出司法解释。对地方各级人民法院的毒品犯罪案件审判工作进行检查和指导。对地方各级人民法院同与我国签订司法协助条约的国家法院之间相互请求代为一定诉讼行为事宜进行审查。

最高人民检察院：协调检察机关与有关部门和单位在禁毒工作中的关系；领导、监督地方各级人民检察院对毒品犯罪案件的审查批准逮捕、审查起诉和抗诉工作，以及对毒品犯罪案件涉及的国家机关工作人员利用职权实施犯罪的立案侦查工作；依据审判监督程序，对各级人民法院对于毒品案件生效的判决、裁定提出抗诉；领导地方各级人民检察院依法对毒品犯罪案件的立案、侦查、审判和刑罚执行活动进行监督；组织、指导全国检察机关的禁毒专业培训，提高禁毒执法水平。

教育部：制定教育系统开展禁毒教育工作的政策、规划，将禁毒教育作为大、中、小学德育和安全教育的一项重要内容，纳入学校日常教育工作；加强对学校禁毒工作的组织领导，制定有关学校防毒、禁毒的制度和措施，明确校长是第一责任人，把学校无吸毒、贩毒现象作为学校德育和安全教育的一项基本目标；加强对大、中、小学生的法治教育和禁毒教育，提高其防毒、禁毒意识；配合有关部门开展对全社会的禁毒宣传教育工作。

民政部：加强基层政权和社区建设工作，促进禁毒、戒毒政策的落实；救济符合社会救济条件、家庭人均收入低于当地最低生活保障标准的戒毒人员及其家属；加强对禁毒社团的管理，支持其依法开展工作；做好对禁毒英烈的抚恤工作；协助公安机关对被收容人员进行禁毒、戒毒宣传教育，并对其中的吸毒、贩毒人员做好审查、移交工作。

司法部：开展禁毒法制宣传教育，并将其纳入普法教育规划；依法开展强制隔离戒毒工作，积极做好强制戒毒、治疗康复和矫治恶习工作，努力降低复吸率；负责对在监狱服刑的涉毒罪犯的关押改造工作，依法执行刑罚，做好教育改造工作，不断提高改造质量，努力减少重新犯罪。

财政部：根据禁毒实际情况和工作任务，对禁毒、戒毒等所需要费用，在财力上给予必要的支持；认真贯彻落实“收支两条线”规定，做好对缉毒缴获的毒资、非法收益和罚没财物的管理工作；研究制定禁毒经费管理制度，加强对禁毒经费的管理和监督，提高资金使用效益。

农业部（现农业农村部）：根据有关规定，确定麻醉药品原植物的种植单位，会同有关部门下达当年国家指令性生产计划；负责种植单位生产和加工的组织、管理及生产基地建设规划；协调主、副产品价格和供销事宜，协助做好生产、加工和收贮环节的安全监管工作；负责麻醉药品原植物种子选育、引进、审定、应用管理，承担麻醉药品原植物种质资源收集、保存和鉴定工作。协助有关部门指导麻醉药品原植物的禁种和铲除工作；会同有关部门指导利用境外农作物替代罂粟种植工作和境内大麻改植工作，不断提高替代和改植技术；会同有关部门制定兽用麻醉药品的供应和使用管理办法。

对外贸易经济合作部（现商务部）：协调有关部门制定和修改易制毒化学品进出口管理政策，建立和完善管理机制，强化易制毒化学品进出口管理，在维护合法贸易正常开展的前提下，防止易制毒化学品通过非法贸易流入国内外制毒渠道；检查、监督、指导地方各级外经贸行政管理部门和中央企业贯彻执行易制毒化学品进出口管理规定，督促其做好对本地区或本系统进出口企业进出口易制毒化学品的初审工作；负责对各类进出口企业进出口易制毒化学品进行审批，签发进出口许可证；加强国际合作和部门协调，按照国际禁毒公约有关规定和国家禁毒委员会的要求，配合国家禁毒委员会办公室，对重要、敏感的易制毒化学品强化管制力度，开展国际核查，避免流入非法渠道；了解掌握外经贸领域禁毒工作的情况，及时向有关部门反映并会同有关部门适时调整有关政策和管理办法。

文化部（现文化和旅游部）：发挥文艺团体及各级群众艺术馆、文化馆（站）的作用，运用各种艺术形式宣传国家禁毒法律、法规和方针、政策；支持、鼓励文艺工作者通过艺术创作反映禁毒斗争中涌现出的英雄事迹，揭露国内外毒品犯罪分子的罪恶，揭示毒品对人类生命、社会秩序、家庭和个人幸福的严重危害性；按照国家禁毒委员会的部署，协助有关部门和单位做好重大宣传文艺活动的组织工作；配合公安机关加强娱乐场所的管理。

国家药品监督管理局：履行麻醉品管制国际公约义务，负责麻醉药品、精神药物的监督管理工作；负责戒毒药品的监督管理工作；负责麻黄素的生产、销售管理工作；负责全国药物滥用监测工作，定期向国家禁毒委员会报告全国药物滥用监测情况；负责组织审核戒毒治疗方案及康复模式的研究工作；负责组织麻醉品专家委员会对全国戒毒工作提供咨询意见；配合有关部门管理戒毒医疗机构，开展药物滥用社区防治和预防教育工作。

此外，发改委、国家广播电影电视总局、市场监督管理局、全国总工会、共青团中央、全国妇联、解放军等也承担相应的禁毒工作任务，体现了我国禁毒工作预防为主、综合治理、四禁并举的工作方针。

（四）介于行政组织与非政府组织之间的禁毒机构——中国禁毒基金会（China Narcotics Control Foundation，CNCF）

中国禁毒基金会成立于1999年4月，是具有独立法人地位的全国性非营利社会团体，属于全国性公募基金会，面向公众募捐。其宗旨是坚持以人为本，贯彻国家禁毒方针，动员社会各界和广大人民群众参与禁毒斗争，面向中国境内外募集和接受捐赠，支持中国禁毒事业的发展，为构建社会主义和谐社会做出贡献。

基金会的主要业务包括：面向境内外开展符合该基金会宗旨的募捐活动；协助、资助禁毒宣传教育、戒毒康复、禁毒执法、禁毒管理、禁毒国际合作等工作；开展禁毒工作专题调研和基础理论研究；奖励为禁毒事业做出突出贡献的集体和个人，抚恤禁毒斗争中牺牲和受伤的有功人员；开展国际民间禁毒交流和友好往来。

从工作内容来看，基金会并不具备行政职能部门的权限，从其登记注册的性质来看也属于社会团体，但其原始基金数额为人民币5000万元，来源于国家财政拨款，并且其业务主管单位是中华人民共和国公安部，从原始资金来源到主管单位，均带有行政机关的性质，其高层领导和管理人员也都是国家行政部门的官员，因而该机构还是带有一定的“行政基因”，所以其最后一项职责是“依照国家有关政策及国家禁毒委员会、公安部有关要求开展其他活动。”

二、世界其他主要国家的禁毒行政组织

（一）美国的禁毒行政组织

美国禁毒工作由联邦政府和各州地方政府共同完成，其全国禁毒工作的中枢智囊是“白宫国家禁毒政策办公室”（The White House Office of National Drug Control Policy，ONDCP），它是美国总统的执行办公室之一，依据1988年美国《反毒品滥用法》建立。该办公室的主要职能是为美国全国禁毒工作制定政策、筛选优先措施和建立实施项目，最终目的是减少毒品的非法使用、制造、贩运和与毒品有关的犯罪和暴力以及由毒品导致的不良结果。

美国联邦毒品管制局（DEA），根据1973年美国总统发布的执法命令而成立，取代了之前的麻醉品和危险品局，作为美国开展禁毒工作的实体行政机构，负责具体的禁毒执法工作。

（二）英国的禁毒行政组织

1971年英国依据《毒品滥用法令》（Misuse of Drug Act），建立了毒品滥用

问题顾问委员会（The Advisory Council on the Misuse of Drug，ACMD），负责考察英国的毒品滥用情况及由此引发的社会问题，并提出解决方案，并接受个人或政府大臣有关毒品问题的咨询；规定管制药品的定义和分类，限制此类物质的生产、供应及持有；对违规者制定相应的处罚措施。

由英国政府内阁负责开展禁毒实际工作，内政、教育和卫生医疗三个部门的官员有责任共同治理毒品问题。三个部门各负其责，协同工作，各自以自己的名义或者以英国政府的名义制定政策和发布消息。三个部门分别管理自己所管辖的下级部门，既联合又独立。其中，内政部负责戒毒与社会安全方面有关的领导和管理；教育部负责对在校学生提供禁毒教育与宣传工作；卫生医疗部门负责通过规范和提高医疗服务（以医院为基础的毒瘾治疗）来帮助上瘾的“病人”“治疗”毒瘾。1997 年，工党持政，设立了毒品滥用问题内阁下属委员会（The Cabinet Sub-Committee on the Drug Misuse），负责协调全国禁毒政策，同时还任命全国的禁毒协调员（Anti-Drug Coordinator），代表内政大臣们负责领导日常的禁毒工作，集中贯彻和完善政府的禁毒政策，将内阁各部门的政策统一成整个国家的政策，由禁毒战略指导小组辅助禁毒协调员开展工作。由于禁毒协调员在禁毒方面拥有最高的政策执行权，具有重要地位，因此又被称为“禁毒沙皇”（Drug Czar）。

此外，英国各地政府还设立有禁毒行动队（Drug Action Teams），负责地方各种禁毒力量的合作，执行中央制定的禁毒政策使其适用于地方，并确保这些政策能转化为具体行动。

第四节　禁毒非政府组织

一、非政府组织概念

非政府组织（Non-Governmental Organization，NGO）本意指不由政府成立、管理、出资的组织，一般仅限于非商业化、合法的、与社会文化和环境相关的倡导群体。NGO 通常是非营利组织，不以追求经济利益为目标。非政府组织存在的主要意义在于用第三方角色去完成社会使命，并以第三方身份监督和促进政府更好地为公民服务。

NGO 具有志愿性、自治性和公益性。NGO 的原动力是志愿精神。其实质是人们基于一定的公共意识、关怀意识（利他精神，以及可能基于某种神圣启示）、责任意识、参与意识、合作意识和奉献精神——当然还有一定的个人偏好（自由、自愿、追求生命的意义和价值）基础之上的自觉努力。NGO 的志愿性在于它的主要推动者和一般性的参与者和支持者从本质上是来说都是不求物质回报的，在一切资源动员上也基本是志愿的，这也正是 NGO 独特生命力和独特价值所在。

NGO 的志愿本质决定了它在组织上的自治性，成员间（推动者、参与者、支持者）的关系基本是平等和相互信任的，它的体系基本是开放的，运作需要坚持公开、透明和规范原则，同时还需要保持高效与创新。

NGO 的活动目标在于实现特定的公共利益，如国际红十字会就以保护人的生命和健康、促进人类和平进步事业为宗旨。

虽然 NGO 常常与联合国或由联合国指派的权威机构相关，但它不仅是指联合国体系所认定和接纳的民间组织，还包括其他各种民间组织，特别是在国际场所活动以及有较多国际联系的民间组织，即国际非政府组织（international NGO，INGO），其成员不是国家，而是个人、社会团体或其他民间机构。国际非政府间组织不由各国政府派官方代表组成，而是由宗教、科学、文化、慈善事业、技术或经济等方面的民间团体组成。

需要注意的是，“非政府”并不是“无政府”，很多 NGO 组织都与政府部门密切合作，通过合作获取相互支撑，共同努力、更加有效开展特定社会工作。

二、禁毒非政府组织的意义及优势

禁毒工作是一项复杂、庞大的社会系统工程，国家行政职能部门受到限权、资金、技术等多方面的限制，不能深入到禁毒工程的方方面面。面对艰巨的禁毒形势，当今世界各国无法仅依靠政府的努力而取得禁毒战争最终成功。因此，必须通过全社会、多方面力量的集合，强调各种团体的广泛参与，才能突破禁毒工作中的重重困难，实现改善社会福利、提升帮扶对象生存质量及改善工作人员精神层面几方面的共赢。在从事禁毒工作方面，NGO 主要具有以下几个方面的优势：

（一）组织灵活，反应迅速

禁毒非政府组织往往机构简明，工作队伍精干，内部分工明确，常由专门的项目负责人完成召集、策划、行动、总结、推广等事务，不需要繁琐地层层汇报、审批手续，能够及时调整行动和方案，适应能力强，因此能够及时介入需要开展的社会禁毒工作。

（二）自愿参与，积极性高

参与禁毒非政府组织工作的人员，大多是出于自愿、奉献精神，不计较个人物质报酬，能够全身心地投入所从事的工作，自觉、自愿、自主地开展工作，可以保证高效工作。

（三）专业合作，服务高效

参与禁毒非政府组织的人员要么拥有特定的专业背景，如医学、社会学、法学等，要么拥有特殊优势，如时间充裕、经验丰富、扎根基层等，他们能把自己掌握的资源投入到禁毒工作中，提供政府机构做不到、做不细的服务或帮助，让更多的人受益。

三、禁毒非政府组织典型案例

（一）云南德宏二坤妇女禁毒联防队

二坤妇女禁毒联防队由景颇族妇女金木布发起，于2000年8月8日成立，成立时共有62人，其中女性45名，任务是避免已经戒断毒瘾的人回到家中后又继续吸毒。联防队拟定了《二坤禁毒公约》和《联防队职责》。由二坤64户户主在《治安管理实施承诺书》上签字。倡导人金木布被村民推选为队长，她把联防队成员分作三组，分别推选出小组长轮流在寨子里巡逻，一旦发现吸毒者，由联防队将其送入县戒毒所实行强制戒毒；对可疑人员实行搜查，抓到贩毒者，交付公安机关；对违反《二坤禁毒公约》的人员，按公约进行相应罚款。还负责对康复人员和“两劳”释放人员的监测、帮教，开展交心谈心活动，利用科学指导发展生产生活。目的在于随时监督、教育和帮助本小组吸毒人员彻底戒除毒瘾。

由于二坤妇女禁毒联防队的成绩斐然，作为德宏禁毒的模式之一，得到了国家、省、州、县各级政府的表彰与支持。

（二）四川省凉山彝族自治州“昭觉县竹核尔古民间禁毒协会”

昭觉县竹核尔古民间禁毒协会于2001年成立，是由专家学者指导、彝族乡村民众自发组织起来、以毒品预防控制为目标的民间组织。该协会成立以来开展的活动包括：依据彝族习惯法制定乡规民约，成立守村护寨的“禁毒巡逻队”，打击贩毒活动；挖掘民族民间文化艺术资源，组织少年儿童成立“文艺宣传队”，在各村寨巡回开展禁毒宣传演出活动；建立“社区艾滋病宣传活动室”，在每个赶集日放映艾滋病宣传教育片；翻译制作彝文的艾滋病预防教育材料，培训乡村义务宣讲员开展入户宣传；组织吸毒人员学习班，在社区内集中戒毒；对生活困难的吸毒人员和艾滋病感染者或病人及其家庭给予关心帮助，保证他们在社区内能够正常稳定地生活。

在该协会的影响下，民间还有许多自发行动。有一些彝族的家族召开“家支大会”，举行禁毒仪式，在彝族乡村陆续出现了各种自编的禁毒歌曲。竹核乡其他村寨也自发成立了民间禁毒协会。在社区内发现吸毒贩毒者，都会有人通知禁毒协会没收其毒品。这种组织使吸毒贩毒行为得到遏制，从而为社区青少年创造了一个良好的社会环境。在 2001 年以前，凉山州昭觉县大约有 50%~60% 的家庭涉毒，自当地成立民间禁毒协会后，情况有了明显好转，到 2004 年，涉毒家庭的比例降到 5% 以下。[①]

（三）上海市自强社会服务总社

上海市自强社会服务总社是一家非营利性社会组织，业务工作隶属于上海市禁毒委员会办公室，主要从事社区吸（戒）毒人员帮教服务工作。按照“政府主导推动、社团自主运作、社会多方参与”的总体思路，于 2003 年 12 月注册成立，通过政府购买服务的方式为上海社区药物滥用人员提供综合社会服务。提倡“关爱、乐助、自强”的价值观。对药物滥用人员关怀与接纳，将帮扶对象当作是一位在前行道路中摔倒而需要伴他同行的人，对其身心开展全面关怀。同时呼吁社会接纳药物滥用人员，并为构建无毒社区而努力。自强社会服务总社运用助人自助的理念和社会工作的专业方法为上海社区药物滥用人员提供以康复辅导服务为主的社会服务，同时提供以预防药物滥用为主的多元社会服务。该机构的核心工作包括：预防教育、提前介入、社区康复、家庭为本服务、同伴互助辅导、就业基地建设、专业支持小组、美沙酮社区维持治疗和爱心支教等。

“心荷同伴教育小组”是上海市自强社会服务总社的实体运作项目之一，充分运用小组社会工作的理念与方法，将小组社会工作的历程融入同伴教育中。由一位专业社会工作者带领 20 位女子强制隔离戒毒所内的戒毒者组成小组，侧重于信息分享、态度讨论、情感交流和技能培训。其中，社会工作者的角色是一个组织者、引领者和协调者，组织小组，引出话题，启发讨论。另外还有 10 位成功戒毒 3 年以上的禁毒志愿者作为同伴辅导参与团体。这些同伴辅导员经过事先的培训，在小组中与小组成员分享他们的情感、经历，并传播一定的戒毒知识和技能。

“心荷同伴教育小组”先后共开展了 17 次活动，每次一个主题，包括：“善于情绪引线”、“战胜不良思维”、“建立正向心态”、“学习戒毒新方法”到“重建生命的思考”、“为了明天，我们承诺”、“妈妈，我想对你说”等，通过一次

① 此数据来源于中央民族大学西部发展研究中心侯远高教授在四川凉山彝族自治州田野调查报告。

次的小组活动引发成员互动，再通过成员间相互分享与学习，从认知、情绪、行为三个层面逐渐帮助成员正视自己的过去，重建生命的意义，重构自己的认知。

（四）香港圣史蒂芬协会

圣史蒂芬协会在香港创办30多年，以帮助绝望的贫困吸毒者戒毒而出名。以模拟“家庭模式”帮助吸毒者戒毒。每一个新加入“家庭”的毒瘾患者，都被看作是新来的孩子。在起初的10天里，他们会受到24小时的陪护。在此期间，吃、喝都可以满足，累了还可以享受按摩，但不会得到药品。10天以后，会培养他们自己生活，包括自己清洗衣物、早起，慢慢建立起良好的生活习惯。该协会得到香港政府和一些企业的大力支持，由政府提供专门场地作为该协会帮助穷困毒瘾患者的场所；一些酒店则会为协会提供食品等帮助。

参 考 文 献

一、专著类

[1]莫关耀.毒品犯罪与戒毒矫治实证研究[M].北京：中国人民公安大学出版社，2022.

[2]莫关耀.苏城善治：苏州市禁毒社会治理创新实践研究[M].北京：中国人民公安大学出版社，2021.

[3]莫关耀.问道：毒品问题治理之地方路径—佛山创建全国禁毒示范城市的理论指引和实践创新[M].北京：中国人民公安大学出版社、群众出版社，2019.

[4]莫关耀.倾诉与呼唤——毒品滥用元叙事[M].北京：中国人民公安大学出版社、群众出版社，2019.

[5]莫关耀.毒品滥用与治理实证研究[M].北京：中国人民公安大学出版社、群众出版社，2018.

[6]莫关耀总主编.青少年毒品预防专题教育读本[M](大学、高中、中职、初中、小学系列).中国人民公安大学出版社，2018.

[7]莫关耀.禁毒社会工作[M].中国人民公安大学出版社，2017.

[8]莫关耀.戒毒条例释义[M].北京：中国人民公安大学出版社，2011.

[9]于燕京，张义荣，莫关耀.禁毒学[M].北京：群众出版社，2005.

[10]金伟峰.禁毒法律制度研究[M].上海：上海社会科学院出版社，2016.

[11]张勇安.变动社会中的政策选择：美国大麻政策研究[M].上海：东方出版中心，2009.

[12]赵秉志，于志刚.毒品犯罪[M].北京：中国人民公安大学出版社，2003.

[13]姚志辉，薛乐.禁毒大视角——中国禁毒历史概况[M].北京：中国人民公安大学出版社，2004.

[14]苏智良.中国毒品史[M].上海：上海人民出版社，1997.

[15]杨鸿.毒品犯罪研究[M].广州：广东人民出版社，2002.

[16]陈征楠，朱志昊.法学研究方法[M].北京：法律出版社，2007.

［17］朱景文．法理学研究［M］．北京：中国人民大学出版社，2006.

［18］黄开诚、李德．禁毒法［M］．北京：清华大学出版社，2018.

［19］齐霁．中国共产党禁毒史（修订版）［M］．上海：上海社会科学院出版社，2017.

［20］胡金野，齐磊．中国禁毒史（修订版）［M］．上海：上海社会科学院出版社，2017.

［21］齐磊，胡金野．中国共产党禁烟禁毒史资料（第一、二、三卷）［M］．上海：上海社会科学院出版社，2020.

［22］褚宸舸．中国禁毒法治论［M］．北京：中国民主法制出版社，2016.

［23］黄太云．中华人民共和国禁毒法解读［M］．北京：中国法制出版社，2008.

［24］国家禁毒委员会办公室，公安部禁毒局．禁毒法律法规政策业务工作规范汇编（第一辑）［M］．北京：中国人民公安大学出版社，2002.

［25］中华人民共和国公安部外事局，公安部科学技术信息研究所．国内外禁毒立法纵观［M］．北京：群众出版社，1997.

［26］赵长青，苏智良．禁毒全书（上下册）［M］．北京：中国民主法制出版社，1998.

［27］莫关耀．毒品犯罪案件侦查教程（十一五"国家级规划教材）．［M］北京：中国人民公安大学出版社，2009.

［28］莫关耀．毒品犯罪案件侦查教程［M］．北京：中国人民公安大学出版社，2000.

［29］张义荣．禁毒学［M］．北京：中国人民公安大学出版社，2007.

二、论文类

［1］莫关耀．调整云南禁毒战略措施的思考［J］．云南大学学报（法学版），2011（9）．

［2］莫关耀．《禁毒法》实施以来戒毒工作面临的境遇［J］．昆明理工大学学报（社会科学版），2010（6）．

［3］莫关耀．对我国戒毒立法的思考［J］．云南警官学院学报，2009（3）．

［4］莫关耀．论毒品犯罪主观明知认定中的推定［J］．云南警官学院学报，2008（3）．

［5］翟帆．《哈里森毒品法》与美国社会的毒品问题［J］. 鞍山师范学院学报，2000（6）．

［6］张勇安．20 世纪毒品政策史的多视角解读——读《美国的痼疾：麻醉品

管制的源起》[J].美国研究，2004（4）.

[7] 张勇安.荷兰禁毒政策的源起与流变——以“咖啡馆体制”为中心[J].欧洲研究，2006（2）.

[8] 王磊.当代英国禁毒政策探析[J].欧洲研究，2004（5）.

[9] 郭跃.葡萄牙对吸毒人员非罪化的政策实践及启示[J].广西大学学报（哲学社会科学版），2011（2）.

[10] 高巍.论德国禁毒法的基础理念[J].学术探索，2006（12）.

[11] 马亚辉.老挝禁毒政策的历史演变[J].云南警官学院学报，2012(4).

[12] 王娇，普艳梅.缅甸禁毒执法现状及国际合作（编译）[J].云南警官学院学报，2011（1）.

[13] 陈新锦，林晓萍.美国早期禁毒立法中联邦权力问题评析[J].历史教学，2011（04）.

[14] 张旭，刘芳.国际禁毒立法研究[J].法制与社会发展，2000（2）.

[15] 王凌.国际禁毒法若干基本理论问题初探[J].四川大学学报（哲学社会科学版），1996（01）.

[16] 包涵.毒品分级管制的理论意义与制度建构[J].公安学研究，2022（02）.

[17] 包涵，陈静.代购毒品的规范分析与司法认定[J].中国人民公安大学学报（社会科学版），2021（06）.

[18] 包涵.类似物管制的立法诉求和司法功能：美国《管制类似物执法法案》的评价与反思[J].公安学研究，2021（02）.

[19] 包涵.运输毒品罪的立法扩张与司法限制[J].中国刑事法杂志，2021（02）.

[20] 包涵.新精神活性物质管制的国际经验和中国路径[J].公安学研究，2018（08）.

[21] 包涵.论毒品的定义要素与授权列管原则[J].北京联合大学学报（人文社会科学版），2017（07）.

[22] 郑伟.论禁毒法律体系的失范与冲突[J].华东政法大学学报，2012（05）.

[23] 莫关耀，罗羚尹.“文化禁毒”之创新路径探索——以佛山实践为例[J].云南警官学院学报，2021（04）.

[24] 莫关耀.青少年毒品预防教育存在的问题及解决路径[J].中国药物滥用防治杂志，2019（01）.

[25] 莫涵.经济学视阈下的毒品供需均衡关系探究[J].云南警官学院学

报，2021（04）.

［26］莫涵.体系建构：我国学校禁毒教育制度的完善［J］.中国药物滥用防治杂志，2020（05）.

［27］李佳薇，罗羚尹，莫涵.社会化禁毒何以可能：内涵、做法与经验——基于佛山的实践研究［J］.中国药物依赖性杂志，2021（02）.

［28］朱晓莉.台湾地区青少年毒品预防教育策略、措施与借鉴［J］.中国药物滥用防治杂志，2019（11）.

［29］朱晓莉.情境犯罪预防理论在禁毒重点整治中的应用研究——以福建省长汀县涉麻制毒犯罪为样本［J］.中国人民公安大学学报（社会科学版），2019（08）.

［30］朱晓莉.两岸共同打击跨境毒品犯罪之策略研究——基于SWOT的分析［J］.山东警察学院学报，2018（09）.

［31］王锐园，关纯兴.我国禁毒工作的反思与完善——以禁毒工作方针修改为视角中［J］.中国刑事警察，2020（12）.

［32］全球视野下的禁毒理论与实务——毒品治理战略与技术国际论坛综述［J］.中国刑事警察，2017（01）.

［33］齐霁，李珏曦.建国前后中国共产党领导的禁毒斗争及其历史经验［J］.云南行政学院学报，2008（09）.

附　录

附录 1

中华人民共和国禁毒法

（2007 年 12 月 29 日第十届全国人民代表大会常务委员会第三十一次会议通过，自 2008 年 6 月 1 日起施行）

第一章　总则

第一条　为了预防和惩治毒品违法犯罪行为，保护公民身心健康，维护社会秩序，制定本法。

第二条　本法所称毒品，是指鸦片、海洛因、甲基苯丙胺（冰毒）、吗啡、大麻、可卡因，以及国家规定管制的其他能够使人形成瘾癖的麻醉药品和精神药品。

根据医疗、教学、科研的需要，依法可以生产、经营、使用、储存、运输麻醉药品和精神药品。

第三条　禁毒是全社会的共同责任。国家机关、社会团体、企业事业单位以及其他组织和公民，应当依照本法和有关法律的规定，履行禁毒职责或者义务。

第四条　禁毒工作实行预防为主，综合治理，禁种、禁制、禁贩、禁吸并举的方针。禁毒工作实行政府统一领导，有关部门各负其责，社会广泛参与的工作机制。

第五条　国务院设立国家禁毒委员会，负责组织、协调、指导全国的禁毒工作。

县级以上地方各级人民政府根据禁毒工作的需要，可以设立禁毒委员会，负责组织、协调、指导本行政区域内的禁毒工作。

第六条　县级以上各级人民政府应当将禁毒工作纳入国民经济和社会发展规划，并将禁毒经费列入本级财政预算。

第七条　国家鼓励对禁毒工作的社会捐赠，并依法给予税收优惠。

第八条　国家鼓励开展禁毒科学技术研究，推广先进的缉毒技术、装备和戒毒方法。

第九条 国家鼓励公民举报毒品违法犯罪行为。各级人民政府和有关部门应当对举报人予以保护，对举报有功人员以及在禁毒工作中有突出贡献的单位和个人，给予表彰和奖励。

第十条 国家鼓励志愿人员参与禁毒宣传教育和戒毒社会服务工作。地方各级人民政府应当对志愿人员进行指导、培训，并提供必要的工作条件。

第二章　禁毒宣传教育

第十一条 国家采取各种形式开展全民禁毒宣传教育，普及毒品预防知识，增强公民的禁毒意识，提高公民自觉抵制毒品的能力。国家鼓励公民、组织开展公益性的禁毒宣传活动。

第十二条 各级人民政府应当经常组织开展多种形式的禁毒宣传教育。工会、共产主义青年团、妇女联合会应当结合各自工作对象的特点，组织开展禁毒宣传教育。

第十三条 教育行政部门、学校应当将禁毒知识纳入教育、教学内容，对学生进行禁毒宣传教育。公安机关、司法行政部门和卫生行政部门应当予以协助。

第十四条 新闻、出版、文化、广播、电影、电视等有关单位，应当有针对性地面向社会进行禁毒宣传教育。

第十五条 飞机场、火车站、长途汽车站、码头以及旅店、娱乐场所等公共场所的经营者、管理者，负责本场所的禁毒宣传教育，落实禁毒防范措施，预防毒品违法犯罪行为在本场所内发生。

第十六条 国家机关、社会团体、企业事业单位以及其他组织，应当加强对本单位人员的禁毒宣传教育。

第十七条 居民委员会、村民委员会应当协助人民政府以及公安机关等部门，加强禁毒宣传教育，落实禁毒防范措施。

第十八条 未成年人的父母或者其他监护人应当对未成年人进行毒品危害的教育，防止其吸食、注射毒品或者进行其他毒品违法犯罪活动。

第三章　毒品管制

第十九条 国家对麻醉药品药用原植物种植实行管制。禁止非法种植罂粟、古柯植物、大麻植物以及国家规定管制的可以用于提炼加工毒品的其他原植物。禁止走私或者非法买卖、运输、携带、持有未经灭活的毒品原植物种子或者幼苗。

地方各级人民政府发现非法种植毒品原植物的，应当立即采取措施予以制止、铲除。村民委员会、居民委员会发现非法种植毒品原植物的，应当及时予以制止、铲除，并向当地公安机关报告。

第二十条　国家确定的麻醉药品药用原植物种植企业，必须按照国家有关规定种植麻醉药品药用原植物。

国家确定的麻醉药品药用原植物种植企业的提取加工场所，以及国家设立的麻醉药品储存仓库，列为国家重点警戒目标。

未经许可，擅自进入国家确定的麻醉药品药用原植物种植企业的提取加工场所或者国家设立的麻醉药品储存仓库等警戒区域的，由警戒人员责令其立即离开；拒不离开的，强行带离现场。

第二十一条　国家对麻醉药品和精神药品实行管制，对麻醉药品和精神药品的实验研究、生产、经营、使用、储存、运输实行许可和查验制度。

国家对易制毒化学品的生产、经营、购买、运输实行许可制度。

禁止非法生产、买卖、运输、储存、提供、持有、使用麻醉药品、精神药品和易制毒化学品。

第二十二条　国家对麻醉药品、精神药品和易制毒化学品的进口、出口实行许可制度。国务院有关部门应当按照规定的职责，对进口、出口麻醉药品、精神药品和易制毒化学品依法进行管理。禁止走私麻醉药品、精神药品和易制毒化学品。

第二十三条　发生麻醉药品、精神药品和易制毒化学品被盗、被抢、丢失或者其他流入非法渠道的情形，案发单位应当立即采取必要的控制措施，并立即向公安机关报告，同时依照规定向有关主管部门报告。

公安机关接到报告后，或者有证据证明麻醉药品、精神药品和易制毒化学品可能流入非法渠道的，应当及时开展调查，并可以对相关单位采取必要的控制措施。药品监督管理部门、卫生行政部门以及其他有关部门应当配合公安机关开展工作。

第二十四条　禁止非法传授麻醉药品、精神药品和易制毒化学品的制造方法。公安机关接到举报或者发现非法传授麻醉药品、精神药品和易制毒化学品制造方法的，应当及时依法查处。

第二十五条　麻醉药品、精神药品和易制毒化学品管理的具体办法，由国务院规定。

第二十六条　公安机关根据查缉毒品的需要，可以在边境地区、交通要道、口岸以及飞机场、火车站、长途汽车站、码头对来往人员、物品、货物以及交通工具进行毒品和易制毒化学品检查，民航、铁路、交通部门应当予以配合。

海关应当依法加强对进出口岸的人员、物品、货物和运输工具的检查，防止走私毒品和易制毒化学品。

邮政企业应当依法加强对邮件的检查，防止邮寄毒品和非法邮寄易制毒化学品。

第二十七条 娱乐场所应当建立巡查制度，发现娱乐场所内有毒品违法犯罪活动的，应当立即向公安机关报告。

第二十八条 对依法查获的毒品，吸食、注射毒品的用具，毒品违法犯罪的非法所得及其收益，以及直接用于实施毒品违法犯罪行为的本人所有的工具、设备、资金，应当收缴，依照规定处理。

第二十九条 反洗钱行政主管部门应当依法加强对可疑毒品犯罪资金的监测。反洗钱行政主管部门和其他依法负有反洗钱监督管理职责的部门、机构发现涉嫌毒品犯罪的资金流动情况，应当及时向侦查机关报告，并配合侦查机关做好侦查、调查工作。

第三十条 国家建立健全毒品监测和禁毒信息系统，开展毒品监测和禁毒信息的收集、分析、使用、交流工作。

第四章 戒毒措施

第三十一条 国家采取各种措施帮助吸毒人员戒除毒瘾，教育和挽救吸毒人员。

吸毒成瘾人员应当进行戒毒治疗。

吸毒成瘾的认定办法，由国务院卫生行政部门、药品监督管理部门、公安部门规定。

第三十二条 公安机关可以对涉嫌吸毒的人员进行必要的检测，被检测人员应当予以配合；对拒绝接受检测的，经县级以上人民政府公安机关或者其派出机构负责人批准，可以强制检测。

公安机关应当对吸毒人员进行登记。

第三十三条 对吸毒成瘾人员，公安机关可以责令其接受社区戒毒，同时通知吸毒人员户籍所在地或者现居住地的城市街道办事处、乡镇人民政府。社区戒毒的期限为三年。

戒毒人员应当在户籍所在地接受社区戒毒；在户籍所在地以外的现居住地有固定住所的，可以在现居住地接受社区戒毒。

第三十四条 城市街道办事处、乡镇人民政府负责社区戒毒工作。城市街道办事处、乡镇人民政府可以指定有关基层组织，根据戒毒人员本人和家庭情况，与戒毒人员签订社区戒毒协议，落实有针对性的社区戒毒措施。公安机关和司法行政、卫生行政、民政等部门应当对社区戒毒工作提供指导和协助。

城市街道办事处、乡镇人民政府，以及县级人民政府劳动行政部门对无职业且缺乏就业能力的戒毒人员，应当提供必要的职业技能培训、就业指导和就业援助。

第三十五条　接受社区戒毒的戒毒人员应当遵守法律、法规，自觉履行社区戒毒协议，并根据公安机关的要求，定期接受检测。

对违反社区戒毒协议的戒毒人员，参与社区戒毒的工作人员应当进行批评、教育；对严重违反社区戒毒协议或者在社区戒毒期间又吸食、注射毒品的，应当及时向公安机关报告。

第三十六条　吸毒人员可以自行到具有戒毒治疗资质的医疗机构接受戒毒治疗。

设置戒毒医疗机构或者医疗机构从事戒毒治疗业务的，应当符合国务院卫生行政部门规定的条件，报所在地的省、自治区、直辖市人民政府卫生行政部门批准，并报同级公安机关备案。戒毒治疗应当遵守国务院卫生行政部门制定的戒毒治疗规范，接受卫生行政部门的监督检查。

戒毒治疗不得以营利为目的。戒毒治疗的药品、医疗器械和治疗方法不得做广告。戒毒治疗收取费用的，应当按照省、自治区、直辖市人民政府价格主管部门会同卫生行政部门制定的收费标准执行。

第三十七条　医疗机构根据戒毒治疗的需要，可以对接受戒毒治疗的戒毒人员进行身体和所携带物品的检查；对在治疗期间有人身危险的，可以采取必要的临时保护性约束措施。

发现接受戒毒治疗的戒毒人员在治疗期间吸食、注射毒品的，医疗机构应当及时向公安机关报告。

第三十八条　吸毒成瘾人员有下列情形之一的，由县级以上人民政府公安机关作出强制隔离戒毒的决定：

（一）拒绝接受社区戒毒的；

（二）在社区戒毒期间吸食、注射毒品的；

（三）严重违反社区戒毒协议的；

（四）经社区戒毒、强制隔离戒毒后再次吸食、注射毒品的。

对于吸毒成瘾严重，通过社区戒毒难以戒除毒瘾的人员，公安机关可以直接作出强制隔离戒毒的决定。

吸毒成瘾人员自愿接受强制隔离戒毒的，经公安机关同意，可以进入强制隔离戒毒场所戒毒。

第三十九条　怀孕或者正在哺乳自己不满一周岁婴儿的妇女吸毒成瘾的，不适用强制隔离戒毒。不满十六周岁的未成年人吸毒成瘾的，可以不适用强制隔离戒毒。

对依照前款规定不适用强制隔离戒毒的吸毒成瘾人员，依照本法规定进行社区戒毒，由负责社区戒毒工作的城市街道办事处、乡镇人民政府加强帮助、教育和监督，督促落实社区戒毒措施。

第四十条 公安机关对吸毒成瘾人员决定予以强制隔离戒毒的，应当制作强制隔离戒毒决定书，在执行强制隔离戒毒前送达被决定人，并在送达后二十四小时以内通知被决定人的家属、所在单位和户籍所在地公安派出所；被决定人不讲真实姓名、住址，身份不明的，公安机关应当自查清其身份后通知。

被决定人对公安机关作出的强制隔离戒毒决定不服的，可以依法申请行政复议或者提起行政诉讼。

第四十一条 对被决定予以强制隔离戒毒的人员，由作出决定的公安机关送强制隔离戒毒场所执行。

强制隔离戒毒场所的设置、管理体制和经费保障，由国务院规定。

第四十二条 戒毒人员进入强制隔离戒毒场所戒毒时，应当接受对其身体和所携带物品的检查。

第四十三条 强制隔离戒毒场所应当根据戒毒人员吸食、注射毒品的种类及成瘾程度等，对戒毒人员进行有针对性的生理、心理治疗和身体康复训练。

根据戒毒的需要，强制隔离戒毒场所可以组织戒毒人员参加必要的生产劳动，对戒毒人员进行职业技能培训。组织戒毒人员参加生产劳动的，应当支付劳动报酬。

第四十四条 强制隔离戒毒场所应当根据戒毒人员的性别、年龄、患病等情况，对戒毒人员实行分别管理。

强制隔离戒毒场所对有严重残疾或者疾病的戒毒人员，应当给予必要的看护和治疗；对患有传染病的戒毒人员，应当依法采取必要的隔离、治疗措施；对可能发生自伤、自残等情形的戒毒人员，可以采取相应的保护性约束措施。

强制隔离戒毒场所管理人员不得体罚、虐待或者侮辱戒毒人员。

第四十五条 强制隔离戒毒场所应当根据戒毒治疗的需要配备执业医师。强制隔离戒毒场所的执业医师具有麻醉药品和精神药品处方权的，可以按照有关技术规范对戒毒人员使用麻醉药品、精神药品。

卫生行政部门应当加强对强制隔离戒毒场所执业医师的业务指导和监督管理。

第四十六条 戒毒人员的亲属和所在单位或者就读学校的工作人员，可以按照有关规定探访戒毒人员。戒毒人员经强制隔离戒毒场所批准，可以外出探视配偶、直系亲属。

强制隔离戒毒场所管理人员应当对强制隔离戒毒场所以外的人员交给戒毒人

员的物品和邮件进行检查，防止夹带毒品。在检查邮件时，应当依法保护戒毒人员的通信自由和通信秘密。

第四十七条 强制隔离戒毒的期限为二年。

执行强制隔离戒毒一年后，经诊断评估，对于戒毒情况良好的戒毒人员，强制隔离戒毒场所可以提出提前解除强制隔离戒毒的意见，报强制隔离戒毒的决定机关批准。

强制隔离戒毒期满前，经诊断评估，对于需要延长戒毒期限的戒毒人员，由强制隔离戒毒场所提出延长戒毒期限的意见，报强制隔离戒毒的决定机关批准。强制隔离戒毒的期限最长可以延长一年。

第四十八条 对于被解除强制隔离戒毒的人员，强制隔离戒毒的决定机关可以责令其接受不超过三年的社区康复。

社区康复参照本法关于社区戒毒的规定实施。

第四十九条 县级以上地方各级人民政府根据戒毒工作的需要，可以开办戒毒康复场所；对社会力量依法开办的公益性戒毒康复场所应当给予扶持，提供必要的便利和帮助。

戒毒人员可以自愿在戒毒康复场所生活、劳动。戒毒康复场所组织戒毒人员参加生产劳动的，应当参照国家劳动用工制度的规定支付劳动报酬。

第五十条 公安机关、司法行政部门对被依法拘留、逮捕、收监执行刑罚以及被依法采取强制性教育措施的吸毒人员，应当给予必要的戒毒治疗。

第五十一条 省、自治区、直辖市人民政府卫生行政部门会同公安机关、药品监督管理部门依照国家有关规定，根据巩固戒毒成果的需要和本行政区域艾滋病流行情况，可以组织开展戒毒药物维持治疗工作。

第五十二条 戒毒人员在入学、就业、享受社会保障等方面不受歧视。有关部门、组织和人员应当在入学、就业、享受社会保障等方面对戒毒人员给予必要的指导和帮助。

第五章 禁毒国际合作

第五十三条 中华人民共和国根据缔结或者参加的国际条约或者按照对等原则，开展禁毒国际合作。

第五十四条 国家禁毒委员会根据国务院授权，负责组织开展禁毒国际合作，履行国际禁毒公约义务。

第五十五条 涉及追究毒品犯罪的司法协助，由司法机关依照有关法律的规定办理。

第五十六条 国务院有关部门应当按照各自职责，加强与有关国家或者地区执法机关以及国际组织的禁毒情报信息交流，依法开展禁毒执法合作。

经国务院公安部门批准，边境地区县级以上人民政府公安机关可以与有关国家或者地区的执法机关开展执法合作。

第五十七条 通过禁毒国际合作破获毒品犯罪案件的，中华人民共和国政府可以与有关国家分享查获的非法所得、由非法所得获得的收益以及供毒品犯罪使用的财物或者财物变卖所得的款项。

第五十八条 国务院有关部门根据国务院授权，可以通过对外援助等渠道，支持有关国家实施毒品原植物替代种植、发展替代产业。

第六章 法律责任

第五十九条 有下列行为之一，构成犯罪的，依法追究刑事责任；尚不构成犯罪的，依法给予治安管理处罚：

（一）走私、贩卖、运输、制造毒品的；

（二）非法持有毒品的；

（三）非法种植毒品原植物的；

（四）非法买卖、运输、携带、持有未经灭活的毒品原植物种子或者幼苗的；

（五）非法传授麻醉药品、精神药品或者易制毒化学品制造方法的；

（六）强迫、引诱、教唆、欺骗他人吸食、注射毒品的；

（七）向他人提供毒品的。

第六十条 有下列行为之一，构成犯罪的，依法追究刑事责任；尚不构成犯罪的，依法给予治安管理处罚：

（一）包庇走私、贩卖、运输、制造毒品的犯罪分子，以及为犯罪分子窝藏、转移、隐瞒毒品或者犯罪所得财物的；

（二）在公安机关查处毒品违法犯罪活动时为违法犯罪行为人通风报信的；

（三）阻碍依法进行毒品检查的；

（四）隐藏、转移、变卖或者损毁司法机关、行政执法机关依法扣押、查封、冻结的涉及毒品违法犯罪活动的财物的。

第六十一条 容留他人吸食、注射毒品或者介绍买卖毒品，构成犯罪的，依法追究刑事责任；尚不构成犯罪的，由公安机关处十日以上十五日以下拘留，可以并处三千元以下罚款；情节较轻的，处五日以下拘留或者五百元以下罚款。

第六十二条 吸食、注射毒品的，依法给予治安管理处罚。吸毒人员主动到公安机关登记或者到有资质的医疗机构接受戒毒治疗的，不予处罚。

第六十三条 在麻醉药品、精神药品的实验研究、生产、经营、使用、储存、运输、进口、出口以及麻醉药品药用原植物种植活动中，违反国家规定，致使麻醉药品、精神药品或者麻醉药品药用原植物流入非法渠道，构成犯罪的，依法追究刑事责任；尚不构成犯罪的，依照有关法律、行政法规的规定给予处罚。

第六十四条　在易制毒化学品的生产、经营、购买、运输或者进口、出口活动中，违反国家规定，致使易制毒化学品流入非法渠道，构成犯罪的，依法追究刑事责任；尚不构成犯罪的，依照有关法律、行政法规的规定给予处罚。

第六十五条　娱乐场所及其从业人员实施毒品违法犯罪行为，或者为进入娱乐场所的人员实施毒品违法犯罪行为提供条件，构成犯罪的，依法追究刑事责任；尚不构成犯罪的，依照有关法律、行政法规的规定给予处罚。

娱乐场所经营管理人员明知场所内发生聚众吸食、注射毒品或者贩毒活动，不向公安机关报告的，依照前款的规定给予处罚。

第六十六条　未经批准，擅自从事戒毒治疗业务的，由卫生行政部门责令停止违法业务活动，没收违法所得和使用的药品、医疗器械等物品；构成犯罪的，依法追究刑事责任。

第六十七条　戒毒医疗机构发现接受戒毒治疗的戒毒人员在治疗期间吸食、注射毒品，不向公安机关报告的，由卫生行政部门责令改正；情节严重的，责令停业整顿。

第六十八条　强制隔离戒毒场所、医疗机构、医师违反规定使用麻醉药品、精神药品，构成犯罪的，依法追究刑事责任；尚不构成犯罪的，依照有关法律、行政法规的规定给予处罚。

第六十九条　公安机关、司法行政部门或者其他有关主管部门的工作人员在禁毒工作中有下列行为之一，构成犯罪的，依法追究刑事责任；尚不构成犯罪的，依法给予处分：

（一）包庇、纵容毒品违法犯罪人员的；

（二）对戒毒人员有体罚、虐待、侮辱等行为的；

（三）挪用、截留、克扣禁毒经费的；

（四）擅自处分查获的毒品和扣押、查封、冻结的涉及毒品违法犯罪活动的财物的。

第七十条　有关单位及其工作人员在入学、就业、享受社会保障等方面歧视戒毒人员的，由教育行政部门、劳动行政部门责令改正；给当事人造成损失的，依法承担赔偿责任。

第七章　附则

第七十一条　本法自 2008 年 6 月 1 日起施行。《全国人民代表大会常务委员会关于禁毒的决定》同时废止。

附录 2

中华人民共和国药品管理法（节录）

（1984 年 9 月 20 日第六届全国人民代表大会常务委员会第七次会议通过，2001 年 2 月 28 日第九届全国人民代表大会常务委员会第二十次会议第一次修订，2013 年 12 月 28 日第十二届全国人民代表大会常务委员会第六次会议《关于修改〈中华人民共和国海洋环境保护法〉等七部法律的决定》第一次修正，2015 年 4 月 24 日第十二届全国人民代表大会常务委员会第十四次会议《关于修改〈中华人民共和国药品管理法〉的决定》第二次修正，2019 年 8 月 26 日第十三届全国人民代表大会常务委员会第十二次会议第二次修订）

第三十二条　第三款：血液制品、麻醉药品、精神药品、医疗用毒性药品、药品类易制毒化学品不得委托生产；但是，国务院药品监督管理部门另有规定的除外。

第四十九条　第三款：麻醉药品、精神药品、医疗用毒性药品、放射性药品、外用药品和非处方药的标签、说明书，应当印有规定的标志。

第六十一条　第二款：疫苗、血液制品、麻醉药品、精神药品、医疗用毒性药品、放射性药品、药品类易制毒化学品等国家实行特殊管理的药品不得在网络上销售。

第六十六条　进口、出口麻醉药品和国家规定范围内的精神药品，应当持有国务院药品监督管理部门颁发的进口准许证、出口准许证。

第一百一十二条　国务院对麻醉药品、精神药品、医疗用毒性药品、放射性药品、药品类易制毒化学品等有其他特殊管理规定的，依照其规定。

第一百三十七条　有下列行为之一的，在本法规定的处罚幅度内从重处罚：

（一）以麻醉药品、精神药品、医疗用毒性药品、放射性药品、药品类易制毒化学品冒充其他药品，或者以其他药品冒充上述药品；

附录 3

中华人民共和国刑法（节录）

（1979 年 7 月 1 日第五届全国人民代表大会第二次会议通过，1997 年 3 月 14 日第八届全国人民代表大会第五次会议修订，1999 年 12 月 25 日《中华人民共和国刑法修正案》，2001 年 8 月 31 日《中华人民共和国刑法修正案（二）》，2001 年 12 月 29 日《中华人民共和国刑法修正案（三）》，2002 年 12 月 28 日《中华人民共和国刑法修正案（四）》，2005 年 2 月 28 日《中华人民共和国刑法修正案（五）》，2006 年 6 月 29 日《中华人民共和国刑法修正案（六）》，2009 年 2 月 28 日《中华人民共和国刑法修正案（七）》，2011 年 2 月 25 日《中华人民共和国刑法修正案（八）》，2015 年 8 月 29 日《中华人民共和国刑法修正案（九）》，2017 年 11 月 4 日《中华人民共和国刑法修正案（十）》，2020 年 12 月 26 日《中华人民共和国刑法修正案（十一）》修正）

第六章　妨害社会管理秩序罪

第七节　走私、贩卖、运输、制造毒品罪

第三百四十七条　走私、贩卖、运输、制造毒品，无论数量多少，都应当追究刑事责任，予以刑事处罚。

走私、贩卖、运输、制造毒品，有下列情形之一的，处十五年有期徒刑、无期徒刑或者死刑，并处没收财产：

（一）走私、贩卖、运输、制造鸦片一千克以上、海洛因或者甲基苯丙胺五十克以上或者其他毒品数量大的；

（二）走私、贩卖、运输、制造毒品集团的首要分子；

（三）武装掩护走私、贩卖、运输、制造毒品的；

（四）以暴力抗拒检查、拘留、逮捕，情节严重的；

（五）参与有组织的国际贩毒活动的。

走私、贩卖、运输、制造鸦片二百克以上不满一千克、海洛因或者甲基苯丙胺十克以上不满五十克或者其他毒品数量较大的，处七年以上有期徒刑，并处罚金。

走私、贩卖、运输、制造鸦片不满二百克、海洛因或者甲基苯丙胺不满十克或者其他少量毒品的，处三年以下有期徒刑、拘役或者管制，并处罚金；情节严

重的，处三年以上七年以下有期徒刑，并处罚金。

单位犯第二款、第三款、第四款罪的，对单位判处罚金，并对其直接负责的主管人员和其他直接责任人员，依照各该款的规定处罚。

利用、教唆未成年人走私、贩卖、运输、制造毒品，或者向未成年人出售毒品的，从重处罚。

对多次走私、贩卖、运输、制造毒品，未经处理的，毒品数量累计计算。

第三百四十八条 非法持有鸦片一千克以上、海洛因或者甲基苯丙胺五十克以上或者其他毒品数量大的，处七年以上有期徒刑或者无期徒刑，并处罚金；非法持有鸦片二百克以上不满一千克、海洛因或者甲基苯丙胺十克以上不满五十克或者其他毒品数量较大的，处三年以下有期徒刑、拘役或者管制，并处罚金；情节严重的，处三年以上七年以下有期徒刑，并处罚金。

第三百四十九条 包庇走私、贩卖、运输、制造毒品的犯罪分子的，为犯罪分子窝藏、转移、隐瞒毒品或者犯罪所得的财物的，处三年以下有期徒刑、拘役或者管制；情节严重的，处三年以上十年以下有期徒刑。

缉毒人员或者其他国家机关工作人员掩护、包庇走私、贩卖、运输、制造毒品的犯罪分子的，依照前款的规定从重处罚。

犯前两款罪，事先通谋的，以走私、贩卖、运输、制造毒品罪的共犯论处。

第三百五十条 违反国家规定，非法生产、买卖、运输醋酸酐、乙醚、三氯甲烷或者其他用于制造毒品的原料、配剂，或者携带上述物品进出境，情节较重的，处三年以下有期徒刑、拘役或者管制，并处罚金；情节严重的，处三年以上七年以下有期徒刑，并处罚金；情节特别严重的，处七年以上有期徒刑，并处罚金或者没收财产。

明知他人制造毒品而为其生产、买卖、运输前款规定的物品的，以制造毒品罪的共犯论处。

单位犯前两款罪的，对单位判处罚金，并对其直接负责的主管人员和其他直接责任人员，依照前两款的规定处罚。

第三百五十一条 非法种植罂粟、大麻等毒品原植物的，一律强制铲除。有下列情形之一的，处五年以下有期徒刑、拘役或者管制，并处罚金：

（一）种植罂粟五百株以上不满三千株或者其他毒品原植物数量较大的；

（二）经公安机关处理后又种植的；

（三）抗拒铲除的。

非法种植罂粟三千株以上或者其他毒品原植物数量大的，处五年以上有期徒刑，并处罚金或者没收财产。

非法种植罂粟或者其他毒品原植物，在收获前自动铲除的，可以免除处罚。

第三百五十二条　非法买卖、运输、携带、持有未经灭活的罂粟等毒品原植物种子或者幼苗，数量较大的，处三年以下有期徒刑、拘役或者管制，并处或者单处罚金。

第三百五十三条　引诱、教唆、欺骗他人吸食、注射毒品的，处三年以下有期徒刑、拘役或者管制，并处罚金；情节严重的，处三年以上七年以下有期徒刑，并处罚金。

强迫他人吸食、注射毒品的，处三年以上十年以下有期徒刑，并处罚金。

引诱、教唆、欺骗或者强迫未成年人吸食、注射毒品的，从重处罚。

第三百五十四条　容留他人吸食、注射毒品的，处三年以下有期徒刑、拘役或者管制，并处罚金。

第三百五十五条　依法从事生产、运输、管理、使用国家管制的麻醉药品、精神药品的人员，违反国家规定，向吸食、注射毒品的人提供国家规定管制的能够使人形成瘾癖的麻醉药品、精神药品的，处三年以下有期徒刑或者拘役，并处罚金；情节严重的，处三年以上七年以下有期徒刑，并处罚金。向走私、贩卖毒品的犯罪分子或者以牟利为目的，向吸食、注射毒品的人提供国家规定管制的能够使人形成瘾癖的麻醉药品、精神药品的，依照本法第三百四十七条的规定定罪处罚。

单位犯前款罪的，对单位判处罚金，并对其直接负责的主管人员和其他直接责任人员，依照前款的规定处罚。

第三百五十五条之一　引诱、教唆、欺骗运动员使用兴奋剂参加国内、国际重大体育竞赛，或者明知运动员参加上述竞赛而向其提供兴奋剂，情节严重的，处三年以下有期徒刑或者拘役，并处罚金。

组织、强迫运动员使用兴奋剂参加国内、国际重大体育竞赛的，依照前款的规定从重处罚。

第三百五十六条　因走私、贩卖、运输、制造、非法持有毒品罪被判过刑，又犯本节规定之罪的，从重处罚。

第三百五十七条　本法所称的毒品，是指鸦片、海洛因、甲基苯丙胺（冰毒）、吗啡、大麻、可卡因以及国家规定管制的其他能够使人形成瘾癖的麻醉药品和精神药品。

毒品的数量以查证属实的走私、贩卖、运输、制造、非法持有毒品的数量计算，不以纯度折算。

附录 4

中华人民共和国治安管理处罚法（节录）

（2005 年 8 月 28 日第十届全国人民代表大会常务委员会第十七次会议通过，自 2006 年 3 月 1 日起施行；2012 年 10 月 26 日第十一届全国人民代表大会常务委员会第二十九次会议通过，《全国人民代表大会常务委员会关于修改〈中华人民共和国治安管理处罚法〉的决定》修正，自 2013 年 1 月 1 日起施行）

第七十一条　有下列行为之一的，处十日以上十五日以下拘留，可以并处三千元以下罚款；情节较轻的，处五日以下拘留或者五百元以下罚款：

（一）非法种植罂粟不满五百株或者其他少量毒品原植物的；

（二）非法买卖、运输、携带、持有少量未经灭活的罂粟等毒品原植物种子或者幼苗的；

（三）非法运输、买卖、储存、使用少量罂粟壳的。

有前款第一项行为，在成熟前自行铲除的，不予处罚。

第七十二条　有下列行为之一的，处十日以上十五日以下拘留，可以并处二千元以下罚款；情节较轻的，处五日以下拘留或者五百元以下罚款：

（一）非法持有鸦片不满二百克、海洛因或者甲基苯丙胺不满十克或者其他少量毒品的；

（二）向他人提供毒品的；

（三）吸食、注射毒品的；

（四）胁迫、欺骗医务人员开具麻醉药品、精神药品的。

第七十三条　教唆、引诱、欺骗他人吸食、注射毒品的，处十日以上十五日以下拘留，并处五百元以上二千元以下罚款。

附录 5

戒毒条例

（2011 年 6 月 22 日国务院第 160 次常务会议通过，2011 年 6 月 26 日国务院令第 597 号公布，自公布之日起施行。2018 年 9 月 18 日国务院令第 703 号《国务院关于修改部分行政法规的决定》修正）

第一章 总则

第一条 为了规范戒毒工作，帮助吸毒成瘾人员戒除毒瘾，维护社会秩序，根据《中华人民共和国禁毒法》，制定本条例。

第二条 县级以上人民政府应当建立政府统一领导，禁毒委员会组织、协调、指导，有关部门各负其责，社会力量广泛参与的戒毒工作体制。

戒毒工作坚持以人为本、科学戒毒、综合矫治、关怀救助的原则，采取自愿戒毒、社区戒毒、强制隔离戒毒、社区康复等多种措施，建立戒毒治疗、康复指导、救助服务兼备的工作体系。

第三条 县级以上人民政府应当按照国家有关规定将戒毒工作所需经费列入本级财政预算。

第四条 县级以上地方人民政府设立的禁毒委员会可以组织公安机关、卫生行政和负责药品监督管理的部门开展吸毒监测、调查，并向社会公开监测、调查结果。

县级以上地方人民政府公安机关负责对涉嫌吸毒人员进行检测，对吸毒人员进行登记并依法实行动态管控，依法责令社区戒毒、决定强制隔离戒毒、责令社区康复，管理公安机关的强制隔离戒毒场所、戒毒康复场所，对社区戒毒、社区康复工作提供指导和支持。

设区的市级以上地方人民政府司法行政部门负责管理司法行政部门的强制隔离戒毒场所、戒毒康复场所，对社区戒毒、社区康复工作提供指导和支持。

县级以上地方人民政府卫生行政部门负责戒毒医疗机构的监督管理，会同公安机关、司法行政等部门制定戒毒医疗机构设置规划，对戒毒医疗服务提供指导和支持。

县级以上地方人民政府民政、人力资源社会保障、教育等部门依据各自的职责，对社区戒毒、社区康复工作提供康复和职业技能培训等指导和支持。

第五条 乡（镇）人民政府、城市街道办事处负责社区戒毒、社区康复工作。

第六条 县级、设区的市级人民政府需要设置强制隔离戒毒场所、戒毒康复场所的，应当合理布局，报省、自治区、直辖市人民政府批准，并纳入当地国民经济和社会发展规划。

强制隔离戒毒场所、戒毒康复场所的建设标准，由国务院建设部门、发展改革部门会同国务院公安部门、司法行政部门制定。

第七条 戒毒人员在入学、就业、享受社会保障等方面不受歧视。

对戒毒人员戒毒的个人信息应当依法予以保密。对戒断3年未复吸的人员，不再实行动态管控。

第八条 国家鼓励、扶持社会组织、企业、事业单位和个人参与戒毒科研、戒毒社会服务和戒毒社会公益事业。

对在戒毒工作中有显著成绩和突出贡献的，按照国家有关规定给予表彰、奖励。

第二章 自愿戒毒

第九条 国家鼓励吸毒成瘾人员自行戒除毒瘾。吸毒人员可以自行到戒毒医疗机构接受戒毒治疗。对自愿接受戒毒治疗的吸毒人员，公安机关对其原吸毒行为不予处罚。

第十条 戒毒医疗机构应当与自愿戒毒人员或者其监护人签订自愿戒毒协议，就戒毒方法、戒毒期限、戒毒的个人信息保密、戒毒人员应当遵守的规章制度、终止戒毒治疗的情形等作出约定，并应当载明戒毒疗效、戒毒治疗风险。

第十一条 戒毒医疗机构应当履行下列义务：

（一）对自愿戒毒人员开展艾滋病等传染病的预防、咨询教育；

（二）对自愿戒毒人员采取脱毒治疗、心理康复、行为矫治等多种治疗措施，并应当符合国务院卫生行政部门制定的戒毒治疗规范；

（三）采用科学、规范的诊疗技术和方法，使用的药物、医院制剂、医疗器械应当符合国家有关规定；

（四）依法加强药品管理，防止麻醉药品、精神药品流失滥用。

第十二条 符合参加戒毒药物维持治疗条件的戒毒人员，由本人申请，并经登记，可以参加戒毒药物维持治疗。登记参加戒毒药物维持治疗的戒毒人员的信息应当及时报公安机关备案。

戒毒药物维持治疗的管理办法，由国务院卫生行政部门会同国务院公安部门、药品监督管理部门制定。

第三章　社区戒毒

第十三条　对吸毒成瘾人员，县级、设区的市级人民政府公安机关可以责令其接受社区戒毒，并出具责令社区戒毒决定书，送达本人及其家属，通知本人户籍所在地或者现居住地乡（镇）人民政府、城市街道办事处。

第十四条　社区戒毒人员应当自收到责令社区戒毒决定书之日起 15 日内到社区戒毒执行地乡（镇）人民政府、城市街道办事处报到，无正当理由逾期不报到的，视为拒绝接受社区戒毒。

社区戒毒的期限为 3 年，自报到之日起计算。

第十五条　乡（镇）人民政府、城市街道办事处应当根据工作需要成立社区戒毒工作领导小组，配备社区戒毒专职工作人员，制定社区戒毒工作计划，落实社区戒毒措施。

第十六条　乡（镇）人民政府、城市街道办事处，应当在社区戒毒人员报到后及时与其签订社区戒毒协议，明确社区戒毒的具体措施、社区戒毒人员应当遵守的规定以及违反社区戒毒协议应承担的责任。

第十七条　社区戒毒专职工作人员、社区民警、社区医务人员、社区戒毒人员的家庭成员以及禁毒志愿者共同组成社区戒毒工作小组具体实施社区戒毒。

第十八条　乡（镇）人民政府、城市街道办事处和社区戒毒工作小组应当采取下列措施管理、帮助社区戒毒人员：

（一）戒毒知识辅导；

（二）教育、劝诫；

（三）职业技能培训，职业指导，就学、就业、就医援助；

（四）帮助戒毒人员戒除毒瘾的其他措施。

第十九条　社区戒毒人员应当遵守下列规定：

（一）履行社区戒毒协议；

（二）根据公安机关的要求，定期接受检测；

（三）离开社区戒毒执行地所在县（市、区）3 日以上的，须书面报告。

第二十条　社区戒毒人员在社区戒毒期间，逃避或者拒绝接受检测 3 次以上，擅自离开社区戒毒执行地所在县（市、区）3 次以上或者累计超过 30 日的，属于《中华人民共和国禁毒法》规定的“严重违反社区戒毒协议”。

第二十一条　社区戒毒人员拒绝接受社区戒毒，在社区戒毒期间又吸食、注射毒品，以及严重违反社区戒毒协议的，社区戒毒专职工作人员应当及时向当地公安机关报告。

第二十二条　社区戒毒人员的户籍所在地或者现居住地发生变化，需要变更社区戒毒执行地的，社区戒毒执行地乡（镇）人民政府、城市街道办事处应当将有关材料转送至变更后的乡（镇）人民政府、城市街道办事处。

社区戒毒人员应当自社区戒毒执行地变更之日起15日内前往变更后的乡（镇）人民政府、城市街道办事处报到，社区戒毒时间自报到之日起连续计算。

变更后的乡（镇）人民政府、城市街道办事处，应当按照本条例第十六条的规定，与社区戒毒人员签订新的社区戒毒协议，继续执行社区戒毒。

第二十三条 社区戒毒自期满之日起解除。社区戒毒执行地公安机关应当出具解除社区戒毒通知书送达社区戒毒人员本人及其家属，并在7日内通知社区戒毒执行地乡（镇）人民政府、城市街道办事处。

第二十四条 社区戒毒人员被依法收监执行刑罚、采取强制性教育措施的，社区戒毒终止。

社区戒毒人员被依法拘留、逮捕的，社区戒毒中止，由羁押场所给予必要的戒毒治疗，释放后继续接受社区戒毒。

第四章　强制隔离戒毒

第二十五条 吸毒成瘾人员有《中华人民共和国禁毒法》第三十八条第一款所列情形之一的，由县级、设区的市级人民政府公安机关作出强制隔离戒毒的决定。

对于吸毒成瘾严重，通过社区戒毒难以戒除毒瘾的人员，县级、设区的市级人民政府公安机关可以直接作出强制隔离戒毒的决定。

吸毒成瘾人员自愿接受强制隔离戒毒的，经强制隔离戒毒场所所在地县级、设区的市级人民政府公安机关同意，可以进入强制隔离戒毒场所戒毒。强制隔离戒毒场所应当与其就戒毒治疗期限、戒毒治疗措施等作出约定。

第二十六条 对依照《中华人民共和国禁毒法》第三十九条第一款规定不适用强制隔离戒毒的吸毒成瘾人员，县级、设区的市级人民政府公安机关应当作出社区戒毒的决定，依照本条例第三章的规定进行社区戒毒。

第二十七条 强制隔离戒毒的期限为2年，自作出强制隔离戒毒决定之日起计算。

被强制隔离戒毒的人员在公安机关的强制隔离戒毒场所执行强制隔离戒毒3个月至6个月后，转至司法行政部门的强制隔离戒毒场所继续执行强制隔离戒毒。

执行前款规定不具备条件的省、自治区、直辖市，由公安机关和司法行政部门共同提出意见报省、自治区、直辖市人民政府决定具体执行方案，但在公安机关的强制隔离戒毒场所执行强制隔离戒毒的时间不得超过12个月。

第二十八条　强制隔离戒毒场所对强制隔离戒毒人员的身体和携带物品进行检查时发现的毒品等违禁品，应当依法处理；对生活必需品以外的其他物品，由强制隔离戒毒场所代为保管。

女性强制隔离戒毒人员的身体检查，应当由女性工作人员进行。

第二十九条　强制隔离戒毒场所设立戒毒医疗机构应当经所在地省、自治区、直辖市人民政府卫生行政部门批准。强制隔离戒毒场所应当配备设施设备及必要的管理人员，依法为强制隔离戒毒人员提供科学规范的戒毒治疗、心理治疗、身体康复训练和卫生、道德、法制教育，开展职业技能培训。

第三十条　强制隔离戒毒场所应当根据强制隔离戒毒人员的性别、年龄、患病等情况对强制隔离戒毒人员实行分别管理；对吸食不同种类毒品的，应当有针对性地采取必要的治疗措施；根据戒毒治疗的不同阶段和强制隔离戒毒人员的表现，实行逐步适应社会的分级管理。

第三十一条　强制隔离戒毒人员患严重疾病，不出所治疗可能危及生命的，经强制隔离戒毒场所主管机关批准，并报强制隔离戒毒决定机关备案，强制隔离戒毒场所可以允许其所外就医。所外就医的费用由强制隔离戒毒人员本人承担。

所外就医期间，强制隔离戒毒期限连续计算。对于健康状况不再适宜回所执行强制隔离戒毒的，强制隔离戒毒场所应当向强制隔离戒毒决定机关提出变更为社区戒毒的建议，强制隔离戒毒决定机关应当自收到建议之日起 7 日内，作出是否批准的决定。经批准变更为社区戒毒的，已执行的强制隔离戒毒期限折抵社区戒毒期限。

第三十二条　强制隔离戒毒人员脱逃的，强制隔离戒毒场所应当立即通知所在地县级人民政府公安机关，并配合公安机关追回脱逃人员。被追回的强制隔离戒毒人员应当继续执行强制隔离戒毒，脱逃期间不计入强制隔离戒毒期限。被追回的强制隔离戒毒人员不得提前解除强制隔离戒毒。

第三十三条　对强制隔离戒毒场所依照《中华人民共和国禁毒法》第四十七条第二款、第三款规定提出的提前解除强制隔离戒毒、延长戒毒期限的意见，强制隔离戒毒决定机关应当自收到意见之日起 7 日内，作出是否批准的决定。对提前解除强制隔离戒毒或者延长强制隔离戒毒期限的，批准机关应当出具提前解除强制隔离戒毒决定书或者延长强制隔离戒毒期限决定书，送达被决定人，并在送达后 24 小时以内通知被决定人的家属、所在单位以及其户籍所在地或者现居住地公安派出所。

第三十四条　解除强制隔离戒毒的，强制隔离戒毒场所应当在解除强制隔离戒毒 3 日前通知强制隔离戒毒决定机关，出具解除强制隔离戒毒证明书送达戒毒人员本人，并通知其家属、所在单位、其户籍所在地或者现居住地公安派出所将其领回。

第三十五条 强制隔离戒毒诊断评估办法由国务院公安部门、司法行政部门会同国务院卫生行政部门制定。

第三十六条 强制隔离戒毒人员被依法收监执行刑罚、采取强制性教育措施或者被依法拘留、逮捕的，由监管场所、羁押场所给予必要的戒毒治疗，强制隔离戒毒的时间连续计算；刑罚执行完毕时、解除强制性教育措施时或者释放时强制隔离戒毒尚未期满的，继续执行强制隔离戒毒。

第五章 社区康复

第三十七条 对解除强制隔离戒毒的人员，强制隔离戒毒的决定机关可以责令其接受不超过 3 年的社区康复。

社区康复在当事人户籍所在地或者现居住地乡（镇）人民政府、城市街道办事处执行，经当事人同意，也可以在戒毒康复场所中执行。

第三十八条 被责令接受社区康复的人员，应当自收到责令社区康复决定书之日起 15 日内到户籍所在地或者现居住地乡（镇）人民政府、城市街道办事处报到，签订社区康复协议。

被责令接受社区康复的人员拒绝接受社区康复或者严重违反社区康复协议，并再次吸食、注射毒品被决定强制隔离戒毒的，强制隔离戒毒不得提前解除。

第三十九条 负责社区康复工作的人员应当为社区康复人员提供必要的心理治疗和辅导、职业技能培训、职业指导以及就学、就业、就医援助。

第四十条 社区康复自期满之日起解除。社区康复执行地公安机关出具解除社区康复通知书送达社区康复人员本人及其家属，并在 7 日内通知社区康复执行地乡（镇）人民政府、城市街道办事处。

第四十一条 自愿戒毒人员、社区戒毒、社区康复的人员可以自愿与戒毒康复场所签订协议，到戒毒康复场所戒毒康复、生活和劳动。

戒毒康复场所应当配备必要的管理人员和医务人员，为戒毒人员提供戒毒康复、职业技能培训和生产劳动条件。

第四十二条 戒毒康复场所应当加强管理，严禁毒品流入，并建立戒毒康复人员自我管理、自我教育、自我服务的机制。

戒毒康复场所组织戒毒人员参加生产劳动，应当参照国家劳动用工制度的规定支付劳动报酬。

第六章 法律责任

第四十三条 公安、司法行政、卫生行政等有关部门工作人员泄露戒毒人员个人信息的，依法给予处分；构成犯罪的，依法追究刑事责任。

第四十四条　乡（镇）人民政府、城市街道办事处负责社区戒毒、社区康复工作的人员有下列行为之一的，依法给予处分：

（一）未与社区戒毒、社区康复人员签订社区戒毒、社区康复协议，不落实社区戒毒、社区康复措施的；

（二）不履行本条例第二十一条规定的报告义务的；

（三）其他不履行社区戒毒、社区康复监督职责的行为。

第四十五条　强制隔离戒毒场所的工作人员有下列行为之一的，依法给予处分；构成犯罪的，依法追究刑事责任：

（一）侮辱、虐待、体罚强制隔离戒毒人员的；

（二）收受、索要财物的；

（三）擅自使用、损毁、处理没收或者代为保管的财物的；

（四）为强制隔离戒毒人员提供麻醉药品、精神药品或者违反规定传递其他物品的；

（五）在强制隔离戒毒诊断评估工作中弄虚作假的；

（六）私放强制隔离戒毒人员的；

（七）其他徇私舞弊、玩忽职守、不履行法定职责的行为。

第七章　附则

第四十六条　本条例自公布之日起施行。1995年1月12日国务院发布的《强制戒毒办法》同时废止。

附录 6

麻醉药品和精神药品管理条例

（2005 年 7 月 26 日国务院第 100 次常务会议通过，自 2005 年 11 月 1 日起施行；2013 年 12 月 4 日国务院第 32 次常务会议通过《国务院关于修改部分行政法规的决定》第一次修订；2016 年 1 月 13 日国务院第 119 次常务会议通过、2016 年 2 月 6 日以国务院令第 666 号公布的《国务院关于修改部分行政法规的决定》第二次修改）

第一章　总则

第一条　为加强麻醉药品和精神药品的管理，保证麻醉药品和精神药品的合法、安全、合理使用，防止流入非法渠道，根据药品管理法和其他有关法律的规定，制定本条例。

第二条　麻醉药品药用原植物的种植，麻醉药品和精神药品的实验研究、生产、经营、使用、储存、运输等活动以及监督管理，适用本条例。

麻醉药品和精神药品的进出口依照有关法律的规定办理。

第三条　本条例所称麻醉药品和精神药品，是指列入麻醉药品目录、精神药品目录（以下称目录）的药品和其他物质。精神药品分为第一类精神药品和第二类精神药品。

目录由国务院药品监督管理部门会同国务院公安部门、国务院卫生主管部门制定、调整并公布。

上市销售但尚未列入目录的药品和其他物质或者第二类精神药品发生滥用，已经造成或者可能造成严重社会危害的，国务院药品监督管理部门会同国务院公安部门、国务院卫生主管部门应当及时将该药品和该物质列入目录或者将该第二类精神药品调整为第一类精神药品。

第四条　国家对麻醉药品药用原植物以及麻醉药品和精神药品实行管制。除本条例另有规定的外，任何单位、个人不得进行麻醉药品药用原植物的种植以及麻醉药品和精神药品的实验研究、生产、经营、使用、储存、运输等活动。

第五条　国务院药品监督管理部门负责全国麻醉药品和精神药品的监督管理工作，并会同国务院农业主管部门对麻醉药品药用原植物实施监督管理。国务院公安部门负责对造成麻醉药品药用原植物、麻醉药品和精神药品流入非法渠道的行为进行查处。国务院其他有关主管部门在各自的职责范围内负责与麻醉药品和精神药品有关的管理工作。

省、自治区、直辖市人民政府药品监督管理部门负责本行政区域内麻醉药品和精神药品的监督管理工作。县级以上地方公安机关负责对本行政区域内造成麻醉药品和精神药品流入非法渠道的行为进行查处。县级以上地方人民政府其他有关主管部门在各自的职责范围内负责与麻醉药品和精神药品有关的管理工作。

第六条　麻醉药品和精神药品生产、经营企业和使用单位可以依法参加行业协会。行业协会应当加强行业自律管理。

第二章　种植、实验研究和生产

第七条　国家根据麻醉药品和精神药品的医疗、国家储备和企业生产所需原料的需要确定需求总量，对麻醉药品药用原植物的种植、麻醉药品和精神药品的生产实行总量控制。

国务院药品监督管理部门根据麻醉药品和精神药品的需求总量制定年度生产计划。

国务院药品监督管理部门和国务院农业主管部门根据麻醉药品年度生产计划，制定麻醉药品药用原植物年度种植计划。

第八条　麻醉药品药用原植物种植企业应当根据年度种植计划，种植麻醉药品药用原植物。

麻醉药品药用原植物种植企业应当向国务院药品监督管理部门和国务院农业主管部门定期报告种植情况。

第九条　麻醉药品药用原植物种植企业由国务院药品监督管理部门和国务院农业主管部门共同确定，其他单位和个人不得种植麻醉药品药用原植物。

第十条　开展麻醉药品和精神药品实验研究活动应当具备下列条件，并经国务院药品监督管理部门批准：

（一）以医疗、科学研究或者教学为目的；

（二）有保证实验所需麻醉药品和精神药品安全的措施和管理制度；

（三）单位及其工作人员 2 年内没有违反有关禁毒的法律、行政法规规定的行为。

第十一条　麻醉药品和精神药品的实验研究单位申请相关药品批准证明文件，应当依照药品管理法的规定办理；需要转让研究成果的，应当经国务院药品监督管理部门批准。

第十二条　药品研究单位在普通药品的实验研究过程中，产生本条例规定的管制品种的，应当立即停止实验研究活动，并向国务院药品监督管理部门报告。国务院药品监督管理部门应当根据情况，及时作出是否同意其继续实验研究的决定。

第十三条　麻醉药品和第一类精神药品的临床试验，不得以健康人为受试对象。

第十四条　国家对麻醉药品和精神药品实行定点生产制度。

国务院药品监督管理部门应当根据麻醉药品和精神药品的需求总量，确定麻醉药品和精神药品定点生产企业的数量和布局，并根据年度需求总量对数量和布局进行调整、公布。

第十五条　麻醉药品和精神药品的定点生产企业应当具备下列条件：

（一）有药品生产许可证；

（二）有麻醉药品和精神药品实验研究批准文件；

（三）有符合规定的麻醉药品和精神药品生产设施、储存条件和相应的安全管理设施；

（四）有通过网络实施企业安全生产管理和向药品监督管理部门报告生产信息的能力；

（五）有保证麻醉药品和精神药品安全生产的管理制度；

（六）有与麻醉药品和精神药品安全生产要求相适应的管理水平和经营规模；

（七）麻醉药品和精神药品生产管理、质量管理部门的人员应当熟悉麻醉药品和精神药品管理以及有关禁毒的法律、行政法规；

（八）没有生产、销售假药、劣药或者违反有关禁毒的法律、行政法规规定的行为；

（九）符合国务院药品监督管理部门公布的麻醉药品和精神药品定点生产企业数量和布局的要求。

第十六条　从事麻醉药品、精神药品生产的企业，应当经所在地省、自治区、直辖市人民政府药品监督管理部门批准。

第十七条　定点生产企业生产麻醉药品和精神药品，应当依照药品管理法的规定取得药品批准文号。

国务院药品监督管理部门应当组织医学、药学、社会学、伦理学和禁毒等方面的专家成立专家组，由专家组对申请首次上市的麻醉药品和精神药品的社会危害性和被滥用的可能性进行评价，并提出是否批准的建议。

未取得药品批准文号的，不得生产麻醉药品和精神药品。

第十八条　发生重大突发事件，定点生产企业无法正常生产或者不能保证供应麻醉药品和精神药品时，国务院药品监督管理部门可以决定其他药品生产企业生产麻醉药品和精神药品。

重大突发事件结束后，国务院药品监督管理部门应当及时决定前款规定的企业停止麻醉药品和精神药品的生产。

第十九条 定点生产企业应当严格按照麻醉药品和精神药品年度生产计划安排生产，并依照规定向所在地省、自治区、直辖市人民政府药品监督管理部门报告生产情况。

第二十条 定点生产企业应当依照本条例的规定，将麻醉药品和精神药品销售给具有麻醉药品和精神药品经营资格的企业或者依照本条例规定批准的其他单位。

第二十一条 麻醉药品和精神药品的标签应当印有国务院药品监督管理部门规定的标志。

第三章 经营

第二十二条 国家对麻醉药品和精神药品实行定点经营制度。

国务院药品监督管理部门应当根据麻醉药品和第一类精神药品的需求总量，确定麻醉药品和第一类精神药品的定点批发企业布局，并应当根据年度需求总量对布局进行调整、公布。

药品经营企业不得经营麻醉药品原料药和第一类精神药品原料药。但是，供医疗、科学研究、教学使用的小包装的上述药品可以由国务院药品监督管理部门规定的药品批发企业经营。

第二十三条 麻醉药品和精神药品定点批发企业除应当具备药品管理法第十五条规定的药品经营企业的开办条件外，还应当具备下列条件：

（一）有符合本条例规定的麻醉药品和精神药品储存条件；

（二）有通过网络实施企业安全管理和向药品监督管理部门报告经营信息的能力；

（三）单位及其工作人员 2 年内没有违反有关禁毒的法律、行政法规规定的行为；

（四）符合国务院药品监督管理部门公布的定点批发企业布局。

麻醉药品和第一类精神药品的定点批发企业，还应当具有保证供应责任区域内医疗机构所需麻醉药品和第一类精神药品的能力，并具有保证麻醉药品和第一类精神药品安全经营的管理制度。

第二十四条 跨省、自治区、直辖市从事麻醉药品和第一类精神药品批发业务的企业（以下称全国性批发企业），应当经国务院药品监督管理部门批准；在本省、自治区、直辖市行政区域内从事麻醉药品和第一类精神药品批发业务的企业（以下称区域性批发企业），应当经所在地省、自治区、直辖市人民政府药品监督管理部门批准。

专门从事第二类精神药品批发业务的企业，应当经所在地省、自治区、直辖市人民政府药品监督管理部门批准。

全国性批发企业和区域性批发企业可以从事第二类精神药品批发业务。

第二十五条 全国性批发企业可以向区域性批发企业，或者经批准可以向取得麻醉药品和第一类精神药品使用资格的医疗机构以及依照本条例规定批准的其他单位销售麻醉药品和第一类精神药品。

全国性批发企业向取得麻醉药品和第一类精神药品使用资格的医疗机构销售麻醉药品和第一类精神药品，应当经医疗机构所在地省、自治区、直辖市人民政府药品监督管理部 门批准。

国务院药品监督管理部门在批准全国性批发企业时，应当明确其所承担供药责任的区域。

第二十六条 区域性批发企业可以向本省、自治区、直辖市行政区域内取得麻醉药品和第一类精神药品使用资格的医疗机构销售麻醉药品和第一类精神药品；由于特殊地理位置的原因，需要就近向其他省、自治区、直辖市行政区域内取得麻醉药品和第一类精神药品使用资格的医疗机构销售的，应当经企业所在地省、自治区、直辖市人民政府药品监督管理部门批准。审批情况由负责审批的药品监督管理部门在批准后5日内通报医疗机构所在地省、自治区、直辖市人民政府药品监督管理部门。

省、自治区、直辖市人民政府药品监督管理部门在批准区域性批发企业时，应当明确其所承担供药责任的区域。

区域性批发企业之间因医疗急需、运输困难等特殊情况需要调剂麻醉药品和第一类精神药品的，应当在调剂后2日内将调剂情况分别报所在地省、自治区、直辖市人民政府药品监督管理部门备案。

第二十七条 全国性批发企业应当从定点生产企业购进麻醉药品和第一类精神药品。

区域性批发企业可以从全国性批发企业购进麻醉药品和第一类精神药品；经所在地省、自治区、直辖市人民政府药品监督管理部门批准，也可以从定点生产企业购进麻醉药品和第一类精神药品。

第二十八条 全国性批发企业和区域性批发企业向医疗机构销售麻醉药品和第一类精神药品，应当将药品送至医疗机构。医疗机构不得自行提货。

第二十九条 第二类精神药品定点批发企业可以向医疗机构、定点批发企业和符合本条例第三十一条规定的药品零售企业以及依照本条例规定批准的其他单位销售第二类精神药品。

第三十条 麻醉药品和第一类精神药品不得零售。

禁止使用现金进行麻醉药品和精神药品交易，但是个人合法购买麻醉药品和精神药品的除外。

第三十一条　经所在地设区的市级药品监督管理部门批准，实行统一进货、统一配送、统一管理的药品零售连锁企业可以从事第二类精神药品零售业务。

第三十二条　第二类精神药品零售企业应当凭执业医师出具的处方，按规定剂量销售第二类精神药品，并将处方保存 2 年备查；禁止超剂量或者无处方销售第二类精神药品；不得向未成年人销售第二类精神药品。

第三十三条　麻醉药品和精神药品实行政府定价，在制定出厂和批发价格的基础上，逐步实行全国统一零售价格。具体办法由国务院价格主管部门制定。

第四章　使用

第三十四条　药品生产企业需要以麻醉药品和第一类精神药品为原料生产普通药品的，应当向所在地省、自治区、直辖市人民政府药品监督管理部门报送年度需求计划，由省、自治区、直辖市人民政府药品监督管理部门汇总报国务院药品监督管理部门批准后，向定点生产企业购买。

药品生产企业需要以第二类精神药品为原料生产普通药品的，应当将年度需求计划报所在地省、自治区、直辖市人民政府药品监督管理部门，并向定点批发企业或者定点生产企业购买。

第三十五条　食品、食品添加剂、化妆品、油漆等非药品生产企业需要使用咖啡因作为原料的，应当经所在地省、自治区、直辖市人民政府药品监督管理部门批准，向定点批发企业或者定点生产企业购买。

科学研究、教学单位需要使用麻醉药品和精神药品开展实验、教学活动的，应当经所在地省、自治区、直辖市人民政府药品监督管理部门批准，向定点批发企业或者定点生产企业购买。

需要使用麻醉药品和精神药品的标准品、对照品的，应当经所在地省、自治区、直辖市人民政府药品监督管理部门批准，向国务院药品监督管理部门批准的单位购买。

第三十六条　医疗机构需要使用麻醉药品和第一类精神药品的，应当经所在地设区的市级人民政府卫生主管部门批准，取得麻醉药品、第一类精神药品购用印鉴卡（以下称印鉴卡）。医疗机构应当凭印鉴卡向本省、自治区、直辖市行政区域内的定点批发企业购买麻醉药品和第一类精神药品。

设区的市级人民政府卫生主管部门发给医疗机构印鉴卡时，应当将取得印鉴卡的医疗机构情况抄送所在地设区的市级药品监督管理部门，并报省、自治区、直辖市人民政府卫生主管部门备案。省、自治区、直辖市人民政府卫生主管部门应当将取得印鉴卡的医疗机构名单向本行政区域内的定点批发企业通报。

第三十七条 医疗机构取得印鉴卡应当具备下列条件：

（一）有专职的麻醉药品和第一类精神药品管理人员；

（二）有获得麻醉药品和第一类精神药品处方资格的执业医师；

（三）有保证麻醉药品和第一类精神药品安全储存的设施和管理制度。

第三十八条 医疗机构应当按照国务院卫生主管部门的规定，对本单位执业医师进行有关麻醉药品和精神药品使用知识的培训、考核，经考核合格的，授予麻醉药品和第一类精神药品处方资格。执业医师取得麻醉药品和第一类精神药品的处方资格后，方可在本医疗机构开具麻醉药品和第一类精神药品处方，但不得为自己开具该种处方。

医疗机构应当将具有麻醉药品和第一类精神药品处方资格的执业医师名单及其变更情况，定期报送所在地设区的市级人民政府卫生主管部门，并抄送同级药品监督管理部门。

医务人员应当根据国务院卫生主管部门制定的临床应用指导原则，使用麻醉药品和精神药品。

第三十九条 具有麻醉药品和第一类精神药品处方资格的执业医师，根据临床应用指导原则，对确需使用麻醉药品或者第一类精神药品的患者，应当满足其合理用药需求。在医疗机构就诊的癌症疼痛患者和其他危重患者得不到麻醉药品或者第一类精神药品时，患者或者其亲属可以向执业医师提出申请。具有麻醉药品和第一类精神药品处方资格的执业医师认为要求合理的，应当及时为患者提供所需麻醉药品或者第一类精神药品。

第四十条 执业医师应当使用专用处方开具麻醉药品和精神药品，单张处方的最大用量应当符合国务院卫生主管部门的规定。

对麻醉药品和第一类精神药品处方，处方的调配人、核对人应当仔细核对，签署姓名，并予以登记；对不符合本条例规定的，处方的调配人、核对人应当拒绝发药。

麻醉药品和精神药品专用处方的格式由国务院卫生主管部门规定。

第四十一条 医疗机构应当对麻醉药品和精神药品处方进行专册登记，加强管理。麻醉药品处方至少保存 3 年，精神药品处方至少保存 2 年。

第四十二条 医疗机构抢救病人急需麻醉药品和第一类精神药品而本医疗机构无法提供时，可以从其他医疗机构或者定点批发企业紧急借用；抢救工作结束后，应当及时将借用情况报所在地设区的市级药品监督管理部门和卫生主管部门备案。

第四十三条 对临床需要而市场无供应的麻醉药品和精神药品，持有医疗机构制剂许可证和印鉴卡的医疗机构需要配制制剂的，应当经所在地省、自治区、直辖市人民政府药品监督管理部门批准。医疗机构配制的麻醉药品和精神药品制剂只能在本医疗机构使用，不得对外销售。

第四十四条 因治疗疾病需要，个人凭医疗机构出具的医疗诊断书、本人身份证明，可以携带单张处方最大用量以内的麻醉药品和第一类精神药品；携带麻醉药品和第一类精神药品出入境的，由海关根据自用、合理的原则放行。

医务人员为了医疗需要携带少量麻醉药品和精神药品出入境的，应当持有省级以上人民政府药品监督管理部门发放的携带麻醉药品和精神药品证明。海关凭携带麻醉药品和精神药品证明放行。

第四十五条 医疗机构、戒毒机构以开展戒毒治疗为目的，可以使用美沙酮或者国家确定的其他用于戒毒治疗的麻醉药品和精神药品。具体管理办法由国务院药品监督管理部门、国务院公安部门和国务院卫生主管部门制定。

第五章　储存

第四十六条 麻醉药品药用原植物种植企业、定点生产企业、全国性批发企业和区域性批发企业以及国家设立的麻醉药品储存单位，应当设置储存麻醉药品和第一类精神药品的专库。该专库应当符合下列要求：

（一）安装专用防盗门，实行双人双锁管理；

（二）具有相应的防火设施；

（三）具有监控设施和报警装置，报警装置应当与公安机关报警系统联网。

全国性批发企业经国务院药品监督管理部门批准设立的药品储存点应当符合前款的规定。

麻醉药品定点生产企业应当将麻醉药品原料药和制剂分别存放。

第四十七条 麻醉药品和第一类精神药品的使用单位应当设立专库或者专柜储存麻醉药品和第一类精神药品。专库应当设有防盗设施并安装报警装置；专柜应当使用保险柜。专库和专柜应当实行双人双锁管理。

第四十八条 麻醉药品药用原植物种植企业、定点生产企业、全国性批发企业和区域性批发企业、国家设立的麻醉药品储存单位以及麻醉药品和第一类精神药品的使用单位，应当配备专人负责管理工作，并建立储存麻醉药品和第一类精神药品的专用账册。药品入库双人验收，出库双人复核，做到账物相符。专用账册的保存期限应当自药品有效期期满之日起不少于 5 年。

第四十九条 第二类精神药品经营企业应当在药品库房中设立独立的专库或者专柜储存第二类精神药品，并建立专用账册，实行专人管理。专用账册的保存期限应当自药品有效期期满之日起不少于 5 年。

第六章 运输

第五十条 托运、承运和自行运输麻醉药品和精神药品的，应当采取安全保障措施，防止麻醉药品和精神药品在运输过程中被盗、被抢、丢失。

第五十一条 通过铁路运输麻醉药品和第一类精神药品的，应当使用集装箱或者铁路行李车运输，具体办法由国务院药品监督管理部门会同国务院铁路主管部门制定。

没有铁路需要通过公路或者水路运输麻醉药品和第一类精神药品的，应当由专人负责押运。

第五十二条 托运或者自行运输麻醉药品和第一类精神药品的单位，应当向所在地设区的市级药品监督管理部门申请领取运输证明。运输证明有效期为1年。

运输证明应当由专人保管，不得涂改、转让、转借。

第五十三条 托运人办理麻醉药品和第一类精神药品运输手续，应当将运输证明副本交付承运人。承运人应当查验、收存运输证明副本，并检查货物包装。没有运输证明或者货物包装不符合规定的，承运人不得承运。

承运人在运输过程中应当携带运输证明副本，以备查验。

第五十四条 邮寄麻醉药品和精神药品，寄件人应当提交所在地设区的市级药品监督管理部门出具的准予邮寄证明。邮政营业机构应当查验、收存准予邮寄证明；没有准予邮寄证明的，邮政营业机构不得收寄。

省、自治区、直辖市邮政主管部门指定符合安全保障条件的邮政营业机构负责收寄麻醉药品和精神药品。邮政营业机构收寄麻醉药品和精神药品，应当依法对收寄的麻醉药品和精神药品予以查验。

邮寄麻醉药品和精神药品的具体管理办法，由国务院药品监督管理部门会同国务院邮政主管部门制定。

第五十五条 定点生产企业、全国性批发企业和区域性批发企业之间运输麻醉药品、第一类精神药品，发货人在发货前应当向所在地省、自治区、直辖市人民政府药品监督管理部门报送本次运输的相关信息。属于跨省、自治区、直辖市运输的，收到信息的药品监督管理部门应当向收货人所在地的同级药品监督管理部门通报；属于在本省、自治区、直辖市行政区域内运输的，收到信息的药品监督管理部门应当向收货人所在地设区的市级药品监督管理部门通报。

第七章 审批程序和监督管理

第五十六条 申请人提出本条例规定的审批事项申请，应当提交能够证明其符合本条例规定条件的相关资料。审批部门应当自收到申请之日起40日内作出是否批准的决定；作出批准决定的，发给许可证明文件或者在相关许可证明文件上加注许可事项；作出不予批准决定的，应当书面说明理由。

确定定点生产企业和定点批发企业，审批部门应当在经审查符合条件的企业中，根据布局的要求，通过公平竞争的方式初步确定定点生产企业和定点批发企业，并予公布。其他符合条件的企业可以自公布之日起10日内向审批部门提出异议。审批部门应当自收到异议之日起20日内对异议进行审查，并作出是否调整的决定。

第五十七条 药品监督管理部门应当根据规定的职责权限，对麻醉药品药用原植物的种植以及麻醉药品和精神药品的实验研究、生产、经营、使用、储存、运输活动进行监督检查。

第五十八条 省级以上人民政府药品监督管理部门根据实际情况建立监控信息网络，对定点生产企业、定点批发企业和使用单位的麻醉药品和精神药品生产、进货、销售、库存、使用的数量以及流向实行实时监控，并与同级公安机关做到信息共享。

第五十九条 尚未连接监控信息网络的麻醉药品和精神药品定点生产企业、定点批发企业和使用单位，应当每月通过电子信息、传真、书面等方式，将本单位麻醉药品和精神药品生产、进货、销售、库存、使用的数量以及流向，报所在地设区的市级药品监督管理部门和公安机关；医疗机构还应当报所在地设区的市级人民政府卫生主管部门。

设区的市级药品监督管理部门应当每3个月向上一级药品监督管理部门报告本地区麻醉药品和精神药品的相关情况。

第六十条 对已经发生滥用，造成严重社会危害的麻醉药品和精神药品品种，国务院药品监督管理部门应当采取在一定期限内中止生产、经营、使用或者限定其使用范围和用途等措施。对不再作为药品使用的麻醉药品和精神药品，国务院药品监督管理部门应当撤销其药品批准文号和药品标准，并予以公布。

药品监督管理部门、卫生主管部门发现生产、经营企业和使用单位的麻醉药品和精神药品管理存在安全隐患时，应当责令其立即排除或者限期排除；对有证据证明可能流入非法渠道的，应当及时采取查封、扣押的行政强制措施，在7日内作出行政处理决定，并通报同级公安机关。

药品监督管理部门发现取得印鉴卡的医疗机构未依照规定购买麻醉药品和第一类精神药品时，应当及时通报同级卫生主管部门。接到通报的卫生主管部门应当立即调查处理。必要时，药品监督管理部门可以责令定点批发企业中止向该医疗机构销售麻醉药品和第一类精神药品。

第六十一条 麻醉药品和精神药品的生产、经营企业和使用单位对过期、损坏的麻醉药品和精神药品应当登记造册，并向所在地县级药品监督管理部门申请销毁。药品监督管理部门应当自接到申请之日起 5 日内到场监督销毁。医疗机构对存放在本单位的过期、损坏麻醉药品和精神药品，应当按照本条规定的程序向卫生主管部门提出申请，由卫生主管部门负责监督销毁。

对依法收缴的麻醉药品和精神药品，除经国务院药品监督管理部门或者国务院公安部门批准用于科学研究外，应当依照国家有关规定予以销毁。

第六十二条 县级以上人民政府卫生主管部门应当对执业医师开具麻醉药品和精神药品处方的情况进行监督检查。

第六十三条 药品监督管理部门、卫生主管部门和公安机关应当互相通报麻醉药品和精神药品生产、经营企业和使用单位的名单以及其他管理信息。

各级药品监督管理部门应当将在麻醉药品药用原植物的种植以及麻醉药品和精神药品的实验研究、生产、经营、使用、储存、运输等各环节的管理中的审批、撤销等事项通报同级公安机关。

麻醉药品和精神药品的经营企业、使用单位报送各级药品监督管理部门的备案事项，应当同时报送同级公安机关。

第六十四条 发生麻醉药品和精神药品被盗、被抢、丢失或者其他流入非法渠道的情形的，案发单位应当立即采取必要的控制措施，同时报告所在地县级公安机关和药品监督管理部门。医疗机构发生上述情形的，还应当报告其主管部门。

公安机关接到报告、举报，或者有证据证明麻醉药品和精神药品可能流入非法渠道时，应当及时开展调查，并可以对相关单位采取必要的控制措施。

药品监督管理部门、卫生主管部门以及其他有关部门应当配合公安机关开展工作。

第八章　法律责任

第六十五条 药品监督管理部门、卫生主管部门违反本条例的规定，有下列情形之一的，由其上级行政机关或者监察机关责令改正；情节严重的，对直接负责的主管人员和其他直接责任人员依法给予行政处分；构成犯罪的，依法追究刑事责任：

（一）对不符合条件的申请人准予行政许可或者超越法定职权作出准予行政许可决定的；

（二）未到场监督销毁过期、损坏的麻醉药品和精神药品的；

（三）未依法履行监督检查职责，应当发现而未发现违法行为、发现违法行为不及时查处，或者未依照本条例规定的程序实施监督检查的；

（四）违反本条例规定的其他失职、渎职行为。

第六十六条 麻醉药品药用原植物种植企业违反本条例的规定，有下列情形之一的，由药品监督管理部门责令限期改正，给予警告；逾期不改正的，处5万元以上10万元以下的罚款；情节严重的，取消其种植资格：

（一）未依照麻醉药品药用原植物年度种植计划进行种植的；

（二）未依照规定报告种植情况的；

（三）未依照规定储存麻醉药品的。

第六十七条 定点生产企业违反本条例的规定，有下列情形之一的，由药品监督管理部门责令限期改正，给予警告，并没收违法所得和违法销售的药品；逾期不改正的，责令停产，并处5万元以上10万元以下的罚款；情节严重的，取消其定点生产资格：

（一）未按照麻醉药品和精神药品年度生产计划安排生产的；

（二）未依照规定向药品监督管理部门报告生产情况的；

（三）未依照规定储存麻醉药品和精神药品，或者未依照规定建立、保存专用账册的；

（四）未依照规定销售麻醉药品和精神药品的；

（五）未依照规定销毁麻醉药品和精神药品的。

第六十八条 定点批发企业违反本条例的规定销售麻醉药品和精神药品，或者违反本条例的规定经营麻醉药品原料药和第一类精神药品原料药的，由药品监督管理部门责令限期改正，给予警告，并没收违法所得和违法销售的药品；逾期不改正的，责令停业，并处违法销售药品货值金额2倍以上5倍以下的罚款；情节严重的，取消其定点批发资格。

第六十九条 定点批发企业违反本条例的规定，有下列情形之一的，由药品监督管理部门责令限期改正，给予警告；逾期不改正的，责令停业，并处2万元以上5万元以下的罚款；情节严重的，取消其定点批发资格：

（一）未依照规定购进麻醉药品和第一类精神药品的；

（二）未保证供药责任区域内的麻醉药品和第一类精神药品的供应的；

（三）未对医疗机构履行送货义务的；

（四）未依照规定报告麻醉药品和精神药品的进货、销售、库存数量以及流向的；

（五）未依照规定储存麻醉药品和精神药品，或者未依照规定建立、保存专用账册的；

（六）未依照规定销毁麻醉药品和精神药品的；

（七）区域性批发企业之间违反本条例的规定调剂麻醉药品和第一类精神药品，或者因特殊情况调剂麻醉药品和第一类精神药品后未依照规定备案的。

第七十条 第二类精神药品零售企业违反本条例的规定储存、销售或者销毁第二类精神药品的，由药品监督管理部门责令限期改正，给予警告，并没收违法所得和违法销售的药品；逾期不改正的，责令停业，并处5000元以上2万元以下的罚款；情节严重的，取消其第二类精神药品零售资格。

第七十一条 本条例第三十四条、第三十五条规定的单位违反本条例的规定，购买麻醉药品和精神药品的，由药品监督管理部门没收违法购买的麻醉药品和精神药品，责令限期改正，给予警告；逾期不改正的，责令停产或者停止相关活动，并处2万元以上5万元以下的罚款。

第七十二条 取得印鉴卡的医疗机构违反本条例的规定，有下列情形之一的，由设区的市级人民政府卫生主管部门责令限期改正，给予警告；逾期不改正的，处5000元以上1万元以下的罚款；情节严重的，吊销其印鉴卡；对直接负责的主管人员和其他直接责任人员，依法给予降级、撤职、开除的处分：

（一）未依照规定购买、储存麻醉药品和第一类精神药品的；

（二）未依照规定保存麻醉药品和精神药品专用处方，或者未依照规定进行处方专册登记的；

（三）未依照规定报告麻醉药品和精神药品的进货、库存、使用数量的；

（四）紧急借用麻醉药品和第一类精神药品后未备案的；

（五）未依照规定销毁麻醉药品和精神药品的。

第七十三条 具有麻醉药品和第一类精神药品处方资格的执业医师，违反本条例的规定开具麻醉药品和第一类精神药品处方，或者未按照临床应用指导原则的要求使用麻醉药品和第一类精神药品的，由其所在医疗机构取消其麻醉药品和第一类精神药品处方资格；造成严重后果的，由原发证部门吊销其执业证书。执业医师未按照临床应用指导原则的要求使用第二类精神药品或者未使用专用处方开具第二类精神药品，造成严重后果的，由原发证部门吊销其执业证书。

未取得麻醉药品和第一类精神药品处方资格的执业医师擅自开具麻醉药品和第一类精神药品处方，由县级以上人民政府卫生主管部门给予警告，暂停其执业活动；造成严重后果的，吊销其执业证书；构成犯罪的，依法追究刑事责任。

处方的调配人、核对人违反本条例的规定未对麻醉药品和第一类精神药品处方进行核对，造成严重后果的，由原发证部门吊销其执业证书。

第七十四条 违反本条例的规定运输麻醉药品和精神药品的，由药品监督管理部门和运输管理部门依照各自职责，责令改正，给予警告，处2万元以上5万元以下的罚款。

收寄麻醉药品、精神药品的邮政营业机构未依照本条例的规定办理邮寄手续的，由邮政主管部门责令改正，给予警告；造成麻醉药品、精神药品邮件丢失的，依照邮政法律、行政法规的规定处理。

第七十五条　提供虚假材料、隐瞒有关情况，或者采取其他欺骗手段取得麻醉药品和精神药品的实验研究、生产、经营、使用资格的，由原审批部门撤销其已取得的资格，5 年内不得提出有关麻醉药品和精神药品的申请；情节严重的，处 1 万元以上 3 万元以下的罚款，有药品生产许可证、药品经营许可证、医疗机构执业许可证的，依法吊销其许可证明文件。

第七十六条　药品研究单位在普通药品的实验研究和研制过程中，产生本条例规定管制的麻醉药品和精神药品，未依照本条例的规定报告的，由药品监督管理部门责令改正，给予警告，没收违法药品；拒不改正的，责令停止实验研究和研制活动。

第七十七条　药物临床试验机构以健康人为麻醉药品和第一类精神药品临床试验的受试对象的，由药品监督管理部门责令停止违法行为，给予警告；情节严重的，取消其药物临床试验机构的资格；构成犯罪的，依法追究刑事责任。对受试对象造成损害的，药物临床试验机构依法承担治疗和赔偿责任。

第七十八条　定点生产企业、定点批发企业和第二类精神药品零售企业生产、销售假劣麻醉药品和精神药品的，由药品监督管理部门取消其定点生产资格、定点批发资格或者第二类精神药品零售资格，并依照药品管理法的有关规定予以处罚。

第七十九条　定点生产企业、定点批发企业和其他单位使用现金进行麻醉药品和精神药品交易的，由药品监督管理部门责令改正，给予警告，没收违法交易的药品，并处 5 万元以上 10 万元以下的罚款。

第八十条　发生麻醉药品和精神药品被盗、被抢、丢失案件的单位，违反本条例的规定未采取必要的控制措施或者未依照本条例的规定报告的，由药品监督管理部门和卫生主管部门依照各自职责，责令改正，给予警告；情节严重的，处 5000 元以上 1 万元以下的罚款；有上级主管部门的，由其上级主管部门对直接负责的主管人员和其他直接责任人员，依法给予降级、撤职的处分。

第八十一条　依法取得麻醉药品药用原植物种植或者麻醉药品和精神药品实验研究、生产、经营、使用、运输等资格的单位，倒卖、转让、出租、出借、涂改其麻醉药品和精神药品许可证明文件的，由原审批部门吊销相应许可证明文件，没收违法所得；情节严重的，处违法所得 2 倍以上 5 倍以下的罚款；没有违法所得的，处 2 万元以上 5 万元以下的罚款；构成犯罪的，依法追究刑事责任。

第八十二条　违反本条例的规定，致使麻醉药品和精神药品流入非法渠道造成危害，构成犯罪的，依法追究刑事责任；尚不构成犯罪的，由县级以上公安机关处 5 万元以上 10 万元以下的罚款；有违法所得的，没收违法所得；情节严重的，处违法所得 2 倍以上 5 倍以下的罚款；由原发证部门吊销其药品生产、经营和使用许可证明文件。

药品监督管理部门、卫生主管部门在监督管理工作中发现前款规定情形的，应当立即通报所在地同级公安机关，并依照国家有关规定，将案件以及相关材料移送公安机关。

第八十三条 本章规定由药品监督管理部门作出的行政处罚，由县级以上药品监督管理部门按照国务院药品监督管理部门规定的职责分工决定。

第九章 附则

第八十四条 本条例所称实验研究是指以医疗、科学研究或者教学为目的的临床前药物研究。

经批准可以开展与计划生育有关的临床医疗服务的计划生育技术服务机构需要使用麻醉药品和精神药品的，依照本条例有关医疗机构使用麻醉药品和精神药品的规定执行。

第八十五条 麻醉药品目录中的罂粟壳只能用于中药饮片和中成药的生产以及医疗配方使用。具体管理办法由国务院药品监督管理部门另行制定。

第八十六条 生产含麻醉药品的复方制剂，需要购进、储存、使用麻醉药品原料药的，应当遵守本条例有关麻醉药品管理的规定。

制定具体管理办法。

第八十七条 军队医疗机构麻醉药品和精神药品的供应、使用，由国务院药品监督管理部门会同中国人民解放军总后勤部依据本条例制定具体管理办法。

第八十八条 对动物用麻醉药品和精神药品的管理，由国务院兽医主管部门会同国务院药品监督管理部门依据本条例

第八十九条 本条例自 2005 年 11 月 1 日起施行。1987 年 11 月 28 日国务院发布的《麻醉药品管理办法》和 1988 年 12 月 27 日国务院发布的《精神药品管理办法》同时废止。

附录 7

易制毒化学品管理条例

（2005 年 8 月 26 日中华人民共和国国务院令第 445 号公布，2014 年 7 月 29 日《国务院关于修改部分行政法规的决定》第一次修订，2016 年 2 月 6 日《国务院关于修改部分行政法规的决定》第二次修订，据 2018 年 9 月 18 日《国务院关于修改部分行政法规的决定》第三次修订）

第一章　总则

第一条　为了加强易制毒化学品管理，规范易制毒化学品的生产、经营、购买、运输和进口、出口行为，防止易制毒化学品被用于制造毒品，维护经济和社会秩序，制定本条例。

第二条　国家对易制毒化学品的生产、经营、购买、运输和进口、出口实行分类管理和许可制度。

易制毒化学品分为三类。第一类是可以用于制毒的主要原料，第二类、第三类是可以用于制毒的化学配剂。易制毒化学品的具体分类和品种，由本条例附表列示。

易制毒化学品的分类和品种需要调整的，由国务院公安部门会同国务院药品监督管理部门、安全生产监督管理部门、商务主管部门、卫生主管部门和海关总署提出方案，报国务院批准。

省、自治区、直辖市人民政府认为有必要在本行政区域内调整分类或者增加本条例规定以外的品种的，应当向国务院公安部门提出，由国务院公安部门会同国务院有关行政主管部门提出方案，报国务院批准。

第三条　国务院公安部门、药品监督管理部门、安全生产监督管理部门、商务主管部门、卫生主管部门、海关总署、价格主管部门、铁路主管部门、交通主管部门、市场监督管理部门、环境保护主管部门在各自的职责范围内，负责全国的易制毒化学品有关管理工作；县级以上地方各级人民政府有关行政主管部门在各自的职责范围内，负责本行政区域内的易制毒化学品有关管理工作。

县级以上地方各级人民政府应当加强对易制毒化学品管理工作的领导，及时协调解决易制毒化学品管理工作中的问题。

第四条　易制毒化学品的产品包装和使用说明书，应当标明产品的名称（含学名和通用名）、化学分子式和成分。

第五条 易制毒化学品的生产、经营、购买、运输和进口、出口，除应当遵守本条例的规定外，属于药品和危险化学品的，还应当遵守法律、其他行政法规对药品和危险化学品的有关规定。

禁止走私或者非法生产、经营、购买、转让、运输易制毒化学品。

禁止使用现金或者实物进行易制毒化学品交易。但是，个人合法购买第一类中的药品类易制毒化学品药品制剂和第三类易制毒化学品的除外。

生产、经营、购买、运输和进口、出口易制毒化学品的单位，应当建立单位内部易制毒化学品管理制度。

第六条 国家鼓励向公安机关等有关行政主管部门举报涉及易制毒化学品的违法行为。接到举报的部门应当为举报者保密。对举报属实的，县级以上人民政府及有关行政主管部门应当给予奖励。

第二章 生产、经营管理

第七条 申请生产第一类易制毒化学品，应当具备下列条件，并经本条例第八条规定的行政主管部门审批，取得生产许可证后，方可进行生产：

（一）属依法登记的化工产品生产企业或者药品生产企业；

（二）有符合国家标准的生产设备、仓储设施和污染物处理设施；

（三）有严格的安全生产管理制度和环境突发事件应急预案；

（四）企业法定代表人和技术、管理人员具有安全生产和易制毒化学品的有关知识，无毒品犯罪记录；

（五）法律、法规、规章规定的其他条件。

申请生产第一类中的药品类易制毒化学品，还应当在仓储场所等重点区域设置电视监控设施以及与公安机关联网的报警装置。

第八条 申请生产第一类中的药品类易制毒化学品的，由省、自治区、直辖市人民政府药品监督管理部门审批；申请生产第一类中的非药品类易制毒化学品的，由省、自治区、直辖市人民政府安全生产监督管理部门审批。

前款规定的行政主管部门应当自收到申请之日起60日内，对申请人提交的申请材料进行审查。对符合规定的，发给生产许可证，或者在企业已经取得的有关生产许可证件上标注；不予许可的，应当书面说明理由。

审查第一类易制毒化学品生产许可申请材料时，根据需要，可以进行实地核查和专家评审。

第九条 申请经营第一类易制毒化学品，应当具备下列条件，并经本条例第十条规定的行政主管部门审批，取得经营许可证后，方可进行经营：

（一）属依法登记的化工产品经营企业或者药品经营企业；

（二）有符合国家规定的经营场所，需要储存、保管易制毒化学品的，还应当有符合国家技术标准的仓储设施；

（三）有易制毒化学品的经营管理制度和健全的销售网络；

（四）企业法定代表人和销售、管理人员具有易制毒化学品的有关知识，无毒品犯罪记录；

（五）法律、法规、规章规定的其他条件。

第十条　申请经营第一类中的药品类易制毒化学品的，由省、自治区、直辖市人民政府药品监督管理部门审批；申请经营第一类中的非药品类易制毒化学品的，由省、自治区、直辖市人民政府安全生产监督管理部门审批。

前款规定的行政主管部门应当自收到申请之日起30日内，对申请人提交的申请材料进行审查。对符合规定的，发给经营许可证，或者在企业已经取得的有关经营许可证件上标注；不予许可的，应当书面说明理由。

审查第一类易制毒化学品经营许可申请材料时，根据需要，可以进行实地核查。

第十一条　取得第一类易制毒化学品生产许可或者依照本条例第十三条第一款规定已经履行第二类、第三类易制毒化学品备案手续的生产企业，可以经销自产的易制毒化学品。但是，在厂外设立销售网点经销第一类易制毒化学品的，应当依照本条例的规定取得经营许可。

第一类中的药品类易制毒化学品药品单方制剂，由麻醉药品定点经营企业经销，且不得零售。

第十二条　取得第一类易制毒化学品生产、经营许可的企业，应当凭生产、经营许可证到市场监督管理部门办理经营范围变更登记。未经变更登记，不得进行第一类易制毒化学品的生产、经营。

第一类易制毒化学品生产、经营许可证被依法吊销的，行政主管部门应当自作出吊销决定之日起5日内通知市场监督管理部门；被吊销许可证的企业，应当及时到市场监督管理部门办理经营范围变更或者企业注销登记。

第十三条　生产第二类、第三类易制毒化学品的，应当自生产之日起30日内，将生产的品种、数量等情况，向所在地的设区的市级人民政府安全生产监督管理部门备案。

经营第二类易制毒化学品的，应当自经营之日起30日内，将经营的品种、数量、主要流向等情况，向所在地的设区的市级人民政府安全生产监督管理部门备案；经营第三类易制毒化学品的，应当自经营之日起30日内，将经营的品种、数量、主要流向等情况，向所在地的县级人民政府安全生产监督管理部门备案。

前两款规定的行政主管部门应当于收到备案材料的当日发给备案证明。

第三章　购买管理

第十四条　申请购买第一类易制毒化学品，应当提交下列证件，经本条例第十五条规定的行政主管部门审批，取得购买许可证：

（一）经营企业提交企业营业执照和合法使用需要证明；

（二）其他组织提交登记证书（成立批准文件）和合法使用需要证明。

第十五条　申请购买第一类中的药品类易制毒化学品的，由所在地的省、自治区、直辖市人民政府药品监督管理部门审批；申请购买第一类中的非药品类易制毒化学品的，由所在地的省、自治区、直辖市人民政府公安机关审批。

前款规定的行政主管部门应当自收到申请之日起 10 日内，对申请人提交的申请材料和证件进行审查。对符合规定的，发给购买许可证；不予许可的，应当书面说明理由。

审查第一类易制毒化学品购买许可申请材料时，根据需要，可以进行实地核查。

第十六条　持有麻醉药品、第一类精神药品购买印鉴卡的医疗机构购买第一类中的药品类易制毒化学品的，无须申请第一类易制毒化学品购买许可证。

个人不得购买第一类、第二类易制毒化学品。

第十七条　购买第二类、第三类易制毒化学品的，应当在购买前将所需购买的品种、数量，向所在地的县级人民政府公安机关备案。个人自用购买少量高锰酸钾的，无须备案。

第十八条　经营单位销售第一类易制毒化学品时，应当查验购买许可证和经办人的身份证明。对委托代购的，还应当查验购买人持有的委托文书。

经营单位在查验无误、留存上述证明材料的复印件后，方可出售第一类易制毒化学品；发现可疑情况的，应当立即向当地公安机关报告。

第十九条　经营单位应当建立易制毒化学品销售台账，如实记录销售的品种、数量、日期、购买方等情况。销售台账和证明材料复印件应当保存 2 年备查。

第一类易制毒化学品的销售情况，应当自销售之日起 5 日内报当地公安机关备案；第一类易制毒化学品的使用单位，应当建立使用台账，并保存 2 年备查。

第二类、第三类易制毒化学品的销售情况，应当自销售之日起 30 日内报当地公安机关备案。

第四章　运输管理

第二十条　跨设区的市级行政区域（直辖市为跨市界）或者在国务院公安部

门确定的禁毒形势严峻的重点地区跨县级行政区域运输第一类易制毒化学品的，由运出地的设区的市级人民政府公安机关审批；运输第二类易制毒化学品的，由运出地的县级人民政府公安机关审批。经审批取得易制毒化学品运输许可证后，方可运输。

运输第三类易制毒化学品的，应当在运输前向运出地的县级人民政府公安机关备案。公安机关应当于收到备案材料的当日发给备案证明。

第二十一条　申请易制毒化学品运输许可，应当提交易制毒化学品的购销合同，货主是企业的，应当提交营业执照；货主是其他组织的，应当提交登记证书（成立批准文件）；货主是个人的，应当提交其个人身份证明。经办人还应当提交本人的身份证明。

公安机关应当自收到第一类易制毒化学品运输许可申请之日起 10 日内，收到第二类易制毒化学品运输许可申请之日起 3 日内，对申请人提交的申请材料进行审查。对符合规定的，发给运输许可证；不予许可的，应当书面说明理由。

审查第一类易制毒化学品运输许可申请材料时，根据需要，可以进行实地核查。

第二十二条　对许可运输第一类易制毒化学品的，发给一次有效的运输许可证。

对许可运输第二类易制毒化学品的，发给 3 个月有效的运输许可证；6 个月内运输安全状况良好的，发给 12 个月有效的运输许可证。

易制毒化学品运输许可证应当载明拟运输的易制毒化学品的品种、数量、运入地、货主及收货人、承运人情况以及运输许可证种类。

第二十三条　运输供教学、科研使用的 100 克以下的麻黄素样品和供医疗机构制剂配方使用的小包装麻黄素以及医疗机构或者麻醉药品经营企业购买麻黄素片剂 6 万片以下、注射剂 1.5 万支以下，货主或者承运人持有依法取得的购买许可证明或者麻醉药品调拨单的，无须申请易制毒化学品运输许可。

第二十四条　接受货主委托运输的，承运人应当查验货主提供的运输许可证或者备案证明，并查验所运货物与运输许可证或者备案证明载明的易制毒化学品品种等情况是否相符；不相符的，不得承运。

运输易制毒化学品，运输人员应当自启运起全程携带运输许可证或者备案证明。公安机关应当在易制毒化学品的运输过程中进行检查。

运输易制毒化学品，应当遵守国家有关货物运输的规定。

第二十五条　因治疗疾病需要，患者、患者近亲属或者患者委托的人凭医疗机构出具的医疗诊断书和本人的身份证明，可以随身携带第一类中的药品类易制毒化学品药品制剂，但是不得超过医用单张处方的最大剂量。

医用单张处方最大剂量，由国务院卫生主管部门规定、公布。

第五章　进口、出口管理

第二十六条　申请进口或者出口易制毒化学品，应当提交下列材料，经国务院商务主管部门或者其委托的省、自治区、直辖市人民政府商务主管部门审批，取得进口或者出口许可证后，方可从事进口、出口活动：

（一）对外贸易经营者备案登记证明复印件；

（二）营业执照副本；

（三）易制毒化学品生产、经营、购买许可证或者备案证明；

（四）进口或者出口合同（协议）副本；

（五）经办人的身份证明。

申请易制毒化学品出口许可的，还应当提交进口方政府主管部门出具的合法使用易制毒化学品的证明或者进口方合法使用的保证文件。

第二十七条　受理易制毒化学品进口、出口申请的商务主管部门应当自收到申请材料之日起20日内，对申请材料进行审查，必要时可以进行实地核查。对符合规定的，发给进口或者出口许可证；不予许可的，应当书面说明理由。

对进口第一类中的药品类易制毒化学品的，有关的商务主管部门在作出许可决定前，应当征得国务院药品监督管理部门的同意。

第二十八条　麻黄素等属于重点监控物品范围的易制毒化学品，由国务院商务主管部门会同国务院有关部门核定的企业进口、出口。

第二十九条　国家对易制毒化学品的进口、出口实行国际核查制度。易制毒化学品国际核查目录及核查的具体办法，由国务院商务主管部门会同国务院公安部门规定、公布。

国际核查所用时间不计算在许可期限之内。

对向毒品制造、贩运情形严重的国家或者地区出口易制毒化学品以及本条例规定品种以外的化学品的，可以在国际核查措施以外实施其他管制措施，具体办法由国务院商务主管部门会同国务院公安部门、海关总署等有关部门规定、公布。

第三十条　进口、出口或者过境、转运、通运易制毒化学品的，应当如实向海关申报，并提交进口或者出口许可证。海关凭许可证办理通关手续。

易制毒化学品在境外与保税区、出口加工区等海关特殊监管区域、保税场所之间进出的，适用前款规定。

易制毒化学品在境内与保税区、出口加工区等海关特殊监管区域、保税场所之间进出的，或者在上述海关特殊监管区域、保税场所之间进出的，无须申请易制毒化学品进口或者出口许可证。

进口第一类中的药品类易制毒化学品，还应当提交药品监督管理部门出具的进口药品通关单。

第三十一条　进出境人员随身携带第一类中的药品类易制毒化学品药品制剂和高锰酸钾，应当以自用且数量合理为限，并接受海关监管。

进出境人员不得随身携带前款规定以外的易制毒化学品。

第六章　监督检查

第三十二条　县级以上人民政府公安机关、负责药品监督管理的部门、安全生产监督管理部门、商务主管部门、卫生主管部门、价格主管部门、铁路主管部门、交通主管部门、市场监督管理部门、生态环境主管部门和海关，应当依照本条例和有关法律、行政法规的规定，在各自的职责范围内，加强对易制毒化学品生产、经营、购买、运输、价格以及进口、出口的监督检查；对非法生产、经营、购买、运输易制毒化学品，或者走私易制毒化学品的行为，依法予以查处。

前款规定的行政主管部门在进行易制毒化学品监督检查时，可以依法查看现场、查阅和复制有关资料、记录有关情况、扣押相关的证据材料和违法物品；必要时，可以临时查封有关场所。

被检查的单位或者个人应当如实提供有关情况和材料、物品，不得拒绝或者隐匿。

第三十三条　对依法收缴、查获的易制毒化学品，应当在省、自治区、直辖市或者设区的市级人民政府公安机关、海关或者生态环境主管部门的监督下，区别易制毒化学品的不同情况进行保管、回收，或者依照环境保护法律、行政法规的有关规定，由有资质的单位在生态环境主管部门的监督下销毁。其中，对收缴、查获的第一类中的药品类易制毒化学品，一律销毁。

易制毒化学品违法单位或者个人无力提供保管、回收或者销毁费用的，保管、回收或者销毁的费用在回收所得中开支，或者在有关行政主管部门的禁毒经费中列支。

第三十四条　易制毒化学品丢失、被盗、被抢的，发案单位应当立即向当地公安机关报告，并同时报告当地的县级人民政府负责药品监督管理的部门、安全生产监督管理部门、商务主管部门或者卫生主管部门。接到报案的公安机关应当及时立案查处，并向上级公安机关报告；有关行政主管部门应当逐级上报并配合公安机关的查处。

第三十五条　有关行政主管部门应当将易制毒化学品许可以及依法吊销许可的情况通报有关公安机关和市场监督管理部门；市场监督管理部门应当将生产、

经营易制毒化学品企业依法变更或者注销登记的情况通报有关公安机关和行政主管部门。

第三十六条 生产、经营、购买、运输或者进口、出口易制毒化学品的单位，应当于每年 3 月 31 日前向许可或者备案的行政主管部门和公安机关报告本单位上年度易制毒化学品的生产、经营、购买、运输或者进口、出口情况；有条件的生产、经营、购买、运输或者进口、出口单位，可以与有关行政主管部门建立计算机联网，及时通报有关经营情况。

第三十七条 县级以上人民政府有关行政主管部门应当加强协调合作，建立易制毒化学品管理情况、监督检查情况以及案件处理情况的通报、交流机制。

第七章 法律责任

第三十八条 违反本条例规定，未经许可或者备案擅自生产、经营、购买、运输易制毒化学品，伪造申请材料骗取易制毒化学品生产、经营、购买或者运输许可证，使用他人的或者伪造、变造、失效的许可证生产、经营、购买、运输易制毒化学品的，由公安机关没收非法生产、经营、购买或者运输的易制毒化学品、用于非法生产易制毒化学品的原料以及非法生产、经营、购买或者运输易制毒化学品的设备、工具，处非法生产、经营、购买或者运输的易制毒化学品货值 10 倍以上 20 倍以下的罚款，货值的 20 倍不足 1 万元的，按 1 万元罚款；有违法所得的，没收违法所得；有营业执照的，由市场监督管理部门吊销营业执照；构成犯罪的，依法追究刑事责任。

对有前款规定违法行为的单位或者个人，有关行政主管部门可以自作出行政处罚决定之日起 3 年内，停止受理其易制毒化学品生产、经营、购买、运输或者进口、出口许可申请。

第三十九条 违反本条例规定，走私易制毒化学品的，由海关没收走私的易制毒化学品；有违法所得的，没收违法所得，并依照海关法律、行政法规给予行政处罚；构成犯罪的，依法追究刑事责任。

第四十条 违反本条例规定，有下列行为之一的，由负有监督管理职责的行政主管部门给予警告，责令限期改正，处 1 万元以上 5 万元以下的罚款；对违反规定生产、经营、购买的易制毒化学品可以予以没收；逾期不改正的，责令限期停产停业整顿；逾期整顿不合格的，吊销相应的许可证：

（一）易制毒化学品生产、经营、购买、运输或者进口、出口单位未按规定建立安全管理制度的；

（二）将许可证或者备案证明转借他人使用的；

（三）超出许可的品种、数量生产、经营、购买易制毒化学品的；

（四）生产、经营、购买单位不记录或者不如实记录交易情况、不按规定保存交易记录或者不如实、不及时向公安机关和有关行政主管部门备案销售情况的；

（五）易制毒化学品丢失、被盗、被抢后未及时报告，造成严重后果的；

（六）除个人合法购买第一类中的药品类易制毒化学品药品制剂以及第三类易制毒化学品外，使用现金或者实物进行易制毒化学品交易的；

（七）易制毒化学品的产品包装和使用说明书不符合本条例规定要求的；

（八）生产、经营易制毒化学品的单位不如实或者不按时向有关行政主管部门和公安机关报告年度生产、经销和库存等情况的。

企业的易制毒化学品生产经营许可被依法吊销后，未及时到市场监督管理部门办理经营范围变更或者企业注销登记的，依照前款规定，对易制毒化学品予以没收，并处罚款。

第四十一条 运输的易制毒化学品与易制毒化学品运输许可证或者备案证明载明的品种、数量、运入地、货主及收货人、承运人等情况不符，运输许可证种类不当，或者运输人员未全程携带运输许可证或者备案证明的，由公安机关责令停运整改，处 5000 元以上 5 万元以下的罚款；有危险物品运输资质的，运输主管部门可以依法吊销其运输资质。

个人携带易制毒化学品不符合品种、数量规定的，没收易制毒化学品，处 1000 元以上 5000 元以下的罚款。

第四十二条 生产、经营、购买、运输或者进口、出口易制毒化学品的单位或者个人拒不接受有关行政主管部门监督检查的，由负有监督管理职责的行政主管部门责令改正，对直接负责的主管人员以及其他直接责任人员给予警告；情节严重的，对单位处 1 万元以上 5 万元以下的罚款，对直接负责的主管人员以及其他直接责任人员处 1000 元以上 5000 元以下的罚款；有违反治安管理行为的，依法给予治安管理处罚；构成犯罪的，依法追究刑事责任。

第四十三条 易制毒化学品行政主管部门工作人员在管理工作中有应当许可而不许可、不应当许可而滥许可，不依法受理备案，以及其他滥用职权、玩忽职守、徇私舞弊行为的，依法给予行政处分；构成犯罪的，依法追究刑事责任。

第八章　附则

第四十四条 易制毒化学品生产、经营、购买、运输和进口、出口许可证，由国务院有关行政主管部门根据各自的职责规定式样并监制。

第四十五条 本条例自 2005 年 11 月 1 日起施行。

本条例施行前已经从事易制毒化学品生产、经营、购买、运输或者进口、出口业务的，应当自本条例施行之日起6个月内，依照本条例的规定重新申请许可。

附表：易制毒化学品的分类和品种目录

● 第一类

1．1-苯基-2-丙酮，2．3，4-亚甲基二氧苯基-2-丙酮，3．胡椒醛，4．黄樟素，5．黄樟油，6．异黄樟素，7．N-乙酰邻氨基苯酸，8．邻氨基苯甲酸，9．麦角酸*，10．麦角胺*，11．麦角新碱*，12．麻黄素、伪麻黄素、消旋麻黄素、去甲麻黄素、甲基麻黄素、麻黄浸膏、麻黄浸膏粉等麻黄素类物质*，13．N-苯乙基-4-哌啶酮，14．4-苯胺基-N-苯乙基哌啶，15．N-甲基-1-苯基-1-氯-2-丙胺，（注：13–15为2017年新增），16．羟亚胺（注：2008年新增），17．1-苯基-2-溴-1-丙酮（注：2014年新增），18．3-氧-2-苯基丁腈（注：2014年新增），19．邻氯苯基环戊酮（注：2012年新增）

第二类

1．苯乙酸，2．醋酸酐，3．三氯甲烷，4．乙醚，5．哌啶，6．1-苯基-1-丙酮（苯丙酮），7．溴素（液溴），（注：6、7为2017年新增），8．α-苯乙酰乙酸甲酯（注：2021年新增），9．α-乙酰苯胺（注：2021年新增），10．3，4-亚甲基二氧苯基-2-丙酮缩水甘油酸（注：2021年新增），11．3，4-亚甲基二氧苯基-2-丙酮缩水甘油酯（注：2021年新增）

第三类

1．甲苯，2．丙酮，3．甲基乙基酮，4．高锰酸钾，5．硫酸，6．盐酸，7．苯乙腈（注：2021年新增），8．γ-丁内酯（注：2021年新增）

● 说明：

一、第一类、第二类所列物质可能存在的盐类，也纳入管制。

二、带有*标记的品种为第一类中的药品类易制毒化学品，第一类中的药品类易制毒化学品包括原料药及其单方制剂。

附录 8

吸毒成瘾认定办法

（2010 年 11 月 19 日公安部部长办公会议通过，并经卫生部同意，自 2011 年 4 月 1 日起施行。2016 年 11 月 22 日公安部部长办公会议通过《关于修改〈吸毒成瘾认定办法〉的决定》，并经国家卫生和计划生育委员会同意，自 2017 年 4 月 1 日起施行）

第一条 为规范吸毒成瘾认定工作，科学认定吸毒成瘾人员，依法对吸毒成瘾人员采取戒毒措施和提供戒毒治疗，根据《中华人民共和国禁毒法》《戒毒条例》，制定本办法。

第二条 本办法所称吸毒成瘾，是指吸毒人员因反复使用毒品而导致的慢性复发性脑病，表现为不顾不良后果、强迫性寻求及使用毒品的行为，常伴有不同程度的个人健康及社会功能损害。

第三条 本办法所称吸毒成瘾认定，是指公安机关或者其委托的戒毒医疗机构通过对吸毒人员进行人体生物样本检测、收集其吸毒证据或者根据生理、心理、精神的症状、体征等情况，判断其是否成瘾以及是否成瘾严重的工作。

本办法所称戒毒医疗机构，是指符合《戒毒医疗服务管理暂行办法》规定的专科戒毒医院和设有戒毒治疗科室的其他医疗机构。

第四条 公安机关在执法活动中发现吸毒人员，应当进行吸毒成瘾认定；因技术原因认定有困难的，可以委托有资质的戒毒医疗机构进行认定。

第五条 承担吸毒成瘾认定工作的戒毒医疗机构，由省级卫生计生行政部门会同同级公安机关指定。

第六条 公安机关认定吸毒成瘾，应当由两名以上人民警察进行，并在作出人体生物样本检测结论的 24 小时内提出认定意见，由认定人员签名，经所在单位负责人审核，加盖所在单位印章。

有关证据材料，应当作为认定意见的组成部分。

第七条 吸毒人员同时具备以下情形的，公安机关认定其吸毒成瘾：

（一）经血液、尿液和唾液等人体生物样本检测证明其体内含有毒品成分；

（二）有证据证明其有使用毒品行为；

（三）有戒断症状或者有证据证明吸毒史，包括曾经因使用毒品被公安机关查处、曾经进行自愿戒毒、人体毛发样品检测出毒品成分等情形。

戒断症状的具体情形，参照卫生部制定的《阿片类药物依赖诊断治疗指导原则》和《苯丙胺类药物依赖诊断治疗指导原则》、《氯胺酮依赖诊断治疗指导原则》确定。

第八条 吸毒成瘾人员具有下列情形之一的，公安机关认定其吸毒成瘾严重：

（一）曾经被责令社区戒毒、强制隔离戒毒（含《禁毒法》实施以前被强制戒毒或者劳教戒毒）、社区康复或者参加过戒毒药物维持治疗，再次吸食、注射毒品的；

（二）有证据证明其采取注射方式使用毒品或者至少三次使用累计涉及两类以上毒品的；

（三）有证据证明其使用毒品后伴有聚众淫乱、自伤自残或者暴力侵犯他人人身、财产安全或者妨害公共安全等行为的。

第九条 公安机关在吸毒成瘾认定过程中实施人体生物样本检测，依照公安部制定的《吸毒检测程序规定》的有关规定执行。

第十条 公安机关承担吸毒成瘾认定工作的人民警察，应当同时具备以下条件：

（一）具有二级警员以上警衔及两年以上相关执法工作经历；

（二）经省级公安机关、卫生计生行政部门组织培训并考核合格。

第十一条 公安机关委托戒毒医疗机构进行吸毒成瘾认定的，应当在吸毒人员末次吸毒的72小时内予以委托并提交委托函。超过72小时委托的，戒毒医疗机构可以不予受理。

第十二条 承担吸毒成瘾认定工作的戒毒医疗机构及其医务人员，应当依照《戒毒医疗服务管理暂行办法》的有关规定进行吸毒成瘾认定工作。

第十三条 戒毒医疗机构认定吸毒成瘾，应当由两名承担吸毒成瘾认定工作的医师进行。

第十四条 承担吸毒成瘾认定工作的医师，应当同时具备以下条件：

（一）符合《戒毒医疗服务管理暂行办法》的有关规定；

（二）从事戒毒医疗工作不少于3年；

（三）具有中级以上专业技术职务任职资格。

第十五条 戒毒医疗机构对吸毒人员采集病史和体格检查时，委托认定的公安机关应当派有关人员在场协助。

第十六条 戒毒医疗机构认为需要对吸毒人员进行人体生物样本检测的，委托认定的公安机关应当协助提供现场采集的检测样本。

戒毒医疗机构认为需要重新采集其他人体生物检测样本的，委托认定的公安机关应当予以协助。

第十七条 戒毒医疗机构使用的检测试剂，应当是经国家食品药品监督管理局批准的产品，并避免与常见药物发生交叉反应。

第十八条 戒毒医疗机构及其医务人员应当依照诊疗规范、常规和有关规定，结合吸毒人员的病史、精神症状检查、体格检查和人体生物样本检测结果等，对吸毒人员进行吸毒成瘾认定。

第十九条 戒毒医疗机构应当自接受委托认定之日起 3 个工作日内出具吸毒成瘾认定报告，由认定人员签名并加盖戒毒医疗机构公章。认定报告一式二份，一份交委托认定的公安机关，一份留存备查。

第二十条 委托戒毒医疗机构进行吸毒成瘾认定的费用由委托单位承担。

第二十一条 各级公安机关、卫生计生行政部门应当加强对吸毒成瘾认定工作的指导和管理。

第二十二条 任何单位和个人不得违反规定泄露承担吸毒成瘾认定工作相关工作人员及被认定人员的信息。

第二十三条 公安机关、戒毒医疗机构以及承担认定工作的相关人员违反本办法规定的，依照有关法律法规追究责任。

第二十四条 本办法所称的两类及以上毒品是指阿片类（包括鸦片、吗啡、海洛因、杜冷丁等），苯丙胺类（包括各类苯丙胺衍生物），大麻类，可卡因类，以及氯胺酮等其他类毒品。

第二十五条 本办法自 2011 年 4 月 1 日起施行。

附录 9

吸毒检测程序规定

（2009 年 9 月 27 日中华人民共和国公安部令第 110 号发布，自 2010 年 1 月 1 日起施行。2016 年 11 月 22 日公安部部长办公会议通过《公安部关于修改〈吸毒检测程序规定〉的决定》，自 2017 年 1 月 1 日起施行）

第一条 为规范公安机关吸毒检测工作，保护当事人的合法权益，根据《中华人民共和国禁毒法》《戒毒条例》等有关法律规定，制定本规定。

第二条 吸毒检测是运用科学技术手段对涉嫌吸毒的人员进行生物医学检测，为公安机关认定吸毒行为提供科学依据的活动。

吸毒检测的对象，包括涉嫌吸毒的人员，被决定执行强制隔离戒毒的人员，被公安机关责令接受社区戒毒和社区康复的人员，以及戒毒康复场所内的戒毒康复人员。

第三条 吸毒检测分为现场检测、实验室检测、实验室复检。

第四条 现场检测由县级以上公安机关或者其派出机构进行。

实验室检测由县级以上公安机关指定的取得检验鉴定机构资格的实验室或者有资质的医疗机构进行。

实验室复检由县级以上公安机关指定的取得检验鉴定机构资格的实验室进行。

实验室检测和实验室复检不得由同一检测机构进行。

第五条 吸毒检测样本的采集应当使用专用器材。现场检测器材应当是国家主管部门批准生产或者进口的合格产品。

第六条 检测样本为采集的被检测人员的尿液、血液、唾液或者毛发等生物样本。

第七条 被检测人员拒绝接受检测的，经县级以上公安机关或者其派出机构负责人批准，可以对其进行强制检测。

第八条 公安机关采集、送检、检测样本，应当由两名以上工作人员进行；采集女性被检测人尿液检测样本，应当由女性工作人员进行。

采集的检测样本经现场检测结果为阳性的，应当分别保存在 A、B 两个样本专用器材中并编号，由采集人和被采集人共同签字封存，采用检材适宜的条件予以保存，保存期不得少于六个月。

第九条　现场检测应当出具检测报告，由检测人签名，并加盖检测的公安机关或者其派出机构的印章。

现场检测结果应当当场告知被检测人，并由被检测人在检测报告上签名。被检测人拒不签名的，公安民警应当在检测报告上注明。

第十条　被检测人对现场检测结果有异议的，可以在被告知检测结果之日起的三日内，向现场检测的公安机关提出实验室检测申请。

公安机关应当在接到实验室检测申请后的三日内作出是否同意进行实验室检测的决定，并将结果告知被检测人。

第十一条　公安机关决定进行实验室检测的，应当在作出实验室检测决定后的三日内，将保存的A样本送交县级以上公安机关指定的具有检验鉴定资格的实验室或者有资质的医疗机构。

第十二条　接受委托的实验室或者医疗机构应当在接到检测样本后的三日内出具实验室检测报告，由检测人签名，并加盖检测机构公章后，送委托实验室检测的公安机关。公安机关收到检测报告后，应当在二十四小时内将检测结果告知被检测人。

第十三条　被检测人对实验室检测结果有异议的，可以在被告知检测结果后的三日内，向现场检测的公安机关提出实验室复检申请。

公安机关应当在接到实验室复检申请后的三日内作出是否同意进行实验室复检的决定，并将结果告知被检测人。

第十四条　公安机关决定进行实验室复检的，应当在作出实验室复检决定后的三日内，将保存的B样本送交县级以上公安机关指定的具有检验鉴定资格的实验室。

第十五条　接受委托的实验室应当在接到检测样本后的三日内出具检测报告，由检测人签名，并加盖专用鉴定章后，送委托实验室复检的公安机关。公安机关收到检测报告后，应当在二十四小时内将检测结果告知被检测人。

第十六条　接受委托的实验室检测机构或者实验室复检机构认为送检样本不符合检测条件的，应当报县级以上公安机关或者其派出机构负责人批准后，由公安机关根据检测机构的意见，重新采集检测样本。

第十七条　被检测人是否申请实验室检测和实验室复检，不影响案件的正常办理。

公安机关认为必要时，可以直接决定进行实验室检测和实验室复检。

第十八条　现场检测费用、实验室检测、实验室复检的费用由公安机关承担。

第十九条　公安机关、鉴定机构或者其工作人员违反本规定，有下列情形之一的，应当依照有关规定，对相关责任人给予纪律处分或者行政处分；构成犯罪的，依法追究刑事责任：

（一）因严重不负责任给当事人合法权益造成重大损害的；

（二）故意提供虚假检测报告的；

（三）法律、行政法规规定的其他情形。

第二十条 吸毒检测的技术标准由公安部另行制定。

第二十一条 本规定所称“以上”、“内”皆包含本级或者本数，“日”是指工作日。

第二十二条 本规定自2010年1月1日起施行。

附录 10

办理毒品犯罪案件适用法律若干问题的意见

（公通字〔2007〕84号　2007年12月26日）

一、关于毒品犯罪案件的管辖问题

根据刑事诉讼法的规定，毒品犯罪案件的地域管辖，应当坚持以犯罪地管辖为主、被告人居住地管辖为辅的原则。

“犯罪地”包括犯罪预谋地，毒资筹集地，交易进行地，毒品生产地，毒资、毒赃和毒品的藏匿地、转移地，走私或者贩运毒品的目的地以及犯罪嫌疑人被抓获地等。

“被告人居住地”包括被告人常住地、户籍地及其临时居住地。

对怀孕、哺乳期妇女走私、贩卖、运输毒品案件，查获地公安机关认为移交其居住地管辖更有利于采取强制措施和查清犯罪事实的，可以报请共同的上级公安机关批准，移送犯罪嫌疑人居住地公安机关办理，查获地公安机关应继续配合。

公安机关对侦办跨区域毒品犯罪案件的管辖权有争议的，应本着有利于查清犯罪事实，有利于诉讼，有利于保障案件侦查安全的原则，认真协商解决。经协商无法达成一致的，报共同的上级公安机关指定管辖。对即将侦查终结的跨省（自治区、直辖市）重大毒品案件，必要时可由公安部商最高人民法院和最高人民检察院指定管辖。

为保证及时结案，避免超期羁押，人民检察院对于公安机关移送审查起诉的案件，人民法院对于已进入审判程序的案件，被告人及其辩护人提出管辖异议或者办案单位发现没有管辖权的，受案人民检察院、人民法院应当报请上级人民检察院、人民法院指定管辖，不再自行移送有管辖权的人民检察院、人民法院。

二、关于毒品犯罪嫌疑人、被告人主观明知的认定问题

走私、贩卖、运输、非法持有毒品主观故意中的“明知”，是指行为人知道或者应当知道所实施的行为是走私、贩卖、运输、非法持有毒品行为。具有下列情形之一，并且犯罪嫌疑人、被告人不能做出合理解释的，可以认定其“应当知道”，但有证据证明确属被蒙骗的除外：

（一）执法人员在口岸、机场、车站、港口和其他检查站检查时，要求行为人申报为他人携带的箱包、物品和其他疑似毒品物，并告知其法律责任，而行为

人未如实申报，在其所携带的物品内查获毒品的；

（二）以伪报、藏匿、伪装等蒙蔽手段逃避海关、边防等检查，在其携带、运输、邮寄的物品中查获毒品的；

（三）执法人员检查时，有逃跑、丢弃携带物品或逃避、抗拒检查等行为，在其携带或丢弃的物品中查获毒品的；

（四）体内藏匿毒品的；

（五）为获取不同寻常的高额或不等值的报酬而携带、运输毒品的；

（六）采用高度隐蔽的方式携带、运输毒品的；

（七）采用高度隐蔽的方式交接毒品，明显违背合法物品惯常交接方式的；

（八）其他有证据足以证明行为人应当知道的。

三、关于办理氯胺酮等毒品案件定罪量刑标准问题

（一）走私、贩卖、运输、制造、非法持有下列毒品，应当认定为刑法第三百四十七条第二款第（一）项、第三百四十八条规定的“其他毒品数量大”：

1. 二亚甲基双氧安非他明（MDMA）等苯丙胺类毒品（甲基苯丙胺除外）100克以上；

2. 氯胺酮、美沙酮1千克以上；

3. 三唑仑、安眠酮50千克以上；

4. 氯氮卓、艾司唑仑、地西泮、溴西泮500千克以上；

5. 上述毒品以外的其他毒品数量大的。

（二）走私、贩卖、运输、制造、非法持有下列毒品，应当认定为刑法第三百四十七条第三款、第三百四十八条规定的“其他毒品数量较大”：

1. 二亚甲基双氧安非他明（MDMA）等苯丙胺类毒品（甲基苯丙胺除外）20克以上不满100克的；

2. 氯胺酮、美沙酮200克以上不满1千克的；

3. 三唑仑、安眠酮10千克以上不满50千克的；

4. 氯氮卓、艾司唑仑、地西泮、溴西泮100千克以上不满500千克的；

5. 上述毒品以外的其他毒品数量较大的。

（三）走私、贩卖、运输、制造下列毒品，应当认定为刑法第三百四十七条第四款规定的“其他少量毒品”：

1. 二亚甲基双氧安非他明（MDMA）等苯丙胺类毒品（甲基苯丙胺除外）不满20克的；

2. 氯胺酮、美沙酮不满200克的；

3. 三唑仑、安眠酮不满10千克的；

4. 氯氮卓、艾司唑仑、地西泮、溴西泮不满100千克的；

5．上述毒品以外的其他少量毒品的。

（四）上述毒品品种包括其盐和制剂。毒品鉴定结论中毒品品名的认定应当以国家食品药品监督管理局、公安部、卫生部最新发布的《麻醉药品品种目录》、《精神药品品种目录》为依据。

四、关于死刑案件的毒品含量鉴定问题

可能判处死刑的毒品犯罪案件，毒品鉴定结论中应有含量鉴定的结论。

附录 11

关于审理毒品犯罪案件适用法律若干问题的解释

（法释〔2016〕8 号 2016 年 1 月 25 日最高人民法院审判委员会第 1676 次会议通过，自 2016 年 4 月 11 日起施行）

为依法惩治毒品犯罪，根据《中华人民共和国刑法》的有关规定，现就审理此类刑事案件适用法律的若干问题解释如下：

第一条 走私、贩卖、运输、制造、非法持有下列毒品，应当认定为刑法第三百四十七条第二款第一项、第三百四十八条规定的“其他毒品数量大”：

（一）可卡因五十克以上；

（二）3，4-亚甲二氧基甲基苯丙胺（MDMA）等苯丙胺类毒品（甲基苯丙胺除外）、吗啡一百克以上；

（三）芬太尼一百二十五克以上；

（四）甲卡西酮二百克以上；

（五）二氢埃托啡十毫克以上；

（六）哌替啶（杜冷丁）二百五十克以上；

（七）氯胺酮五百克以上；

（八）美沙酮一千克以上；

（九）曲马多、γ-羟丁酸二千克以上；

（十）大麻油五千克、大麻脂十千克、大麻叶及大麻烟一百五十千克以上；

（十一）可待因、丁丙诺啡五千克以上；

（十二）三唑仑、安眠酮五十千克以上；

（十三）阿普唑仑、恰特草一百千克以上；

（十四）咖啡因、罂粟壳二百千克以上；

（十五）巴比妥、苯巴比妥、安钠咖、尼美西泮二百五十千克以上；

（十六）氯氮卓、艾司唑仑、地西泮、溴西泮五百千克以上；

（十七）上述毒品以外的其他毒品数量大的。

国家定点生产企业按照标准规格生产的麻醉药品或者精神药品被用于毒品犯罪的，根据药品中毒品成分的含量认定涉案毒品数量。

第二条 走私、贩卖、运输、制造、非法持有下列毒品，应当认定为刑法第三百四十七条第三款、第三百四十八条规定的“其他毒品数量较大”：

（一）可卡因十克以上不满五十克；

（二）3，4-亚甲二氧基甲基苯丙胺（MDMA）等苯丙胺类毒品（甲基苯丙胺除外）、吗啡二十克以上不满一百克；

（三）芬太尼二十五克以上不满一百二十五克；

（四）甲卡西酮四十克以上不满二百克；

（五）二氢埃托啡二毫克以上不满十毫克；

（六）哌替啶（杜冷丁）五十克以上不满二百五十克；

（七）氯胺酮一百克以上不满五百克；

（八）美沙酮二百克以上不满一千克；

（九）曲马多、γ-羟丁酸四百克以上不满二千克；

（十）大麻油一千克以上不满五千克、大麻脂二千克以上不满十千克、大麻叶及大麻烟三十千克以上不满一百五十千克；

（十一）可待因、丁丙诺啡一千克以上不满五千克；

（十二）三唑仑、安眠酮十千克以上不满五十千克；

（十三）阿普唑仑、恰特草二十千克以上不满一百千克；

（十四）咖啡因、罂粟壳四十千克以上不满二百千克；

（十五）巴比妥、苯巴比妥、安钠咖、尼美西泮五十千克以上不满二百五十千克；

（十六）氯氮卓、艾司唑仑、地西泮、溴西泮一百千克以上不满五百千克；

（十七）上述毒品以外的其他毒品数量较大的。

第三条　在实施走私、贩卖、运输、制造毒品犯罪的过程中，携带枪支、弹药或者爆炸物用于掩护的，应当认定为刑法第三百四十七条第二款第三项规定的“武装掩护走私、贩卖、运输、制造毒品”。枪支、弹药、爆炸物种类的认定，依照相关司法解释的规定执行。

在实施走私、贩卖、运输、制造毒品犯罪的过程中，以暴力抗拒检查、拘留、逮捕，造成执法人员死亡、重伤、多人轻伤或者具有其他严重情节的，应当认定为刑法第三百四十七条第二款第四项规定的“以暴力抗拒检查、拘留、逮捕，情节严重”。

第四条　走私、贩卖、运输、制造毒品，具有下列情形之一的，应当认定为刑法第三百四十七条第四款规定的“情节严重”：

（一）向多人贩卖毒品或者多次走私、贩卖、运输、制造毒品的；

（二）在戒毒场所、监管场所贩卖毒品的；

（三）向在校学生贩卖毒品的；

（四）组织、利用残疾人、严重疾病患者、怀孕或者正在哺乳自己婴儿的妇女走私、贩卖、运输、制造毒品的；

（五）国家工作人员走私、贩卖、运输、制造毒品的；

（六）其他情节严重的情形。

第五条 非法持有毒品达到刑法第三百四十八条或者本解释第二条规定的“数量较大”标准，且具有下列情形之一的，应当认定为刑法第三百四十八条规定的“情节严重”：

（一）在戒毒场所、监管场所非法持有毒品的；

（二）利用、教唆未成年人非法持有毒品的；

（三）国家工作人员非法持有毒品的；

（四）其他情节严重的情形。

第六条 包庇走私、贩卖、运输、制造毒品的犯罪分子，具有下列情形之一的，应当认定为刑法第三百四十九条第一款规定的“情节严重”：

（一）被包庇的犯罪分子依法应当判处十五年有期徒刑以上刑罚的；

（二）包庇多名或者多次包庇走私、贩卖、运输、制造毒品的犯罪分子的；

（三）严重妨害司法机关对被包庇的犯罪分子实施的毒品犯罪进行追究的；

（四）其他情节严重的情形。

为走私、贩卖、运输、制造毒品的犯罪分子窝藏、转移、隐瞒毒品或者毒品犯罪所得的财物，具有下列情形之一的，应当认定为刑法第三百四十九条第一款规定的“情节严重”：

（一）为犯罪分子窝藏、转移、隐瞒毒品达到刑法第三百四十七条第二款第一项或者本解释第一条第一款规定的“数量大”标准的；

（二）为犯罪分子窝藏、转移、隐瞒毒品犯罪所得的财物价值达到五万元以上的；

（三）为多人或者多次为他人窝藏、转移、隐瞒毒品或者毒品犯罪所得的财物的；

（四）严重妨害司法机关对该犯罪分子实施的毒品犯罪进行追究的；

（五）其他情节严重的情形。

包庇走私、贩卖、运输、制造毒品的近亲属，或者为其窝藏、转移、隐瞒毒品或者毒品犯罪所得的财物，不具有本条前两款规定的“情节严重”情形，归案后认罪、悔罪、积极退赃，且系初犯、偶犯，犯罪情节轻微不需要判处刑罚的，可以免予刑事处罚。

第七条 违反国家规定，非法生产、买卖、运输制毒物品、走私制毒物品，达到下列数量标准的，应当认定为刑法第三百五十条第一款规定的“情节较重”：

（一）麻黄碱（麻黄素）、伪麻黄碱（伪麻黄素）、消旋麻黄碱（消旋麻黄素）一千克以上不满五千克；

（二）1-苯基-2-丙酮、1-苯基-2-溴-1-丙酮、3，4-亚甲基二氧苯基-2-丙酮、羟亚胺二千克以上不满十千克；

（三）3-氧-2-苯基丁腈、邻氯苯基环戊酮、去甲麻黄碱（去甲麻黄素）、甲基麻黄碱（甲基麻黄素）四千克以上不满二十千克；

（四）醋酸酐十千克以上不满五十千克；

（五）麻黄浸膏、麻黄浸膏粉、胡椒醛、黄樟素、黄樟油、异黄樟素、麦角酸、麦角胺、麦角新碱、苯乙酸二十千克以上不满一百千克；

（六）N-乙酰邻氨基苯酸、邻氨基苯甲酸、三氯甲烷、乙醚、哌啶五十千克以上不满二百五十千克；

（七）甲苯、丙酮、甲基乙基酮、高锰酸钾、硫酸、盐酸一百千克以上不满五百千克；

（八）其他制毒物品数量相当的。

违反国家规定，非法生产、买卖、运输制毒物品、走私制毒物品，达到前款规定的数量标准最低值的百分之五十，且具有下列情形之一的，应当认定为刑法第三百五十条第一款规定的“情节较重”：

（一）曾因非法生产、买卖、运输制毒物品、走私制毒物品受过刑事处罚的；

（二）二年内曾因非法生产、买卖、运输制毒物品、走私制毒物品受过行政处罚的；

（三）一次组织五人以上或者多次非法生产、买卖、运输制毒物品、走私制毒物品，或者在多个地点非法生产制毒物品的；

（四）利用、教唆未成年人非法生产、买卖、运输制毒物品、走私制毒物品的；

（五）国家工作人员非法生产、买卖、运输制毒物品、走私制毒物品的；

（六）严重影响群众正常生产、生活秩序的；

（七）其他情节较重的情形。

易制毒化学品生产、经营、购买、运输单位或者个人未办理许可证明或者备案证明，生产、销售、购买、运输易制毒化学品，确实用于合法生产、生活需要的，不以制毒物品犯罪论处。

第八条　违反国家规定，非法生产、买卖、运输制毒物品、走私制毒物品，具有下列情形之一的，应当认定为刑法第三百五十条第一款规定的“情节严重”：

（一）制毒物品数量在本解释第七条第一款规定的最高数量标准以上，不满最高数量标准五倍的；

（二）达到本解释第七条第一款规定的数量标准，且具有本解释第七条第二款第三项至第六项规定的情形之一的；

（三）其他情节严重的情形。

违反国家规定，非法生产、买卖、运输制毒物品、走私制毒物品，具有下列情形之一的，应当认定为刑法第三百五十条第一款规定的“情节特别严重”：

（一）制毒物品数量在本解释第七条第一款规定的最高数量标准五倍以上的；

（二）达到前款第一项规定的数量标准，且具有本解释第七条第二款第三项至第六项规定的情形之一的；

（三）其他情节特别严重的情形。

第九条 非法种植毒品原植物，具有下列情形之一的，应当认定为刑法第三百五十一条第一款第一项规定的“数量较大”：

（一）非法种植大麻五千株以上不满三万株的；

（二）非法种植罂粟二百平方米以上不满一千二百平方米、大麻二千平方米以上不满一万二千平方米，尚未出苗的；

（三）非法种植其他毒品原植物数量较大的。

非法种植毒品原植物，达到前款规定的最高数量标准的，应当认定为刑法第三百五十一条第二款规定的“数量大”。

第十条 非法买卖、运输、携带、持有未经灭活的毒品原植物种子或者幼苗，具有下列情形之一的，应当认定为刑法第三百五十二条规定的“数量较大”：

（一）罂粟种子五十克以上、罂粟幼苗五千株以上的；

（二）大麻种子五十千克以上、大麻幼苗五万株以上的；

（三）其他毒品原植物种子或者幼苗数量较大的。

第十一条 引诱、教唆、欺骗他人吸食、注射毒品，具有下列情形之一的，应当认定为刑法第三百五十三条第一款规定的“情节严重”：

（一）引诱、教唆、欺骗多人或者多次引诱、教唆、欺骗他人吸食、注射毒品的；

（二）对他人身体健康造成严重危害的；

（三）导致他人实施故意杀人、故意伤害、交通肇事等犯罪行为的；

（四）国家工作人员引诱、教唆、欺骗他人吸食、注射毒品的；

（五）其他情节严重的情形。

第十二条 容留他人吸食、注射毒品，具有下列情形之一的，应当依照刑法第三百五十四条的规定，以容留他人吸毒罪定罪处罚：

（一）一次容留多人吸食、注射毒品的；

（二）二年内多次容留他人吸食、注射毒品的；

（三）二年内曾因容留他人吸食、注射毒品受过行政处罚的；

（四）容留未成年人吸食、注射毒品的；

（五）以牟利为目的容留他人吸食、注射毒品的；

（六）容留他人吸食、注射毒品造成严重后果的；

（七）其他应当追究刑事责任的情形。

向他人贩卖毒品后又容留其吸食、注射毒品，或者容留他人吸食、注射毒品并向其贩卖毒品，符合前款规定的容留他人吸毒罪的定罪条件的，以贩卖毒品罪和容留他人吸毒罪数罪并罚。

容留近亲属吸食、注射毒品，情节显著轻微危害不大的，不作为犯罪处理；需要追究刑事责任的，可以酌情从宽处罚。

第十三条　依法从事生产、运输、管理、使用国家管制的麻醉药品、精神药品的人员，违反国家规定，向吸食、注射毒品的人提供国家规定管制的能够使人形成瘾癖的麻醉药品、精神药品，具有下列情形之一的，应当依照刑法第三百五十五条第一款的规定，以非法提供麻醉药品、精神药品罪定罪处罚：

（一）非法提供麻醉药品、精神药品达到刑法第三百四十七条第三款或者本解释第二条规定的“数量较大”标准最低值的百分之五十，不满“数量较大”标准的；

（二）二年内曾因非法提供麻醉药品、精神药品受过行政处罚的；

（三）向多人或者多次非法提供麻醉药品、精神药品的；

（四）向吸食、注射毒品的未成年人非法提供麻醉药品、精神药品的；

（五）非法提供麻醉药品、精神药品造成严重后果的；

（六）其他应当追究刑事责任的情形。

具有下列情形之一的，应当认定为刑法第三百五十五条第一款规定的“情节严重”：

（一）非法提供麻醉药品、精神药品达到刑法第三百四十七条第三款或者本解释第二条规定的“数量较大”标准的；

（二）非法提供麻醉药品、精神药品达到前款第一项规定的数量标准，且具有前款第三项至第五项规定的情形之一的；

（三）其他情节严重的情形。

第十四条　利用信息网络，设立用于实施传授制造毒品、非法生产制毒物品的方法，贩卖毒品，非法买卖制毒物品或者组织他人吸食、注射毒品等违法犯罪活动的网站、通讯群组，或者发布实施前述违法犯罪活动的信息，情节严重的，应当依照刑法第二百八十七条之一的规定，以非法利用信息网络罪定罪处罚。

实施刑法第二百八十七条之一、第二百八十七条之二规定的行为，同时构成贩卖毒品罪、非法买卖制毒物品罪、传授犯罪方法罪等犯罪的，依照处罚较重的规定定罪处罚。

第十五条　本解释自 2016 年 4 月 11 日起施行。《最高人民法院关于审理毒品案件定罪量刑标准有关问题的解释》（法释〔2000〕13 号）同时废止；之前发布的司法解释和规范性文件与本解释不一致的，以本解释为准。

附录 12

关于办理制毒物品犯罪案件适用法律若干问题的意见

（公通字〔2009〕33 号 2009 年 6 月 23 日）

为依法惩治走私制毒物品、非法买卖制毒物品犯罪活动，2009 年 6 月 23 日，最高人民法院、最高人民检察院、公安部根据刑法有关规定，结合司法实践，制定了《关于办理制毒物品犯罪案件适用法律若干问题的意见》，并于 6 月 26 日颁布施行。

各省、自治区、直辖市高级人民法院、人民检察院、公安厅、局，新疆维吾尔自治区高级人民法院生产建设兵团分院、新疆生产建设兵团人民检察院、公安局：

为依法惩治走私制毒物品、非法买卖制毒物品犯罪活动，根据刑法有关规定，结合司法实践，现就办理制毒物品犯罪案件适用法律的若干问题制定如下意见：

一、关于制毒物品犯罪的认定

（一）本意见中的“制毒物品”，是指刑法第三百五十条第一款规定的醋酸酐、乙醚、三氯甲烷或者其他用于制造毒品的原料或者配剂，具体品种范围按照国家关于易制毒化学品管理的规定确定。

（二）违反国家规定，实施下列行为之一的，认定为刑法第三百五十条规定的非法买卖制毒物品行为：

1、未经许可或者备案，擅自购买、销售易制毒化学品的；

2、超出许可证明或者备案证明的品种、数量范围购买、销售易制毒化学品的；

3、使用他人的或者伪造、变造、失效的许可证明或者备案证明购买、销售易制毒化学品的；

4、经营单位违反规定，向无购买许可证明、备案证明的单位、个人销售易制毒化学品的，或者明知购买者使用他人的或者伪造、变造、失效的购买许可证明、备案证明，向其销售易制毒化学品的；

5、以其他方式非法买卖易制毒化学品的。

（三）易制毒化学品生产、经营、使用单位或者个人未办理许可证明或者备案证明，购买、销售易制毒化学品，如果有证据证明确实用于合法生产、生活需要，依法能够办理只是未及时办理许可证明或者备案证明，且未造成严重社会危害的，可不以非法买卖制毒物品罪论处。

（四）为了制造毒品或者走私、非法买卖制毒物品犯罪而采用生产、加工、提炼等方法非法制造易制毒化学品的，根据刑法第二十二条的规定，按照其制造易制毒化学品的不同目的，分别以制造毒品、走私制毒物品、非法买卖制毒物品的预备行为论处。

（五）明知他人实施走私或者非法买卖制毒物品犯罪，而为其运输、储存、代理进出口或者以其他方式提供便利的，以走私或者非法买卖制毒物品罪的共犯论处。

（六）走私、非法买卖制毒物品行为同时构成其他犯罪的，依照处罚较重的规定定罪处罚。

二、关于制毒物品犯罪嫌疑人、被告人主观明知的认定

对于走私或者非法买卖制毒物品行为，有下列情形之一，且查获了易制毒化学品，结合犯罪嫌疑人、被告人的供述和其他证据，经综合审查判断，可以认定其“明知”是制毒物品而走私或者非法买卖，但有证据证明确属被蒙骗的除外：

1. 改变产品形状、包装或者使用虚假标签、商标等产品标志的；

2. 以藏匿、夹带或者其他隐蔽方式运输、携带易制毒化学品逃避检查的；

3. 抗拒检查或者在检查时丢弃货物逃跑的；

4. 以伪报、藏匿、伪装等蒙蔽手段逃避海关、边防等检查的；

5. 选择不设海关或者边防检查站的路段绕行出入境的；

6. 以虚假身份、地址办理托运、邮寄手续的；

7. 以其他方法隐瞒真相，逃避对易制毒化学品依法监管的。

三、关于制毒物品犯罪定罪量刑的数量标准

（一）违反国家规定，非法运输、携带制毒物品进出境或者在境内非法买卖制毒物品达到下列数量标准的，依照刑法第三百五十条第一款的规定，处三年以下有期徒刑、拘役或者管制，并处罚金：

1. 1-苯基-2-丙酮五千克以上不满五十千克；

2. 3，4-亚甲基二氧苯基-2-丙酮、去甲麻黄素（去甲麻黄碱）、甲基麻黄素（甲基麻黄碱）、羟亚胺及其盐类十千克以上不满一百千克；

3. 胡椒醛、黄樟素、黄樟油、异黄樟素、麦角酸、麦角胺、麦角新碱、苯乙酸二十千克以上不满二百千克；

4. N-乙酰邻氨基苯酸、邻氨基苯甲酸、哌啶一百五十千克以上不满一千五百千克；

5. 甲苯、丙酮、甲基乙基酮、高锰酸钾、硫酸、盐酸四百千克以上不满

四千千克；

6．其他用于制造毒品的原料或者配剂相当数量的。

（二）违反国家规定，非法买卖或者走私制毒物品，达到或者超过前款所列最高数量标准的，认定为刑法第三百五十条第一款规定的“数量大的”，处三年以上十年以下有期徒刑，并处罚金。

附录 13

非药用类麻醉药品和精神药品列管办法

（公通字〔2015〕27 号　2015 年 9 月 24 日）

第一条　为加强对非药用类麻醉药品和精神药品的管理，防止非法生产、经营、运输、使用和进出口，根据《中华人民共和国禁毒法》和《麻醉药品和精神药品管理条例》等法律、法规的规定，制定本办法。

第二条　本办法所称的非药用类麻醉药品和精神药品，是指未作为药品生产和使用，具有成瘾性或者成瘾潜力且易被滥用的物质。

第三条　麻醉药品和精神药品按照药用类和非药用类分类列管。除麻醉药品和精神药品管理品种目录已有列管品种外，新增非药用类麻醉药品和精神药品管制品种由本办法附表列示。非药用类麻醉药品和精神药品管制品种目录的调整由国务院公安部门会同国务院食品药品监督管理部门和国务院卫生计生行政部门负责。非药用类麻醉药品和精神药品发现医药用途，调整列入药品目录的，不再列入非药用类麻醉药品和精神药品管制品种目录。

第四条　对列管的非药用类麻醉药品和精神药品，禁止任何单位和个人生产、买卖、运输、使用、储存和进出口。因科研、实验需要使用非药用类麻醉药品和精神药品，在药品、医疗器械生产、检测中需要使用非药用类麻醉药品和精神药品标准品、对照品，以及药品生产过程中非药用类麻醉药品和精神药品中间体的管理，按照有关规定执行。各级公安机关和有关部门依法加强对非药用类麻醉药品和精神药品违法犯罪行为的打击处理。

第五条　各地禁毒委员会办公室（以下简称禁毒办）应当组织公安机关和有关部门加强对非药用类麻醉药品和精神药品的监测，并将监测情况及时上报国家禁毒办。国家禁毒办经汇总、分析后，应当及时发布预警信息。对国家禁毒办发布预警的未列管非药用类麻醉药品和精神药品，各地禁毒办应当进行重点监测。

第六条　国家禁毒办认为需要对特定非药用类麻醉药品和精神药品进行列管的，应当交由非药用类麻醉药品和精神药品专家委员会（以下简称专家委员会）进行风险评估和列管论证。

第七条　专家委员会由国务院公安部门、食品药品监督管理部门、卫生计生行政部门、工业和信息化管理部门、海关等部门的专业人员以及医学、药学、法学、司法鉴定、化工等领域的专家学者组成。专家委员会应当对拟列管的非药用类麻醉药品和精神药品进行下列风险评估和列管论证，并提出是否予以列管的建议：

（一）成瘾性或者成瘾潜力；

（二）对人身心健康的危害性；

（三）非法制造、贩运或者走私活动情况；

（四）滥用或者扩散情况；

（五）造成国内、国际危害或者其他社会危害情况。

专家委员会启动对拟列管的非药用类麻醉药品和精神药品的风险评估和列管论证工作后，应当在 3 个月内完成。

第八条　对专家委员会评估后提出列管建议的，国家禁毒办应当建议国务院公安部门会同食品药品监督管理部门和卫生计生行政部门予以列管。第九条国务院公安部门会同食品药品监督管理部门和卫生计生行政部门应当在接到国家禁毒办列管建议后 6 个月内，完成对非药用类麻醉药品和精神药品的列管工作。

第九条　国务院公安部门会同食品药品监督管理部门和卫生计生行政部门应当在接到国家禁毒办列管建议后 6 个月内，完成对非药用类麻醉药品和精神药品的列管工作。

对于情况紧急、不及时列管不利于遏制危害发展蔓延的，风险评估和列管工作应当加快进程。

第十条　本办法自 2015 年 10 月 1 日起施行。

附录 14

公安机关强制隔离戒毒所管理办法

（2011 年 9 月 19 日公安部部长办公会议通过，2011 年 9 月 28 日公安部令第 117 号发布施行）

第一章　总则

第一条　为加强和规范公安机关强制隔离戒毒所的管理，保障强制隔离戒毒工作顺利进行，根据《中华人民共和国禁毒法》、《国务院戒毒条例》以及相关规定，制定本办法。

第二条　强制隔离戒毒所是公安机关依法通过行政强制措施为戒毒人员提供科学规范的戒毒治疗、心理治疗、身体康复训练和卫生、道德、法制教育，开展职业技能培训的场所。

第三条　强制隔离戒毒所应当坚持戒毒治疗与教育康复相结合的方针，遵循依法、严格、科学、文明管理的原则，实现管理规范化、治疗医院化、康复多样化、帮教社会化、建设标准化。

第四条　强制隔离戒毒所应当建立警务公开制度，依法接受监督。

第二章　设置

第五条　强制隔离戒毒所由县级以上地方人民政府设置。

强制隔离戒毒所由公安机关提出设置意见，经本级人民政府和省级人民政府公安机关分别审核同意后，报省级人民政府批准，并报公安部备案。

第六条　强制隔离戒毒所机构名称为 ×× 省（自治区、直辖市）、×× 市（县、区、旗）强制隔离戒毒所。

同级人民政府设置有司法行政部门管理的强制隔离戒毒所的，公安机关管理的强制隔离戒毒所名称为 ×× 省（自治区、直辖市）、×× 市（县、区、旗）第一强制隔离戒毒所。

第七条　强制隔离戒毒所建设，应当符合国家有关建设规范。建设方案，应当经省级人民政府公安机关批准。

第八条　强制隔离戒毒所设所长 1 人，副所长 2 至 4 人，必要时可设置政治委员或教导员。强制隔离戒毒所根据工作需要设置相应的机构，配备相应数量的管教、监控、巡视、医护、技术、财会等民警和工勤人员，落实岗位责任。

强制隔离戒毒所根据工作需要配备一定数量女民警。

公安机关可以聘用文职人员参与强制隔离戒毒所的戒毒治疗、劳动技能培训、法制教育等非执法工作，可以聘用工勤人员从事勤杂工作。

第九条 强制隔离戒毒所管理人员、医务人员享受国家规定的工资福利待遇和职业保险。

第十条 强制隔离戒毒所的基础建设经费、日常运行公用经费、办案（业务）经费、业务装备经费、戒毒人员监管给养经费，按照县级以上人民政府的财政预算予以保障。

各省、自治区、直辖市公安机关应当会同本地财政部门每年度对戒毒人员伙食费、医疗费等戒毒人员经费标准进行核算。

第十一条 强制隔离戒毒所应当建立并严格执行财物管理制度，接受有关部门的检查和审计。

第十二条 强制隔离戒毒所按照收戒规模设置相应的医疗机构，接受卫生行政部门对医疗工作的指导和监督。

强制隔离戒毒所按照卫生行政部门批准的医疗机构要求配备医务工作人员。

强制隔离戒毒所医务工作人员应当参加卫生行政部门组织的业务培训和职称评定考核。

第三章　入所

第十三条 强制隔离戒毒所凭《强制隔离戒毒决定书》，接收戒毒人员。

第十四条 强制隔离戒毒所接收戒毒人员时，应当对戒毒人员进行必要的健康检查，确认是否受伤、患有传染病或者其他疾病，对女性戒毒人员还应当确认是否怀孕，并填写《戒毒人员健康检查表》。

办理入所手续后，强制隔离戒毒所民警应当向强制隔离戒毒决定机关出具收戒回执。

第十五条 对怀孕或者正在哺乳自己不满 1 周岁婴儿的妇女，强制隔离戒毒所应当通知强制隔离戒毒决定机关依法变更为社区戒毒。

戒毒人员不满 16 周岁且强制隔离戒毒可能影响其学业的，强制隔离戒毒所可以建议强制隔离戒毒决定机关依法变更为社区戒毒。

对身体有外伤的，强制隔离戒毒所应当予以记录，由送戒人员出具伤情说明并由戒毒人员本人签字确认。

第十六条 强制隔离戒毒所办理戒毒人员入所手续，应当填写《戒毒人员入所登记表》，并在全国禁毒信息管理系统中录入相应信息，及时进行信息维护。

戒毒人员基本信息与《强制隔离戒毒决定书》相应信息不一致的，强制隔离戒毒所应当要求办案部门核查并出具相应说明。

第十七条 强制隔离戒毒所应当对戒毒人员人身和随身携带的物品进行检查。除生活必需品外，其他物品由强制隔离戒毒所代为保管，并填写《戒毒人员财物保管登记表》一式二份，强制隔离戒毒所和戒毒人员各存一份。经戒毒人员签字同意，强制隔离戒毒所可以将代为保管物品移交戒毒人员近亲属保管。

对检查时发现的毒品以及其他依法应当没收的违禁品，强制隔离戒毒所应当逐件登记，并依照有关规定处理。与案件有关的物品应当移交强制隔离戒毒决定机关处理。

对女性戒毒人员的人身检查，应当由女性工作人员进行。

第十八条 强制隔离戒毒所应当配合办案部门查清戒毒人员真实情况，对新入所戒毒人员信息应当与在逃人员、违法犯罪人员等信息系统进行比对，发现戒毒人员有其他违法犯罪行为或者为在逃人员的，按照相关规定移交有关部门处理。

第四章 管理

第十九条 强制隔离戒毒所应当根据戒毒人员性别、年龄、患病、吸毒种类等情况设置不同病区，分别收戒管理。

强制隔离戒毒所根据戒毒治疗的不同阶段和戒毒人员表现，实行逐步适应社会的分级管理。

第二十条 强制隔离戒毒所应当建立新入所戒毒人员管理制度，对新入所戒毒人员实行不少于 15 天的过渡管理和教育。

第二十一条 强制隔离戒毒所应当在戒毒人员入所 24 小时内进行谈话教育，书面告知其应当遵守的管理规定和依法享有的权利及行使权利的途径，掌握其基本情况，疏导心理，引导其适应新环境。

第二十二条 戒毒人员提出检举、揭发、控告，以及提起行政复议或者行政诉讼的，强制隔离戒毒所应当登记后及时将有关材料转送有关部门。

第二十三条 强制隔离戒毒所应当保障戒毒人员通信自由和通信秘密。对强制隔离戒毒所以外的人员交给戒毒人员的物品和邮件，强制隔离戒毒所应当进行检查。检查时，应当有 2 名以上工作人员同时在场。

经强制隔离戒毒所批准，戒毒人员可以用指定的固定电话与其亲友、监护人或者所在单位、就读学校通话。

第二十四条 强制隔离戒毒所建立探访制度，允许戒毒人员亲属、所在单位或者就读学校的工作人员探访。

探访人员应当接受强制隔离戒毒所身份证件检查，遵守探访规定。对违反规定的探访人员，强制隔离戒毒所可以提出警告或者责令其停止探访。

第二十五条　戒毒人员具有以下情形之一的，强制隔离戒毒所可以批准其请假出所：

（一）配偶、直系亲属病危或者有其他正当理由需离所探视的；

（二）配偶、直系亲属死亡需要处理相应事务的；

（三）办理婚姻登记等必须由本人实施的民事法律行为的。

戒毒人员应当提出请假出所的书面申请并提供相关证明材料，经强制隔离戒毒所所长批准，并报主管公安机关备案后，发给戒毒人员请假出所证明。

请假出所时间最长不得超过10天，离所和回所当日均计算在内。对请假出所不归的，视作脱逃行为处理。

第二十六条　律师会见戒毒人员应当持律师执业证、律师事务所介绍信和委托书，在强制隔离戒毒所内指定地点进行。

第二十七条　强制隔离戒毒所应当制定并严格执行戒毒人员伙食标准，保证戒毒人员饮食卫生、吃熟、吃热、吃够定量。

对少数民族戒毒人员，应当尊重其饮食习俗。

第二十八条　强制隔离戒毒所应当建立戒毒人员代购物品管理制度，代购物品仅限日常生活用品和食品。

第二十九条　强制隔离戒毒所应当建立戒毒人员1日生活制度。

强制隔离戒毒所应当督促戒毒人员遵守戒毒人员行为规范，并根据其现实表现分别予以奖励或者处罚。

第三十条　强制隔离戒毒所应当建立出入所登记制度。

戒毒区实行封闭管理，非本所工作人员出入应经所领导批准。

第三十一条　强制隔离戒毒所应当统一戒毒人员的着装、被服，衣被上应当设置本所标志。

第三十二条　强制隔离戒毒所应当安装监控录像、应急报警、病室报告装置、门禁检查和违禁物品检测等技防系统。监控录像保存时间不得少于15天。

第三十三条　强制隔离戒毒所应当定期或者不定期进行安全检查，及时发现和消除安全隐患。

第三十四条　强制隔离戒毒所应当建立突发事件处置预案，并定期进行演练。

遇有戒毒人员脱逃、暴力袭击他人的，强制隔离戒毒所可以依法使用警械予以制止。

第三十五条　强制隔离戒毒所应当建立24小时值班巡视制度。

值班人员必须坚守岗位，履行职责，加强巡查，不得擅离职守，不得从事有碍值班的活动。

值班人员发现问题，应当果断采取有效措施，及时处置，并按规定向上级报告。

第三十六条 对有下列情形之一的戒毒人员，应当根据不同情节分别给予警告、训诫、责令具结悔过或者禁闭；构成犯罪的，依法追究刑事责任：

（一）违反戒毒人员行为规范、不遵守强制隔离戒毒所纪律，经教育不改正的；

（二）私藏或者吸食、注射毒品，隐匿违禁物品的；

（三）欺侮、殴打、虐待其他戒毒人员，占用他人财物等侵犯他人权利的；

（四）交流吸毒信息、传授犯罪方法或者教唆他人违法犯罪的；

（五）预谋或者实施自杀、脱逃、行凶的。

对戒毒人员处以警告、训诫和责令具结悔过，由管教民警决定并执行；处以禁闭，由管教民警提出意见，报强制隔离戒毒所所长批准。

对情节恶劣的，在诊断评估时应当作为建议延长其强制隔离戒毒期限的重要情节；构成犯罪的，交由侦查部门侦查，被决定刑事拘留或者逮捕的转看守所羁押。

第三十七条 强制隔离戒毒所发生戒毒人员脱逃的，应当立即报告主管公安机关，并配合追回脱逃人员。被追回的戒毒人员应当继续执行强制隔离戒毒，脱逃期间不计入强制隔离戒毒期限。被追回的戒毒人员不得提前解除强制隔离戒毒，诊断评估时可以作为建议延长其强制隔离戒毒期限的情节。

第三十八条 戒毒人员在强制隔离戒毒期间死亡的，强制隔离戒毒所应当立即向主管公安机关报告，同时通报强制隔离戒毒决定机关，通知其家属和同级人民检察院。主管公安机关应当组织相关部门对死亡原因进行调查。查清死亡原因后，尽快通知死者家属。

其他善后事宜依照国家有关规定处理。

第三十九条 强制隔离戒毒所应当建立询问登记制度，配合办案部门的询问工作。

第四十条 办案人员询问戒毒人员，应当持单位介绍信及有效工作证件，办理登记手续，在询问室进行。

因办案需要，经强制隔离戒毒所主管公安机关负责人批准，办案部门办理交接手续后可以将戒毒人员带离出所，出所期间的安全由办案部门负责。戒毒人员被带离出所以及送回所时，强制隔离戒毒所应对其进行体表检查，做好书面记录，由强制隔离戒毒所民警、办案人员和戒毒人员签字确认。

第五章　医疗

第四十一条 强制隔离戒毒所戒毒治疗和护理操作规程按照国家有关规定

进行。

第四十二条　强制隔离戒毒所根据戒毒人员吸食、注射毒品的种类和成瘾程度等，进行有针对性的生理治疗、心理治疗和身体康复训练，并建立个人病历。

第四十三条　强制隔离戒毒所实行医护人员24小时值班和定时查房制度，医护人员应当随时掌握分管戒毒人员的治疗和身体康复情况，并给予及时的治疗和看护。

第四十四条　强制隔离戒毒所对患有传染病的戒毒人员，按照国家有关规定采取必要的隔离、治疗措施。

第四十五条　强制隔离戒毒所对毒瘾发作或者出现精神障碍可能发生自伤、自残或者实施其他危险行为的戒毒人员，可以按照卫生行政部门制定的医疗规范采取保护性约束措施。

对被采取保护性约束措施的戒毒人员，民警和医护人员应当密切观察，可能发生自伤、自残或者实施其他危险行为的情形解除后及时解除保护性约束措施。

第四十六条　戒毒人员患严重疾病，不出所治疗可能危及生命的，经强制隔离戒毒所主管公安机关批准，报强制隔离戒毒决定机关备案，强制隔离戒毒所可以允许其所外就医，并发给所外就医证明。所外就医的费用由戒毒人员本人承担。

所外就医期间，强制隔离戒毒期限连续计算。对于健康状况不再适宜回所执行强制隔离戒毒的，强制隔离戒毒所应当向强制隔离戒毒决定机关提出变更为社区戒毒的建议，强制隔离戒毒决定机关应当自收到建议之日起7日内，作出是否批准的决定。经批准变更为社区戒毒的，已执行的强制隔离戒毒期限折抵社区戒毒期限。

第四十七条　强制隔离戒毒所使用麻醉药品和精神药品，应当按照规定向有关部门申请购买。需要对戒毒人员使用麻醉药品和精神药品的，由具有麻醉药品、精神药品处方权的执业医师按照有关技术规范开具处方，医护人员应当监督戒毒人员当面服药。

强制隔离戒毒所应当按照有关规定严格管理麻醉药品和精神药品，严禁违规使用，防止流入非法渠道。

第四十八条　强制隔离戒毒所应当建立卫生防疫制度，设置供戒毒人员沐浴、理发和洗晒被服的设施。对戒毒病区应当定期消毒，防止传染疫情发生。

第四十九条　强制隔离戒毒所可以与社会医疗机构开展多种形式的医疗合作，保证医疗质量。

第六章　教育

第五十条　强制隔离戒毒所应当设立教室、心理咨询室、谈话教育室、娱乐活动室、技能培训室等教育、康复活动的功能用房。

第五十一条　强制隔离戒毒所应当建立民警与戒毒人员定期谈话制度。管教民警应当熟悉分管戒毒人员的基本情况，包括戒毒人员自然情况、社会关系、吸毒经历、思想动态和现实表现等。

第五十二条　强制隔离戒毒所应当对戒毒人员经常开展法制、禁毒宣传、艾滋病性病预防宣传等主题教育活动。

第五十三条　强制隔离戒毒所对戒毒人员的教育，可以采取集中授课、个别谈话、社会帮教、亲友规劝、现身说法等多种形式进行。强制隔离戒毒所可以邀请有关专家、学者、社会工作者以及戒毒成功人员协助开展教育工作。

第五十四条　强制隔离戒毒所应当制定奖励制度，鼓励、引导戒毒人员坦白、检举违法犯罪行为。

强制隔离戒毒所应当及时将戒毒人员提供的违法犯罪线索转递给侦查办案部门。办案部门应当及时进行查证并反馈查证情况。

强制隔离戒毒所应当对查证属实、有立功表现的戒毒人员予以奖励，并作为诊断评估的重要依据。

第五十五条　强制隔离戒毒所可以动员、劝导戒毒人员戒毒期满出所后进入戒毒康复场所康复，并提供便利条件。

第五十六条　强制隔离戒毒所应当积极联系劳动保障、教育等有关部门，向戒毒人员提供职业技术、文化教育培训。

第七章　康复

第五十七条　强制隔离戒毒所应当组织戒毒人员开展文体活动，进行体能训练。一般情况下，每天进行不少于 2 小时的室外活动。

第五十八条　强制隔离戒毒所应当采取多种形式对戒毒人员进行心理康复训练。

第五十九条　强制隔离戒毒所可以根据戒毒需要和戒毒人员的身体状况组织戒毒人员参加康复劳动，康复劳动时间每天最长不得超过 6 小时。

强制隔离戒毒所不得强迫戒毒人员参加劳动。

第六十条　强制隔离戒毒所康复劳动场所和康复劳动项目应当符合国家相关规定，不得开展有碍于安全管理和戒毒人员身体康复的项目。

第六十一条　强制隔离戒毒所应当对戒毒人员康复劳动收入和支出建立专门

账目，严格遵守财务制度，专款专用。戒毒人员康复劳动收入使用范围如下：

（一）支付戒毒人员劳动报酬；

（二）改善戒毒人员伙食及生活条件；

（三）购置劳保用品；

（四）其他必要开支。

第八章　出所

第六十二条　对需要转至司法行政部门强制隔离戒毒所继续执行强制隔离戒毒的人员，公安机关应当与司法行政部门办理移交手续。

第六十三条　对外地戒毒人员，如其户籍地强制隔离戒毒所同意接收，强制隔离戒毒决定机关可以变更执行场所，将戒毒人员交付其户籍地强制隔离戒毒所执行并办理移交手续。

第六十四条　强制隔离戒毒所应当建立戒毒诊断评估工作小组，按照有关规定对戒毒人员的戒毒康复、现实表现、适应社会能力等情况作出综合评估。对转至司法行政部门继续执行的，强制隔离戒毒所应当将戒毒人员戒毒康复、日常行为考核等情况一并移交司法行政部门强制隔离戒毒所，并通报强制隔离戒毒决定机关。

第六十五条　戒毒人员被依法收监执行刑罚、采取强制性教育措施或者被依法拘留、逮捕的，强制隔离戒毒所应当根据有关法律文书，与相关部门办理移交手续，并通知强制隔离戒毒决定机关。监管场所、羁押场所应当给予必要的戒毒治疗。

刑罚执行完毕时、解除强制性教育措施时或者释放时强制隔离戒毒尚未期满的，继续执行强制隔离戒毒。

第六十六条　强制隔离戒毒所应当将戒毒人员以下信息录入全国禁毒信息管理系统，进行相应的信息维护：

（一）强制隔离戒毒期满出所的；

（二）转至司法行政部门强制隔离戒毒所继续执行的；

（三）转至司法行政部门强制隔离戒毒所不被接收的；

（四）所外就医的；

（五）变更为社区戒毒的；

（六）脱逃或者请假出所不归的；

（七）脱逃被追回后在其他强制隔离戒毒所执行的。

第六十七条　强制隔离戒毒所应当建立并妥善保管戒毒人员档案。档案内容包括：强制隔离戒毒决定书副本、行政复议或者诉讼结果文书、戒毒人员登记表、健康检查表、财物保管登记表、病历、奖惩情况记录、办案机关或者律师询问记录、诊断评估结果、探访与请假出所记录、出所凭证等在强制隔离戒毒期间产生的有关文书及图片。

戒毒人员死亡的，强制隔离戒毒所应当将《戒毒人员死亡鉴定书》和《戒毒人员死亡通知书》归入其档案。

除法律明确规定外，强制隔离戒毒所不得对外提供戒毒人员档案。

第九章　附则

第六十八条　对被处以行政拘留的吸毒成瘾人员，本级公安机关没有设立拘留所或者拘留所不具备戒毒治疗条件的，强制隔离戒毒所可以代为执行。

第六十九条　有条件的强制隔离戒毒所可以接收自愿戒毒人员。但应当建立专门的自愿戒毒区，并按照卫生行政部门关于自愿戒毒的规定管理自愿戒毒人员。

对自愿接受强制隔离戒毒的吸毒成瘾人员，强制隔离戒毒所应当与其就戒毒治疗期限、戒毒治疗措施等签订书面协议。

第七十条　强制隔离戒毒所实行等级化管理，具体办法由公安部另行制定。

第七十一条　本办法所称以上，均包括本数、本级。

第七十二条　强制隔离戒毒所的文书格式，由公安部统一制定。

第七十三条　本办法自公布之日起施行，公安部 2000 年 4 月 17 日发布施行的《强制戒毒所管理办法》同时废止。

附录 15

司法行政机关强制隔离戒毒工作规定

（司法部令（第 127 号） 2013 年 3 月 22 日司法部部务会议审议通过，自 2013 年 6 月 1 日起施行）

第一章　总则

第一条　为了规范司法行政机关强制隔离戒毒工作，帮助吸毒成瘾人员戒除毒瘾，维护社会秩序，根据《中华人民共和国禁毒法》、《戒毒条例》等法律法规和相关规定，制定本规定。

第二条　司法行政机关强制隔离戒毒工作应当遵循以人为本、科学戒毒、综合矫治、关怀救助的原则，教育和挽救吸毒成瘾人员。

第三条　司法行政机关强制隔离戒毒所对经公安机关作出强制隔离戒毒决定，在公安机关强制隔离戒毒场所执行三个月至六个月后，或者依据省、自治区、直辖市具体执行方案送交的强制隔离戒毒人员（以下简称“戒毒人员”），依法执行强制隔离戒毒。

第四条　从事强制隔离戒毒工作的人民警察应当严格、公正、廉洁、文明执法，尊重戒毒人员人格，保障其合法权益。

第五条　司法行政机关强制隔离戒毒工作所需经费，按照国家规定的标准纳入当地政府财政预算。

第二章　场所设置

第六条　设置司法行政机关强制隔离戒毒所，应当符合司法部的规划，经省、自治区、直辖市司法厅（局）审核，由省级人民政府批准，并报司法部备案。

具备条件的地方，应当单独设置收治女性戒毒人员的强制隔离戒毒所和收治未成年戒毒人员的强制隔离戒毒所。

第七条　强制隔离戒毒所以其所在地地名加“强制隔离戒毒所”命名，同一地域有多个强制隔离戒毒所的，可以采取其他方式命名。

专门收治女性戒毒人员的强制隔离戒毒所名称，为地名后加“女子强制隔离戒毒所”；专门收治未成年人的强制隔离戒毒所名称，为地名后加“未成年人强制隔离戒毒所”。

第八条 强制隔离戒毒所设所长一人、政治委员一人、副所长若干人，设置职能机构和戒毒大队，根据收治规模配备从事管教、医疗和后勤保障的工作人员。

第九条 强制隔离戒毒所设置医疗机构，接受卫生行政部门对医疗工作的指导和监督。

第十条 强制隔离戒毒所工作人员享受国家规定的工资福利待遇及保险。

第三章 接收

第十一条 强制隔离戒毒所根据县级以上人民政府公安机关强制隔离戒毒决定书接收戒毒人员。

第十二条 强制隔离戒毒所接收戒毒人员时，应当核对戒毒人员身份，进行必要的健康检查，填写强制隔离戒毒人员入所健康状况检查表。

戒毒人员身体有伤的，强制隔离戒毒所应当予以记录，由移送的公安机关工作人员和戒毒人员本人签字确认。

对女性戒毒人员应当进行妊娠检测。对怀孕或者正在哺乳自己不满一周岁婴儿的妇女，不予接收。

第十三条 强制隔离戒毒所应当对接收的戒毒人员的身体和携带物品进行检查，依法处理违禁品，对生活必需品以外的其他物品进行登记并由戒毒人员本人签字，由其指定的近亲属领回或者由强制隔离戒毒所代为保管。检查时应当有两名以上人民警察在场。

女性戒毒人员的身体检查，应当由女性人民警察进行。

第十四条 强制隔离戒毒所接收戒毒人员，应当填写强制隔离戒毒人员入所登记表，查收戒毒人员在公安机关强制隔离戒毒期间的相关材料。

第十五条 戒毒人员入所后，强制隔离戒毒所应当书面通知其家属，通知书应当自戒毒人员入所之日起五日内发出。

第四章 管理

第十六条 强制隔离戒毒所应当根据性别、年龄、患病等情况，对戒毒人员实行分别管理；根据戒毒治疗情况，对戒毒人员实行分期管理；根据戒毒人员表现，实行逐步适应社会的分级管理。

第十七条 强制隔离戒毒所人民警察对戒毒人员实行直接管理，严禁由其他人员代行管理职权。

女性戒毒人员由女性人民警察直接管理。

第十八条 强制隔离戒毒所应当建立安全管理制度，进行安全检查，及时发现和消除安全隐患。

强制隔离戒毒所应当制定突发事件应急预案，并定期演练。

第十九条 强制隔离戒毒所应当安装监控、应急报警、门禁检查和违禁品检测等安全技防系统，按照规定保存监控录像和有关信息资料。

强制隔离戒毒所应当安排专门人民警察负责强制隔离戒毒所的安全警戒工作。

第二十条 对强制隔离戒毒所以外的人员交给戒毒人员的物品和邮件，强制隔离戒毒所应当进行检查，防止夹带毒品及其他违禁品。检查时，应当有两名以上人民警察在场。

检查邮件时，应当依法保护戒毒人员的通信自由和通信秘密。

第二十一条 经强制隔离戒毒所批准，戒毒人员可以使用指定的固定电话与其亲属、监护人或者所在单位、就读学校有关人员通话。

戒毒人员在所内不得持有、使用移动通讯设备。

第二十二条 戒毒人员的亲属和所在单位或者就读学校的工作人员，可以按照强制隔离戒毒所探访规定探访戒毒人员。

强制隔离戒毒所应当检查探访人员身份证件，对身份不明或者无法核实的不允许探访。

对正被采取保护性约束措施或者正处于单独管理期间的戒毒人员，不予安排探访。

第二十三条 探访应当在探访室进行。探访人员应当遵守探访规定；探访人员违反规定经劝阻无效的，可以终止其探访。

探访人员交给戒毒人员物品须经批准，并由人民警察当面检查；交给戒毒人员现金的，应当存入戒毒人员所内个人账户；发现探访人员利用探访传递毒品的，应当移交公安机关依法处理；发现探访人员利用探访传递其他违禁品的，应当依照有关规定处理。

第二十四条 戒毒人员因配偶、直系亲属病危、死亡或者家庭有其他重大变故，可以申请外出探视。申请外出探视须有医疗单位、戒毒人员户籍所在地或者现居住地公安派出所、原单位或者街道（乡、镇）的证明材料。

除前款规定外，强制隔离戒毒所可以批准戒治效果好的戒毒人员外出探视其配偶、直系亲属。

第二十五条 强制隔离戒毒所批准戒毒人员外出探视的，应当发给戒毒人员外出探视证明。戒毒人员外出探视及在途时间不得超过十日。对非因不可抗力逾期不归的戒毒人员，视作脱逃处理。

第二十六条 戒毒人员外出探视回所后，强制隔离戒毒所应当对其进行检测。发现重新吸毒的，不得报请提前解除强制隔离戒毒。

第二十七条 对有下列情形之一的戒毒人员，应当根据不同情节分别给予警告、训诫、责令具结悔过：

（一）违反戒毒人员行为规范、不遵守强制隔离戒毒所纪律，经教育不改正的；

（二）欺侮、殴打、虐待其他戒毒人员的；

（三）隐匿违禁品的；

（四）交流吸毒信息、传授犯罪方法的。

对戒毒人员处以警告、训诫和责令具结悔过，由戒毒大队决定并执行。

第二十八条 对有严重扰乱所内秩序、私藏或者吸食、注射毒品、预谋或者实施脱逃、行凶、自杀、自伤、自残等行为以及涉嫌犯罪应当移送司法机关处理的戒毒人员，强制隔离戒毒所应当对其实行单独管理。

单独管理应当经强制隔离戒毒所负责人批准。在紧急情况下，可以先行采取单独管理措施，并在二十四小时内补办审批手续。

对单独管理的戒毒人员，应当安排人民警察专门管理。一次单独管理的时间不得超过五日。单独管理不得连续使用。

第二十九条 对私藏或者吸食、注射毒品的戒毒人员，不得报请提前解除强制隔离戒毒，并应当在期满前诊断评估时，作为延长强制隔离戒毒期限的依据；涉嫌犯罪的，应当依法追究刑事责任。

第三十条 遇有戒毒人员脱逃、暴力袭击他人等危险行为，强制隔离戒毒所人民警察可以依法使用警械予以制止。警械使用情况，应当记录在案。

第三十一条 戒毒人员脱逃的，强制隔离戒毒所应当立即通知当地公安机关，并配合公安机关追回脱逃人员。被追回的戒毒人员应当继续执行强制隔离戒毒，脱逃期间不计入强制隔离戒毒期限。对被追回的戒毒人员不得报请提前解除强制隔离戒毒。

第三十二条 戒毒人员提出申诉、检举、揭发、控告的，强制隔离戒毒所应当及时依法处理；对强制隔离戒毒决定不服提起行政复议或者行政诉讼的，强制隔离戒毒所应当将有关材料登记后及时转送有关部门。

第三十三条 强制隔离戒毒所工作人员因工作失职致使毒品等违禁品进入强制隔离戒毒所，违反规定允许戒毒人员携带、使用或者为其传递毒品等违禁品的，应当依法给予处分；涉嫌犯罪的，应当依法追究刑事责任。

进入强制隔离戒毒所的其他人员为戒毒人员传递毒品的，应当移交司法机关依法处理。

第五章　治疗康复

第三十四条　强制隔离戒毒所应当根据戒毒人员吸食、注射毒品的种类、成瘾程度和戒断症状等进行有针对性的生理治疗、心理治疗和身体康复训练。

对公安机关强制隔离戒毒所移送的戒毒人员，应当做好戒毒治疗的衔接工作。

第三十五条　对戒毒人员进行戒毒治疗，应当采用科学、规范的诊疗技术和方法，使用符合国家有关规定的药物、医疗器械。戒毒治疗使用的麻醉药品和精神药品应当按照规定申请购买并严格管理，使用时须由具有麻醉药品、精神药品处方权的医师按照有关技术规范开具处方。

禁止以戒毒人员为对象进行戒毒药物试验。

第三十六条　强制隔离戒毒所应当定期对戒毒人员进行身体检查。对患有疾病的戒毒人员，应当及时治疗。对患有传染病的戒毒人员，应当按照国家有关规定采取必要的隔离治疗措施。

第三十七条　戒毒人员患有严重疾病，不出所治疗可能危及生命的，凭所内医疗机构或者二级以上医院出具的诊断证明，经强制隔离戒毒所所在省、自治区、直辖市司法行政机关戒毒管理部门批准，报强制隔离戒毒决定机关备案，强制隔离戒毒所可以允许其所外就医，并发给所外就医证明。

第三十八条　戒毒人员所外就医期间，强制隔离戒毒期限连续计算。对于健康状况不再适宜回所执行强制隔离戒毒的，强制隔离戒毒所应当向强制隔离戒毒决定机关提出变更为社区戒毒的建议，同时报强制隔离戒毒所所在省、自治区、直辖市司法行政机关戒毒管理部门备案。

第三十九条　强制隔离戒毒所应当建立戒毒人员心理健康档案，开展心理健康教育，提供心理咨询，对戒毒人员进行心理治疗；对心理状态严重异常或者有行凶、自伤、自残等危险倾向的戒毒人员应当实施心理危机干预。

第四十条　对可能发生自伤、自残等情形的戒毒人员使用保护性约束措施应当经强制隔离戒毒所负责人批准。采取保护性约束措施应当遵守有关医疗规范。

对被采取保护性约束措施的戒毒人员，人民警察和医护人员应当密切观察；可能发生自伤、自残等情形消除后，应当及时解除保护性约束措施。

第四十一条　强制隔离戒毒所可以与社会医疗机构开展医疗合作，提高戒毒治疗水平和医疗质量。

第四十二条　强制隔离戒毒所应当通过组织体育锻炼、娱乐活动、生活技能培训等方式对戒毒人员进行身体康复训练，帮助戒毒人员恢复身体机能、增强体能。

第四十三条 强制隔离戒毒所根据戒毒的需要，可以组织有劳动能力的戒毒人员参加必要的生产劳动。

组织戒毒人员参加生产劳动的，应当支付劳动报酬。戒毒人员劳动时间每周不超过五天，每天不超过六小时。法定节假日不得安排戒毒人员参加生产劳动。

第四十四条 强制隔离戒毒所应当建立安全生产管理制度，对参加生产劳动的戒毒人员进行安全生产教育，提供必要的劳动防护用品。生产劳动场地和劳动项目应当符合安全生产管理的有关规定，不得引进易燃、易爆等危险生产项目，不得组织戒毒人员从事有碍身体康复的劳动。

第六章 教育

第四十五条 强制隔离戒毒所应当对新接收的戒毒人员进行时间不少于一个月的入所教育，教育内容包括强制隔离戒毒有关法律法规、所规所纪、戒毒人员权利义务等。

第四十六条 强制隔离戒毒所应当采取课堂教学的方式，对戒毒人员集中进行卫生、法制、道德和形势政策等教育。

第四十七条 强制隔离戒毒所应当对戒毒人员开展有针对性的个别教育。戒毒大队人民警察应当熟悉分管戒毒人员的基本情况，掌握思想动态，对分管的每名戒毒人员每月至少进行一次个别谈话。戒毒人员有严重思想、情绪波动的，应当及时进行谈话疏导。

第四十八条 强制隔离戒毒所应当开展戒毒文化建设，运用影视、广播、展览、文艺演出、图书、报刊、宣传栏和所内局域网等文化载体，活跃戒毒人员文化生活，丰富教育形式。

第四十九条 强制隔离戒毒所应当加强同当地有关部门和单位的联系，通过签订帮教协议、来所开展帮教等形式，做好戒毒人员的教育工作。

强制隔离戒毒所可以邀请有关专家、学者、社会工作者、志愿人员以及戒毒成功人员协助开展教育工作。对协助教育有显著成绩和突出贡献的，应当予以表彰、奖励。

第五十条 强制隔离戒毒所应当协调人力资源社会保障部门，对戒毒人员进行职业技能培训和职业技能鉴定；职业技能鉴定合格的，颁发相应的职业资格证书。

第五十一条 强制隔离戒毒所应当在戒毒人员出所前进行回归社会教育，教育时间不少于一周。

强制隔离戒毒所可以安排戒毒人员到戒毒康复场所及戒毒药物维持治疗场所参观、体验，开展戒毒康复、戒毒药物维持治疗相关知识的宣传教育，为解除强制隔离戒毒后自愿进入戒毒康复场所康复或者参加戒毒药物维持治疗的戒毒人员提供便利。

第七章　生活卫生

第五十二条　强制隔离戒毒所应当按规定设置戒毒人员生活设施。戒毒人员宿舍应当坚固安全、通风明亮，配备必要的生活用品。戒毒人员的生活环境应当绿化美化。

第五十三条　强制隔离戒毒所应当保持戒毒人员生活区整洁，定期组织戒毒人员理发、洗澡、晾晒被褥，保持其个人卫生。

强制隔离戒毒所应当统一戒毒人员的着装。

第五十四条　强制隔离戒毒所应当保证戒毒人员的伙食供应不低于规定标准。戒毒人员伙食经费不得挪作他用。戒毒人员食堂应当按月公布伙食账目。

对正在进行脱毒治疗和患病的戒毒人员在伙食上应当给予适当照顾。对少数民族戒毒人员，应当尊重其饮食习惯。

第五十五条　强制隔离戒毒所应当保证戒毒人员的饮食安全。食堂管理人员和炊事人员应当取得卫生行政主管部门颁发的健康证明，每半年进行一次健康检查，健康检查不合格的应当及时予以调整。

戒毒人员食堂实行四十八小时食品留样制度。

第五十六条　戒毒人员可以在所内商店购买日常用品。所内商店出售商品应当价格合理，明码标价，禁止出售过期、变质商品。

强制隔离戒毒所应当对所内商店采购的商品进行检查，防止违禁品流入。

第五十七条　强制隔离戒毒所应当做好疾病预防控制工作。发生传染病疫情，应当按规定及时报告主管机关和当地疾病预防控制部门，并采取相应的防治措施。

第八章　解除

第五十八条　强制隔离戒毒所应当按照有关规定对戒毒人员进行诊断评估。对强制隔离戒毒期限届满且经诊断评估达到规定标准的戒毒人员，应当解除强制隔离戒毒。

经诊断评估，对符合规定条件的戒毒人员，强制隔离戒毒所可以提出提前解除强制隔离戒毒的意见或者延长强制隔离戒毒期限的意见，并按规定程序报强制隔离戒毒决定机关批准。强制隔离戒毒所收到强制隔离戒毒决定机关出具的提前解除强制隔离戒毒决定书或者延长强制隔离戒毒期限决定书的，应当及时送达戒毒人员。

第五十九条 强制隔离戒毒所应当在解除强制隔离戒毒三日前通知强制隔离戒毒决定机关，同时通知戒毒人员家属、所在单位、户籍所在地或者现居住地公安派出所将其按期领回。戒毒人员出所时无人领回，自行离所的，强制隔离戒毒所应当及时通知强制隔离戒毒决定机关。

对解除强制隔离戒毒的所外就医人员，强制隔离戒毒所应当及时通知其来所办理解除强制隔离戒毒手续。

第六十条 解除强制隔离戒毒的，强制隔离戒毒所应当向戒毒人员出具解除强制隔离戒毒证明书，同时发还代管财物。

第六十一条 戒毒人员被依法收监执行刑罚或者依法拘留、逮捕的，强制隔离戒毒所应当根据有关法律文书，与相关部门办理移交手续，并通知强制隔离戒毒决定机关；戒毒人员被依法释放时强制隔离戒毒尚未期满的，继续执行强制隔离戒毒。

第六十二条 戒毒人员在强制隔离戒毒所内死亡的，强制隔离戒毒所应当立即报告所属主管机关，通知其家属、强制隔离戒毒决定机关和当地人民检察院。戒毒人员家属对死亡原因有疑义的，可以委托有关部门作出鉴定。其他善后事宜依照国家有关规定处理。

第六十三条 强制隔离戒毒所应当妥善保管戒毒人员档案。档案内容包括：强制隔离戒毒决定书、强制隔离戒毒人员入所登记表、强制隔离戒毒人员入所健康状况检查表、财物保管登记表、病历、心理健康档案、诊断评估结果、提前解除强制隔离戒毒决定书或者延长强制隔离戒毒期限决定书、解除强制隔离戒毒证明书以及在强制隔离戒毒期间产生的重要文书、视听资料。

除法律明确规定外，强制隔离戒毒所不得对外提供戒毒人员档案信息。

第九章　附则

第六十四条 吸毒成瘾人员自愿接受强制隔离戒毒的，应当凭强制隔离戒毒所所在地公安机关的书面同意意见，向强制隔离戒毒所提出申请。强制隔离戒毒所同意接收的，应当与其就戒毒治疗期限、戒毒治疗措施、权利义务等事项签订书面协议；协议未约定的，参照本规定有关规定执行。

第六十五条 本规定自 2013 年 6 月 1 日起施行。

附录 16

强制隔离戒毒诊断评估办法

（2013 年 9 月 2 日 公安部、司法部、国家卫生和计划生育委员会发布）

第一章　总则

第一条　为规范强制隔离戒毒诊断评估工作，科学评价戒毒效果，帮助强制隔离戒毒人员（以下简称戒毒人员）戒除毒瘾，有效保障戒毒人员合法权益，根据《中华人民共和国禁毒法》、《戒毒条例》以及相关规定，制定本办法。

第二条　本办法所称强制隔离戒毒诊断评估，是指强制隔离戒毒所对戒毒人员在强制隔离戒毒期间的生理脱毒、身心康复、行为表现、社会环境与适应能力等情况进行综合考核、客观评价。

第三条　强制隔离戒毒诊断评估结果，是强制隔离戒毒所对戒毒人员按期解除强制隔离戒毒、提出提前解除强制隔离戒毒或者延长强制隔离戒毒期限意见以及责令社区康复建议的直接依据。

第四条　强制隔离戒毒诊断评估应当坚持依法、科学、公正、公开的原则。

第五条　县级以上人民政府公安机关、司法行政部门、卫生计生行政部门应当在各自职责范围内对强制隔离戒毒诊断评估工作进行监督和指导。

公安机关和司法行政部门应当分别设立强制隔离戒毒诊断评估工作指导委员会，负责指导、监督所辖强制隔离戒毒所的诊断评估工作。

卫生计生行政部门应当对诊断评估中的生理脱毒、身心康复评估工作进行指导，必要时可以指派专业医师参与诊断评估工作。

第二章　诊断评估内容和标准

第六条　诊断评估内容包括生理脱毒评估、身心康复评估、行为表现评估、社会环境与适应能力评估。

生理脱毒评估、身心康复评估、行为表现评估结果分为“合格”、“不合格”两类；社会环境与适应能力评估结果分为“良好”和“一般”两类。

第七条　戒毒人员生理脱毒评估标准：

（一）毒品检测结果呈阴性；

（二）停止使用控制或者缓解戒断症状的药物；

（三）急性戒断症状完全消除；

（四）未出现明显稽延性戒断症状；

（五）未出现因吸毒导致的明显精神症状或者原有精神障碍得到有效控制。

诊断评估时，戒毒人员同时达到上述五项，生理脱毒评估为“合格”，否则为“不合格”。

第八条 戒毒人员身心康复评估标准：

（一）身体相关机能有所改善；

（二）体能测试有所提高；

（三）戒毒动机明确，信心增强，掌握防止复吸的方法；

（四）未出现严重心理问题或者精神症状；

（五）有改善与家庭、社会关系的愿望和行动。

诊断评估时，戒毒人员同时达到上述五项，身心康复评估为“合格”，否则为“不合格”。

第九条 戒毒人员行为表现评估标准：

（一）服从管理教育，遵守所规所纪；

（二）接受戒毒治疗，参加康复训练；

（三）参加教育矫治活动；

（四）参加康复劳动；

（五）坦白、检举违法犯罪活动。

对戒毒人员的行为表现，强制隔离戒毒所应当将上述考核内容分解量化，采取日积累、月考评、逐月累计的计分形式进行动态考核，达到规定分数的为“合格”，否则为“不合格”。

第十条 戒毒人员社会环境与适应能力评估标准：

（一）与有关部门签订社会帮教协议或者有明确意向；

（二）家属或者所在社区支持配合其戒毒；

（三）有主动接受社会监督和援助的意愿；

（四）掌握一定的就业谋生技能；

（五）有稳定的生活来源或者固定居所。

诊断评估时，戒毒人员同时具备上述三项以上的，社会环境与适应能力评估为“良好”，否则为“一般”。

第十一条 对生理脱毒评估、身心康复评估、行为表现评估均达到“合格”，社会环境与适用能力评估结果为“良好”的，强制隔离戒毒所可以提出提前解除强制隔离戒毒的意见。

第十二条 对被二次以上强制隔离戒毒的，应当从严控制提前解除强制隔离戒毒的期限。

第十三条　对具有下列情形之一的戒毒人员，不得提出提前解除强制隔离戒毒的意见：

（一）拒不交代真实身份和住址的；

（二）脱逃被追回或者有自伤自残行为的；

（三）所外就医、探视、请假外出等期间或者回所时毒品检测结果呈阳性或者拒绝接受毒品检测的；

（四）被责令接受社区康复的人员拒绝接受社区康复或者严重违反社区康复协议，因再次吸食、注射毒品被决定强制隔离戒毒的；

（五）其他不宜提前解除强制隔离戒毒的。

第十四条　对强制隔离戒毒所提出提前解除强制隔离戒毒的意见后戒毒人员有脱逃、自伤自残或者殴打其他戒毒人员等严重违反所规所纪行为的，强制隔离戒毒所应当撤回提前解除强制隔离戒毒的意见。强制隔离戒毒决定机关已批准的，强制隔离戒毒所应当建议强制隔离戒毒决定机关撤销该决定。

第十五条　强制隔离戒毒期满前，强制隔离戒毒所应当对戒毒人员进行综合诊断评估。

对生理脱毒、身心康复、行为表现评估结果均达到“合格”的戒毒人员，强制隔离戒毒所应当按期解除强制隔离戒毒；对生理脱毒、身心康复评估结果中有一项以上为“不合格”的，强制隔离戒毒所可以提出延长强制隔离戒毒期限三至六个月的意见；对行为表现评估结果尚未达到“合格”的，强制隔离戒毒所根据其情况，可以提出延长强制隔离戒毒期限的意见，延长时间不得超过十二个月。

第十六条　强制隔离戒毒所对解除强制隔离戒毒的人员，可以根据其综合诊断评估情况提出对其责令社区康复的建议。

对社会环境与适应能力评估结果为“一般”的，强制隔离戒毒所应当提出对其责令社区康复的建议。

第十七条　戒毒人员在强制隔离戒毒期间被依法收监执行刑罚、采取强制性教育措施或者被依法拘留、逮捕执行完毕后，因强制隔离戒毒尚未期满继续执行强制隔离戒毒的，该期间的行为表现由相应的羁押场所作出评估，并随戒毒人员移交强制隔离戒毒所。

第三章　诊断评估程序

第十八条　戒毒人员入所七天内，强制隔离戒毒所应当为其建立诊断评估手册，记载其生理脱毒、身心康复、行为表现、社会环境与适应能力等情况，作为诊断评估依据。

第十九条　公安机关强制隔离戒毒所向司法行政部门强制隔离戒毒所移交戒

毒人员时，应当同时移交戒毒人员诊断评估手册。

司法行政部门强制隔离戒毒所接收公安机关强制隔离戒毒所移交的戒毒人员后，对其后续的戒毒情况应当继续在公安机关移交的戒毒人员诊断评估手册上进行记载。

第二十条 强制隔离戒毒所应当成立由管理、教育、医疗等多岗位工作人员参加的诊断评估办公室。

强制隔离戒毒所可以邀请政府有关部门工作人员、社会工作者以及本所外的执业医师参加诊断评估工作。

第二十一条 执行强制隔离戒毒三个月后，强制隔离戒毒所应当参照生理脱毒评估标准对戒毒人员生理脱毒情况进行阶段性评价，评价结果应当作为一年后和期满前生理脱毒诊断评估的重要依据。

第二十二条 执行强制隔离戒毒一年后，强制隔离戒毒所应当对戒毒人员进行综合诊断评估。

强制隔离戒毒所诊断评估办公室应当采取查阅戒毒人员诊断评估材料、与戒毒人员谈话、进行相关测试和社会调查等方式开展诊断评估工作，形成诊断评估结果。

第二十三条 强制隔离戒毒所应当将诊断评估结果向戒毒人员公示三日以上。戒毒人员本人或者他人向强制隔离戒毒所提出异议的，诊断评估办公室应当给予解释或者答复。对解释或者答复仍有异议的，七日内可以向强制隔离戒毒所所属机关的强制隔离戒毒诊断评估指导委员会提出复核要求。

第二十四条 诊断评估结果经公示并按有关规定审核后，强制隔离戒毒所提出提前解除强制隔离戒毒或者延长强制隔离戒毒期限意见的，应当向强制隔离戒毒决定机关提交以下材料：

（一）提前解除强制隔离戒毒或者延长强制隔离戒毒期限的意见书；

（二）强制隔离戒毒决定书的复印件；

（三）其他需要移送的材料。

第二十五条 强制隔离戒毒决定机关应当自收到提前解除强制隔离戒毒、延长强制隔离戒毒期限的意见之日起七日内，作出是否批准的决定，于作出决定后七日内将决定书送达被决定人，并通知强制隔离戒毒所。

对不批准提前解除强制隔离戒毒或者延长强制隔离戒毒期限的，强制隔离戒毒决定机关应当作出书面说明，并在七日内通知强制隔离戒毒所。

第四章 附则

第二十六条 本办法所称“以上”、“内”，包括本数。

第二十七条　各省、自治区、直辖市和新疆生产建设兵团公安机关、司法行政部门、卫生计生行政部门根据本办法并结合本地实际，可以制定实施细则，报公安部、司法部、国家卫生计生委备案。

第二十八条　本办法自印发之日起施行。

附录 17

麻醉药品品种目录（2013 年版）

序号	中文名	英文名	CAS 号	备注
1	醋托啡	Acetorphine	25333-77-1	
2	乙酰阿法甲基芬太尼	Acetyl-*alpha*-methylfentanyl	101860-00-8	
3	醋美沙多	Acetylmethadol	509-74-0	
4	阿芬太尼	Alfentanil	71195-58-9	
5	烯丙罗定	Allylprodine	25384-17-2	
6	阿醋美沙多	Alphacetylmethadol	17199-58-5	
7	阿法美罗定	Alphameprodine	468-51-9	
8	阿法美沙多	Alphamethadol	17199-54-1	
9	阿法甲基芬太尼	Alpha-methylfentanyl	79704-88-4	
10	阿法甲基硫代芬太尼	Alpha-methylthiofentanyl	103963-66-2	
11	阿法罗定	Alphaprodine	77-20-3	
12	阿尼利定	Anileridine	144-14-9	
13	苄替啶	Benzethidine	3691-78-9	
14	苄吗啡	Benzylmorphine	36418-34-5	
15	倍醋美沙多	Betacetylmethadol	17199-59-6	
16	倍他羟基芬太尼	Beta-hydroxyfentanyl	78995-10-5	
17	倍他羟基 -3- 甲基芬太尼	Beta-hydroxy-3-methylfentanyl	78995-14-9	
18	倍他美罗定	Betameprodine	468-50-8	
19	倍他美沙多	Betamethadol	17199-55-2	
20	倍他罗定	Betaprodine	468-59-7	
21	贝齐米特	Bezitramide	15301-48-1	
22	大麻和大麻树脂与大麻浸膏和酊	Cannabis and Cannabis Resin and Extracts and Tinctures of Cannabis	8063-14-7 6465-30-1	
23	氯尼他秦	Clonitazene	3861-76-5	
24	古柯叶	Coca Leaf		
25	可卡因*	Cocaine	50-36-2	
26	可多克辛	Codoxime	7125-76-0	
27	罂粟浓缩物*	Concentrate of Poppy Straw		包括罂粟果提取物*，罂粟果提取物粉*
28	地索吗啡	Desomorphine	427-00-9	
29	右吗拉胺	Dextromoramide	357-56-2	

续表

序号	中文名	英文名	CAS 号	备注
30	地恩丙胺	Diampromide	552-25-0	
31	二乙噻丁	Diethylthiambutene	86-14-6	
32	地芬诺辛	Difenoxin	28782-42-5	
33	二氢埃托啡*	Dihydroetorphine	14357-76-7	
34	双氢吗啡	Dihydromorphine	509-60-4	
35	地美沙多	Dimenoxadol	509-78-4	
36	地美庚醇	Dimepheptanol	545-90-4	
37	二甲噻丁	Dimethylthiambutene	524-84-5	
38	吗苯丁酯	Dioxaphetyl Butyrate	467-86-7	
39	地芬诺酯*	Diphenoxylate	915-30-0	
40	地匹哌酮	Dipipanone	467-83-4	
41	羟蒂巴酚	Drotebanol	3176-03-2	
42	芽子碱	Ecgonine	481-37-8	
43	乙甲噻丁	Ethylmethylthiambutene	441-61-2	
44	依托尼秦	Etonitazene	911-65-9	
45	埃托啡	Etorphine	14521-96-1	
46	依托利定	Etoxeridine	469-82-9	
47	芬太尼*	Fentanyl	437-38-7	
48	呋替啶	Furethidine	2385-81-1	
49	海洛因	Heroin	561-27-3	
50	氢可酮*	Hydrocodone	125-29-1	
51	氢吗啡醇	Hydromorphinol	2183-56-4	
52	氢吗啡酮*	Hydromorphone	466-99-9	
53	羟哌替啶	Hydroxypethidine	468-56-4	
54	异美沙酮	Isomethadone	466-40-0	
55	凯托米酮	Ketobemidone	469-79-4	
56	左美沙芬	Levomethorphan	125-70-2	
57	左吗拉胺	Levomoramide	5666-11-5	
58	左芬啡烷	Levophenacylmorphan	10061-32-2	
59	左啡诺	Levorphanol	77-07-6	
60	美他佐辛	Metazocine	3734-52-9	
61	美沙酮*	Methadone	76-99-3	
62	美沙酮中间体	Methadone Intermediate	125-79-1	4-氰基-2-二甲氨基-4，4-二苯基丁烷
63	甲地索啡	Methyldesorphine	16008-36-9	
64	甲二氢吗啡	Methyldihydromorphine	509-56-8	

续表

序号	中文名	英文名	CAS 号	备注
65	3- 甲基芬太尼	3-Methylfentanyl	42045-86-3	
66	3- 甲基硫代芬太尼	3-Methylthiofentanyl	86052-04-2	
67	美托酮	Metopon	143-52-2	
68	吗拉胺中间体	Moramide Intermediate	3626-55-9	2- 甲基 -3- 吗啉基 -1，1- 二苯基丁酸
69	吗哌利定	Morpheridine	469-81-8	
70	吗啡*	Morphine	57-27-2	包括吗啡阿托品注射液*
71	吗啡甲溴化物	Morphine Methobromide	125-23-5	包括其他五价氮吗啡衍生物，特别包括吗啡 -N - 氧化物，其中一种是可待因 - N - 氧化物
72	吗啡 -N- 氧化物	Morphine-N-oxide	639-46-3	
73	1- 甲基 -4- 苯基 -4- 哌啶丙酸酯	1-Methyl-4-phenyl-4-piperidinol propionate（ester）	13147-09-6	MPPP
74	麦罗啡	Myrophine	467-18-5	
75	尼可吗啡	Nicomorphine	639-48-5	
76	诺美沙多	Noracymethadol	1477-39-0	
77	去甲左啡诺	Norlevorphanol	1531-12-0	
78	去甲美沙酮	Normethadone	467-85-6	
79	去甲吗啡	Normorphine	466-97-7	
80	诺匹哌酮	Norpipanone	561-48-8	
81	阿片*	Opium	8008-60-4	包括复方樟脑酊*、阿桔片*
82	奥列巴文	Oripavine	467-04-9	
83	羟考酮*	Oxycodone	76-42-5	
84	羟吗啡酮	Oxymorphone	76-41-5	
85	对氟芬太尼	*Para*-fluorofentanyl	90736-23-5	
86	哌替啶*	Pethidine	57-42-1	
87	哌替啶中间体 A	Pethidine Intermediate A	3627-62-1	4- 氰基 -1- 甲基 -4- 苯基哌啶
88	哌替啶中间体 B	Pethidine Intermediate B	77-17-8	4- 苯基哌啶 -4- 羧酸乙酯
89	哌替啶中间体 C	Pethidine Intermediate C	3627-48-3	1- 甲基 -4- 苯基哌啶 -4- 羧酸
90	苯吗庚酮	Phenadoxone	467-84-5	

续表

序号	中文名	英文名	CAS 号	备注
91	非那丙胺	Phenampromide	129–83–9	
92	非那佐辛	Phenazocine	127–35–5	
93	1–苯乙基–4–苯基–4–哌啶乙酸酯	1–Phenethyl–4–phenyl–4–piperidinol acetate（ester）	64–52–8	PEPAP
94	非诺啡烷	Phenomorphan	468–07–5	
95	苯哌利定	Phenoperidine	562–26–5	
96	匹米诺定	Piminodine	13495–09–5	
97	哌腈米特	Piritramide	302–41–0	
98	普罗庚嗪	Proheptazine	77–14–5	
99	丙哌利定	Properidine	561–76–2	
100	消旋甲啡烷	Racemethorphan	510–53–2	
101	消旋吗拉胺	Racemoramide	545–59–5	
102	消旋啡烷	Racemorphan	297–90–5	
103	瑞芬太尼*	Remifentanil	132875–61–7	
104	舒芬太尼*	Sufentanil	56030–54–7	
105	醋氢可酮	Thebacon	466–90–0	
106	蒂巴因*	Thebaine	115–37–7	
107	硫代芬太尼	Thiofentanyl	1165–22–6	
108	替利定	Tilidine	20380–58–9	
109	三甲利定	Trimeperidine	64–39–1	
110	醋氢可待因	Acetyldihydrocodeine	3861–72–1	
111	可待因*	Codeine	76–57–3	
112	右丙氧芬*	Dextropropoxyphene	469–62–5	
113	双氢可待因*	Dihydrocodeine	125–28–0	
114	乙基吗啡*	Ethylmorphine	76–58–4	
115	尼可待因	Nicocodine	3688–66–2	
116	烟氢可待因	Nicodicodine	808–24–2	
117	去甲可待因	Norcodeine	467–15–2	
118	福尔可定*	Pholcodine	509–67–1	
119	丙吡兰	Propiram	15686–91–6	
120	布桂嗪*	Bucinnazine		
121	罂粟壳*	Poppy Shell		

注：1. 上述品种包括其可能存在的盐和单方制剂（除非另有规定）。

2. 上述品种包括其可能存在的异构体、酯及醚（除非另有规定）。

3. 品种目录有*的麻醉药品为我国生产及使用的品种。

附录 18

精神药品品种目录（2013 年版）

第一类

序号	中文名	英文名	CAS 号	备注
1	布苯丙胺	Brolamfetamine	64638-07-9	DOB
2	卡西酮	Cathinone	71031-15-7	
3	二乙基色胺	3-［2-（Diethylamino）ethyl］indole	7558-72-7	DET
4	二甲氧基安非他明	（±）-2，5-Dimethoxy-*alpha*-methylphenethylamine	2801-68-5	DMA
5	（1，2-二甲基庚基）羟基四氢甲基二苯吡喃	3-（1，2-dimethylheptyl）-7，8，9，10-tetrahydro-6，6，9-trimethyl-6*H*dibenzo［*b*，*d*］pyran-1-ol	32904-22-6	DMHP
6	二甲基色胺	3-［2-（Dimethylamino）ethyl］indole	61-50-7	DMT
7	二甲氧基乙基安非他明	（±）-4-ethyl-2，5-dimethoxy-α-methylphenethylamine	22139-65-7	DOET
8	乙环利定	Eticyclidine	2201-15-2	PCE
9	乙色胺	Etryptamine	2235-90-7	
10	羟芬胺	（±）-N-［alpha-methyl-3，4-（methylenedioxy）phenethyl］hydroxylamine	74698-47-8	N-hydroxy MDA
11	麦角二乙胺	（+）- Lysergide	50-37-3	LSD
12	乙芬胺	（±）-N-ethyl-alpha-methyl-3，4-（methylenedioxy）phenethylamine	82801-81-8	N-ethyl MDA
13	二亚甲基双氧安非他明	（±）-N，alpha-dimethyl-3，4-（methylene-dioxy）phenethylamine	42542-10-9	MDMA
14	麦司卡林	Mescaline	54-04--6	
15	甲卡西酮	Methcathinone	5650-44-2（右旋体），49656-78-2（右旋体盐酸盐），112117-24-5（左旋体），66514-93-0（左旋体盐酸盐）.	

续表

序号	中文名	英文名	CAS 号	备注
16	甲米雷司	4-Methylaminorex	3568-94-3	
17	甲羟芬胺	5-methoxy-α-methyl-3，4-(methylenedioxy) phenethylamine	13674-05-0	MMDA
18	4-甲基硫基安非他明	4-Methylthioamfetamine	14116-06-4	
19	六氢大麻酚	Parahexyl	117-51-1	
20	副甲氧基安非他明	P-methoxy-alpha-methylphenethylamine	64-13-1	PMA
21	赛洛新	Psilocine	520-53-6	
22	赛洛西宾	Psilocybine	520-52-5	
23	咯环利定	Rolicyclidine	2201-39-0	PHP
24	二甲氧基甲苯异丙胺	2，5-Dimethoxy-*alpha*，4-dimethylphenethylamine	15588-95-1	STP
25	替苯丙胺	Tenamfetamine	4764-17-4	MDA
26	替诺环定	Tenocyclidine	21500-98-1	TCP
27	四氢大麻酚	Tetrahydrocannabinol		包括同分异构体及其立体化学变体
28	三甲氧基安非他明	(±)-3，4，5-Trimethoxy-alpha-methylphenethylamine	1082-88-8	TMA
29	苯丙胺	Amfetamine	300-62-9	
30	氨奈普汀	Amineptine	57574-09-1	
31	2，5-二甲氧基-4-溴苯乙胺	4-Bromo-2，5-dimethoxyphenethylamine	66142-81-2	2-CB
32	右苯丙胺	Dexamfetamine	51-64-9	
33	屈大麻酚	Dronabinol	1972-08-3	δ-9-四氢大麻酚及其立体化学异构体
34	芬乙茶碱	Fenetylline	3736-08-1	
35	左苯丙胺	Levamfetamine	156-34-3	
36	左甲苯丙胺	Levomethamfetamine	33817-09-3	
37	甲氯喹酮	Mecloqualone	340-57-8	
38	去氧麻黄碱	Metamfetamine	537-46-2	
39	去氧麻黄碱外消旋体	Metamfetamine Racemate	7632-10-2	
40	甲喹酮	Methaqualone	72-44-6	
41	哌醋甲酯*	Methylphenidate	113-45-1	

续表

序号	中文名	英文名	CAS 号	备注
42	苯环利定	Phencyclidine	77-10-1	PCP
43	芬美曲秦	Phenmetrazine	134-49-6	
44	司可巴比妥*	Secobarbital	76-73-3	
45	齐培丙醇	Zipeprol	34758-83-3	
46	安非拉酮	Amfepramone	90-84-6	
47	苄基哌嗪	Benzylpiperazine	2759-28-6	BZP
48	丁丙诺啡*	Buprenorphine	52485-79-7	
49	1-丁基-3-（1-萘甲酰基）吲哚	1-Butyl-3-（1-naphthoyl）indole	208987-48-8	JWH-073
50	恰特草	Catha edulis Forssk		Khat
51	2，5-二甲氧基-4-碘苯乙胺	2，5-Dimethoxy-4-iodophenethylamine	69587-11-7	2C-I
52	2，5-二甲氧基苯乙胺	2，5-Dimethoxyphenethylamine	3600-86-0	2C-H
53	二甲基安非他明	Dimethylamfetamine	4075-96-1	
54	依他喹酮	Etaqualone	7432-25-9	
55	[1-(5-氟戊基)-1H-吲哚-3-基](2-碘苯基)甲酮	(1-（5-Fluoropentyl）-3-（2-iodobenzoyl）indole)	335161-03-0	AM-694
56	1-(5-氟戊基)-3-（1-萘甲酰基）-1H-吲哚	1-（5-Fluoropentyl）-3-（1-naphthoyl）indole	335161-24-5	AM-2201
57	γ-羟丁酸*	Gamma-hydroxybutyrate	591-81-1	GHB
58	氯胺酮*	Ketamine	6740-88-1	
59	马吲哚*	Mazindol	22232-71-9	
60	2-（2-甲氧基苯基）-1-（1-戊基-1H-吲哚-3-基）乙酮	2-（2-Methoxyphenyl）-1-（1-pentyl-1H-indol-3-yl）ethanone	864445-43-2	JWH-250
61	亚甲基二氧吡咯戊酮	Methylenedioxypyrovalerone	687603-66-3	MDPV
62	4-甲基乙卡西酮	4-Methylethcathinone	1225617-18-4	4-MEC
63	4-甲基甲卡西酮	4-Methylmethcathinone	5650-44-2	4-MMC
64	3，4-亚甲二氧基甲卡西酮	3，4-Methylenedioxy-N-methylcathinone	186028-79-5	Methylone

续表

序号	中文名	英文名	CAS 号	备注
65	莫达非尼	Modafinil	68693-11-8	
66	1-戊基-3-（1-萘甲酰基）吲哚	1-Pentyl-3-（1-naphthoyl）indole	209414-07-3	JWH-018
67	他喷他多	Tapentadol	175591-23-8	
68	三唑仑*	Triazolam	28911-01-5	

第二类

序号	中文名	英文名	CAS 号	备注
1	异戊巴比妥*	Amobarbital	57-43-2	
2	布他比妥	Butalbital	77-26-9	
3	去甲伪麻黄碱	Cathine	492-39-7	
4	环己巴比妥	Cyclobarbital	52-31-3	
5	氟硝西泮	Flunitrazepam	1622-62-4	
6	格鲁米特*	Glutethimide	77-21-4	
7	喷他佐辛*	Pentazocine	55643-30-6	
8	戊巴比妥*	Pentobarbital	76-74-4	
9	阿普唑仑*	Alprazolam	28981-97-7	
10	阿米雷司	Aminorex	2207-50-3	
11	巴比妥*	Barbital	57-44-3	
12	苄非他明	Benzfetamine	156-08-1	
13	溴西泮	Bromazepam	1812-30-2	
14	溴替唑仑	Brotizolam	57801-81-7	
15	丁巴比妥	Butobarbital	77-28-1	
16	卡马西泮	Camazepam	36104-80-0	
17	氯氮䓬	Chlordiazepoxide	58-25-3	
18	氯巴占	Clobazam	22316-47-8	
19	氯硝西泮*	Clonazepam	1622-61-3	
20	氯拉䓬酸	Clorazepate	23887-31-2	
21	氯噻西泮	Clotiazepam	33671-46-4	
22	氯噁唑仑	Cloxazolam	24166-13-0	
23	地洛西泮	Delorazepam	2894-67-9	
24	地西泮*	Diazepam	439-14-5	
25	艾司唑仑*	Estazolam	29975-16-4	
26	乙氯维诺	Ethchlorvynol	113-18-8	

续表

序号	中文名	英文名	CAS 号	备注
27	炔己蚁胺	Ethinamate	126-52-3	
28	氯氟䓬乙酯	Ethyl Loflazepate	29177-84-2	
29	乙非他明	Etilamfetamine	457-87-4	
30	芬坎法明	Fencamfamin	1209-98-9	
31	芬普雷司	Fenproporex	16397-28-7	
32	氟地西泮	Fludiazepam	3900-31-0	
33	氟西泮*	Flurazepam	17617-23-1	
34	哈拉西泮	Halazepam	23092-17-3	
35	卤沙唑仑	Haloxazolam	59128-97-1	
36	凯他唑仑	Ketazolam	27223-35-4	
37	利非他明	Lefetamine	7262-75-1	SPA
38	氯普唑仑	Loprazolam	61197-73-7	
39	劳拉西泮*	Lorazepam	846-49-1	
40	氯甲西泮	Lormetazepam	848-75-9	
41	美达西泮	Medazepam	2898-12-6	
42	美芬雷司	Mefenorex	17243-57-1	
43	甲丙氨酯*	Meprobamate	57-53-4	
44	美索卡	Mesocarb	34262-84-5	
45	甲苯巴比妥	Methylphenobarbital	115-38-8	
46	甲乙哌酮	Methyprylon	125-64-4	
47	咪达唑仑*	Midazolam	59467-70-8	
48	尼美西泮	Nimetazepam	2011-67-8	
49	硝西泮*	Nitrazepam	146-22-5	
50	去甲西泮	Nordazepam	1088-11-5	
51	奥沙西泮*	Oxazepam	604-75-1	
52	奥沙唑仑	Oxazolam	24143-17-7	
53	匹莫林*	Pemoline	2152-34-3	
54	苯甲曲秦	Phendimetrazine	634-03-7	
55	苯巴比妥*	Phenobarbital	50-06-6	
56	芬特明	Phentermine	122-09-8	
57	匹那西泮	Pinazepam	52463-83-9	
58	哌苯甲醇	Pipradrol	467-60-7	
59	普拉西泮	Prazepam	2955-38-6	

续表

序号	中文名	英文名	CAS 号	备注
60	吡咯戊酮	Pyrovalerone	3563-49-3	
61	仲丁比妥	Secbutabarbital	125-40-6	
62	替马西泮	Temazepam	846-50-4	
63	四氢西泮	Tetrazepam	10379-14-3	
64	乙烯比妥	Vinylbital	2430-49-1	
65	唑吡坦*	Zolpidem	82626-48-0	
66	阿洛巴比妥	Allobarbital	58-15-1	
67	丁丙诺啡透皮贴剂*	Buprenorphine Transdermal patch		
68	布托啡诺及其注射剂*	Butorphanol and its injection	42408-82-2	
69	咖啡因*	Caffeine	58-08-2	
70	安钠咖*	Caffeine Sodium Benzoate		CNB
71	右旋芬氟拉明	Dexfenfluramine	3239-44-9	
72	地佐辛及其注射剂*	Dezocine and Its Injection	53648-55-8	
73	麦角胺咖啡因片*	Ergotamine and Caffeine Tablet	379-79-3	
74	芬氟拉明	Fenfluramine	458-24-2	
75	呋芬雷司	Furfennorex	3776-93-0	
76	纳布啡及其注射剂	Nalbuphine and its injection	20594-83-6	
77	氨酚氢可酮片*	Paracetamol and Hydrocodone Bitartrate Tablet		
78	丙己君	Propylhexedrine	101-40-6	
79	曲马多*	Tramadol	27203-92-5	
80	扎来普隆*	Zaleplon	151319-34-5	
81	佐匹克隆	Zopiclone	43200-80-2	

注：1. 上述品种包括其可能存在的盐和单方制剂（除非另有规定）。

2. 上述品种包括其可能存在的异构体（除非另有规定）。

3. 品种目录有*的精神药品为我国生产及使用的品种。

附：附件 1 《历次增补目录》（1+3+1 种）

附件 2 国家药监局 公安部 国家卫生健康委关于调整麻醉药品和精神药品目录的公告（2023 年第 43 号）

附件 1

《关于将含可待因复方口服液体制剂列入第二类精神药品管理的公告》

（2015 年第 10 号　食品药品监管总局、公安部、国家卫生计生委发布）

根据《麻醉药品和精神药品管理条例》的有关规定，国家食品药品监管总局、公安部、国家卫生计生委决定将含可待因复方口服液体制剂（包括口服溶液剂、糖浆剂）列入第二类精神药品管理。

本公告自 2015 年 5 月 1 日起实行。

国家药监局　公安部　国家卫生健康委：关于将含羟考酮复方制剂等品种列入精神药品管理的公告

（2019 年　第 63 号）

根据《麻醉药品和精神药品管理条例》有关规定，国家药品监督管理局、公安部、国家卫生健康委员会决定将含羟考酮复方制剂等品种列入精神药品管理。现公告如下：

一、口服固体制剂每剂量单位含羟考酮碱大于 5 毫克，且不含其他麻醉药品、精神药品或药品类易制毒化学品的复方制剂列入第一类精神药品管理；

二、口服固体制剂每剂量单位含羟考酮碱不超过 5 毫克，且不含其他麻醉药品、精神药品或药品类易制毒化学品的复方制剂列入第二类精神药品管理；

三、丁丙诺啡与纳洛酮的复方口服固体制剂列入第二类精神药品管理。

本公告自 2019 年 9 月 1 日起施行。

国家药监局　公安部　国家卫生健康委：关于将瑞马唑仑列入第二类精神药品管理的公告

（2019 年　第 108 号）

根据《麻醉药品和精神药品管理条例》有关规定，国家药品监管局、公安部、国家卫生健康委决定将瑞马唑仑（包括其可能存在的盐、单方制剂和异构体）列入第二类精神药品管理。

本公告自 2020 年 1 月 1 日起实行。

附件 2

国家药监局　公安部　国家卫生健康委关于调整麻醉药品和精神药品目录的公告

（2023 年　第 43 号）

根据《麻醉药品和精神药品管理条例》有关规定，国家药品监督管理局、公安部、国家卫生健康委员会决定将奥赛利定等品种列入麻醉药品和精神药品目录。现公告如下：

一、将奥赛利定列入麻醉药品目录。

二、将苏沃雷生、吡仑帕奈、依他佐辛、曲马多复方制剂列入第二类精神药品目录。

三、将每剂量单位含氢可酮碱大于 5 毫克，且不含其它麻醉药品、精神药品或药品类易制毒化学品的复方口服固体制剂列入第一类精神药品目录。

四、将每剂量单位含氢可酮碱不超过 5 毫克，且不含其它麻醉药品、精神药品或药品类易制毒化学品的复方口服固体制剂列入第二类精神药品目录。

本公告自 2023 年 7 月 1 日起施行。

特此公告。

国家药监局　公安部

国家卫生健康委

2023 年 4 月 14 日

附录 19

非药用类麻醉药品和精神药品管制品种增补目录

序号	中文名	英文名	CAS 号	备注
1	N-（2-甲氧基苄基）-2-（2，5-二甲氧基-4-溴苯基）乙胺	2-（4-Bromo-2，5-dimethoxyphenyl）-N-（2-methoxybenzyl）ethanamine	1026511-90-9	2C-B-NBOMe
2	2，5-二甲氧基-4-氯苯乙胺	4-Chloro-2，5-dimethoxyphenethylamine	88441-14-9	2C-C
3	N-（2-甲氧基苄基）-2-（2，5-二甲氧基-4-氯苯基）乙胺	2-（4-Chloro-2，5-dimethoxyphenyl）-N-（2-methoxybenzyl）ethanamine	1227608-02-7	2C-C-NBOMe
4	2，5-二甲氧基-4-甲基苯乙胺	4-Methyl-2，5-dimethoxyphenethylamine	24333-19-5	2C-D
5	N-（2-甲氧基苄基）-2-（2，5-二甲氧基-4-甲基苯基）乙胺	2-（4-Methyl-2，5-dimethoxyphenyl）-N-（2-methoxybenzyl）ethanamine	1354632-02-2	2C-D-NBOMe
6	2，5-二甲氧基-4-乙基苯乙胺	4-Ethyl-2，5-dimethoxyphenethylamine	71539-34-9	2C-E
7	N-（2-甲氧基苄基）-2-（2，5-二甲氧基-4-碘苯基）乙胺	2-（4-Iodo-2，5-dimethoxyphenyl）-N-（2-methoxybenzyl）ethanamine	919797-19-6	2C-I-NBOMe
8	2，5-二甲氧基-4-丙基苯乙胺	4-Propyl-2，5-dimethoxyphenethylamine	207740-22-5	2C-P
9	2，5-二甲氧基-4-乙硫基苯乙胺	4-Ethylthio-2，5-dimethoxyphenethylamine	207740-24-7	2C-T-2
10	2，5-二甲氧基-4-异丙基硫基苯乙胺	4-Isopropylthio-2，5-dimethoxyphenethylamine	207740-25-8	2C-T-4
11	2，5-二甲氧基-4-丙硫基苯乙胺	4-Propylthio-2，5-dimethox-phenethylamine	207740-26-9	2C-T-7
12	2-氟苯丙胺	1-（2-Fluorophenyl）propan-2-amine	1716-60-5	2-FA
13	2-氟甲基苯丙胺	N-Methyl-1-（2-fluorophenyl）propan-2-amine	1017176-48-5	2-FMA
14	1-（2-苯并呋喃基）-N-甲基-2-丙胺	N-Methyl-1-（benzofuran-2-yl）propan-2-amine	806596-15-6	2-MAPB
15	3-氟苯丙胺	1-（3-Fluorophenyl）propan-2-amine	1626-71-7	3-FA
16	3-氟甲基苯丙胺	N-Methyl-1-（3-fluorophenyl）propan-2-amine	1182818-14-9	3-FMA

续表

序号	中文名	英文名	CAS 号	备注
17	4- 氯苯丙胺	1-（4-Chlorophenyl）propan-2-amine	64-12-0	4-CA
18	4- 氟苯丙胺	1-（4-Fluorophenyl）propan-2-amine	459-02-9	4-FA
19	4- 氟甲基苯丙胺	N-Methyl-1-（4-fluorophenyl）propan-2-amine	351-03-1	4-FMA
20	1-［5-（2，3-二氢苯并呋喃基）］-2- 丙胺	1-（2，3-Dihydro-1-benzofuran-5-yl）propan-2-amine	152624-03-8	5-APDB
21	1-（5- 苯并呋喃基）-N- 甲基 -2- 丙胺	N-Methyl-1-（benzofuran-5-yl）propan-2-amine	1354631-77-8	5-MAPB
22	6- 溴 -3，4- 亚甲二氧基甲基苯丙胺	N-Methyl-（6-bromo-3，4-methylenedioxyphenyl）propan-2-amine		6-Br-MDMA
23	6- 氯 -3，4- 亚甲二氧基甲基苯丙胺	N-Methyl-（6-chloro-3，4-methylenedioxyphenyl）propan-2-amine	319920-71-3	6-Cl-MDMA
24	1-（2，5- 二甲氧基 -4- 氯苯基）-2- 丙胺	1-（4-Chloro-2，5-dimethoxyphenyl）propan-2-amine	123431-31-2	DOC
25	1-（2- 噻吩基）-N- 甲基 -2- 丙胺	N-Methyl-1-（thiophen-2-yl）propan-2-amine	801156-47-8	MPA
26	N-（1- 氨甲酰基 -2- 甲基丙基）-1-（5- 氟戊基）吲哚 -3- 甲酰胺	N-（1-Amino-3-methyl-1-oxobutan-2-yl）-1-（5-fluoropentyl）-1*H*-indole-3-carboxamide	1801338-26-0	5F-ABICA
27	N-（1- 氨甲酰基 -2- 甲基丙基）-1-（5- 氟戊基）吲唑 -3- 甲酰胺	N-（1-Amino-3-methyl-1-oxobutan-2-yl）-1-（5-fluoropentyl）-1*H*-indazole-3-carboxamide	1800101-60-3	5F-AB-PINACA
28	N-（1- 氨甲酰基 -2，2- 二甲基丙基）-1-（5- 氟戊基）吲哚 -3- 甲酰胺	N-（1-Amino-3，3-dimethyl-1-oxobutan-2-yl）-1-（5-fluoropentyl）-1*H*-indole-3-carboxamide	1801338-27-1	5F-ADBICA
29	N-（1- 甲氧基羰基 -2- 甲基丙基）-1-（5- 氟戊基）吲唑 -3- 甲酰胺	1-Methoxy-3-methyl-1-oxobutan-2-yl-1-（5-fluoropentyl）-1*H*-indazole-3-carboxamide	1715016-74-2	5F-AMB
30	N-（1- 金刚烷基）-1-（5- 氟戊基）吲唑 -3- 甲酰胺	N-（1-Adamantyl）-1-（5-fluoropentyl）-1*H*-indazole-3-carboxamide	1400742-13-3	5F-APINACA
31	1-（5- 氟戊基）吲哚 -3- 甲酸 -8- 喹啉酯	Quinolin-8-yl 1-（5-fluoropentyl）-1*H*-indole-3-carboxylate	1400742-41-7	5F-PB-22
32	1-（5- 氟戊基）-3-（2，2，3，3- 四甲基环丙甲酰基）吲哚	（1-（5-Fluoropentyl）-1*H*-indol-3-yl）（2，2，3，3-tetramethylcyclopropyl）methanone	1364933-54-9	5F-UR-144
33	1-［2-（N- 吗啉基）乙基］-3-（2，2，3，3- 四甲基环丙甲酰基）吲哚	（1-（2-Morpholin-4-ylethyl）-1*H*-indol-3-yl）（2，2，3，3-tetramethylcyclopropyl）methanone	895155-26-7	A-796，260

续表

序号	中文名	英文名	CAS 号	备注
34	1-（4-四氢吡喃基甲基）-3-（2，2，3，3-四甲基环丙甲酰基）吲哚	（1-（Tetrahydropyran-4-ylmethyl）-1*H*-indol-3-yl）（2，2，3，3-tetramethylcyclopropyl）methanone	895155-57-4	A-834，735
35	N-（1-氨甲酰基-2-甲基丙基）-1-（环己基甲基）吲唑-3-甲酰胺	N-（1-Amino-3-methyl-1-oxobutan-2-yl）-1-（cyclohexylmethyl）-1*H*-indazole-3-carboxamide	1185887-21-1	AB-CHMINACA
36	N-（1-氨甲酰基-2-甲基丙基）-1-（4-氟苄基）吲唑-3-甲酰胺	N-（1-Amino-3-methyl-1-oxobutan-2-yl）-1-（4-fluorobenzyl）-1*H*-indazole-3-carboxamide	1629062-56-1	AB-FUBINACA
37	N-（1-氨甲酰基-2-甲基丙基）-1-戊基吲唑-3-甲酰胺	N-（1-Amino-3-methyl-1-oxobutan-2-yl）-1-pe-ntyl-1*H*-indazole-3-carboxamide	1445583-20-9	AB-PINACA
38	N-（1-氨甲酰基-2，2-二甲基丙基）-1-戊基吲哚-3-甲酰胺	N-（1-Amino-3，3-dimethyl-1-oxobutan-2-yl）-1-pentyl-1*H*-indole-3-carboxamide	1445583-48-1	ADBICA
39	N-（1-氨甲酰基-2，2-二甲基丙基）-1-戊基吲唑-3-甲酰胺	N-（1-Amino-3，3-dimethyl-1-oxobutan-2-yl）-1-pentyl-1*H*-indazole-3-carboxamide	1633766-73-0	ADB-PINACA
40	1-［（N-甲基-2-哌啶基）甲基］-3-（1-萘甲酰基）吲哚	（1-（（1-Methylpiperidin-2-yl）methyl）-1*H*-indol-3-yl）（naphthalen-1-yl）methanone	137642-54-7	AM-1220
41	1-［（N-甲基-2-哌啶基）甲基］-3-（1-金刚烷基甲酰基）吲哚	（1-（（1-Methylpiperidin-2-yl）methyl）-1*H*-indol-3-yl）（adamantan-1-yl）methanone	335160-66-2	AM-1248
42	1-［（N-甲基-2-哌啶基）甲基］-3-（2-碘苯甲酰基）吲哚	（1-（（1-Methylpiperidin-2-yl）methyl）-1*H*-indol-3-yl）（2-iodophenyl）methanone	444912-75-8	AM-2233
43	N-（1-金刚烷基）-1-戊基吲哚-3-甲酰胺	N-（1-Adamantyl）-1-pentyl-1*H*-indole-3-carboxamide	1345973-50-3	APICA
44	N-（1-金刚烷基）-1-戊基吲唑-3-甲酰胺	N-（1-Adamantyl）-1-pentyl-1*H*-indazole-3-carboxamide	1345973-53-6	APINACA
45	1-（1-萘甲酰基）-4-戊氧基萘	（4-Pentyloxynaphthalen-1-yl）（naphthalen-1-yl）methanone	432047-72-8	CB-13
46	N-（1-甲基-1-苯基乙基）-1-（4-四氢吡喃基甲基）吲唑-3-甲酰胺	N-（2-Phenylpropan-2-yl）-1-（tetrahydropyran-4-ylmethyl）-1*H*-indazole-3-carboxamide	1400742-50-8	CUMYL-THPINACA
47	1-（5-氟戊基）-3-（4-乙基-1-萘甲酰基）吲哚	（1-（5-Fluoropentyl）-1*H*-indol-3-yl）（4-ethylnaphthalen-1-yl）methanone	1364933-60-7	EAM-2201

续表

序号	中文名	英文名	CAS 号	备注
48	1-（4-氟苄基）-3-（1-萘甲酰基）吲哚	（1-（4-Fluorobenzyl）-1*H*-indol-3-yl）（naphthalen-1-yl）methanone		FUB-JWH-018
49	1-（4-氟苄基）吲哚-3-甲酸-8-喹啉酯	Quinolin-8-yl 1-（4-fluorobenzyl）-1*H*-indole-3-carboxylate	1800098-36-5	FUB-PB-22
50	2-甲基-1-戊基-3-（1-萘甲酰基）吲哚	（2-Methyl-1-pentyl-1*H*-indol-3-yl）（naphthalen-1-yl）methanone	155471-10-6	JWH-007
51	2-甲基-1-丙基-3-（1-萘甲酰基）吲哚	（2-Methyl-1-propyl-1*H*-indol-3-yl）（naphthalen-1-yl）methanone	155471-08-2	JWH-015
52	1-己基-3-（1-萘甲酰基）吲哚	（1-Hexyl-1*H*-indol-3-yl）（naphthalen-1-yl）methanone	209414-08-4	JWH-019
53	1-戊基-3-（4-甲氧基-1-萘甲酰基）吲哚	（1-Pentyl-1*H*-indol-3-yl）（4-methoxynaphthalen-1-yl）methanone	210179-46-7	JWH-081
54	1-戊基-3-（4-甲基-1-萘甲酰基）吲哚	（1-Pentyl-1*H*-indol-3-yl）（4-methylnaphthalen-1-yl）methanone	619294-47-2	JWH-122
55	1-戊基-3-(2-氯苯乙酰基）吲哚	2-（2-Chlorophenyl）-1-（1-pentyl-1*H*-indol-3-yl）ethanone	864445-54-5	JWH-203
56	1-戊基-3-（4-乙基-1-萘甲酰基）吲哚	（1-Pentyl-1*H*-indol-3-yl）（4-ethylnaphthalen-1-yl）methanone	824959-81-1	JWH-210
57	1-戊基-2-（2-甲基苯基）-4-（1-萘甲酰基）吡咯	（5-（2-Methylphenyl）-1-pentyl-1*H*-pyrrol-3-yl）（naphthalen-1-yl）methanone	914458-22-3	JWH-370
58	1-（5-氟戊基）-3-（4-甲基-1-萘甲酰基）吲哚	（1-（5-Fluoropentyl）-1*H*-indol-3-yl）（4-methylnaphthalen-1-yl）methanone	1354631-24-5	MAM-2201
59	N-（1-甲氧基羰基-2，2-二甲基丙基）-1-（环己基甲基）吲哚-3-甲酰胺	N-（1-Methoxy-3，3-dimethyl-1-oxobutan-2-yl）-1-（cyclohexylmethyl）-1*H*-indole-3-carboxamide	1715016-78-6	MDMB-CHMICA
60	N-（1-甲氧基羰基-2，2-二甲基丙基）-1-（4-氟苄基）吲唑-3-甲酰胺	N-（1-Methoxy-3，3-dimethyl-1-oxobutan-2-yl）-1-（4-fluorobenzyl）-1*H*-indazole-3-carboxamide	1715016-77-5	MDMB-FUBINACA
61	1-戊基吲哚-3-甲酸-8-喹啉酯	Quinolin-8-yl 1-pentyl-1*H*-indole-3-carboxylate	1400742-17-7	PB-22
62	N-（1-氨甲酰基-2-苯基乙基）-1-（5-氟戊基）吲唑-3-甲酰胺	N-（1-Amino-1-oxo-3-phenylpropan-2-yl）-1-（5-fluoropentyl）-1*H*-indazole-3-carboxamide		PX-2
63	1-戊基-3-（4-甲氧基苯甲酰基）吲哚	（1-Pentyl-1*H*-indol-3-yl）（4-methoxyphenyl）methanone	1345966-78-0	RCS-4
64	N-（1-金刚烷基）-1-（5-氟戊基）吲哚-3-甲酰胺	N-（1-Adamantyl）-1-（5-fluoropentyl）-1*H*-indole-3-carboxamide	1354631-26-7	STS-135

续表

序号	中文名	英文名	CAS 号	备注
65	1-戊 基-3-（2，2，3，3-四甲基环丙甲酰基）吲哚	(1-Pentyl-1*H*-indol-3-yl)(2，2，3，3-tetramethylcyclopropyl) methanone	1199943-44-6	UR-144
66	2-氟甲卡西酮	1-(2-Fluorophenyl)-2-methylaminopropan-1-one	1186137-35-8	2-FMC
67	2-甲基甲卡西酮	1-(2-Methylphenyl)-2-methylaminopropan-1-one	1246911-71-6	2-MMC
68	3，4-二甲基甲卡西酮	1-(3，4-Dimethylphenyl)-2-methylaminopropan-1-one	1082110-00-6	3，4-DMMC
69	3-氯甲卡西酮	1-(3-Chlorophenyl)-2-methylaminopropan-1-one	1049677-59-9	3-CMC
70	3-甲氧基甲卡西酮	1-(3-Methoxyphenyl)-2-methylaminopropan-1-one	882302-56-9	3-MeOMC
71	3-甲基甲卡西酮	1-(3-Methylphenyl)-2-methylaminopropan-1-one	1246911-86-3	3-MMC
72	4-溴甲卡西酮	1-(4-Bromophenyl)-2-methylaminopropan-1-one	486459-03-4	4-BMC
73	4-氯甲卡西酮	1-(4-Chlorophenyl)-2-methylaminopropan-1-one	1225843-86-6	4-CMC
74	4-氟甲卡西酮	1-(4-Fluorophenyl)-2-methylaminopropan-1-one	447-40-5	4-FMC
75	1-(4-氟苯基)-2-(N-吡咯烷基)-1-戊酮	1-(4-Fluorophenyl)-2-(1-pyrrolidinyl) pentan-1-one	850352-62-4	4-F-α-PVP
76	1-(4-甲基苯基)-2-甲氨基-1-丁酮	1-(4-Methylphenyl)-2-methylaminobutan-1-one	1337016-51-9	4-MeBP
77	1-(4-甲氧基苯基)-2-(N-吡咯烷基)-1-戊酮	1-(4-Methoxyphenyl)-2-(1-pyrrolidinyl) pentan-1-one	14979-97-6	4-MeO-α-PVP
78	1-苯基-2-甲氨基-1-丁酮	1-Phenyl-2-methylaminobutan-1-one	408332-79-6	Buphedrone
79	2-甲氨基-1-[3，4-(亚甲二氧基)苯基]-1-丁酮	1-(3，4-Methylenedioxyphenyl)-2-methylaminobutan-1-one	802575-11-7	Butylone
80	2-二甲氨基-1-[3，4-(亚甲二氧基)苯基]-1-丙酮	1-(3，4-Methylenedioxyphenyl)-2-dimethylaminopropan-1-one	765231-58-1	Dimethylone
81	乙卡西酮	1-Phenyl-2-ethylaminopropan-1-one	18259-37-5	Ethcathinone
82	3，4-亚甲二氧基乙卡西酮	1-(3，4-Methylenedioxyphenyl)-2-ethylaminopropan-1-one	1112937-64-0	Ethylone
83	1-[3，4-(亚甲二氧基)苯基]-2-(N-吡咯烷基)-1-丁酮	1-(3，4-Methylenedioxyphenyl)-2-(1-pyrrolidinyl) butan-1-one	784985-33-7	MDPBP

续表

序号	中文名	英文名	CAS 号	备注
84	1-［3，4-（亚甲二氧基）苯基］-2-（N-吡咯烷基）-1-丙酮	1-（3，4-Methylenedioxyphenyl）-2-（1-pyrrolidinyl）propan-1-one	783241-66-7	MDPPP
85	4-甲氧基甲卡西酮	1-（4-Methoxyphenyl）-2-methylaminopropan-1-one	530-54-1	Methedrone
86	1-苯基-2-乙氨基-1-丁酮	1-Phenyl-2-ethylaminobutan-1-one	1354631-28-9	NEB
87	1-苯基-2-甲氨基-1-戊酮	1-Phenyl-2-methylaminopentan-1-one	879722-57-3	Pentedrone
88	1-苯基-2-（N-吡咯烷基）-1-丁酮	1-Phenyl-2-（1-pyrrolidinyl）butan-1-one	13415-82-2	α-PBP
89	1-苯基-2-（N-吡咯烷基）-1-己酮	1-Phenyl-2-（1-pyrrolidinyl）hexan-1-one	13415-86-6	α-PHP
90	1-苯基-2-（N-吡咯烷基）-1-庚酮	1-Phenyl-2-（1-pyrrolidinyl）heptan-1-one	13415-83-3	α-PHPP
91	1-苯基-2-（N-吡咯烷基）-1-戊酮	1-Phenyl-2-（1-pyrrolidinyl）pentan-1-one	14530-33-7	α-PVP
92	1-（2-噻吩基）-2-（N-吡咯烷基）-1-戊酮	1-（Thiophen-2-yl）-2-（1-pyrrolidinyl）pentan-1-one	1400742-66-6	α-PVT
93	2-（3-甲氧基苯基）-2-乙氨基环己酮	2-（3-Methoxyphenyl）-2-（ethylamino）cyclohexanone	1239943-76-0	MXE
94	乙基去甲氯胺酮	2-（2-Chlorophenyl）-2-（ethylamino）cyclohexanone	1354634-10-8	NENK
95	N，N-二烯丙基-5-甲氧基色胺	5-Methoxy-N，N-diallyltryptamine	928822-98-4	5-MeO-DALT
96	N，N-二异丙基-5-甲氧基色胺	5-Methoxy-N，N-diisopropyltryptamine	4021-34-5	5-MeO-DiPT
97	N，N-二甲基-5-甲氧基色胺	5-Methoxy-N，N-dimethyltryptamine	1019-45-0	5-MeO-DMT
98	N-甲基-N-异丙基-5-甲氧基色胺	5-Methoxy-N-isopropyl-N-methyltryptamine	96096-55-8	5-MeO-MiPT
99	α-甲基色胺	alpha-Methyltryptamine	299-26-3	AMT
100	1，4-二苄基哌嗪	1，4-Dibenzylpiperazine	1034-11-3	DBZP
101	1-（3-氯苯基）哌嗪	1-（3-Chlorophenyl）piperazine	6640-24-0	mCPP
102	1-（3-三氟甲基苯基）哌嗪	1-（3-Trifluoromethylphenyl）piperazine	15532-75-9	TFMPP
103	2-氨基茚满	2-Aminoindane	2975-41-9	2-AI

续表

序号	中文名	英文名	CAS 号	备注
104	5，6-亚甲二氧基-2-氨基茚满	5，6-Methylenedioxy-2-aminoindane	132741-81-2	MDAI
105	2-二苯甲基哌啶	2-Diphenylmethylpiperidine	519-74-4	2-DPMP
106	3，4-二氯哌甲酯	Methyl 2-（3，4-dichlorophenyl）-2-（piperidin-2-yl）acetate	1400742-68-8	3，4-CTMP
107	乙酰芬太尼	N-（1-Phenethylpiperidin-4-yl）-N-phenylacetamide	3258-84-2	Acetylfentanyl
108	3，4-二氯-N-［（1-二甲氨基环己基）甲基］苯甲酰胺	3，4-Dichloro-N-（（1-（dimethylamino）cyclohexyl）methyl）benzamide	55154-30-8	AH-7921
109	丁酰芬太尼	N-（1-Phenethylpiperidin-4-yl）-N-phenylbutyramide	1169-70-6	Butyrylfentanyl
110	哌乙酯	Ethyl 2-phenyl-2-（piperidin-2-yl）acetate	57413-43-1	Ethylphenidate
111	1-［1-（2-甲氧基苯基）-2-苯基乙基］哌啶	1-（1-（2-Methoxyphenyl）-2-phenylethyl）piperidine	127529-46-8	Methoxphenidine
112	芬纳西泮	7-Bromo-5-（2-chlorophenyl）-1，3-dihydro-2H-1，4-benzodiazepin-2-one	51753-57-2	Phenazepam
113	β-羟基硫代芬太尼	N-(1-(2-Hydroxy-2-(thiophen-2-yl)ethyl）piperidin-4-yl）-N-phenylpropanamide	1474-34-6	β-Hydroxythiofentanyl
114	4-氟丁酰芬太尼	N-（4-Fluorophenyl）-N-（1-phenethylpiperidin-4-yl）butyramide	244195-31-1	4-Fluorobutyrfentanyl
115	异丁酰芬太尼	N-（1-Phenethylpiperidin-4-yl）-N-phenylisobutyramide	119618-70-1	Isobutyrfentanyl
116	奥芬太尼	N-（2-Fluorophenyl）-2-methoxy-N-（1-phenethylpiperidin-4-yl）acetamide	101343-69-5	Ocfentanyl

注：上述品种包括其可能存在的盐类、旋光异构体及其盐类（另有规定的除外）。

附：附件 1　2017—2018 年增补目录

附件 2　关于将芬太尼类物质列入《非药用类麻醉药品和精神药品管制品种增补目录》的公告

附件 3　关于将合成大麻素类物质和氟胺酮等 18 种物质列入〈非药用类麻醉药品和精神药品管制品种增补目录〉》的公告

附件 1

非药用类麻醉药品和精神药品管制品种增补目录

卡芬太尼等 4 种芬太尼类物质列入《非药用类麻醉药品和精神药品管制品种增补目录》(2017 年 3 月 1 日起施行)【4 种】

序号	中文名	英文名	CAS 号	备注
1	丙烯酰芬太尼	N-(1-Phenethylpiperidin-4-yl)-N-phenylacrylamide	82003-75-6	Acrylfentanyl
2	卡芬太尼	Methy14-(N-phenylpropionamido)-1-phenethylpiperidine-4-carboxylate	59708-52-0	Carfentanyl Carfentanil
3	呋喃芬太尼	N-(1-Phenethylpiperidin-4-yl)-N-phenylfuran-2-carboxamide	101345-66-8	Furanylfentanyl
4	戊酰芬太尼	N-(1-Phenethylpiperidin-4-yl)-N-phenylpentanamide	122882-90-0	Valerylfentanyl

非药用类麻醉药品和精神药品管制品种增补目录

N-甲基-N-（2-二甲氨基环己基）-3，4-二氯苯甲酰胺（U-47700）等4种物质列入《非药用类麻醉药品和精神药品管制品种增补目录》（2017年7月1日起施行）【4种】

序号	中文名	英文名	CAS号	备注
1	N-甲基-N-（2-二甲氨基环己基）-3，4-二氯苯甲酰胺	3，4-Dichloro-N-(2-(dimethylamino) cyclohexyl)-N-methylbenzamide	121348-98-9	U-47700
2	1-环己基-4-（1，2-二苯基乙基）哌嗪	1-Cyclohexyl-4-(1，2-diphenylenthyl) piperazine	52694-55-0	MT-45
3	4-甲氧基甲基苯丙胺	N-Methyl--1-（4-methoxyphenyl） propan-2-amine	22331-70-0	PMMA
4	2-氨基-4-甲基-5-（4-甲基苯基）-4，5-二氢恶唑	4-Methyl-5-（4-methylphenyl）-4，5-dihydrooxazol-2-amine	1445569-01-6	4，4’-DMAR

非药用类麻醉药品和精神药品管制品种增补目录

4- 氯乙卡西酮等 32 种物质列入《非药用类麻醉药品和精神药品管制品种增补目录》（2018 年 9 月 1 日起施行）【32 种】

序号	中文名	英文名	CAS 号	备注
1	4-氯乙卡西酮	1-(4-Chlorophenyl)-2-(ethylamino)propan-1-one	14919-85-8	4-CEC
2	1-[3,4-(亚甲二氧基)苯基]-2-乙氨基-1-戊酮	1-(3,4-Methylenedioxyphenyl)-2-(ethylamino)pentan-1-one	727641-67-0	N-Ethylpentylone
3	1-(4-氯苯基)-2-(N-吡咯烷基)-1-戊酮	1-(4-Chlorophenyl)-2-(1-pyrrolidinyl)pentan-1-one	5881-77-6	4-Cl-α-PVP
4	1-[3,4-(亚甲二氧基)苯基]-2-二甲氨基-1-丁酮	1-(3,4-Methylenedioxyphenyl)-2-(dimethylamino)butan-1-one	802286-83-5	Dibutylone
5	1-[3,4-(亚甲二氧基)苯基]-2-甲氨基-1-戊酮	1-(3,4-Methylenedioxyphenyl)-2-(methylamino)pentan-1-one	698963-77-8	Pentylone
6	1-苯基-2-乙氨基-1-己酮	1-Phenyl-2-(ethylamino)hexan-1-one	802857-66-5	N-Ethylhexedrone
7	1-(4-甲基苯基)-2-(N-吡咯烷基)-1-己酮	1-(4-Methylphenyl)-2-(1-pyrrolidinyl)hexan-1-one	34138-58-4	4-MPHP
8	1-(4-氯苯基)-2-(N-吡咯烷基)-1-丙酮	1-(4-Chlorophenyl)-2-(1-pyrrolidinyl)propan-1-one	28117-79-5	4-Cl-α-PPP
9	1-[2-(5,6,7,8-四氢萘基)]-2-(N-吡咯烷基)-1-戊酮	1-(5,6,7,8-Tetrahydronaphthalen-2-yl)-2-(1-pyrrolidinyl)pentan-1-one		β-TH-Naphyrone
10	1-(4-氟苯基)-2-(N-吡咯烷基)-1-己酮	1-(4-Fluorophenyl)-2-(1-pyrrolidinyl)hexan-1-one	2230706-09-7	4-F-α-PHP
11	4-乙基甲卡西酮	1-(4-Ethylphenyl)-2-(methylamino)propan-1-one	1225622-14-9	4-EMC
12	1-(4-甲基苯基)-2-乙氨基-1-戊酮	1-(4-Methylphenyl)-2-(ethylamino)pentan-1-one	746540-82-9	4-MEAPP
13	1-(4-甲基苯基)-2-甲氨基-3-甲氧基-1-丙酮	1-(4-Methylphenyl)-2-(methylamino)-3-methoxypropan-1-one	2166915-02-0	Mexedrone
14	1-[3,4-(亚甲二氧基)苯基]-2-(N-吡咯烷基)-1-己酮	1-(3,4-Methylenedioxyphenyl)-2-(1-pyrrolidinyl)hexan-1-one	776994-64-0	MDPHP
15	1-(4-甲基苯基)-2-甲氨基-1-戊酮	1-(4-Methylphenyl)-2-(methylamino)pentan-1-one	1373918-61-6	4-MPD
16	1-(4-甲基苯基)-2-二甲氨基-1-丙酮	1-(4-Methylphenyl)-2-(dimethylamino)propan-1-one	1157738-08-3	4-MDMC
17	3,4-亚甲二氧基丙卡西酮	1-(3,4-Methylenedioxyphenyl)-2-(propylamino)propan-1-one	201474-93-3	Propylone
18	1-(4-氯苯基)-2-乙氨基-1-戊酮	1-(4-Chlorophenyl)-2-(ethylamino)pentan-1-one		4-Cl-EAPP
19	1-苯基-2-(N-吡咯烷基)-1-丙酮	1-Phenyl-2-(1-pyrrolidinyl)propan-1-one	19134-50-0	α-PPP
20	1-(4-氯苯基)-2-甲氨基-1-戊酮	1-(4-Chlorophenyl)-2-(methylamino)pentan-1-one	2167949-43-9	4-Cl-Pentedrone
21	3-甲基-2-[1-(4-氟苄基)吲唑-3-甲酰氨基]丁酸甲酯	N-(1-Methoxy-3-methyl-1-oxobutan-2-yl)-1-(4-fluorobenzyl)-1*H*-indazole-3-carboxamide	1715016-76-4	AMB-FUBINACA

22	1-(4-氟苄基)-N-(1-金刚烷基)吲唑-3-甲酰胺	N-(1-Adamantyl)-1-(4-fluorobenzyl)-1*H*-indazole-3-carboxamide	2180933-90-6	FUB-APINACA
23	N-(1-氨甲酰基-2,2-二甲基丙基)-1-(环己基甲基)吲唑-3-甲酰胺	N-(1-Amino-3,3-dimethyl-1-oxobutan-2-yl)-1-(cyclohexylmethyl)-1*H*-indazole-3-carboxamide	1863065-92-2	ADB-CHMINACA
24	N-(1-氨甲酰基-2,2-二甲基丙基)-1-(4-氟苄基)吲唑-3-甲酰胺	N-(1-Amino-3,3-dimethyl-1-oxobutan-2-yl)-1-(4-fluorobenzyl)-1*H*-indazole-3-carboxamide	1445583-51-6	ADB-FUBINACA
25	3,3-二甲基-2-[1-(5-氟戊基)吲唑-3-甲酰氨基]丁酸甲酯	N-(1-Methoxy-3,3-dimethyl-1-oxobutan-2-yl)-1-(5-fluoropentyl)-1*H*-indazole-3-carboxamide	1715016-75-3	5F-ADB
26	3-甲基-2-[1-(环己基甲基)吲哚-3-甲酰氨基]丁酸甲酯	N-(1-Methoxy-3-methyl-1-oxobutan-2-yl)-1-(cyclohexylmethyl)-1*H*-indole-3-carboxamide	1971007-94-9	AMB-CHMICA
27	1-(5-氟戊基)-2-(1-萘甲酰基)苯并咪唑	(1-(5-Fluoropentyl)-1*H*-benzimidazol-2-yl)(naphthalen-1-yl)methanone	1984789-90-3	BIM-2201
28	1-(5-氟戊基)吲哚-3-甲酸-1-萘酯	Naphthalen-1-yl 1-(5-fluoropentyl)-1*H*-indole-3-carboxylate	2042201-16-9	NM-2201
29	2-苯基-2-甲氨基环己酮	2-Phenyl-2-(methylamino)cyclohexanone	7063-30-1	DCK
30	3-甲基-5-[2-(8-甲基-3-苯基-8-氮杂环[3,2,1]辛烷基）]-1,2,4-噁二唑	8-Methyl-2-(3-methyl-1,2,4-oxadiazol-5-yl)-3-phenyl-8-aza-bicyclo[3.2.1]octane	146659-37-2	RTI-126
31	4-氟异丁酰芬太尼	N-(4-Fluorophenyl)-N-(1-phenethylpiperidin-4-yl)isobutyramide	244195-32-2	4-FIBF
32	四氢呋喃芬太尼	N-Phenyl-N-(1-phenethylpiperidin-4-yl)tetrahydrofuran-2-carboxamide	2142571-01-3	THF-F

附件 2

关于将芬太尼类物质列入《非药用类麻醉药品和精神药品管制品种增补目录》的公告

（2019 年 3 月 12 日　公安部、国家卫生健康委员会、国家药品监督管理局发布）

根据《麻醉药品和精神药品管理条例》《非药用类麻醉药品和精神药品列管办法》有关规定，公安部、国家卫生健康委员会和国家药品监督管理局决定将芬太尼类物质列入《非药用类麻醉药品和精神药品管制品种增补目录》。“芬太尼类物质”是指化学结构与芬太尼（N-［1-（2- 苯乙基）-4- 哌啶基］-N- 苯基丙酰胺）相比，符合以下一个或多个条件的物质：

一、使用其他酰基替代丙酰基；

二、使用任何取代或未取代的单环芳香基团替代与氮原子直接相连的苯基；

三、哌啶环上存在烷基、烯基、烷氧基、酯基、醚基、羟基、卤素、卤代烷基、氨基及硝基等取代基；

四、使用其他任意基团（氢原子除外）替代苯乙基。

上述所列管物质如果发现有医药、工业、科研或者其他合法用途，按照《非药用类麻醉药品和精神药品列管办法》第三条第二款规定予以调整。

已列入《麻醉药品和精神药品品种目录》和《非药用类麻醉药品和精神药品管制品种增补目录》的芬太尼类物质依原有目录予以管制。

本公告自 2019 年 5 月 1 日起施行。

附件 3

关于将合成大麻素类物质和氟胺酮等 18 种物质列入〈非药用类麻醉药品和精神药品管制品种增补目录〉》的公告

（2021 年 3 月 15 日　公安部、国家卫生健康委员会、国家药品监督管理局发布）

根据《麻醉药品和精神药品管理条例》《非药用类麻醉药品和精神药品列管办法》有关规定，公安部、国家卫生健康委员会和国家药品监督管理局决定将合成大麻素类物质和氟胺酮等 18 种物质列入《非药用类麻醉药品和精神药品管制品种增补目录》。

一、合成大麻素类物质。“合成大麻素类物质”是指具有下列化学结构通式的物质：

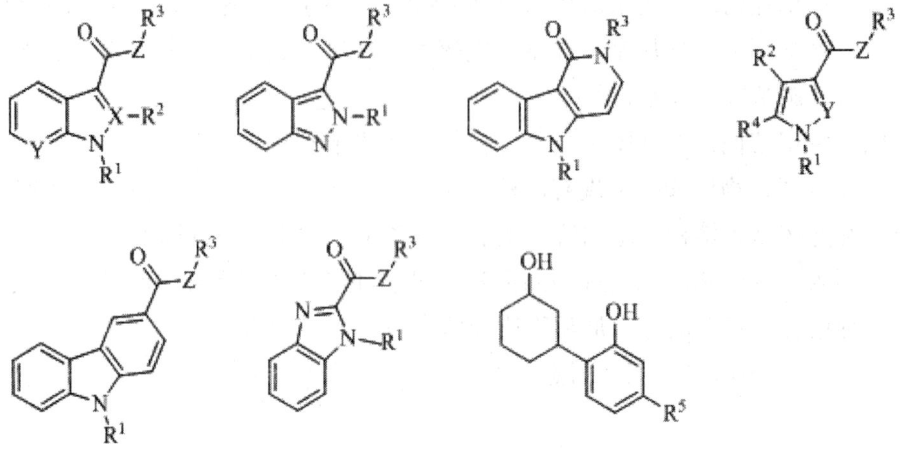

R1 代表取代或未取代的 C3–C8 烃基；取代或未取代的含有 1–3 个杂原子的杂环基；取代或未取代的含有 1–3 个杂原子的杂环基取代的甲基或乙基。R2 代表氢或甲基或无任何原子。R3 代表取代或未取代的 C6–C10 的芳基；取代或未取代的 C3–C10 的烃基；取代或未取代的含有 1–3 个杂原子的杂环基；取代或未取代的含有 1–3 个杂原子的杂环基取代的甲基或乙基。R4 代表氢；取代或未取代的苯基；取代或未取代的苯甲基。R5 代表取代或未取代的 C3–C10 的烃基。X 代表 N 或 C。Y 代表 N 或 CH。Z 代表 O 或 NH 或无任何原子。上述所列管物质如果发现医药、工业、科研或者其他合法用途，按照《非药用类麻醉药品和精神药品列管办法》第三条第二款规定予以调整。已列入《麻醉药品和精神药品品种目录》和《非药用类麻醉药品和精神药品管制品种增补目录》的合成大麻素类物质依原有目录予以管制。

二、氟胺酮等 18 种物质。（详见附表）本公告自 2021 年 7 月 1 日起施行。

非药用类麻醉药品和精神药品管制品种增补目录

序号	中文名	英文名	CAS号	备注
1	氟胺酮	2-(2-Fluorophenyl)-2-(methylamino) cyclohexan-1-one	111982-50-4	2-FDCK Fluoroketamine
2	(6a*R*,10a*R*)-3-(1,1-二甲基庚基)-6a,7,10,10a-四氢-1-羟基-6,6-二甲基-6*H*-二苯并[b,d]吡喃-9-甲醇	(6a*R*,10a*R*)-3-(1,1-Dimethylheptyl)-6a,7,10,10a-tetrahydro-1-hydroxy-6,6-dimethyl-6*H*-dibenzo[*b*,*d*]pyran-9-methanol	112830-95-2	HU-210
3	1-[3,4-(亚甲二氧基)苯基]-2-丁氨基-1-戊酮	1-(3,4-Methylenedioxyphenyl)-2-(butylamino)pentan-1-one	688727-54-0	N-Butylpentylone
4	1-[3,4-(亚甲二氧基)苯基]-2-苄氨基-1-丙酮	1-(3,4-Methylenedioxyphenyl)-2-(benzylamino)propan-1-one	1387636-19-2	BMDP
5	1-[3,4-(亚甲二氧基)苯基]-2-乙氨基-1-丁酮	1-(3,4-Methylenedioxyphenyl)-2-(ethylamino)butan-1-one	802855-66-9	Eutylone
6	2-乙氨基-1-苯基-1-庚酮	2-(Ethylamino)-1-phenylheptan-1-one	2514784-72-4	N-Ethylheptedrone
7	1-(4-氯苯基)-2-二甲氨基-1-丙酮	1-(4-Chlorophenyl)-2-(dimethylamino) propan-1-one	1157667-29-2	4-CDMC
8	2-丁氨基-1-苯基-1-己酮	2-(Butylamino)-1-phenylhexan-1-one	802576-87-0	N-Butylhexedrone
9	1-[1-(3-甲氧基苯基)环己基]哌啶	1-(1-(3-Methoxyphenyl)cyclohexyl) piperidine	72242-03-6	3-MeO-PCP
10	α-甲基-5-甲氧基色胺	1-(5-Methoxy-1*H*-indol-3-yl)propan-2-amine	1137-04-8	5-MeO-AMT
11	科纳唑仑	6-(2-Chlorophenyl)-1-methyl-8-nitro-4*H*-benzo[*f*][1,2,4]triazolo[4,3-*a*][1,4]diazepine	33887-02-4	Clonazolam
12	二氯西泮	7-Chloro-5-(2-chlorophenyl)-1-methyl-1,3-dihydro-2*H*-benzo[*e*][1,4]diazepin-2-one	2894-68-0	Diclazepam
13	氟阿普唑仑	8-Chloro-6-(2-fluorophenyl)-1-methyl-4*H*-benzo[f][1,2,4]triazolo[4,3-a][1,4]diazepine	28910-91-0	Flualprazolam
14	N,N-二乙基-2-(2-(4-异丙氧基苯基)-5-硝基-1*H*-苯并[d]咪唑-1-基)-1-乙胺	N,N-Diethyl-2-(2-(4-isopropoxybenzyl)-5-nitro-1*H*-benzo[d]imidazol-1-yl)ethan-1-amine	14188-81-9	Isotonitazene
15	氟溴唑仑	8-Bromo-6-(2-fluorophenyl)-1-methyl-4*H*-benzo[f][1,2,4]triazolo[4,3-a][1,4]diazepine	612526-40-6	Flubromazolam
16	1-(1,2-二苯基乙基)哌啶	1-(1,2-Diphenylethyl)piperidine	36794-52-2	Diphenidine
17	2-(3-氟苯基)-3-甲基吗啉	2-(3-Fluorophenyl)-3-methylmorpholine	1350768-28-3	3-FPM 3-Fluorophenmetrazine
18	依替唑仑	4-(2-Chlorophenyl)-2-ethyl-9-methyl-6*H*-thieno[3,2-f][1,2,4]triazolo[4,3-a][1,4] diazepine	40054-69-1	Etizolam